JOHN LENNOX

VORHER BESTIMMT?

Die Souveränität Gottes, Freiheit, Glaube und menschliche Verantwortung

JOHN LENNOX

Determined to Believe?

VORHER
BESTIMMT?

Die Souveränität Gottes,
Freiheit, Glaube und
menschliche Verantwortung

John Lennox
Vorher bestimmt?
Die Souveränität Gottes, Freiheit, Glaube und menschliche Verantwortung

Best.-Nr. 271 616
ISBN 978-3-86353-616-9
Christliche Verlagsgesellschaft Dillenburg

Es wurde folgende Bibelübersetzung verwendet:
Elberfelder Bibel 2006, © 2006 by SCM R.Brockhaus in der
SCM Verlagsgruppe GmbH Witten/Holzgerlingen. (ELB)

1. Auflage
© 2019 Christliche Verlagsgesellschaft Dillenburg
www.cv-dillenburg.de

Übersetzung: Christina Schäfer
Satz und Umschlaggestaltung:
Christliche Verlagsgesellschaft Dillenburg
Umschlagmotiv: © Christliche Verlagsgesellschaft Dillenburg

Druck: GGP Media GmbH, Pößneck
Printed in Germany

Dieses Buch ist für Ben und Rachel und für alle diejenigen,
die sich die schwierigen Fragen stellen.

DANKSAGUNGEN

Ich bin vielen meiner Freunde zum Dank verpflichtet, dass sie den Inhalt dieses Buches kommentiert haben. Das Meiste wurde dankbar aufgenommen. Besonders möchte ich Chris Clarke, Tim Costello, David Cranston, Paul Ewart, David Glass, Max Baker Hytch, Tom McCall, Pablo Martinez Vila und meinem wissenschaftlichen Mitarbeiter Simon Wenham danken, der mir wie immer eine große Hilfe war. Auch meinen Herausgebern von Lion Hudson danke ich dafür, dass sie mich fortwährend unterstützt haben und mir (erneut) einen wahrhaft exzellenten Lektor wie Richard Herkes zur Seite gestellt haben.

„Lennox ist kein Narr. Er trampelt auch nicht einfach auf heiligem Boden herum, auf den Engel sich nicht wagen würden. Doch die allgegenwärtige Debatte über die Freiheit ist ein ‚Argument um des Himmels Willen‘, der sich kein Christ entziehen sollte, weil darauf unsere Sicht von Gottes Charakters, unserer Menschenwürde und moralischen Verantwortung beruht und damit unser Auftrag und unser öffentliches Zeugnis. Freundlich, geduldig, beharrlich, konsequent biblisch und ohne jedes Schubladendenken ist Lennox ein Beispiel dafür, wie man heiße Themen anpacken kann, die zwar polarisieren können, die aber wichtig sind. Es liegt also an jedem Einzelnen von uns zu lesen, zu studieren, zu denken, zu beten – und dann selbst zu entscheiden. Bei den Antworten, die wir geben, stehen unser Herz, unser Ruf und Glaubenszeugnis auf dem Spiel.“

Os Guinness, britischer Soziologe, evangelikaler Apologet und Vordenker, Autor von über dreißig Büchern

„John Lennox gilt weithin als einer der führenden christlichen Intellektuellen unserer Zeit. Aber er wird auch zu Recht für seine verblüffende Fähigkeit bewundert, in Diskussionen und Texten mit einfacher Klarheit auf die grundlegenden Themen einzugehen, ohne dass sie an Tiefe und Tragweite verlieren. Und wie zu erwarten ist „Vorherbestimmt?“ ein gutes Beispiel dafür. Dabei handelt es sich nicht um einen gewöhnlichen Neuaufguss alter Debatten über Calvinismus versus Arminianismus, Gottes Souveränität versus freien Willen und moralische Verantwortung und so weiter.

Tatsächlich liegt die wahre Brillanz des Buches in Lennox‘ Beharren darauf, auf Schubladendenken zu verzichten. Stattdessen sollen wir einen neuen Blick auf die Fragen über Akzeptanz und Nichtakzeptanz des theologischen Determinismus wagen. So ist dieses Buch eine wahre Fundgrube: Es bietet klare, leicht verständliche biblische Exegese, definiert wichtige Schlüsselbegriffe wie „Vorherkenntnis“ und „Vorherbestimmung“ und befasst sich eingehend mit dem theologischen Determinismus in Bezug auf den Zustand des Menschen, das Volk Israel und die Verhärtung des Herzens des Pharaos. Es macht deutlich, dass sich ein Christ zu Recht seines Heils gewiss sein kann. Ich empfehle dieses erfrischende und hilfreiche Buch sehr.“

J. P. Moreland, US-amerikanischer Philosoph und christlicher Apologet, Professor für Philosophie (Talbot/Kalifornien)

INHALTSVERZEICHNIS

TEIL 5: Heilsgewissheit und Determinismus

VORWORT

Augustus De Morgan, Mathematiker und Philosophie-Historiker des 19. Jahrhunderts, sprach eine Warnung an jenen Wissenschaftler aus, der sich an die Metaphysik heranwagen wollte: „Wenn er mit einer Kerze in seinen eigenen Hals schaut, dann muss er darauf achten, dass er seinen Kopf nicht in Flammen setzt."

Der Philosoph Thomas Nagel schrieb in seinem Werk „Der Blick von nirgendwo" Folgendes: „Jedes Mal, wenn ich über die Problematik des freien Willens schreibe, ändere ich meine Meinung."

Der Apostel Paulus schrieb: „Und er hat aus *einem* jede Nation der Menschen gemacht, dass sie auf dem ganzen Erdboden wohnen, wobei er festgesetzte Zeiten und die Grenzen ihrer Wohnung bestimmt hat, dass sie Gott suchen, ob sie ihn vielleicht tastend fühlen und finden möchten, obwohl er ja nicht fern ist von jedem von uns" (Apg 17,26-27).

Eine der berühmtesten Begegnungen zwischen dem Christentum und der Philosophie begab sich im antiken Athen, als der Apostel Paulus vor den Philosophen des Areopags sprechen sollte. Der Historiker Lukas berichtet uns, dass Paulus auf dem Marktplatz mit der Menschenmenge über den christlichen Glauben diskutierte, als er von zwei Vertretern der beiden führenden Philosophenschulen der Stoiker und Epikureer angesprochen wurde. Diese Philosophen waren von der Lehre des Paulus zunächst verwirrt und wollten mehr darüber wissen. Also erhielt Paulus die Gelegenheit, am dafür üblichen Ort des Areopags öffentlich vor ihnen zu sprechen.

Die griechischen Philosophen interessierten sich für die Wesensart der höchsten Realität und für die Beziehung, die die Menschen zu dieser höchsten Realität haben können; wie auch immer diese

Realität aussehen mochte. Die Stoiker, deren Philosophie unter der intellektuellen Elite beliebt war, waren zu dem Schluss gekommen, dass es ein rationales Prinzip geben müsse – eine universelle Vernunft oder ein *logos* – das das Universum durch ein unerbittliches Schicksal regierte und dass die höchste Weisheit darin bestand, mit diesem Schicksal zusammenzuarbeiten. Die Epikureer jedoch waren Materialisten und glaubten, dass die Götter (die genauso aus Atomen bestanden wie auch alles andere) unzugänglich waren und sich nicht für die Welt interessierten. Die höchste Weisheit bestand darin, die *ataraxia,* den Zustand der „Seelenruhe", zu erreichen. Menschliches Denken war in ihren Augen - wie auch alles andere - ein zufälliger Prozess und in letzter Konsequenz nichts weiter als die willkürliche Bewegung der Atome im Nichts des leeren Raums.

Wir können hier sofort die Umrisse der zwei größten Gegensätze erkennen, die den menschlichen Verstand seit Jahrhunderten beschäftigen und an Faszination nichts eingebüßt haben: die Notwendigkeit und der Zufall, die Gesetzesmäßigkeit und das Beliebige, das Vorherbestimmte und das Freie, der souveräne Schöpfergott – wenn es ihn denn gibt – und seine freien und verantwortlichen menschlichen Geschöpfe.

Der Kampf – und es ist in der Tat ein Kampf – um das Verständnis dieser Dinge findet zur Zeit an zwei Fronten statt. Die erste Front ist der atheistische Versuch, den freien Willen des Menschen abzuschaffen, und damit zwangsläufig jegliches Konzept von absoluter Moral. Der atheistische Angriff führt als mächtige Autorität die Naturwissenschaften an, besonders die Neurowissenschaft. An der christlichen Front wirft der theologische Determinismus viele Fragen für Christen auf. Selbst wenn ich die Kompetenzen dazu besäße, wäre ein kleines Buch wie dieses zweifellos vollkommen unzureichend, sich mit beiden Fronten auseinanderzusetzen. Aus diesem Grund habe ich mich entschieden, mich auf die Themen zu konzentrieren, die mich und meine Mitchristen im Rahmen des theologischen Determinismus beschäftigen.

Trotzdem ist es sinnvoll, die Diskussion nicht nur auf die christliche Theologie zu beschränken. Deshalb habe ich zunächst den freien Willen und den Determinismus aus der breiteren Perspektive menschlicher Erfahrung und der Philosophie betrachtet. Mir ist bewusst, dass ein christlicher Leser gegen diese Vorgehensweise grundsätzlich Einspruch erheben könnte, indem er auf die Gefahr hinweist, dass wir uns Gott so nach unserem eigenen Belieben gestalten, wenn wir von unseren eigenen Überzeugungen über das Wesen der menschlichen Freiheit ausgehen.

Ich akzeptiere diesen Einspruch. Aber weil wir uns dessen bewusst sind, mindert das die Gefahr. Ich hoffe, dass sich dies als nützlich erweist und wir zumindest besser verstehen können, was diese Themen für die Menschen bedeuten, die das christliche Weltbild nicht teilen.

ÜBER DIESES BUCH

Dieses Buch ist vor allem für Christen geschrieben, die sich für Fragen nach Gottes Souveränität, dem freien menschlichen Willen und der Verantwortung des Menschen interessieren oder darüber verunsichert sind. Einer meiner Hauptbeweggründe bei der Niederschrift dieses Buches ist die Tatsache, dass ich von denjenigen dazu ermutigt worden bin, denen meine Kommentare zu diesen Themen in Vorlesungen und Diskussionen geholfen haben, sich selbst mit der Schrift auseinanderzusetzen. In diesem Geiste schreibe ich. Ich möchte keinen Moment annehmen, dass ich für diese schwierigen Fragen definitive Lösungen gefunden habe. Tatsächlich denke ich, dass unsere eigene Endlichkeit eine Grenze darstellt und selbst nach unseren besten Versuchen, die Schrift zu verstehen, tiefe Geheimnisse und ungelöste Probleme bestehen bleiben.

Daher sollten wir diese Fragen mit Demut und Ehrfurcht betrachten. Bei dieser einschüchternden Aufgabe ermutigt mich die Tatsache, dass die Schrift selbst etwas über diese Dinge sagt. Es verpflichtet uns daher – und ist sogar Teil unserer Anbetung Gottes – in der Abhängigkeit vom Geist der Wahrheit zu verstehen, was Gott dazu offenbart hat.

Dieses Buch besteht aus den folgenden fünf Teilen:

Teil 1: Das Problem

1. Das Wesen und die Grenzen der Freiheit

Zuerst betrachten wir das Konzept der Freiheit: was sie im Allgemeinen für uns bedeutet und in welchem Ausmaß wir sie zu besitzen meinen. Wir unterscheiden zwischen Handlungsfreiheit und Willensfreiheit. Anschließend erforschen wir die Zusammenhänge zwischen Freiheit und Moralität und freiem Willen und Liebe. Wir bedenken die oft wiederholte atheistische Behauptung, dass Religion menschliche Freiheit zerstört, und setzen dieser Behauptung entgegen, dass Freiheit eine Kernbotschaft des Christentums ist.

2. Verschiedene Arten des Determinismus

Wir beschäftigen uns mit Beispielen unterschiedlicher Herangehensweisen an den Determinismus und nennen Beispiele bekannter Atheisten, die einen physikalischen Determinismus vertreten, der besagt, dass alles im Wesentlichen durch Physik und Chemie vorherbestimmt ist. Wir werden uns auch mit einigen wenigen Atheisten befassen, die diesen Standpunkt nicht vertreten.

Außerdem betrachten wir die Standpunkte führender Neurowissenschaftler.

Wir fahren fort mit dem theistischen oder theologischen Determinismus, der besagt, dass alles von Gott vorherbestimmt ist. Unser Ausgangspunkt ist natürlich die biblische Lehre von der Schöpfung und im Besonderen die Art und Weise, wie der Mensch von Gott als moralisches Wesen definiert wurde, mit einem bestimmten Maß an Freiheit beschenkt (oder besser „souverän beschenkt"), von einem bestimmten Baum zu essen oder nicht zu essen. Wir ziehen Alvin Plantinga zu Rate, wenn es um den Unterschied zwischen Gottes Schöpfung freier Kreaturen und ihrer Handlungen geht, die von ihm verursacht werden. Als Nächstes nennen wir Beispiele des theologischen Determinismus und behaupten, dass die Frage für Christen nicht darin besteht, ob er die Souveränität Gottes lehrt – denn das tut er, es ist eine seiner grundlegenden Lehren –, sondern was Souveränität Gottes bedeutet, wie sie in der Schrift offenbart wird.

3. Reaktionen auf den Determinismus – das moralische Problem

Hier führen wir unsere Analyse des moralischen Problems fort, die den Determinismus begleiten und befragen dazu eine Vielzahl von Autoren. Dann beschäftigen wir uns mit dem historischen Hintergrund der Spannung zwischen den Anhängern Calvins und den Anhängern des Arminius, die in der Dordrechter Synode und der berühmten Abkürzung TULIP[1] gipfelt, die einige der Hauptpunkte zusammenfasst.

4. Waffen zur Zerstörung von Gedankengebäuden[2]

Von diesem Punkt an konzentriert sich dieses Buch auf die biblische Lehre. Der Leser, der die Einleitung überspringen möchte, kann hier einsteigen. Meines Erachtens sind allerdings viele Punkte der Einleitung als Hintergrundwissen wichtig.

Dieses Kapitel diskutiert die *biblische* Sicht gegenüber der allzu gegenwärtigen Gefahr einer methodischen Vorgehensweise, die darin besteht, dass man mit tiefgehenden theologischen Fragen so verfährt, wie es Vertreter der diversen Positionen tun, die einfache Schubladen verwenden, um sich dann in endlosen Diskussionen damit zu befassen, was diese Schubladen wohl bedeuten mögen. Die Erfahrung zeigt, dass man so die wichtige Aufgabe übersieht, den Dingen auf den Grund zu gehen und die Schrift wirklich über diese fundamentalen Themen zu befragen. Wir studieren die Worte des Paulus aus dem 1. Korintherbrief, die sich mit jener Neigung des „Schubladendenkens" befassen und finden heraus, dass er uns auf unmissverständliche Weise klar macht, dass dies kein hilfreicher Weg ist – nicht einmal, wenn auf den Schubladen die Namen der Apostel selbst stehen!

---

1   Akronym, das später für die Lehrregeln von Dordrecht im englischsprachigen Raum entwickelt wurde, auch bekannt als „die fünf Punkte des Calvinismus". (Anm. d. dt. Hg.)

2   Siehe 2Kor 10,4.

Dies führt mich zu meiner Motivation, aus der ich dieses Buch geschrieben habe.

Teil 2: Die Theologie des Determinismus

5. Gottes Souveränität und die Verantwortung des Menschen

An dieser Stelle befassen wir uns mit einem Teil der biblischen Lehre zu diesem Thema und sprechen über die große Bandbreite der theologischen Meinungen, die sich damit beschäftigen.

6. Das biblische Vokabular

Hier folgt eine kurze Zusammenfassung der biblischen Hauptbegriffe, die mit unserem Thema zusammenhängen: Vorherkenntnis, Vorherbestimmung und Erwählung. Wir werden feststellen, dass sie einen größeren Bedeutungsumfang haben, als es manchmal angenommen wird.

Teil 3: Das Evangelium und der Determinismus

7. Die menschliche Fähigkeit und ihre Grenzen

Einer der großartigsten Punkte des Evangeliums besagt, dass die Botschaft der Erlösung eine Botschaft der göttlichen Gnade ist. Was Menschen weder verdienen noch erarbeiten können, bietet Gott als freies Geschenk denjenigen an, die an Christus als ihren Erlöser und Herrn glauben. Dies ruft viele Fragen hervor: Wie ist dieser Glaube geartet? Ist er eine Antwort an Gott, zu der Menschen selber fähig sind, oder macht die Sünde sie vollkommen hilflos? Diejenigen, die den letzteren Standpunkt vertreten, nennen drei Argumente, die im Kern der Diskussion stehen.

Argument 1: Wenn Menschen fähig dazu wären, Gott zu vertrauen, dann würden sie dadurch einen Beitrag zu ihrer Erlösung leisten und diese somit selbst erarbeiten. Die Erlösung würde daher nicht länger nur aus Gnade geschehen, und somit wäre Gottes Ehre geschmälert. Es wird behauptet, dass der einzige Ausweg aus diesem Widerspruch darin besteht, dass der Glaube selbst ein Geschenk Gottes sein muss, das er nach seinem souveränen Willen verteilt und das vollkommen unabhängig ist von Herzenshaltung, Verlangen oder Verhalten derjenigen, die er zur Erlösung erwählt. Diese Sichtweise wird „bedingungslose Erwählung" genannt.

Argument 2: Menschen sind unfähig zu glauben, weil sie „tot sind in ihren Vergehungen und Sünden" (Eph 2,1), ein Ergebnis der Sünde, die Adam in die Welt brachte. Dieser Punkt wird oft als die „völlige Verderbtheit" bezeichnet, auch wenn diese Formulierung in der Schrift so nicht vorkommt. Wie auch tote Lebewesen nicht auf Reize reagieren, so sind Menschen grundsätzlich unfähig, auf Gott zu antworten.

Um antworten zu können, müssen sie neues Leben empfangen (d. h. sie müssen *wiedergeboren* werden; Joh 3,3). Nur dann können sie mit dem Glauben antworten, den Gott ihnen gibt. Ohne eine Handlung ihrerseits (denn sie sind tot und können nicht handeln) stellt Gott durch seinen Geist diejenigen wieder her, die er erwählt; dann und nur dann sind sie fähig, an Christus zu glauben.

Argument 3: Obwohl die Menschen nicht fähig sind, an Gott zu glauben – aus dem Grund, der im zweiten Argument genannt wird – ist es dennoch ihre Schuld, dass sie nicht glauben. Daher kann Gott sie zu Recht verdammen. Dies hat mit ihrer Verbindung zu Adam zu tun, der die Sünde in die Welt brachte: Als er sündigte, sündigten auch sie.

Im folgenden Kapitel betrachten wir diese Argumente im Lichte der biblischen Lehren über den Glauben und die Wiedergeburt.

8. Der menschliche Zustand – Diagnose und Heilmittel

Hier konzentrieren wir uns auf die biblische Lehre der Rechtfertigung durch den Glauben, die den Kern des Evangeliums bildet. Dies führt uns zu einer Analyse dessen, was es bedeutet „tot in Vergehungen und Sünden" zu sein auf Grundlage der biblischen Lehre über den Eintritt der Sünde in die Welt.

9. Vom Vater gezogen und zu Christus kommen

Das Johannesevangelium hat viel über Gottes Initiative bei der Erlösung zu sagen. Jesus sagt beispielsweise Folgendes: „(...) alles, was mir der Vater gibt, wird zu mir kommen, und wer zu mir kommt, den werde ich nicht hinausstoßen (...) niemand kann zu mir kommen, wenn nicht der Vater, der mich gesandt hat, ihn zieht" (Joh 6,37.44). In diesem Kapitel werden wir diese Aussagen in ihrem Kontext detailliert erläutern und werden uns fragen, ob sie als Beweis eines theistischen Determinismus gelesen werden können.

10. Die Unumkehrbarkeit der Wiedergeburt

An dieser Stelle befassen wir uns zunächst mit dem zweiten Argument und der biblischen Lehre der Wiedergeburt und ihrer Verbindung mit dem Glauben an Christus. Wir diskutieren das Für und Wider des weitverbreiteten Standpunktes, der besagt, dass im Lichte der menschlichen Unfähigkeit die Wiedergeburt der Erlösung vorausgehen muss. Dann untersuchen wir das dritte Argument und betrachten seinen Zusammenhang mit dem Wesen der Sünde Adams und ihrer Konsequenzen.

11. Das Evangelium und die moralische Verantwortung des Menschen

In diesem Kapitel beschäftigen wir uns mit einem Hauptabschnitt des Johannesevangeliums (Kapitel 7–10), der sich mit der Art und Weise befasst, wie Jesus seine Botschaft an die Welt übermittelte. Wir werden sehen, dass er seine Hörer so behandelt, dass sie moralisch verantwortlich dafür sind, wie sie das Gehörte umsetzen. Außerdem ziehen wir seine Aussage „aber ihr glaubt nicht, denn ihr seid nicht von meinen Schafen, wie ich euch gesagt habe" (Joh 10,26) in Erwägung und überlegen, inwieweit sie eine deterministische Bedeutung haben könnte.

Teil 4: Israel und der Determinismus

Die nächsten fünf Kapitel widmen wir einem Hauptabschnitt des Römerbriefes – Kapitel 9–11 –, in dem Paulus sich mit der Stellung des Volkes Israels vor Gott befasst. Dies tun wir, weil die Beschreibung des Umgangs Gottes mit dem Pharao in Römer 9 oftmals als Hauptsäule angeführt wird, auf dem der theologische Determinismus ruht; wir werden diese Stelle in ihrem größeren Kontext des Römerbriefes studieren.

Die Kapitel teilen sich wie folgt auf:

12. Israel und die Heiden
13. Warum glaubt Israel nicht?
14. Die Verhärtung des Herzens beim Pharao
15. Ist Israel verantwortlich?
16. Hat Israel eine Zukunft?

Teil 5: Gewissheit und Determinismus

Die nächsten vier Kapitel behandeln die Frage der christlichen Gewissheit. Es wird um zwei Fragenkomplexe gehen: diejenigen, die durch den theologischen Determinismus entstehen, bei dem die Erwählten zwar sicher sind, es aber problematisch erscheint zu wissen, ob man tatsächlich erwählt ist; und zweitens diejenigen, die von der Lehre aufgeworfen werden, die besagt, dass ein wirklich Gläubiger seine Erlösung verlieren und letztlich verdammt werden kann.

17. Christliche Gewissheit
18. Wird der Glaube an Gott bestehen bleiben?
19. Warnung des Hebräerbriefes
20. Gewissheit im Hebräerbrief

TEIL 1
Das Problem

Kapitel 1

DAS WESEN UND DIE GRENZEN DER FREIHEIT

Für die meisten Menschen ist Freiheit das höchste Ideal. Wir zählen Freiheit zu unserem Geburtsrecht: Niemand hat das Recht, uns gegen unseren Willen unserer Freiheit zu berauben (ausgeschlossen sind natürlich Fälle bewiesener Kriminalität). Sogar versuchte Freiheitsberaubung wird schon als Verbrechen gegen die grundlegende Menschenwürde angesehen.

Dennoch lauten die Kernfragen für jeden von uns: „Wie frei bin ich?" und „Bin ich überhaupt frei?" Manche Menschen glauben, dass menschliche Freiheit massiv eingeschränkt oder sogar illusorisch ist. Einige von ihnen sind Atheisten und stellen die Frage: Wie kann ich frei sein, wenn das Universum vollkommen für meine Existenz verantwortlich ist? Andere von ihnen glauben an Gott und stellen genau dieselbe Frage, nur von einem radikal anderen Ausgangspunkt: Wie kann ich überhaupt frei sein, wenn Gott vollständig für meine Existenz und mein Verhalten verantwortlich ist?

Historisch gesehen hat die Sehnsucht nach Freiheit eine Hauptrolle im menschlichen Drama gespielt. Robert Green Ingersoll schrieb: „Was das Licht für die Augen ist, was die Luft für die Lunge ist, was die Liebe für das Herz ist, ist die Freiheit für die Seele des Menschen." In seiner Rede zur Lage der Nation im Jahre 1941 verkündete der US-Präsident Franklin D. Roosevelt die berühmten vier Freiheiten:

1. Die Redefreiheit
2. Die Religionsfreiheit
3. Freiheit von Not
4. Freiheit von Furcht

Solche Freiheiten werden fast überall als der Kern der menschlichen Existenz betrachtet. In der Menschenrechts-Charta der UN werden diese vier Freiheiten als „höchstes Bestreben des gemeinen Volkes" beschrieben. Viele, die sie zu einem gewissen Anteil besitzen, neigen dazu, sie als selbstverständlich anzusehen. Für alle anderen erscheinen diese Freiheit wie ein ferner und unmöglicher Traum; nicht realisierbar und dennoch betörend.

Wenn wir nach der Bedeutung der „Freiheit" gefragt werden, werden viele von uns antworten, dass sie bedeutet, dass wir selbst entscheiden können, was wir tun. Wir sollten unseren Willen ausführen, unsere eigenen Entscheidungen treffen und umsetzen können; vorausgesetzt wir engen andere Menschen nicht ein und beschneiden damit ihre eigene Freiheit.

Nun erkennen wir alle, dass unsere Freiheit – was auch immer sie beinhalten mag – bestimmte immanente Begrenzungen hat: Wir besitzen nicht die Freiheit, mit 50 Stundenkilometern zu laufen, wir besitzen nicht die Freiheit ohne Nahrung oder Luft zu leben usw. Wir fühlen uns jedoch frei, vorausgesetzt es gibt Verfügbarkeit und Ressourcen; so können wir zwischen Erbsen und Bohnen oder einem grünen und blauen T-Shirt wählen. Wir können entscheiden, welchen Fußballverein wir unterstützen, ob wir lügen oder die Wahrheit sagen, ob wir freundlich oder plump sind. Bei dem Versuch zwischen den endlosen Angeboten im Supermarkt zu entscheiden, wünschen wir uns manchmal sogar, dass wir nicht so viel Auswahlfreiheit hätten.

Ebenso ist uns bewusst, dass wir einen Teil unserer Freiheit gelegentlich freiwillig begrenzen – manchmal sogar zu unserem Vergnügen. Wenn ich beispielsweise Mitglied eines Fußballteams bin, kann ich nicht so spielen, wie es mir beliebt und die Regeln missachten. Der gesamte Sinn des Spiels besteht darin, dass ich mich selbst begrenze, innerhalb dieser Regeln spiele und mich dem Kapitän meiner Mannschaft unterordne. Dies macht ein Fußballspiel aus.

Auch in wichtigeren Zusammenhängen ordnen wir uns Grenzen unter, weil wir Sicherheit haben wollen: Jedes Land entscheidet selbst, auf welcher Seite der Straße ihrer Bürger fahren sollen. Dies ist eine willkürliche Entscheidung, aber wenn sie nun einmal getroffen wurde, wäre es töricht und gefährlich, sie zu ignorieren und so zu fahren, wie wir wollen. Im Allgemeinen ordnen wir uns als Bürger eines zivilisierten Staates freiwillig den Gesetzen des Landes unter (zumindest in der Theorie) und treten damit einen Teil unserer individuellen Freiheit ab. Wir tun dies für das Gemeinwohl und weil wir die Vorzüge genießen, die ein gemeinsames Leben in einer friedlichen und zivilisierten Gesellschaft mit sich bringt.

Wenn es um das Recht des Menschen auf grundlegende Freiheit geht, würde ein jeder von uns übereinstimmen (egal welche Weltanschauung er hat), dass dieses Recht unantastbar sein sollte. Leider tut man in manchen Teile der Welt nichts dafür, diese vier Freiheiten zu erreichen. Es erregt deswegen zurecht unseren Zorn, wenn wir sehen, wie Menschen versklavt und nicht besser behandelt werden als ein Zahnrad in einer Maschine, nur weil es dem Vergnügen oder dem Profit eines anderen Menschen dient. Jeder Mensch, ob Mann oder Frau, Mädchen oder Junge, egal welcher Rasse, Farbe oder Glaubensrichtung und wo auch immer er herkommt, hat ein Recht darauf, als Mensch und nicht als bloßer Statist behandelt zu werden. Ebenso wenig sollte er als ein Produktionsmittel gesehen werden, sondern als Person mit einem Namen und einer einzigartigen Identität, die zur Freiheit geboren wurde.

Aber was ist Freiheit? Und in welchem Ausmaß besitzen wir sie?

Zwei Arten der Freiheit

Seit der Zeit der Philosophen John Locke und David Hume wurde zwischen zwei Arten der Freiheit unterschieden: der äußeren Handlungsfreiheit und der inneren Willensfreiheit.

„Handlungsfreiheit" beschreibt die Freiheit, unseren eigenen Motiven zu folgen und zu tun, was wir wollen, ohne dass uns irgendjemand oder irgendetwas – wie etwa die Regierung – dazu zwingen könnte, dass wir etwas tun, was wir nicht tun wollen, oder uns davon abhält, etwas zu tun, was wir tun wollen. Vorausgesetzt wir haben die Gesundheit, die Fähigkeit, die finanziellen Mittel und die notwendigen Umstände und unterliegen keiner Verbote oder Beschränkungen, würden die meisten Menschen sagen, dass wir diese Handlungsfreiheit haben.

„Willensfreiheit" beschreibt die Freiheit, sich anders entschieden haben zu können, als wir es faktisch irgendwann in der Vergangenheit getan haben. Angesichts der Auswahl zwei verschiedener zukünftiger Handlungsstränge, impliziert die Willensfreiheit, dass die Wahl vollkommen offen ist. Ich kann jeden der beiden Handlungsstränge gleichermaßen wählen. Wenn ich einen Handlungsstrang gewählt habe, kann ich zurückblickend wissen, dass ich genauso gut den anderen Handlungsstrang frei hätte wählen können. Ich kann entscheiden oder hätte entscheiden können, X zu tun oder nicht zu tun.

Wenn ich in diesem Buch den Begriff des „freien Willens" gebrauche, dann meine ich ihn in diesem obigen Sinne.

Nehmen wir als Beispiel an, dass Jim den Punkt erreicht hat, an dem er entscheiden muss, ob er Rose oder Rachel heiratet. Wenn beide ihn ebenfalls heiraten wollen, hat er die Handlungsfreiheit: Niemand wird ihn dazu zwingen, die eine oder die andere Frau zu heiraten. Er denkt jedoch, dass er auch die Willensfreiheit hat. Er hat den Eindruck, dass er „gleichermaßen" die eine oder die andere Frau heiraten könnte.

Augustinus (Theologe und Philosoph des vierten und fünften Jahrhunderts) würde so wie Hume und viele andere bestreiten, dass Jim diese Art der Freiheit hat. Sie meinen, dass seine Entscheidung von diversen komplexen unterbewussten physischen und psychologischen Prozessen begrenzt und bestimmt wird. Jim kann das Mädchen seiner Wahl heiraten. Jedoch ist die Entscheidung, die er letztlich treffen wird, von diesen tiefsitzenden innerlichen Prozessen bereits vorherbestimmt. Er ist nicht frei anders zu wählen und zu handeln, als er wählt und handelt. Im Ergebnis denken manche Philosophen, dass Handlungsfreiheit kompatibel ist mit dem Determinismus. Diese Sichtweise nennt man Kompatibilismus oder „weichen Determinismus".

Natürlich ist Willensfreiheit das direkte Gegenteil des Determinismus. Das *Oxford Handbook of Free Will* sagt dazu Folgendes:

> *„Die Diskussionen über den freien Willen in der Neuzeit sind seit dem 17. Jahrhundert von zwei Fragen, nicht einer Frage, dominiert worden – der „Deterministischen Frage": „Ist der Determinismus wahr?" – und der „Kompatibilistischen Frage": „Ist freier Wille mit dem Determinismus kompatibel oder inkompatibel?". Die Antworten auf diese Fragen haben innerhalb der zeitgenössischen Debatten über den freien Willen zwei der größten Spaltungen ausgelöst; zwischen Deterministen und Indeterministen einerseits und zwischen Kompatibilisten und Inkompatibilisten andererseits."*[3]

Freiheit und Moral

Es steht außer Frage, dass unser Geschmack in Fragen des Essens, der Kunst oder der Musik oder auch unsere Partnerwahl und tatsächlich all unsere Entscheidungen in hohem Maße durch die Elemente unserer physischen und psychologischen Veranlagung *beeinflusst* werden. Welche inneren psychologischen Traumata, Sehnsüchte oder Triebe uns auch dazu bringen mögen, das moralische oder bürgerliche Gesetz zu brechen – und wir alle haben diese Dinge in uns –, so glauben dennoch die meisten von uns, dass wir noch immer frei sind, unsere Triebe zu kontrollieren und sowohl das moralische als auch das bürgerliche Gesetz einzuhalten. Wir sind daher moralisch verpflichtet, dies zu tun. Nur auf dieser Grundlage kann eine zivilisierte Gesellschaft funktionieren. Es gibt also einen engen Zusammenhang zwischen Willensfreiheit und Verantwortung.

Die bloße Existenz des Bürger- und Strafgesetzes zeigt, dass die Mitglieder zivilisierter Gesellschaften eine tiefsitzende Überzeugung haben, dass sie nicht nur Handlungsfreiheit, sondern auch Willensfreiheit besitzen. Ein wesentlicher Teil eines reifen Menschens

---

3   The Oxford Handbook of Free Will, OUP, Oxford, 2011, S. 5

(abgesehen von Neugeborenen und Geisteskranken) ist die Freiheit, sich zwischen A und Nicht-A zu entscheiden, sodass wir moralisch verantwortlich und für unsere Taten haftbar sind. Der Oberste Gerichtshof der Vereinigten Staaten von Amerika sagt, dass der Glaube an den Determinismus „nicht mit den zugrundeliegenden Grundsätzen unseres strafrechtlichen Rechtssystems zusammenpasst" (United States vs. Grayson, 1978). Als moralisches Geschöpf braucht man zuallererst ein moralisches Bewusstsein. Menschen sind, soweit wir das wissen können, die einzigen Geschöpfe auf Erden, die ein solches Bewusstsein haben. Man kann einem Hund durch strenge und schmerzhafte Disziplin beibringen, dass er kein Stückchen Fleisch vom Tisch stehlen soll, aber man wird einem Hund niemals beibringen können, warum es moralisch verwerflich ist, zu stehlen. Er hat keinerlei moralische Vorstellung und wird sie auch niemals haben.

Zweitens muss man nicht nur den Unterschied zwischen dem moralisch Guten und dem moralisch Bösen kennen, wenn man sich moralisch benehmen will; man muss auch genügend Willenskraft haben, um sich frei für das Böse oder Gute entscheiden zu können. In dieser Hinsicht besteht ein kategorischer Unterschied zwischen dem noch so fortschrittlichen Computer und dem Menschen. Ein Computer mag uns die Antwort auf moralische Fragen geben, die vorher programmiert worden sind; aber er würde die Moral selbst niemals begreifen oder sich ihrer bewusst werden. Er kann daher nicht für seine Entscheidungen und seine Reaktionen moralisch verantwortlich gemacht werden. Wenn ein Computer an dem Entwurf von Landminen beteiligt ist, die letztlich die Verstümmelung oder den Tod tausender Kinder verursachen, dann macht es keinen Sinn, ihn eines moralisch verwerflichen Handelns zu beschuldigen. Er hat weder einen freien Willen noch eine Wahl. Er tat das, wozu er programmiert wurde. Er ist kein moralisches Wesen und somit auch nicht verantwortlich für seine Handlungen.

Menschen hingegen sind nicht in diesem Sinne programmiert (es sei denn sie sind Opfer einer tiefen psychologischen Konditionierung geworden). Sie haben die Fähigkeit zu wählen und können somit moralische Entscheidungen treffen. Mehr noch: Sie sind im Allgemeinen sogar stolz darauf. Niemand wäre lieber ein menschenähnlicher, computergesteuerter Roboter. Wenn ein Mensch sich beispielsweise dafür entschieden hat, sich um seiner moralischen Grundsätze willen einer Gefahr zu stellen, anstatt feige einen Ausweg zu suchen und sie zu verleugnen, wird er gerne für seine moralische Entscheidung als verantwortlich angesehen und manchmal sogar dafür gelobt. Nur wenn wir etwas falsch gemacht haben, neigen wir gewöhnlich dazu, die moralische Verantwortung zu verleugnen und zu sagen: „Ich konnte nicht anders." Der Neurowissenschaftler Harvey McMahon aus Cambridge schreibt dazu Folgendes:

> *„Der freie Wille untermauert auch die Ethik, durch die Entschei-*
> *dungen im Lichte moralischer Grundsätze getroffen werden. Der*
> *freie Wille untermauert im Grunde sämtliche Entscheidungen. Des*
> *Weiteren untermauert der freie Wille die Rolle der Mutwilligkeit*
> *und Schuld im Rechtssystem. Allein die Idee von Regeln und Geset-*
> *zen impliziert, dass wir eine Wahl und eine Fähigkeit haben, sie zu*
> *befolgen. Wie kann das Gesetz uns befehlen, bestimmte Dinge zu*
> *tun, wenn wir nicht dazu fähig sind, sie zu tun? Daher impliziert so-*
> *gar das Konzept des Gehorsams selbst, dass wir eine Wahl haben."*[4]

Tatsächlich empfinden die meisten zivilisierten Menschen die Tendenz totalitärer Staaten als verwerflich und entmenschlichend, wenn sie diejenigen, die moralisch Stellung gegen den Staat beziehen, als „abartig" oder „krank" bezeichnen, anstatt ihnen die Fähigkeit einer moralischen Entscheidung zuzugestehen.

C. S. Lewis sprach über diese Gefahr, Verfehlungen als grundsätzlich krankhaft zu betrachten, in einem großartigen Artikel mit dem Titel „The humanitarian theory of punishment" (etwa: „Die humanitäre Strafrechtstheorie"):

> *„Die humanitäre Theorie trennt die Bestrafung vom Konzept des ‚Ver-*
> *dienens'. Doch dieses Konzept ist die einzige Verbindung zwischen*
> *Bestrafung und Gerechtigkeit. Nur dadurch, dass man etwas verdient*

---

4   H. McMahon, How free is our free-will?, Cambridge Papers, Band 25, Nr. 2, Juni 2016

hat oder eben nicht verdient hat, kann ein Urteilsspruch gerecht oder ungerecht sein. Wenn wir also nicht mehr beachten, was der Verbrecher verdient und nur bedenken, was ihn heilen oder andere abschrecken könnte, dann haben wir ihn stillschweigend aus der Sphäre der Gerechtigkeit entfernt; anstelle einer Person, einem rechtsfähigen Menschen, haben wir nun ein bloßes Objekt, einen Patienten, einen ‚Fall' (...)

Wenn man gegen seinen Willen ‚geheilt' wird und etwa von Zuständen geheilt wird, die wir nicht als Krankheit ansehen würden, wird man auf dieselbe Ebene wie diejenigen gestellt, die das Alter der Mündigkeit noch nicht erreicht haben oder es niemals erreichen werden; man befindet sich nun auf einer Ebene mit Babys, Schwachsinnigen und Haustieren. Wenn wir jedoch bestraft werden – wie streng auch immer –, weil wir es verdient haben und es ‚besser hätten wissen sollen', dann werden wir wie ein menschliches Wesen behandelt, das als Ebenbild Gottes geschaffen wurde."

Lewis beschreibt anschließend einige der abschreckenden Implikationen der sogenannten humanitären Sichtweise. Sie sind sogar heute noch relevanter[5] als sie es zu der Zeit waren, in der er sie niederschrieb. Wir werden sehen, dass der Determinismus großen Einfluss auf die Psychologie und die kognitiven Wissenschaften bekommen hat. Die Bezeichnung der Religion als Neurose oder Wahn, so wie es auch Richard Dawkins in seinem Bestseller „Der Gotteswahn" macht, hat an Zugkraft gewonnen.

Lewis fährt fort:

„Wir wissen, dass eine Schule der Psychologie die Religion bereits als Neurose bezeichnet. Wenn nun diese bestimmte Neurose der Regierung in den Weg kommt, was sollte die Regierung daran hindern, sie zu ‚heilen'? Wenn dieser Befehl also erlassen wird, mag jeder auffällige Christ im Lande über Nacht in Umerziehungsanstalten verschwinden. Es wird wohl von den sachkundigen Gefängniswär-

---

5   Es ist ernüchternd zu erfahren, dass Lewis seinen Artikel in Australien veröffentlichen musste, weil in Großbritannien keiner daran Interesse zeigte.

tern abhängen, ob und wann sie wieder hinaus dürfen. Es wird aber keine Verfolgung sein. Selbst wenn die Behandlung schmerzhaft und lebenslang oder gar tödlich sein sollte, wird es lediglich ein bedauernswerter Unfall sein; die Absicht war ja rein therapeutisch. In der normalen Medizin gab es ja auch schmerzhafte Operationen und Todesfälle. Da sie aber als ‚Behandlung‘ und nicht als Bestrafung gesehen werden, können sie nur von Fachleuten aus technischen Gründen kritisiert werden, nicht aber von Menschen und auf einer Grundlage des Rechts.

Deshalb halte ich es für wichtig, der humanitären Strafrechtstheorie zu widersprechen, in all ihren Wurzeln und Ausrichtungen und wann immer wir ihr begegnen. Sie trägt den Anschein von Barmherzigkeit vor sich her, der vollkommen falsch ist. So kann sie wohlwollende Menschen verführen." [6]

Diejenigen, die sich weiter mit diesem Thema befassen wollen, können den Artikel von Stuart Barton Babbage mit dem Titel „C. S Lewis and the humanitarian theory of punishment" zurate ziehen. [7]

Freier Wille und Liebe

Eine weitere Fähigkeit, die ohne den freien Willen unmöglich wäre, ist die Fähigkeit zu lieben. Der Existenzialist Jean-Paul Sartre beschrieb diesen Gedanken wie folgt:

„Der Mensch, der geliebt werden will, möchte keine Versklavung des Geliebten. Er will kein Objekt der Leidenschaft werden, das sich mechanisch fortbewegt. Er will keinen Automaten besitzen. Wenn wir ihn demütigen wollen, dann müssen wir ihn nur da-

---

6   C. S.Lewis, „The Humanitarian Theory of Punishment", The Twentieth Century: An Australian Quarterly Review, Band 3, Nr. 3, zitiert aus C. S. Lewis, God in the Dock, Eerdmans, Grand Rapids, 1970, S. 287-94. https://scholarsarchive.byu.edu/cgi/viewcontent.cgi?article=1271&context=irp (Abruf am 9.1.2019)

7   https://biblicalstudies.org.uk/pdf/churchman/087-01_036.pdf (Abruf am 9.1.2019)

von überzeugen, dass die Leidenschaft des Geliebten das Ergebnis eines psychologischen Determinismus ist. Der Liebende wird sich nun so fühlen, als würden sowohl seine Liebe als auch sein Selbst wertlos. Wenn der Geliebte in einen Automaten verwandelt wird, dann bleibt der Liebende allein zurück."[8]

Die Begabung des Menschen mit freiem Willen impliziert unausweichlich die Möglichkeit, dass er diesen freien Willen dazu nutzen kann, das Böse zu wählen und die Liebe, ja sogar den Gott der Liebe, abzulehnen. Daher müssen wir einige notwendige Implikationen des freien Willens für die Struktur der Natur beachten. Wenn der freie Wille und die freie Entscheidung, die Gott den Menschen gegeben hat, echt sein sollten, dann verlangt allein diese Tatsache, dass die Natur ein gewisses Maß an Autonomie besitzen sollte.

C. S. Lewis formuliert es wie folgt:

„Die Leute reden oft so, als sei für zwei nackte Geistwesen nichts leichter, als einander zu ‚begegnen' oder einander gewahr zu werden. Aber ich sehe keine Möglichkeit, dass sie so etwas zustandebrächten, es sei denn in einem gemeinsamen Medium, das ihre ‚Außen-Welt' oder Umwelt bildet (...) Was wir für die menschliche Gesellschaft brauchen, ist genau das, was wir besitzen: ein neutrales Etwas, das weder du noch ich ist, das wir beide handhaben können, um damit einander Zeichen zu machen. Ich kann mit dir sprechen, weil wir beide, durch die uns gemeinsame Luft zwischen uns, einander Schallwellen zusenden können."[9]

Lewis weist anschließend daraufhin, dass diese und andere neutrale Felder – mit anderen Worten die Materie – ein gewisses festes Wesen haben müssen, eine gewisse Autonomie, wie Lewis es nennt. Nehmen wir einmal das Gegenteil an. Stellen wir uns beispielsweise vor, dass die Welt auf eine Art und Weise strukturiert wäre, dass eine Holz-

---

8 J. P. Sartre, Being and Nothingness, Pocket Books, New York, 1984, S. 478

9 C. S. Lewis, Über den Schmerz, Kösel, München, 1978, S. 35f.

latte beim Bau eines Hauses stabil und fest bliebe, sie aber biegsam wie Gras würde, wenn ich meinen Nachbarn damit schlagen würde. Oder wenn die Luft plötzlich keine Lügen und Beleidigungen mehr übertragen würde. Lewis schreibt dazu:

> *„Würde das Prinzip zu Ende gedacht, dann wären sogar böse Gedanken unmöglich, denn das Gehirn, mit dessen Hilfe wir denken, würde seinen Dienst verweigern, sobald wir versuchen, sie zu denken. Jegliche Materie in der Nachbarschaft eines bösen Menschen würde unvorhersagbaren Veränderungen unterworfen sein."*[10]

Im Ergebnis würde natürlich die reale Willens- und Entscheidungsfreiheit des Menschen negiert werden.

Die Natur muss also eine gewisse Autonomie haben, damit es eine Gesellschaft von Menschen mit freiem Willen geben kann, die echte moralische Entscheidungen zum Guten oder Bösen treffen und sie praktisch umsetzen können. Das Potenzial böser Gedanken und Handlungen, die böse Auswirkungen haben, kann nicht einfach aufgehoben werden, ohne dass gleichzeitig die notwendige Bedingung des freien Willens zum Handeln ebenso aufgehoben wird. Dies ist ein moralisches Universum.

So weit, so gut. Aber was steckt hinter alledem? Wie kann dieses Universum zu einem moralischen Universum werden? Wenn wir frei darin leben sollen, was sind die grundlegenden Bedingungen, um diese Freiheit zu erlangen?

Weltanschauungen beachten

Eine Schlüsselfrage lautet: Ist der Mensch die höchste und alleinige rationale Autorität in der Welt – oder sogar im Universum –, soweit wir es wissen können und es uns betrifft? Und sind wir in diesem Fall vollkommen frei zu entscheiden, wie wir uns verhalten

---

10   Lewis, S. 38f.

30

wollen, was richtig und was falsch ist, welche ultimativen Werte wir haben und was der Zweck unserer Existenz ist – wenn es überhaupt einen gibt – und was unser letztes Ziel sein soll? Oder gibt es einen Gott, der das Universum und uns darin geschaffen hat und daher das Recht hat, nicht nur die phykalsischen Naturgesetze als Grenzen der menschlichen Existenz zu bestimmen – bzw. sie bereits bestimmt hat –, sondern auch die moralischen und geistlichen Gesetze, die das menschliche Verhalten kontrollieren sollen? Werden die Menschen von diesem Gott dafür verantwortlich gemacht, wie sie sich verhalten und werden sie ihm letztlich Rechenschaft ablegen müssen?

Die Antworten spiegeln zwei verschiedene Weltanschauungen wieder: den Atheismus und den Theismus. Sie sind so vollkommen unterschiedlich, dass viele Atheisten meinen, dass der Theismus der größte Feind der menschlichen Freiheit ist. Sie folgen dem 2011 verstorbenen Christopher Hitchens, indem sie den Gott, an den sie nicht glauben, als einen großen Diktator im nordkoreanischen Stil betrachten, der uns ständig überwacht und durch seine Drohungen unsere Freiheit begrenzt. Sie sehen die Religion als Quelle der Unterdrückung, der Versklavung und des Krieges, die im direkten Widerspruch zur menschlichen Würde und Freiheit steht. Dieselben Merkmale weisen viele Theisten der atheistischen Ideologie zu und sehen in ihr die eigentliche Ursache eines unübersehbaren Ausmaßes menschlicher Unterdrückung. Sie sehen in ihr die Verleugnung des menschlichen Grundrechts der Freiheit, besonders im 20. Jahrhundert – man denke nur an Stalin, Mao und Pol Pot.

An diesem Punkt müssen wir sorgfältig sein, denn es gibt heute in vielen Ländern Unterdrückung, Gewalt und Krieg, die mit beidem direkt in Verbindung stehen: sowohl mit dem Atheismus als auch mit der Religion. Dennoch sind nicht all solche Systeme gewalttätig, und Versuche, sie alle über einen Kamm zu scheren, sind unfair und sogar grotesk.

Wenn wir uns beispielsweise die Religionen der heutigen Welt anschauen, sehen wir Folgendes: Der friedliche Amish hat nichts gemeinsam mit dem gewalttätigen islamistischen Terroristen. (Ich schreibe als Christ, als Nachfolger Christi, der explizit die Gewalt ablehnte und seine Nachfolger lehrte, ihre Feinde zu lieben.[11])

Eine allgemein bekannte Antwort besagt, dass auch wenn manche Religionen die Gewalt verneinen, das Postulat Gottes als solches die Menschen demütigt, indem es ihre Autonomie begrenzt. Karl Marx beschrieb diese Sichtweise wie folgt:

> *„Ein Wesen gilt sich erst als selbständiges, sobald es auf eignen Füßen steht, und es steht erst auf eignen Füßen, sobald es sein Dasein sich selbst verdankt. Ein Mensch, der von der Gnade eines andern lebt, betrachtet sich als ein abhängiges Wesen. Ich lebe aber vollständig von der Gnade eines andern, wenn ich ihm nicht nur die Unterhaltung meines Lebens verdanke, sondern wenn er noch außerdem mein Leben geschaffen hat, wenn er der Quell meines Lebens ist, und mein Leben hat notwendig einen solchen Grund außer sich, wenn es nicht meine eigne Schöpfung ist."* [12]

> *„Die Kritik der Religion endet mit der Lehre, dass der Mensch das höchste Wesen für den Menschen sei."* [13]

Dies ist das Herzstück der zeitgenössischen humanistischen Philosophie:

> *„Ein Humanist hat das alte Joch des Supranaturalismus abgeworfen, mit samt seiner Last der Furcht und der Knechtschaft. Er bewegt sich als freier Mensch auf der Welt, als Kind der Natur und nicht irgendwelcher menschengemachten Götter."* [14]

---

11 Für eine ausführlichere Diskussion dieses Themas und verwandte Themen lesen Sie John Lennox, „Gott im Fadenkreuz", SCM R. Brockhaus, Witten, 2013, S. 77-105 und 149-184.

12 Karl Marx, Ökonomisch-philosophische Manuskripte aus dem Jahre 1844, 3. Manuskript, Privateigentum und Kommunismus, MEW Bd. 40, 544

13 Karl Marx, Zur Kritik der Hegelschen Rechtsphilosophie, Marx/Engels – Werke, (Karl) Dietz Verlag, Berlin, Band 1, Berlin/DDR, 1976, S. 385

14 The Humanist, Nr. 5, 1954, S. 226

Es ist eine tragische Ironie, dass ausgerechnet Marx' atheistische Philosophie die wahrscheinlich größte ideologische Vernichtungswaffe der menschlichen Freiheit darstellt, die die Welt je gesehen hat. Dennoch erfordert Marx' Beobachtung eine differenziertere Betrachtung. Der Gedanke, dass unsere Freiheit wirksam reduziert wird und wir als Menschen degradiert werden, wenn wir Gott in unsere Weltanschauung mit einbeziehen, ist sehr gängig.

Atheisten sind nicht die Einzigen, die die instinktive Sehnsucht des menschlichen Herzens nach Freiheit hochhalten. Den Theisten zufolge ist diese Sehnsucht von Gott selbst eingegeben und grundlegend und zentral für ihr Gotteserlebnis. Religiöse Juden beispielsweise werden auf das Erlebnis verweisen, das das ursprüngliche und bildende Element ihrer Existenz und Identität als Volk war: die Befreiung ihres Volkes aus der ägyptischen Sklaverei im zweiten Jahrtausend vor Christus. Der laute Ruf des Propheten Gottes namens Mose an den damaligen ägyptischen Pharao „Lass mein Volk ziehen, damit sie mir in der Wüste dienen", klingt seit Jahrhunderten in den jüdischen Herzen nach. Juden haben dieses Ereignis seit jeher mit dem jährlichen Passahfest gefeiert. Dieser Glaube, in Gott als Erhalter und Befreier begründet, hat ihnen die Hoffnung in den vielen Unterdrückungen erhalten, die sie seitdem durch totalitäre und antisemitische Herrscher erleiden mussten.

Christen werden hinzufügen, dass die Freiheit ein Kernbestandteil des Evangeliums Christi ist. Sie werden Christi Aussage seines Leitbildes zitieren:

„Der Geist des Herrn ist auf mir, weil er mich gesalbt hat, Armen gute Botschaft zu verkündigen; er hat mich gesandt, Gefangenen Freiheit auszurufen und Blinden, dass sie wieder sehen, Zerschlagene in Freiheit hinzusenden, auszurufen ein angenehmes Jahr des Herrn." (Lk 4,18-19)

Hinter der Sehnsucht der Atheisten, jegliches Konzept eines Schöpfers abzuschaffen, steht ihre Kritik der Religion als unterdrückende Sklaverei des menschlichen Geistes, eine Ursache der Entfremdung des Menschen von seinem wahren Selbst – leider oftmals aus persönlicher Erfahrung entstanden.

Andere Religionen müssen selbst zu diesen Themen für sich einstehen, aber als Christ kann ich diesen Einspruch sehr gut verstehen. Denn die bloße Religion, die sich von einem persönlichen Glauben an Gott unterscheidet, kann sehr leicht in eine Sklaverei ausarten. Dies ist die Gefahr, der sich die Bibel selbst sehr bewusst ist. Paulus ermahnt seine Mitchristen:

„Für die Freiheit hat Christus uns frei gemacht. Steht nun fest und lasst euch nicht wieder durch ein Joch der Sklaverei belasten." (Gal 5,1)

Das Joch der Sklaverei, auf das er sich bezieht, ist eine Form der gesetzlichen Religion, die er vorher so beschreibt:

„Damals jedoch, als ihr Gott nicht kanntet, dientet ihr denen, die von Natur nicht Götter sind; jetzt aber habt ihr Gott erkannt – vielmehr seid ihr von Gott erkannt worden. Wie wendet ihr euch wieder zu den schwachen und armseligen Elementen zurück, denen ihr wieder von neuem dienen wollt? Ihr beobachtet Tage und Monate und bestimmte Zeiten und Jahre. Ich fürchte um euch, ob ich nicht etwa vergeblich an euch gearbeitet habe." (Gal 4,8-11)

Aus Sicht des Christen begeht der Atheist an dieser Stelle einen Fehler, weil er bei seiner berechtigten Kritik einer unterdrückenden, gesetzlichen, abergläubischen und opiumhaltigen Religion, Gott selbst ablehnt, der ja selber diese Art von Religion verurteilt. Doch die Ablehnung Gottes ist weit entfernt davon, menschliche Freiheit zu fördern, im Gegenteil. Sie kann zu einer pseudo-religiösen, menschenzentrierten Ideologie führen, die jeden Menschen zum Gefangenen irrationaler Kräfte werden lässt und ihn letztlich ungeachtet seiner Menschlichkeit zerstören wird.

Es ist jedoch nicht unser Ziel, diese Themen hier zu weiter zu verfolgen oder die Spannung zwischen Atheismus und Theismus bezüglich der Freiheit allgemein zu diskutieren. Wir wollen uns stattdessen auf die zunehmende Betonung des Determinismus in seinen vielen Formen konzentrieren, sowohl unter den Atheisten als auch unter den Theisten (vornehmlich Christen). Manche Atheisten glauben, dass die Naturgesetze in letzter Konsequenz alles bestimmen, während manche Theisten glauben, dass Gott dies tut.

Kapitel 2

VERSCHIEDENE ARTEN DES DETERMINISMUS

Das „Oxford Handbook of Free Will" berichtet, dass es neunzig verschiedene Arten des Determinismus gibt. Wir müssen uns mit sehr wenigen begnügen. Der kausale Determinismus beschreibt beispielsweise, dass jedes Ereignis nach den festen Gesetzen der Natur durch vorherige Ereignisse verursacht wird. Manche kausalen Deterministen sind physikalische Deterministen – für sie gelten nur physikalische Ursachen. Andere sind offen für mentale Ursachen.

Auf der anderen Seite steht der theistische Determinismus (oder auch der theologische Determinismus oder der göttliche Determinismus), der besagt, dass alles von Gott bestimmt wird. In seiner allgemeinen Form, legt der theistische Determinismus nicht fest, *wie* Gott alles verursacht, sondern nur *dass* er es tut.

Der physikalische Determinismus

Einer der berühmtesten theoretischen Physiker, Stephen Hawking, war ein physikalischer Determinist.

„Es ist schwer vorstellbar, wie der freie Wille funktionieren soll, wenn unser Verhalten durch das physikalische Gesetz vorgegeben

ist. Es scheint also, als seien wir nicht mehr als biologische Maschinen und der freie Wille nur eine Illusion."[15]

Er gibt jedoch zu, dass das menschliche Verhalten so komplex ist, dass es unmöglich wäre, es vorherzusagen, sodass wir in der Praxis die „effektive Theorie" gebrauchen „dass Menschen einen freien Willen besitzen".[16]

Richard Dawkins schreibt von einem moralisch gleichgültigen Universum, von dem das menschliche Verhalten kontrolliert wird:

„In einem Universum blinder physischer Kräfte und genetischer Reproduktion werden manche Menschen verletzt, während andere Menschen Glück haben. Man wird darin weder einen Sinn, noch Gerechtigkeit sehen können. Das Universum, das wir beobachten, hat genau die Eigenschaften, die wir erwarten sollten, wenn es im Grunde kein Design, keinen Zweck, kein Böses und kein Gutes gibt. Nichts als blinde und gnadenlose Gleichgültigkeit. Die DNA weiß nichts und interessiert sich für nichts. Sie existiert einfach. Und wir tanzen zu ihrer Musik."[17]

Der Neurowissenschaftler Sam Harris schreibt:

„Scheinbar agiert man als Vertreter seines eigenen freien Willens. Diese Sichtweise kann jedoch nicht mit den Dingen vereinbart werden, die wir über das menschliche Gehirn wissen. All unser Verhalten kann auf biologische Ereignisse zurückverfolgt werden, über die wir kein bewusstes Wissen haben: Dies hat schon immer nahegelegt, dass der freie Wille eine Illusion ist."[18]

---

15   S. Hawking und L. Mlodinow, The Grand Design, Bantam Press, London, 2010, S. 45

16   Hawking und Mlodinow, S. 47

17   R. Dawkins, Out of Eden, Basic Books, New York, 1992, S. 133

18   S. Harris, The Moral Landscape, Free Press, New York, 2010, S. 102-12

Paul Bloom, Professor der Psychologie und der Kognitionswissenschaften an der Universität Yale stimmt damit überein:

„Unsere Handlungen sind tatsächlich geradezu von den physischen Gesetzen, der Beschaffenheit des Universums und vielleicht auch von willkürlichen Ereignissen auf der Quantenebene vorherbestimmt, lange bevor wir geboren wurden. Nichts davon wählen wir, weswegen der freie Wille nicht existiert. Der Determinismus ist nun seit einiger Zeit das Einmaleins der Philosophie, und die Argumente gegen den freien Willen existierten schon Jahrhunderte, bevor wir irgendetwas über Gene oder Neuronen wussten. Auch in der Theologie ist dies lange Zeit ein Problem gewesen. Moses Maimonides formulierte im 12. Jahrhundert bezüglich der göttlichen Allwissenheit: Wenn Gott doch bereits weiß, was du tun wirst, wie kannst du dich frei entscheiden?" [19]

Der führende deutsche Neurowissenschaftler Wolf Singer, Co-Autor des „Manifest elf führender Neurowissenschaftler" denkt, dass wir all das Gerede über die Willensfreiheit aufgeben sollten, da der Verstand bald vollkommen naturalistisch und bezüglich seiner physikalischen Zustände und Prozesse im Gehirn erklärt werden kann. [20] Der experimentelle Psychologe Wolfgang Prinz sagt, dass der „Gedanken des menschlichen freien Willens nicht einmal in Grundsätzen mit den wissenschaftlichen Erkenntnissen vereinbart werden kann". [21]

Aus den obigen Zitaten geht hervor, dass es besonders auf der atheistischen Seite einen engen Zusammenhang zwischen Determinismus und Reduktionismus gibt. Der Reduktionismus besagt, dass Wesenheiten nicht mehr sind als die Summe ihrer physikalischen Bestandteile und daher vollkommen erklärt werden können, wenn sie bei der Analyse auf diese Teile *reduziert* werden. Wir sind gewöhnt, dass das Verhalten physikalischer Körper von physikalischen

---

19 The Chronicle Review, März 2012

20 W. Singer und G. Roth in „Gehirn und Geist", 2004

21 W. Prinz, „Der Mensch ist nicht Gespräch", in C. Geyer, Hirnforschung und Willensfreiheit, Suhrkamp, Frankfurt, 2004

Gesetzen bestimmt wird. Wenn Menschen also lediglich physikalische Wesen sind, dann ist ihr Verhalten genauso vorherbestimmt wie das Verhalten des Steins, der der Erdanziehungskraft folgt, wenn er fällt. Es ist daher wichtig festzustellen, dass ein solch physikalischer Reduktionismus zunehmend unter Druck gesetzt wird, nicht nur von christlichen Theisten, wie man es vielleicht erwarten würde, sondern auch von atheistischer Seite. Einer der führenden Philosophen, Thomas Nagel, geht in seinem Buch „Geist und Kosmos" besonders darauf ein.[22]

Jedoch sind nicht alle Atheisten Deterministen. Peter Tse beispielsweise, ein führender zeitgenössischer Neurowissenschaftler vom Dartmouth College, erforscht, „wie der freie Wille in einer besonderen Art der neuronalen und begleitenden Informationsverarbeitungs-Struktur realisiert werden kann"[23].

Viele berühmte Neurowissenschaftler lehnen den freien Willen jedoch ab. In einem viel zitierten Aufsatz, der in der Zeitschrift „Nature" veröffentlicht wurde, argumentierten John-Dylan Haynes und seine Kollegen, dass „unser subjektives Erlebnis von Freiheit nicht mehr als eine Illusion ist"[24]. Ein weiterer renommierter Neurowissenschaftler, Michael Gazzaniga, schreibt:

„Die Neurowissenschaft offenbart, dass das Konzept des freien Willens bedeutungslos ist, wie es auch John Locke im 17. Jahrhundert nahegelegt hat. Es wird Zeit, dass wir dieses Konzept des freien Willens überwinden und nach vorne schauen."[25]

---

22 T. Nagel, Mind and Cosmos, OUP, Oxford, 2012; deutsch: „Geist und Kosmos", Suhrkamp, Berlin 2013

23 P. Tse, The Neuronal Basis of Free Will: Criterial Causation, MIT Press, Cambridge, 2013

24 C. S. Soon et al., „Unconscious Detemerminants of Free Decisions in the Human Brain", Nature Neuroscience, 11, 2008, S. 543-45

25 M. Gazzaniga, „Free Will is an illusion, but you are still responsible for your actions", Chronicle of Higher Education, 18. März 2012

Dies ist eine seltsame Schlussfolgerung im Namen der Wissenschaft, wo doch eine ihrer größten Koryphäen, Albert Einstein, der Meinung war, dass wissenschaftliche Theorien freie Schöpfungen des menschlichen Verstandes sind. Sie ist ebenso merkwürdig im Lichte der Tatsache, dass menschliche Freiheit für die meisten Menschen mit Moral und menschlicher Würde zusammenhängt. Wollen wir die Moral wirklich hinter uns lassen? Ganz zu schweigen vom Konzept der Liebe? Dennoch, trotz der offensichtlichen moralischen Tücken, die der Glaube an den Determinismus mit sich bringt, besteht Sam Harris darauf, dass jeder, der sein eigenes Leben betrachtet, sehen wird, dass „nirgendwo ein freier Wille gefunden werden kann".[26]

Ironischerweise wettern viele der sogenannten neuen Atheisten weiterhin gegen die Religion, die sie für einen bösen Wahn halten, der eliminiert werden sollte. Ihr Gebrauch des Wortes „böse" zeigt, dass ihr Zorn moralischer Natur ist, und lässt uns sofort fragen: Wie können sie überhaupt ein moralisches Konzept haben, wenn sie doch eigentlich glauben – wie auch das obige Dawkins-Zitat zeigt –, dass es „kein Gut oder Böse" gibt und das menschliche Verhalten auf einen Tanz zur Musik unserer DNA reduziert wird. Wie könnte dann irgendjemand für seine Taten verantwortlich gemacht werden?

Aus Dawkins' deterministischer Sicht existiert das Problem des Bösen nicht, aus dem einfachen Grund, weil es nach seiner Weltanschauung das Böse nicht gibt. Wenn dies der Fall ist, welchen Sinn hat es dann, dass er die Religion (oder irgendetwas anderes) als böse bezeichnet? Natürlich stimmen nicht alle Atheisten mit Dawkins überein. Tatsächlich zeigen Dawkins' moralische Ausbrüche gegen das Christentum (oder etwas anderes), dass Dawkins nicht einmal mit Dawkins selbst immer übereinstimmt!

Das Problem des Bösen in Bedeutungslosigkeit aufzulösen, macht jedoch auf die Mehrheit der Menschen keinerlei Eindruck. Der

---

26 S. Harris, Free Will, Simon and Schuster, New York, 2012, S. 64. „Unsere Wahrnehmung unseres eigenen freien Willens resultiert daraus, dass wir nicht genau darauf achten, wie es wirklich ist, so zu sein, wie wir sind. Wenn wir darauf achten, werden wir sehen, dass wir nirgendwo einen freien Willen finden können und unsere Subjektivität vollkommen inkompatibel mit Wahrheit ist."

kausale Determinismus, ob nun genetisch oder nicht, überschätzt sich selbst. Er zerstört nicht nur die Moral, sondern auch alle Bedeutung. Die höchste Ironie des Ganzen ist, dass viele der zitierten Atheisten genau zu den Menschen gehören, die meinen, dass das Christentum die Menschheit unterdrückt, entwürdigt und ihr die Freiheit raubt. Nun sagen sie uns, dass wir überhaupt keine Freiheit haben – eine solche Logik ist schon wundersam anzuschauen!

Eines der Hauptargumente, die gegen den freien Willen sprechen, ist das kausale Verknüpfungs-Argument, dessen Beispiel wir an dem obigen Zitat von Richard Dawkins sehen können. Wenn das, was wir unsere Entscheidungen nennen, lediglich Teil einer langen Kette von physikalischen Ursachen und Wirkungen ist, die auf die grundlegende Physik und Chemie des Universums zurückgehen, dann können wir in keinster Weise Kontrolle über unsere Entscheidungen haben – was auch immer das „wir" in dieser Aussage bedeutet.

Der Wissenschaftsphilosoph Tim Lewens von Cambridge argumentiert, dass dieses Argument nicht durch Quantenunbestimmtheit geschwächt wird:

> *„Von dem freien Willen erhoffen wir uns scheinbar, dass die Behauptung gesichert wird, dass wir die Dinge kontrollieren können. Dies ist nicht, was uns die Unbestimmtheit gibt. Stattdessen nimmt sie an, dass wie auch ein angeregter Atomkern innerhalb von fünf Minuten zerfallen oder nicht zerfallen wird, so auch ein fest entschlossener Autokäufer innerhalb von fünf Minuten einen Ford kaufen oder nicht kaufen wird. Doch der Indeterminismus sagt uns nicht, dass das Atom selbst bestimmen kann, wann es zerfällt. Er sagt uns ebensowenig, dass jemand selbst bestimmt, ob er einen Ford kauft. Es ist der Zufall, und keine Steuerung, der bestimmt, welches dieser zukünftige Dinge sich realisieren wird."*[27]

David Hodgson schreibt: „Ich denke, dass die Physiker im Allgemeinen den Indeterminismus vorziehen. Zuletzt ist auch die Möglichkeit einer deterministischen Version der Quantenmechanik sehr stark

---

27   T. Lewens, The Meaning of Science, Pelican, London, 2015, S. 231

durch die Mathematiker John Conway (dem Erfinder des berühmten ‚Spiel des Lebens') und Simon Kochen herausgefordert worden."[28] Lewens diskutiert im weiteren Verlauf über neurowissenschaftliche Experimente, wie jene von Benjamin Libet, die von manchen so interpretiert werden, dass unterbewusste Gehirnaktivität einer bewussten Entscheidung vorausgegangen ist. Im Ergebnis kommt die bewusste Entscheidung zu spät, als dass sie eine Ursache für bestimmte Arten von Aktivitäten sein könnte. Lewens Schlussfolgerung ist jedoch: „Die Neurowissenschaft konnte noch nicht beweisen, dass Freiheit eine Illusion ist."[29] Der Neurowissenschaftler Harvey McMahon (Cambrdige) stimmt damit überein:

„Es gibt keinen rein experimentellen Rahmen, in dem man den freien Willen als sinnvolle Entscheidung testen könnte. Obwohl also das Libet-Experiment oft zu der Behauptung angeführt wird, dass wir keinen freien Willen haben, und es dabei helfen mag zu erklären, wie das Gehirn Entscheidungen trifft, die keine aktive Kognition benötigen oder Entscheidungen vorbereiten, so kann es nicht erklären, wie und wann kognitive Entscheidungen getroffen werden."[30]

Eines der nützlichsten Bücher über dieses Thema ist „Mythos Determinismus" mit dem Untertitel „Wieviel erklärt uns die Hirnforschung?" von Brigitte Falkenburg[31].

Sie ist der Meinung, dass in der Debatte um das Gehirn und den Verstand fundamentale Fragen sträflich vernachlässigt worden sind. Mit erfrischender Ehrlichkeit zeigt sie, dass es in den Erklärungen der Hirnforschung massive Lücken gibt. Daraus schließt sie, dass trotz gegenteiliger Annahmen keiner heute wissen kann, ob der Verstand nur ein illusorischer Ausdruck ist, der von neuronalen Automatismen begleitet wird oder gar ein Produkt neuronaler Berechnung. Sie schreibt

---

28   The Oxford Handbook of Free Will, S. 70

29   T. Lewens, The Meaning of Science, Pelican, London, 2015, S. 250

30   H. McMahon, How free is our free-will?, Cambridge Papers, Band 25, Nr. 2, Juni 2016

31   B. Falkenburg, Mythos Determinismus: Wieviel erklärt uns die Hirnforschung?, Springer-Verlag, Berlin, 2012

Folgendes: „Letzten Endes kann die Hirnforschung nicht beweisen, dass neuronales Verhalten den Inhalt unseres Bewusstseins bestimmt."

Der theistische Determinismus

Die zugrundliegende Annahme hinter vielen Verneinungen des freien Willens ist der Naturalismus oder sogar der Materialismus. Voraussetzung ist hier, dass es nur die natürliche oder die materielle Welt gibt. Es gibt nichts Übernatürliches, keine „von oben nach unten"-Kausalität, keinen Bruch innerhalb der Kausalkette, die jedes Phänomen mit dem Grundmaterial des Universums verbindet. Wenn die Voraussetzung wahr ist, dann ist die Logik all dessen beeindruckend. Als christlicher Theist jedoch verneine ich diese Voraussetzung. Ich verneine sie, aufgrund – und nicht trotz – der Tatsache, dass ich ein Wissenschaftler bin. Ich bin der Meinung, dass die Wissenschaft als solche – sogar die Tatsache, dass wir zur Wissenschaft fähig sind – darauf hinweist, dass dieses Universum nicht alles ist. Ich glaube, dass die Wissenschaft ein Zeugnis für die Existenz eines ewigen Schöpfergottes ist, der das Universum geschaffen hat und der es anschließend auch erhält. Es gibt etwas außerhalb der Natur – etwas Übernatürliches.

Nun bedeutet dies nicht, dass es keine Kausalkette gibt, sondern dass es mehr als das gibt. Gott ist nicht Teil der natürlichen Welt, die er mit ihren Regelmäßigkeiten, die wir Gesetze nennen, geschaffen hat. Er ist kein Gefangener dieser Gesetze, sondern sie beschreiben lediglich, was normalerweise geschieht. Gott ist frei, der Natur „von außen" neue Ereignisse, Phänomene usw. hinzuzufügen. Tatsächlich besagt die zentrale christliche Behauptung, dass Gott selbst in diese Welt gekommen ist: Was im Johannesevangelium als *das Wort* bezeichnet wird, wurde in Jesus Christus Mensch.[32] Die Wissenschaft kann erkennen, wie die Natur normalerweise funktioniert, kann Gott aber nicht davon abhalten, etwas Neues oder anderes zu tun.

---

32   Joh 1,14

Dies bringt uns zur Frage des theistischen Determinismus. Wenn es einen Schöpfergott gibt, der die erste Ursache und der Erhalter des Universums ist, dann sind gewisse Dinge selbstverständlich vorherbestimmt. Gott hat ein physikalisches Universum geschaffen, das eine Art des gesetzmäßigen Verhaltens aufweist, das eine Vorherbestimmung begünstigt. Mindestens auf der Makroebene sind manche der Systeme innerhalb des Universums deterministisch. Dennoch wird Gott nicht vom Kausalzusammenhang begrenzt. Er hat die Menschen in seinem Bilde geschaffen, sodass auch sie nicht vollkommen davon begrenzt sind. Das bedeutet, dass sie wahre Freiheit besitzen.

C. S. Lewis hat erörtert, dass die menschliche Rationalität selbst, die eng an unseren Entscheidungen beteiligt ist, Teil der Übernatur ist:

„Wenn alles, was existiert, Natur ist – jenes große geist- und seelenlose ineinander verwobene Geschehen –, wenn unsere tiefsten Überzeugungen lediglich Nebenprodukte eines irrationalen Prozesses sind, dann besteht nicht der geringste Grund anzunehmen, unser Gefühl für das Angemessene und der daraus erwachsene Glaube an die Gleichförmigkeit könne uns irgendeine Auskunft über eine Realität außerhalb unserer selbst geben. Unsere Überzeugungen sind dann lediglich Angaben über uns – wie die Farbe unseres Haares. Hat der Naturalismus recht, dann haben wir keinen Anlass, unserer Überzeugung von der Gleichförmigkeit der Natur zu vertrauen. Das könnte man nur unter der Voraussetzung einer ganz anderen Metaphysik. Wäre die tiefste und fundamentalste Sache der Wirklichkeit, wäre die Quelle aller sonstigen Tatsächlichkeit etwas, das uns bis zu einem gewissen Grad ähnelt – wäre es ein rationaler Geist und bezögen wir unsere rationale Geistigkeit von ihm –, dann wäre unsere Überzeugung vertrauenswürdig. Unsere Abscheu vor Unordnung stammt vom Schöpfer der Natur und unserer selbst." [33]

---

33   C. S. Lewis, Miracles, Simon and Schuster, New York, 1996, S. 139., deutsch: Wunder, Brunnen-Verlag, Basel, 1991, S. 125

Es ist ermutigend zu sehen, wie einige führende Atheisten diesem Argument Gewicht verleihen. Der Philosoph Thomas Nagel, ein Atheist, denkt, dass der Naturalismus, der von den meisten atheistischen Autoren, die oben erwähnt werden, angenommen wird – und der zum Großteil für ihren Determinismus verantwortlich zu sein scheint – in ernsten Schwierigkeiten steckt.

> *„Das Bewusstsein ist das hervorstechendste Hindernis für einen umfassenden Naturalismus, der einzig auf den Ressourcen der physikalischen Wissenschaften beruht (…) Wenn wir dieses Problem ernst nehmen und seinen Implikationen weiter nachgehen, droht es, das gesamte naturalistische Weltbild aufzulösen."* [34]

Wenn auf der anderen Seite der Naturalismus falsch und der Theismus wahr ist [35], dann – ich wiederhole mich – ist es sicherlich denkbar, dass die Menschen, die nach dem Ebenbild Gottes geschaffen sind, sehr wohl ein gewisses Maß an wirklicher Freiheit besitzen, im Rahmen des Kausalzusammenhangs Entscheidungen zu treffen und ihn zu verändern.

Man könnte also erwarten, dass christliche Theisten die menschliche Willensfreiheit verteidigen; und in der Tat tun dies sehr viele. Das Hauptanliegen dieses Buches beschäftigt sich jedoch mit den Christen, die dies nicht tun oder es zumindest scheinbar nicht tun. Deren „theistischer Determinismus" verunsichert viele Menschen aufgrund des Gottesbildes, das er vermittelt.

Zurück zum Anfang

Bis hierhin habe ich hauptsächlich die Frage des freien Willens und des Determinismus behandelt, aus unserer menschlichen Erfahrung

---

34   Nagel, Geist und Kosmos, S. 55

35   Dies sind natürlich nicht die einzigen Alternativen, aber sie werden in diesem Buch thematisiert.

heraus und aus philosophischer Perspektive. Da ich mir der Gefahr bewusst bin, die ich im Vorwort erwähnt habe, dass wir Gott am Ende nach unseren eigenen Vorstellungen basteln, möchte ich nun das Gleichgewicht wiederherstellen, indem ich mich dem zuwende, was die Bibel zu diesem Thema sagt.

Doch wo soll ich beginnen? Ich finde es interessant, dass viele Autoren und Redner bei dem Thema dieses Buches mit dem Neuen Testament und Passagen wie Epheser 1 und Römer 9 beginnen (die das Thema der Prädestination behandeln). Anschließend lesen sie alles andere im Lichte ihrer Interpretation dieser Textstellen. Diese Stellen sind sehr wichtig und wir werden sie zu gegebener Zeit betrachten. Sie liegen allerdings weit entfernt vom Beginn der biblischen Geschichte.

Der geeignete Ausgangspunkt ist mit Sicherheit der Anfang selbst, der biblische Schöpfungsbericht, der uns sagt, dass Gott *„im Anfang den Himmel und die Erde schuf"* (1Mo 1,1). Gott ist also die „Erste Ursache", die das Universum geschaffen hat. Von Gott wird später berichtet, dass er *„alle Dinge durch das Wort seiner Macht trägt"* (Hebr 1,3). Das heißt, dass der Gott der Bibel kein ferner deistischer Gott ist, der das Universum am Anfang schafft, sich dann zurückzieht und es sich selbst überlässt, ohne weiter einzugreifen. Der Gott, den die Bibel offenbart, erhält das Universum weiter. Folglich ist er der souveräne Herr der Schöpfung. Gottes Souveränität ist in der Tat eines der zentralen Themen der Bibel. An dieser Stelle kommt das Thema des Determinismus ins Spiel; nicht für Atheisten, sondern für Theisten.

Die Schlüsselfrage lautet: Was genau beinhaltet Gottes Souveränität?

Gott bestimmt offensichtlich die Existenz des Universums und der Menschen darin. Als Nächstes muss man also in Erwägung ziehen, was 1. Mose über die Stellung des Menschen sagt. Uns wird gesagt, dass Mann und Frau als Gottes Ebenbilder geschaffen wurden. Sie sind also etwas sehr Besonderes, da das Universum nicht in Gottes Bild geschaffen wurde, auch wenn es uns seine Herrlichkeit bezeugt. Der Mensch jedoch wurde in seinem Bild geschaffen.

Die Tatsache, dass die Menschen in einen herrlichen Garten gesetzt wurden und sie die Früchte eines jeden Baumes essen durften, außer des Baums der Erkenntnis des Guten und des Bösen, ist von besonderer Relevanz für unser Thema. Dieses Verbot war grundlegend, um die einzigartige Würde der Menschen als moralische Wesen zu stiften, und es war weit entfernt davon, die Stellung des Menschen zu schmälern. Die biblische Geschichte definiert hier die unreduzierbaren Bestandteile, die Menschen zu moralischen Wesen machen und sie dazu befähigen, also solche zu funktionieren. Damit Moral wirklich werden konnte, mussten die Menschen ein gewisses Maß an Freiheit haben, und es musste eine moralische Grenze geben. Also beschenkte Gott sie mit der Freiheit, von allen Bäumen des Gartens zu essen oder nicht zu essen. Aber Gott untersagte ihnen, von einem bestimmten Baum zu essen. Er sagte ihnen, dass sie sterben müssen, wenn sie von dem Baum der Erkenntnis des Guten und des Bösen essen (siehe 1Mo 2,17).

Diese Stelle ist entscheidend für das Verständnis dessen, was die Schrift selbst mit der Souveränität Gottes meint. Sie soll offensichtlich nicht als absolute Kontrolle über das menschliche Verhalten verstanden werden, sondern als etwas viel Herrlicheres: die Übertragung echter Handlungsvollmacht an Geschöpfe, die in Gottes Bild geschaffen wurden, sodass sie nicht nur bloße Automaten sind, sondern moralische Wesen mit wahrer Freiheit – Geschöpfe mit der Fähigkeit, ja oder nein zu Gott zu sagen, ihn zu lieben oder ihn abzulehnen.

Natürlich könnte das Wort „Souveränität" (das im Bericht des 1. Buch Mose übrigens nicht vorkommt), als absolute Kontrolle über jedes Detail des Lebens verstanden werden. Wir werden sehen, dass manche Theisten es auch so verstehen. Dies riecht jedoch eher nach Despotismus und Diktatur, als dass es von einem Gott redet, der ein Universum schafft, in dem Liebe nicht nur existieren kann, sondern in höchstem Maße charakteristisch ist für Gott.

Daher ist die menschliche Freiheit in diesem Sinne ein grundlegender Bestandteil des biblischen Berichts. Sie harmonisiert sowohl mit der Logik als auch der Erfahrung, geht aber beiden voraus. Auf diese Art und Weise hat Gott uns geschaffen, deswegen sollten wir es als eine seiner größten Herrlichkeiten feiern. Die Freiheit sagt aus, dass wir Menschen etwas bedeuten – wir sind moralisch verantwortliche Wesen, unsere Wahl und unsere Entscheidungen sind bedeutsam.

A. W. Tozer beschrieb diese Gedanken sehr gut, als er Folgendes ausführte:

> *„Hier ist meine Sichtweise: Gott hat souverän angeordnet, dass der Mensch die Freiheit haben sollte, moralische Entscheidungen zu treffen. Der Mensch hat von Anfang an diese Anordnung erfüllt, indem er die Entscheidung zwischen Gut und Böse getroffen hat. Wenn er sich für das Böse entscheidet, dann wirkt er damit dem souveränen Willen Gottes nicht entgegen, sondern erfüllt ihn, weil die ewige Anordnung nicht festlegte, welche Wahl der Mensch treffen sollte, sondern dass er eine freie Wahl treffen sollte. Wenn Gott in seiner absoluten Freiheit dem Menschen begrenzte Freiheit geben wollte, wer ist da, der seine Hand aufhalten oder fragen sollte: ,Was tust du?' Der Wille des Menschen ist frei, weil Gott souverän ist. Ein Gott, der weniger als souverän ist, könnte seinen Geschöpfen keine moralische Freiheit verleihen. Er würde sich das nicht trauen."*[36]

Eine der besten Erklärungen dieser Position, die eine weite Akzeptanz genießt, stammt von Alvin Plantinga aus seinem wichtigen Buch „God, Freedom and Evil". Er beginnt damit, dass er das, was er unter einem freien Menschen versteht, in Bezug auf eine Handlung beschreibt:

> *„Ein Mensch ist frei, diese Handlung zu vollbringen, und er ist frei, sie nicht zu vollbringen. Keinerlei vorangehende Bedingungen und/ oder kausalen Gesetzmäßigkeiten bestimmen, dass er diese Handlung vollbringen oder nicht vollbringen wird. Es steht in seiner Macht, zur gefragten Zeit die Handlung zu vollbringen; und es steht in seiner Macht, die Handlung nicht zu vollbringen."*

Dies ist natürlich die Willensfreiheit. Plantingas Aussage der Verteidigung des freien Willens lautet wie folgt:

---

36   A. W. Tozer, The Knowledge of the Holy, Harper, 1961, New York, Kapitel 22

„Eine Welt mit freien Geschöpfen, die signifikant frei sind (und aus freien Stücken mehr gute als schlechte Handlungen begehen), ist wertvoller als eine Welt, die – unter sonst gleichen Umständen – keinerlei freie Geschöpfe enthält. Gott kann freie Geschöpfe schaffen, aber er kann nicht herbeiführen oder bestimmen, dass sie nur das Richtige tun. Wenn er dies nämlich tut, dann sind sie nicht frei; sie tun das Richtige nicht aus freien Stücken. Um nun Geschöpfe zu schaffen, die des moralisch Guten fähig sind, muss er also Geschöpfe schaffen, die des moralisch Bösen fähig sind. Er kann diesen Geschöpfen nicht die Freiheit geben, Böses zu tun, und sie gleichzeitig davon abhalten, es zu tun. Leider haben manche der freien Geschöpfe Gottes ihre Freiheit nicht richtig ausgeübt; dies ist die Quelle des moralisch Bösen. Die Tatsache, dass freie Geschöpfe manchmal falsche Wege gehen, spricht jedoch weder gegen Gottes Allwissenheit noch gegen seine Güte. Er hätte nämlich das Auftreten des moralisch Bösen nur verhindern können, indem er die Möglichkeit des moralisch Guten entfernt hätte.“[37]

Dieses Verständnis der biblischen Position wurde jedoch, wie wir im Detail sehen werden, in vielerlei Hinsicht herausgefordert; vielleicht am berühmtesten durch Martin Luther während der Reformation. In seinem Buch „Vom unfreien Willen" sagte Luther als Antwort auf den Aufsatz Erasmus' „Über den freien Willen" Folgendes:

„Und diese Allmacht und dieses Vorherwissen Gottes zerstört – so sage ich – von Grund auf die Lehre vom freien Willen (...) Freilich erregt nichts so sehr Anstoß bei dem gesunden Menschenverstand oder der natürlichen Vernunft, als dass Gott, dessen so große Barmherzigkeit und Güte gepredigt wird, aus freiem Willen die Menschen im Stich lässt, verstockt, verdammt, gleichsam als fände er Gefallen an den Sünden und den ewigen Qualen der Elenden. Es erscheint ungerecht, grausam, unerträglich, so über Gott zu denken, und deshalb haben auch so viele bedeutende Männer zu allen Zeiten daran Anstoß genommen. Und wer sollte es nicht?

---

37 A. Plantinga, God and Other Minds, Eerdmans, Grand Rapids, 1977, S. 132

Ich selbst bin mehr als einmal bis zum Abgrund und zur Hölle der Verzweiflung erschüttert gewesen, sodass ich sogar wünschte, ich wäre nie als Mensch geschaffen worden, ehe denn ich wusste, wie heilsam eine solche Verzweiflung ist und wie nahe der Gnade. "[38]

In diesem Abschnitt scheint Luther sich bewusst geworden zu sein, dass es mit einigen Aspekten seiner Sichtweise tiefe moralische Probleme gibt – diese Aspekte werden wir im Detail erforschen.

Eine weitere berühmte und einflussreiche Aussage zu dem Thema der Prädestination stammt von dem französischen Theologen Johannes Calvin. Er schrieb Folgendes:

„Unter Vorbestimmung verstehen wir Gottes ewige Anordnung, vermöge deren er bei sich beschloss, was nach seinem Willen aus jedem einzelnen Menschen werden sollte! Denn die Menschen werden nicht mit der gleichen Bestimmung erschaffen, sondern den einen wird das ewige Leben, den anderen die ewige Verdammnis vorher zugeordnet. Wie also nun der Einzelne zu dem einen oder anderen Zweck geschaffen ist, so – sagen wir – ist er zum Leben oder zum Tode ‚vorherbestimmt'. "[39]

Wir stellen fest, dass die allgemeine Aussage „was nach seinem Willen aus jedem einzelnen Menschen werden sollte", sehr schnell auf das ewige Schicksal eines jeden Menschen reduziert wird. Das Wort „Prädestination" (Vorherbestimmung) beinhaltet den Gedanken des Schicksals. Die Festlegung des menschlichen Schicksals ist eines der Hauptthemen der gesamten Diskussion.

An diesem Punkt muss ich innehalten, da die Erwähnung von Luther und Calvin wahrscheinlich eine Reaktion bei manchen Christen auslösen wird, die ich zwar verstehe, aber vermeiden möchte. Manche meiner Leser mögen denken: „Hier kommt also ein weiterer fehlgeleiteter Versuch, die gesamte Weisheit von Jahrhunderten der

---

38 Martin Luther, Vom unfreien Willen (1525), Gesammelte Werke, Hrsg. Kurt Aland, Bd. 3/288, Directmedia Publishing, Berlin, 2008

39 J. Calvin, Institutio, (dt. nach Otto Weber/bearb. M. Freudenberg), III, xxi, 5

reformierten Theologie infrage zu stellen, die auf der meisterhaften Arbeit zweier der größten und einflussreichsten christlichen Lehrer basiert, die jemals gelebt haben. Es gibt keinen Grund, weiterzulesen."

Ich wäre sehr traurig, wenn dies die Reaktion wäre. Die Tatsache, dass ich dieses Buch schreibe, sollte zumindest zum Teil aus geschichtlicher Perspektive auf die phänomenale Tatkraft, Fähigkeit und den Mut von Luther, Calvin und anderer Reformatoren zurückzuführen sein. Sie alle haben die monumental wichtige Aufgabe geleistet und dazu inspiriert, die Schrift zurück ins Zentrum des Christentums und seines Zeugnisses für die Welt zu stellen.

Ihre Betonung der Herrlichkeit und Souveränität Gottes und ihr beständiges Beharren auf dem biblischen Text sind ein Vorbild, nach dem sich viele von uns Normalsterblichen zurecht richten sollten. Sie haben große Schwierigkeiten auf sich genommen, um den Bibeltext klar auszulegen und nur das zu akzeptieren, was ihm entspricht.

Dem zu folgen ist für viele Christen heute, einschließlich mir, eine große Inspiration. Besonders denen, die sich nach mehr Stabilität, intellektueller Tiefe und Reife in ihrem Glauben, nach mehr Erkenntnis der Heiligkeit Gottes sehnen und sich um das Ansehen Gottes sorgen, was sie in manchen der seichten, substanzlosen Versuchen, den Glauben für die Außenwelt attraktiver zu gestalten, vermissen.

Dieses Gefühl der Verpflichtung im Verbund mit dem Bewusstsein meiner eigenen Unzulänglichkeiten hat mich eine lange Zeit zögern lassen, dieses Buch zu schreiben.

Es gibt noch einen weiteren Grund für mein Zögern, nämlich die allerwichtigste Tatsache, dass die christliche Lehre der Erlösung im Kern der Reformation stand: die Rechtfertigung allein durch den Glauben an Christus. Die Reformatoren hielten den gegenteiligen Gedanken zu Recht für falsch, dass Menschen ihre Erlösung durch ihre eigenen Anstrengungen in Werken, Ritualen, religiösen Leistungen und sogar durch Bezahlung verdienen könnten. Erlösung kommt allein von Gott als ein freies Geschenk seiner Gnade in Christus. Jeder folgenden Generation muss dringend verdeutlicht werden, dass das, was damals auf dem Spiel stand, absolut fundamental für das Christentum ist.

Die zentrale Spannung bestand, grob gesagt, zwischen Gottes eigenem Werk und unseren menschlichen Werken oder aber zwischen Gottes Souveränität und dem freien Willen und der Verantwortung des Menschen. Die Reformatoren waren zu Recht darauf bedacht, Gott zu erhöhen und zu verherrlichen, indem sie ihm allein die Erlösung zuschrieben und der menschlichen Leistung nichts zugestanden. Es ist besonders wertvoll, sich mit den frühen, vergeblichen Kämpfen Luthers zu beschäftigen, in denen er Frieden mit Gott finden wollte. Als augustinischer Mönch setzte er sich dem Fasten, der Geißelung und endlosen Variationen der strafenden Selbstdisziplin aus. Egal, wie er seinen Willen beugte und seine Entschlossenheit befeuerte, er erkannte schließlich, dass er niemals genug tun konnte, um sich den Frieden mit Gott zu verdienen.

Als er seine ersten Vorlesungen als Theologieprofessor in Wittenberg hielt, wurde ihm allmählich die Wahrheit der Rechtfertigung durch Glauben an Christus ohne Werke bewusst. Endlich erlebte er Frieden mit Gott, und es wurde unausweichlich, dass er die römisch-katholische Kultur der extremen „Werkgerechtigkeit" herausforderte, bei der Gottes Wohlwollen sogar durch teure Ablässe, Pilgerreisen und Buße gekauft werden konnte. Luthers fünfundneunzig Thesen, die er an die Wittenberger Schlosskirche angenagelt haben soll, waren eine vernichtende Anklageschrift solch religiöser Korruption. Seine mutige Entschlossenheit, gegen den Strom zu schwimmen, wurde zu einem Wendepunkt der Geschichte.

Angesichts dieser Tatsache beginne ich zu verstehen, dass Luther Schwierigkeiten mit der Frage des freien Willens des Menschen hatte. Schließlich hatte er seine Willenskraft bis an ihre Grenzen getrieben, um Erlösung zu verdienen, und fand heraus, dass er es nicht konnte. Man könnte dies nun als Hinweis interpretieren, dass der menschliche Wille nicht „frei genug" war, einen Menschen zu befähigen, Gottes Wohlwollen zu verdienen. In der theologischen Einleitung zu ihrer Übersetzung von Luthers Werk „Vom unfreien Willen", schreiben J. I. Packer und O. R. Johnston Folgendes:

„Luther und Erasmus stritten nicht und hatten auch keine unterschiedliche Sicht über die Realität oder Psychologie der menschlichen

Wahl, obwohl Erasmus dies nicht wirklich gesehen hat und manchmal so schreibt, als beinhalte Luthers Determinismus eine Lehre des psychischen Zwangs. Aber Luthers Verleugnung des freien Willens hat nichts mit der Psychologie der Tat zu tun. Er weiß und bekräftigt, dass menschlichen Entscheidungen spontan und ohne Zwang sind; es ist sogar grundlegend für seine Position. Es war die vollkommene Unfähigkeit des Menschen, sich selbst zu retten und die Souveränität der rettenden göttlichen Gnade, die Luther bestätigte, als er den freien Willen verleugnete, und es war das Gegenteil, das Erasmus behauptete, als er den freien Willen hochhielt."

Die Übersetzer schreiben weiter, dass nach Luthers Ansicht, die Erlösung

„vollkommen aus göttlicher Gnade geschehen muss, denn (der Mensch) kann nichts dazu beitragen. Jegliche Fassung des Evangeliums, die besagt, dass Gott seine Gnade nicht dadurch zeigt, dass er den Menschen erlöst, sondern es dem Menschen selbst ermöglicht, sich zu retten, muss als Lüge verworfen werden. Das gesamte Erlösungswerk Gottes, von Anfang bis zum Ende, ist Gottes Werk; und alle die Ehre muss auch ihm gebühren. Genau das wollte Erasmus nicht zugeben. Erasmus behauptet, dass Gottes Gnade durch Werke gewonnen wird. Luther sagt, dass sie im Glauben erkannt und empfangen wird."[40]

Wenn diese Interpretation richtig ist, dann würde sie dem Thema viel Druck und viele Missverständnisse nehmen, obwohl man rückblickend erwähnen könnte, dass die Verleugnung des freien Willens (mit ihrer unmittelbaren Implikationen für die menschliche Wahlfreiheit) vielleicht nicht die weiseste Art und Weise gewesen ist, einer solchen Interpretation Ausdruck zu verleihen.

An dieser Stelle sollte ich betonen, dass (für mich und viele andere) die Frage nicht darin besteht, ob die Bibel nun Gottes Souveränität lehrt oder nicht. Sie tut es, und ich bin der Meinung, sie tut es sogar

---

40   M. Luther, The Bondage of the Will, Grand Rapids, Baker, 1990, S. 53

voll und ganz. Gottes Königreich war, ist und wird immer sein. Gott ist der Urheber und die Quelle einer Erlösung, die kein Mensch verdienen kann. Auf persönlicher Ebene genießen meine Frau, meine Familie und ich Gottes gnädige Versorgung und Führung für so viele Jahre. Es ist unsere Überzeugung, dass Gott sein Universum völlig unter Kontrolle hat. So wie es die wunderschöne hebräische Poesie von Psalm 139 ausgedrückt, die von unschätzbarem Wert und Trost für uns gewesen ist:

> *„Denn du bildetest meine Nieren. Du wobst mich in meiner Mutter Leib. Ich preise dich darüber, dass ich auf eine erstaunliche, ausgezeichnete Weise gemacht bin. Wunderbar sind deine Werke, und meine Seele erkennt es sehr wohl. Nicht verborgen war mein Gebein vor dir, als ich gemacht wurde im Verborgenen, gewoben in den Tiefen der Erde. Meine Urform sahen deine Augen. Und in dein Buch waren sie alle eingeschrieben, die Tage, die gebildet wurden, als noch keiner von ihnen da war."* (Ps 139,13-16)

Wie oft haben uns die Worte des wunderbaren Liedes „Be Still My Soul" zur Ruhe geführt:

> *„Be still my soul: the Lord is on thy side!*
> *Bear patiently the cross of grief or pain.*
> *Leave to thy God to order and provide;*
> *In every change He faithful will remain."*

> *„Werde ruhig, meine Seele: Der Herr ist auf deiner Seite!*
> *Ertrage geduldig das Kreuz der Trauer und des Schmerzes.*
> *Überlasse es deinem Gott, dich zu leiten und zu versorgen;*
> *In jeder Veränderung wird er treu bleiben."*

Gottes Führung ist jedoch nicht von der Art eines autoritären Führungsstils, der dem Individuum keine Wahl lässt. Der biblische Bericht zeigt dies immer wieder. Abraham ist ein interessantes Beispiel. Gott erschien ihm in bestimmten Abständen und sagte ihm explizit, was er tun sollte, beispielsweise sollte er Ur verlassen. Dennoch gab er ihm dazwischen keine konkreten Anweisungen. Abraham musste entscheiden, was zu tun war, und traf manchmal die falsche Entscheidung. Wenn Gott ihm an jeder Stelle gesagt hätte, was zu tun ist, wäre seine Menschlichkeit infrage gestellt worden. Dann hätte er nicht lernen können, was es bedeutet, ein verantwortliches, moralisch befähigtes menschliches Wesen zu sein. Auch seine Beziehung zu Gott wäre nicht authentisch gewesen. Mit Gottes gnädiger und souveräner Führung in unserem eigenen Leben ist es grundsätzlich genauso.

Es steht ebenso außer Frage, dass die Bibel manche Dinge lehrt, die unbequem sind und besonders für das moderne Denken schwierig zu verstehen sind. Wenn wir also die momentane Generation erreichen wollen, müssen wir sie entweder aufweichen oder weglassen, wenn wir nicht ausgelacht werden wollen. Es ist nicht nur die Souveränität Gottes, die für das zeitgenössische Denken schwierig ist. Menschwerdung, Wunder, Auferstehung und die Himmelfahrt Jesu gehören alle in diese Kategorie. Ich weiß nur zu gut, was es bedeutet, öffentlich intellektuell in höchstem Maße verlacht zu werden, weil man an diese Dinge glaubt.

Die Frage ist nicht – ich betone es –, ob die Bibel die Souveränität Gottes lehrt, sie tut es. Die Frage besteht darin, was sie mit dieser Lehre meint. Es gibt verschiedene Arten, das Konzept der Souveränität zu verstehen. Eine mögliche ist der göttliche Determinismus. Eine weitere besagt, dass Gott ein liebender Schöpfer ist, der den Menschen in seinem Bild geschaffen hat und ihn mit einer bedeutungsvollen Fähigkeit zur Wahl geschaffen hat, die das gesamte großartige Potenzial der Liebe, des Vertrauens und der moralischen Verantwortung beinhaltet. Gott ist nicht der unwiderstehliche Verursacher des menschlichen Verhaltens, sei es gut oder schlecht. Ansonsten wären unsere Handlungen und Eigenschaften ihrer moralischen Bedeutsamkeit beraubt, und es würde keinen Sinn machen, davon zu reden, dass wir „gut" oder „schlecht" sind oder handeln.

Es ist eine der großartigsten Wohltaten Gottes, dass er uns mit moralischer Bedeutung versehen hat. Diese Tatsache zeigt sich am deutlichsten in Gottes Angebot der Erlösung. Diese Erlösung kommt ganz von Gott; wir können sie uns nicht verdienen. Doch in der Verkündigung des Evangeliums sind wir herausgefordert, unsere gottgegebene Fähigkeit, Christus zu vertrauen, zu gebrauchen, um Erlösung zu empfangen. Dieses Vertrauen wird „Glauben" genannt und ist, nach Paulus, das Gegenteil der Werke, wie wir noch sehen werden.

Der göttliche Determinismus jedoch besagt, dass es Gott noch mehr verherrlicht, wenn man glaubt, dass Menschen diese Fähigkeiten nicht haben und dass ihr Verhalten vollkommen von Gott bestimmt ist. Viele jedoch, mich inbegriffen, sind der Meinung, dass diese Sichtweise derartig weit über die biblische Lehre der Souveränität Gottes hinausgeht, dass sie letztendlich die Herrlichkeit Gottes schmälert und zwar in einem solchen Ausmaß, dass sich Menschen deshalb von der Botschaft des Evangeliums abwenden. Um es offen zu sagen: Es stellt sich die Frage, ob der Gott des theistischen Determinismus überhaupt der Gott der Bibel ist.

Daher ist es wichtig, die Stichhaltigkeit unseres Denkens im Lichte der Schrift zu prüfen. Dabei ist es natürlich die Schrift selbst, die inspiriert ist und nicht unsere Interpretation der Schrift. Es wäre daher bedauerlich, wenn nicht das Wort Gottes uns ein Ärgernis gibt, sondern unsere Fehlinterpretation des Wortes. Die Motivation dieses Buches besteht daher in meinem Wunsch, die Schrift besser zu verstehen. Es obliegt dem Leser zu sehen, ob ich in irgendeiner Weise erfolgreich gewesen bin.

Weitere Beispiele des theistischen Determinismus

Zunächst wollen wir einige der aktuelleren Beispiele der theistischen Sichtweise ansehen, die sich am deterministischen Ende des Spektrums befinden.

B. B. Warfield:

> „Alle Dinge werden in der Tat ausnahmslos von ihm angeordnet, und sein Wille ist die letzte Ursache aller Dinge, die geschehen. Er ist es, der die Gedanken und Absichten der Seele erschafft."[41]

---

41 B. B. Warfield, „Biblical Doctrines" Art., „Predestination", S. 9, zitiert aus L. Boettner, „The Reformed Doctrine of Predestination", P&R Publishing, Phillipsburg, 1971, S. 31-32

Paul Helm:

> *„Nicht nur jedes Atom und Molekül, jeder geheime Gedanke und jede Sehnsucht sind von Gott, sondern auch jede ihrer Veränderungen unterliegt der direkten Kontrolle Gottes."*[42]

Trotz seiner offenbar extremen deterministischen Position bestreitet Helm gleichwohl, dass Gott die Sünde direkt verursacht.

Edwin H. Palmer geht noch weiter:

> *„Auf dieser Welt geschieht nichts durch den Zufall. Gott steht hinter allem. Er entscheidet und verursacht alle Dinge, die geschehen. Er sitzt nicht am Rande und grübelt oder fürchtet sich davor, was als nächstes geschehen mag. Nein, er hat alles vorherbestimmt ,nach dem Rat seines Willens' (Eph 1,11): die Bewegung eines Fingers, das Schlagen eines Herzens, das Gelächter eines Mädchens, den Tippfehler eines Schreibers – sogar die Sünde."*[43]

R. C. Sproul gibt Paul Helm Recht:

> *„Die Bewegung eines jeden Moleküls, die Regung jeder Pflanze, jeder fallende Stern, die Entscheidungen jedes willensfähigen Geschöpfes; alles dies ist seinem souveränen Willen unterworfen. Es schweben keine herrenlose Moleküle frei im Universum, ohne dass sie unter der Kontrolle des Schöpfers sind."*[44]

---

[42]   P. Helm, The Providence of God, IVP, Leicester, 1993, S. 22

[43]   E. H. Palmer, The Five Points of Calvinism, Baker, Grand Rapids, 2009, S. 30. Wir sollten jedoch anmerken, dass das Bekenntnis von Westminster ausdrücklich besagt, dass „Gott nicht der Urheber der Sünde ist"; Art. 3, § 1.

[44]   R. C. Sproul, What Is Reformed Theology?, Baker, Grand Rapids, 2016, S. 172. Sproul schreibt an anderer Stelle, dass derjenige, der dies nicht glaubt, ein Atheist sein sollte. Ironischerweise ist dies genau das, was der atheistische Determinismus glaubt, wobei Gott durch die Natur ersetzt wird!

Wir sollten anmerken, dass keines dieser Zitate sich auf das menschliche Schicksal begrenzt, sondern alles im Universum, inklusive dem Verhalten einzelner Moleküle, der direkten Kontrolle Gottes zuschreibt. Dies wirft natürlich die Frage auf, was wir mit dieser „Kontrolle" meinen. Davon sind sehr tiefgehende Fragen betroffen. Wir haben nur eine geringe Vorstellung davon, was das menschliche Bewusstsein und der Verstand sind, ganz zu schweigen von Gott, der nicht Materie, sondern Geist ist. Wir haben keine wirkliche Vorstellung davon, was es für Gott, der ja Geist ist, bedeutet, dass er Materie und sogar noch einen weiteren Verstand erschaffen hat, neben seinem eigenen Verstand. Der menschliche Verstand trägt das Bild Gottes. Wie der Verstand Gottes, kann auch der menschliche Verstand Moleküle beeinflussen. Ich kann entscheiden, meinen Arm zu bewegen und seine einzelnen Moleküle gehorchen mir. Wenn ich in einem überfüllten Raum das Wort „Feuer" rufe, kann ich die Moleküle, die die vielen Menschen konstituieren, „kontrollieren", sodass sie auf die Straße laufen.

Helm und Sproul scheinen nicht zu beachten, dass meine Verantwortung verschwindet und ich nicht länger im vollständigen Sinn Mensch bin, wenn Gott alles übernimmt und die Moleküle meines Armes „direkt kontrolliert" – wenn er zum Beispiel ausholt und jemand schlägt. Das Bemerkenswerte an der Schöpfung des menschlichen Verstandes nach Gottes Bild ist sicherlich, dass Gott sich entschieden hat, ihm zumindest ein gewisses Maß an wirklicher Fähigkeit zu Handlungen zu geben, die unabhängig von seiner direkten Kontrolle sind. Die Freiheit des Menschen ist also real.[45]

Mir ist bewusst, dass meine Liste an Beispielen sehr kurz ist und der immensen Fülle historischer Forschung, die man in der Literatur findet, nicht gerecht werden kann.

Meine Erwähnung von Luther und Calvin mag manchen widersprechen lassen, der sich dieser Fülle bewusst ist, dass ich der großen Bandbreite der Lehren der großen Reformatoren nicht genügend Gewicht verliehen habe.

---

45 Der Leser, der darüber hinaus interessiert ist an meiner Sichtweise über Verstand und Materie, sei auf mein Kapitel in R. A. Varghese (Hrsg.) verwiesen, Missing Link, University Press of America, Lanham, 2013.

Dies trifft vollkommen zu. Es gibt beispielsweise sehr viel darüber zu sagen, was Calvin mit der Prädestination gemeint hat und wie sie im Lichte der Tatsache verstanden werden kann, dass er an ein gewisses Maß des freien Willens glaubte. In der Tat argumentiert Richard Muller überzeugend in seinem neusten Buch, dass es unter den reformierten Theologen des 17. Jahrhunderts eine große Vielfalt gibt, von denen viele sogar den Determinismus verneinten. Er führt die Bedeutung des Buches „Reformed Thought on Freedom"[46] an und zitiert aus einer Rezension dieses Buches von Keith Stangin: „Diese historische Untersuchung stellt moderne Calvinisten vor eine unausgesprochene Herausforderung, besonders diejenigen, die sich einem metaphysischen Determinismus verschrieben haben, der unhaltbare theologische Implikationen mit sich bringt", wie etwa, so schreibt Muller weiter, „die Identifikation Gottes als Urheber der Sünde und die Aufhebung der moralischen Verantwortung des Menschen".[47]

Muller weist auf Folgendes hin:

> *„Die Diskussion wurde bedeutend komplexer, als manche reformatorischen Denker des 18. Jahrhunderts die Prämisse der neuen rationalistischen und mechanischen Philosophien annahmen und offen für eine deterministische Lesart der reformierten Lehre plädierten. Der Gedanke an Jonathan Edwards ist beispielhaft für diesen neuen Determinismus bis dahin, dass Edwards als ,Calvinist' bezeichnet wurde. Seine Arbeit ist der Grund dafür, dass die reformierte Theologie seit neustem als deterministisch bezeichnet wird."[48]*

Muller gibt weiter eine faszinierende Analyse des Einflusses, den die Kirchenväter und die mittelalterliche Lehre auf den frühen Protestantismus hatte und zeigt damit einen sogar noch früheren Widerstand gegen den Determinismus. Dabei diskutiert er besonders die

---

46   Willem J. van Asselt (Hrsg.), Baker Academic, Grand Rapids, 2010

47   R. Muller, Divine Will and Human Choice, Baker Academic, Grand Rapids, 2017, S. 30-31

48   Muller, S. 19

Sichtweisen von Aristoteles, Augustinus, Thomas von Aquin und Duns Scotus auf den Determinismus und deren Einfluss auf Reformatoren wie Calvin.

Weiter gibt es auch eine große Menge an *philosophischer* Literatur zu diesen Themen, die sich zum Großteil damit beschäftigen, ob und wie diverse deterministische Sichtweisen wie die oben genannten nicht doch kompatibel sein könnten mit den unterschiedlichen Verständnismöglichkeiten der menschlichen Willensfreiheit. Es stellt sich heraus, dass es viele Arten des Kompatibilismus und Inkompatibilismus gibt; und viele Philosophen lehnen beides ab. Das Thema ist faszinierend und komplex. Kevin Timpes Bücher „Free Will: Sourcehood and its Alternatives" und „Free Will in Philosophical Theology" bilden dazu eine hervorragende Einleitung. Ein interessierter Leser kann außerdem das bereits erwähnte „Oxford Handbook of Free Will" zu Rate ziehen.

Leider können wir diese interessanten und wichtigen Themen hier nicht weiter verfolgen. Egal zu welcher Schlussfolgerung wir über Calvin und seine Nachfolger bezüglich ihres Glaubens über den Determinismus und den freien Willen kommen mögen, so ist es sicher vernünftig zu sagen, dass diese Theologen viele Menschen damals und heute dahin geführt haben, zu Deterministen der einen oder anderen Art zu werden. Muller bestätigt dies:

> „Diese Annahmen über das deterministische Wesen des Calvinismus sind in der meisten modernen Literatur, die sich mit dem Thema des göttlichen Willens und seiner Beziehung zum menschlichen freien Willen befasst, sowohl positiv als auch negativ aufgenommen worden. Im Ergebnis wurde das calvinistische oder reformatorische Gedankengut fast einstimmig von den Gegnern und Befürwortern als eine Art des Determinismus, oftmals Kompatibilismus oder weicher Determinismus beschrieben, mit wenig oder keiner Beachtung für die mögliche anachronistische Anwendung der Begriffe. Ein Verständnis der reformierten Theologie des sechzehnten oder siebzehnten Jahrhunderts als eine Art des Fatalismus oder Determinismus, trotz der frühneuzeitlichen gegenteiligen reformatorischen Aussagen,

wurde zum vorherrschenden Grundsatz in der modernen Auseinandersetzung. " [49]

In Anbetracht dessen sehe ich meine Hauptaufgabe in diesem Buch nicht darin, historisch genau festzulegen, was Denker von Calvin bis Edwards lehrten, noch den Kompatibilismus von einem philosophischen Standpunkt aus zu analysieren, sondern vielmehr zu sehen, was die Schrift über den freien Willen und den Determinismus lehrt. Es macht offensichtlich keinen Sinn, für die Kompatibilität zwischen dem Standpunkt X über den Determinismus oder dem Standpunkt Y für die menschliche Freiheit und Verantwortung zu plädieren, wenn Standpunkt X oder Standpunkt Y oder beide nicht mit der Schrift vereinbar sind.

Es ist diese Frage danach, *was die Schrift lehrt,* die uns hier zuallererst bewegen wird. Ich gebrauche das Wort „bewegen" absichtlich, weil nicht nur eine intellektuelle, sondern auch eine pastorale Dimension angesprochen werden soll, da der theistische Determinismus viele Menschen belastet.

Niemand von uns, der an Gott glaubt, kann es sich leisten, der Allgemeinheit einen falschen Eindruck von Gott zu geben; besonders, wenn dieser Eindruck Menschen dazu veranlasst, seine Güte und Liebe – und sogar seine Existenz selbst – infrage zu stellen.

Dennoch ist dies gewöhnlich das erste, was geschieht. Denn die unmittelbare Reaktion auf den Inhalt der aufgelisteten Zitate entspringt normalerweise nicht einer detaillierten Kenntnis der Schrift, sondern einer einfachen Logik und moralischen Argumentation. Oftmals wird diese Reaktion wie folgt formuliert: Wenn Gott auf die oben beschriebene Art und Weise das gesamte Universum mit einem autoritären Führungsstil beherrscht, sodass er sogar Sünde und Chaos verursacht – wenn dies wirklich mit der Souveränität Gottes gemeint sein soll – dann ist seine Souveränität mit Sicherheit die Diktatur eines moralischen Monsters. Wie können wir moralische Wesen sein, die moralisch bedeutsame Dinge tun können, wenn unser Verhalten vollkommen von einer absoluten göttlichen Prädestination

---

49   Ebd., S. 21-22

vorherbestimmt ist? Wie kann irgendjemand glauben, dass Gott gut oder ein Gott der Liebe ist, wenn er das menschliche Schicksal wie ein meisterhafter Schachspieler oder Puppenspieler festlegt, ohne dass er die Reaktion der Menschen beachtet? Manche werden für das ewige Glück und andere für die ewige Qual bestimmt? Wenn Gott die Sünde so direkt verursacht, wie könnte dann der Gedanke an einen gerechten Gott – oder sogar an ein Konzept von Gut und Böse – irgendeine Bedeutung haben?

An dieser Stelle gibt es eine verblüffende Ähnlichkeit zwischen dem theistischen und atheistischen Determinismus, die beide Moral bedeutungslos machen. Wir könnten die atheistische Variante als *Determinismus* von unten bezeichnen, da sie den Menschen und sein Verhalten als reines Produkt von Physik und Chemie als Grundmaterial des Universums sieht. Die theistische Variante könnten wir als *Determinismus* von oben bezeichnen, da sie den Menschen und sein Verhalten lediglich als vorherbestimmtes Produkt eines unerbittlichen und alles kontrollierenden göttlichen Willen sieht.

David Bentley Hart macht folgende Beobachtung:

> *„Es kommt ein Punkt, an dem eine Erklärung so umfassend wird, dass sie aufhört irgendetwas zu erklären, weil sie zu einer bloßen Tautologie geworden ist. Im Falle des reinen Determinismus ist dies immer so. Die Behauptung, dass jeder endliche Zufall einzig und unmissverständlich die Auswirkung eines einzigen Willens ist, der alle Dinge bewirkt – ohne ein tieferes Geheimnis einer erschaffenen Freiheit – sagt nichts aus, außer dass die Welt ist, was sie ist; denn jegliche bedeutsame Unterscheidung zwischen dem Willen Gottes und der einfachen Ganzheit der kosmischen Zufälligkeit ist zusammengebrochen. Am Ende des Tages ist ein solcher Gott nichts weiter als ein Wille, und somit ist er nichts weiter als ein unendliches brachiales Ereignis. Die einzige Anbetung, die ein solcher Gott hervorrufen kann, ist ein fast perfektes Zusammentreffen von Glaube und Nihilismus."*[50]

---

50   D. B. Hart, The Doors of the Sea, Eerdmans, Grand Rapids, 2005, S. 29-30

Es ist nicht überraschend, dass wir an beiden Enden des atheistisch-theistischen Spektrums diejenigen finden, die darauf bestehen, dass der menschliche freie Wille eine Illusion ist – ein Gedanke, der nicht nur sofort zu den bereits erwähnten moralischen Schwierigkeiten führt, sondern auch zu einem enormen intellektuellen Problem. John Polkinghorne, Physiker und Christ, erklärt:

> *„Nach der Meinung vieler Denker, ist die menschliche Freiheit eng mit der menschlichen Rationalität verbunden. Wenn wir deterministische Wesen wären, welchen Wert hätte dann die Behauptung, dass unsere Äußerung eine rationale Aussage ist? Wären dann nicht die Laute aus unserem Mund oder die Markierungen, die wir auf dem Papier hinterlassen, lediglich die Handlungen von Automaten? Alle Befürworter der deterministischen Theorien, ob nun sozial und wirtschaftlich (Marx), sexuell (Freud) oder genetisch (Dawkins und E. O. Wilson), brauchen um ihrer selbst willen ein verborgenes Dementi, in dem sie ihren eigenen Beitrag zur reduktiven Methode ausschließen."*[51]

Tatsache ist, dass der kausale Determinismus nicht einmal sinnvoll bestätigt werden kann, denn wenn er wahr wäre, wäre die Bestätigung als solche vorherbestimmt. So könnte man auf Grundlage des Abwägens von Beweisen, die dafür oder dagegen sprechen, zu keiner unabhängigen Überzeugung gelangen. Die Bestätigung wäre also irrational. Des Weiteren ist es üblich für Deterministen, dass sie Nicht-Deterministen zum Determinismus bekehren wollen. Doch dies setzt voraus, dass die Nicht-Deterministen frei dazu wären und daher ihr Nicht-Determinismus nicht von Anfang an vorherbestimmt ist. Der Preis, den man zahlt, wenn der freie Wille des Menschen eine Illusion ist, würde so unmöglich hoch erscheinen, da er nicht nur die Ungültigkeit der menschlichen Moral mit sich bringt, sondern auch die der menschlichen Rationalität.

Wir wenden uns daher den moralischen Problemen zu, die der Determinismus verursacht.

---

51   J. Polkinghorne, Science and Theology, SPCK, London, 1998, S. 58

Kapitel 3

REAKTIONEN AUF DEN DETERMINISMUS – DAS MORALISCHE PROBLEM

Reaktionen auf den Determinismus sind sehr unterschiedlich. Es gibt ehemalige Atheisten, deren Weg zum Christentum durch die Trostlosigkeit des atheistischen Determinismus angestoßen wurde. Auf der anderen Seite gibt es Christen, die meinen, dass die absolute Souveränität eine der herrlichsten Eigenschaften Gottes ist und auf alle Fälle geschützt werden muss. Selbst wenn sie unausweichlich zu der (meines Erachtens empörenden) Schlussfolgerung führt, dass Gott der direkte Urheber von Katastrophen, Tragödien und sogar der Sünde selbst ist.

Andere, die dem zustimmen, zucken nichtsdestotrotz bei den logischen Implikationen ihrer Sichtweise zusammen. Es ist eine Sache zu glauben, dass wir in einer Welt leben, in der nichts ohne die Zustimmung und sogar Voraussicht Gottes geschieht – das ist ein wesentlicher Bestandteil des Christentums. Aber es ist eine vollkommen andere Sache, darüber hinauszugehen und zu glauben, dass alle Dinge, die geschehen – inklusive das Böse – akribisch von Gott geplant sind und ihr Eintreffen von ihm überwacht wird, ohne anderes zu erwägen. Es ist schwer vorstellbar, dass jemand glauben könnte, dass solche extremen deterministischen Gedanken auch nur im Entferntesten christlich sind. Sie erscheinen unendlich weit weg von dem Gott der Liebe, der sich uns in Jesus Christus offenbart hat, oder dem Gott, der das Böse verdammt und uns dazu aufruft, es zu meiden. Wie kann man jedoch irgendetwas verdammen, das Gott vorherbestimmt hat? Denn diese Art des Determinismus schafft das Konzept des Bösen ab, wie wir bereits gesehen haben.

Es ist nicht überraschend, dass viele sich mit der leidenschaftlichen Reaktion von David Bentley Hart identifizieren können, der schreibt, dass der theologische Determinismus „von uns verlangt, an einen Gott zu glauben und einen Gott zu lieben, dessen gute Pläne nicht nur trotz – sondern auch gänzlich durch – jede Grausamkeit, jedes zufällige Elend, jede Katastrophe, jeden Betrug, jede Sünde, die die Welt jemals gesehen hat, verwirklicht werden. Es ist in der Tat seltsam, Frieden in einem moralisch fassbaren Universum zu suchen, auf Kosten eines moralisch verwerflichen Gottes."[52]

Bentley Harts Bezug auf den Gedanken, dass Gottes Herrlichkeit durch tragische Ereignisse in irgendeiner Weise vergrößert wird, erinnert uns an die Worte, die Ivan in Dostojewskis Meisterwerk „Die Brüder Karamasow" zu Alyosha spricht:

> *„Sag es mir selbst, ich fordere dich heraus – antworte. Stelle dir vor, du schaffst eine Struktur des menschlichen Schicksals, mit dem Ziel, dass du die Menschen am Ende glücklich machst, ihnen zumindest Frieden und Ruhe schenkst. Aber dafür wäre es unausweichlich, nur ein kleines Geschöpf zu Tode zu foltern – zum Beispiel das Baby, das seine Brust mit seinen Fäustchen schlägt – und dieses Gebäude auf seinen ungerächten Tränen zu gründen. Würdest du unter diesen Bedingungen der Architekt sein wollen? Sag es mir, und sag mir die Wahrheit."*

Am Ende behauptet Ivan, dass er Gott nicht ablehnt. Doch angesichts des entsetzlichen Elends in der Welt, besonders der Grausamkeit kleinen Kindern gegenüber, kann er sich nicht überwinden, an eine letztendliche Versöhnung aller Dinge in einer umfassenden Harmonie zu glauben, die in der Bibel verheißen wird. Er möchte auch nicht Anteil an dieser Harmonie haben zu den Bedingungen, die die Bibel seiner Meinung nach vorgibt:

---

52   D. B. Hart, S. 99

„Ich will keine Harmonie. Aus Liebe zur Menschheit will ich sie nicht. Ich würde lieber mit den ungerächten Leidenden zurückgelassen werden. Ich würde lieber mit meinem ungerächten Leid und meiner ungestillten Entrüstung zurückbleiben; selbst wenn ich damit falsch läge. Außerdem ist der geforderte Preis für die Harmonie zu hoch; wir haben nicht die Mittel, so viel für den Eintritt zu zahlen. Und so gebe ich meine Eintrittskarte zurück, und wenn ich ein ehrlicher Mann bin, dann gebe ich sie so schnell wie möglich zurück. Und dies tue ich. Es ist nicht Gott, den ich nicht anerkenne, Alyosha. Ich gebe ihm lediglich respektvoll die Karte zurück."[53]

Es überrascht nicht, auf Menschen zu treffen, die Atheisten geworden sind, weil die Version des Theismus, die ihnen präsentiert wurde, deterministisch war und ihrem moralischen Sinn widersprach. Es gibt auch innerhalb der christlichen Gemeinschaft immer mehr Menschen, die solche Ansichten verstörend und abstoßend finden.

Besorgte Eltern fragen beispielsweise, wie sie ihrem Sohn antworten sollen, wenn er ihnen sagt: „Ich werde mich mit Gott nicht beschäftigen, weil eure Kirche lehrt, dass ich sowieso gerettet werde, wenn ich gerettet werden soll. Ich kann ja in keinster Weise etwas machen. Es gibt also offensichtlich keinerlei Grund, sich damit zu befassen"; oder etwa ihrer Tochter, die sie konfrontiert: „Ich kann an euren Gott nicht mehr glauben. Wie kann ich an einen Gott glauben, der mein ewiges Schicksal festgelegt hat, bevor ich geboren wurde, sodass ich nichts dagegen tun kann? Wie kann ich an einen Gott glauben, der aktiv am Bösen mitwirkt? Ist das nicht unfair und sogar unmoralisch? Wenn er überhaupt existiert, ist ein solcher Gott offensichtlich weder liebevoll, noch gut."

Das sehe ich genauso. Nachdem ich mehrmals Ausschwitz besucht habe und mit dem Beweis des unübertrefflichen Bösen in industriellem Ausmaß konfrontiert worden bin, konnte auch ich an einen solchen Gott nicht glauben. In gewissem Sinne sollte dies das Ende dieser Angelegenheit sein. Das moralische Argument ist sicherlich vollkommen

---

53   F. Dostosyevsky, The Brothers Karamasow, übersetzt v. Constance Garnett, Dover Publications, New York, 2005, S. 222

ausreichend, um die Theorien vom göttlichen Determinismus für ungültig zu erklären. Das Problem ist jedoch, dass diese Theorien oft so in biblische Zitate und christliche Begrifflichkeiten eingepackt sind, dass viele der klar inakzeptablen logischen Implikationen des göttlichen Determinismus in Rätsel verhüllt sind – ein Rätsel, das wir infrage zu stellen nicht befugt sind. Manche behaupten sogar, dass die Lösung in der Tatsache liegt, dass Gott zwei Willen hat: Der eine ist verborgen und besagt, dass er diejenigen rettet, die er bedingungslos für die Erlösung erwählt hat; der andere ist offenbart und besagt, dass er will, dass alle Menschen gerettet werden. Weniger freundlich formuliert: die inakzeptablen Implikationen des Determinismus werden in intellektuellen Nebel und Widersprüche verhüllt – eine undurchsichtige Verschleierung.

Christlicher Utilitarismus

Ein weiterer Versuch, das Thema zu umgehen, besagt, dass alles – auch das Böse – direkt von Gott verursacht wird und einem übergeordneten Wohl dient. Um diesen Standpunkt plausibel zu machen, wird der Nutzen angeführt, den das Leid für die Charakterentwicklung usw. haben kann – das sogenannte „übergeordnetes Wohl"-Argument. Diese Sichtweise ist eine Version des Utilitarismus.

Wir können nicht bestreiten, dass wir im Neuen Testament lesen, dass Gott sehr wohl *erlaubt,* dass sein Volk leidet, um von seiner Gnade zu lernen. Paulus war ein Beispiel dafür. Dieses Argument jedoch zu gebrauchen, um auszusagen, dass Gott der *direkte Urheber* von schrecklichem Missbrauch oder dem Mord an einem Kind ist – wie in Dostojewskis Geschichte und im echten Leben – geht weit über diese biblische Lehre hinaus und ist aus moralischer Sicht vollkommen verwerflich.

Was sollen wir von denjenigen sagen, die versuchen, Gott in solchen Situationen zu verteidigen, indem sie sagen, dass, auch wenn er die Menschen zum Bösen veranlasst, sie letztes Endes dafür verantwortlich sind und Gott selbst – auf wundersame Weise – nicht dafür verantwortlich ist? Es übersteigt meine Vorstellungskraft, wie sich

Menschen einer solchen Äußerung auch nur annähern können, ohne zu merken, zu welchem Monster sie Gott machen.

G. K. Chesterton war in seiner Beurteilung sehr direkt:

> *„Die Calvinisten nahmen den katholischen Gedanken der absoluten Allwissenheit und Macht Gottes und behandelten ihn wie eine steinige, irreduzible Binsenweisheit, die so fest ist, dass man alles – wie zerstörerisch und grausam auch immer – darauf bauen kann. Sie waren so selbstbewusst in ihrer Logik und dem ersten Grundsatz der Prädestination, dass sie den Intellekt und die Vorstellungskraft mit furchtbaren Schlussfolgerungen über Gott folterten, die ihn in einen Dämon zu verwandeln schienen."*[54]

In einem weiteren Versuch, die offensichtlich negativen Implikationen ihrer Sichtweise zu umgehen, fahren manche theologische Deterministen fort, sich zu widersprechen. Sie behaupten, dass das Böse nicht direkt von Gott verursacht wird, nachdem sie aber zuvor gesagt haben, dass Gott alles von der Bewegung des Atoms bis hin zum menschlichen Gedanken bewirkt. Vielmehr lässt er es lediglich zu. Doch dies macht überhaupt keinen Sinn. Es gibt einen entscheidenden und ausschlaggebenden Unterschied zwischen Verursachen und Zulassen. Man stelle sich vor, dass ich als Vater meinem Kind erlaube, mit seinem Fahrrad auf der Straße zu fahren – und es dann bei einem Unfall stirbt. Es wäre äußerst ungerecht, mich für den Unfall verantwortlich zu machen, diese Last wäre unerträglich. Nein, wir müssen ganz grundlegend zwischen der Verursachung und der Zulassung unterscheiden.

Aussagen, die diese Unterscheidung verwischen, werden daher irreführend zweideutig und verwirrend, wie z. B. bei R. C. Sproul, der schreibt: „Was Gott zulässt, dass ordnet er an, zuzulassen."[55]

---

54 G. K. Chesterton, The Collected Works of G. K. Chesterton, Band 3, Ignatius Press, San Francisco, 1990, S. 152

55 R. C. Sproul, What Is Reformed Theology?, Baker, Grand Rapids, Baker, 2016, S.173

Dies könnte man so interpretieren, Gott habe angeordnet, dass wir freie moralische Wesen sind und uns nicht selbst entscheiden können, ob wir Gutes oder Böses tun. Doch das scheint Sproul nicht zu glauben. Solche Verwirrung kann sehr wohl ein Beweis für den inneren Konflikt sein, der entsteht, wenn Menschen erkennen, wohin sie die Logik ihrer eigenen Argumente führt – und sie es nicht wirklich gut finden können.

John Piper, der berühmteste zeitgenössische Vertreter des theologischen Determinismus zitiert, mit ähnlich verwirrenden Auswirkungen, Jonathan Edwards:

> *„Gott ist, nach Edwards, jemand, der Sünde erlaubt und gleichzeitig so anordnet, dass die Ereignisse weisen, heiligen und exzellenten Ziele dienen, denen die Sünde, wenn sie erlaubt wird, sicher und unweigerlich folgen wird."* [56]

Die Tiefe des daraus resultierenden intellektuellen Nebels zeigt sich an der erstaunlichen Position, die manche vertreten: dass Gott das menschlich Böse direkt verursacht, obwohl er es doch ausdrücklich verbietet. Keine noch so starke Verteidigung oder theologische Sophisterei kann eine solche Sichtweise weniger als grotesk und für eine moralisch sensible Person als vollkommen inakzeptabel erscheinen lassen. Schließlich ist Umkehr von der Sünde eines der entscheidenden biblischen Schlüsselthemen. Dies beinhaltet eine Sinnesänderung und eine Anerkennung von Gottes Urteil, dass ich etwas Falsches getan habe. Umkehr beinhaltet die Erkenntnis, dass ich die Freiheit (des Willens) hatte, anders zu handeln. Wenn Gott mich also zur Sünde veranlasst hat, ist eine Umkehr bedeutungslos. Wie können wir behaupten, dass Gott die Welt liebt, wenn er einen Großteil davon für die Hölle geschaffen hat? Das ist eine direkte Frage, die mir oft gestellt wurde.

Ich kann mir vorstellen, dass einige Leser denken, das sei doch sicherlich übertrieben – niemand könnte jemals solche Dinge behaupten. Dennoch sagt Calvin selbst:

---

56   „Is God Less Glorious Because He Ordained That Evil be?", www.desiringgod.org

> *„Die Hauptsache muss sein: Heißt Gottes Wille die Ursache aller Dinge, so muss auch notwendig seine Vorsehung in allen Plänen und Taten der Menschen die Führung innehaben, sodass sie nicht nur in den Gläubigen ihre Kraft erweist, die vom heiligen Geist regiert werden, sondern auch die Gottlosen in ihren Gehorsam zwingt."*[57]

Das bedeutet, dass Gottes Vorhersehung sowohl das Gute als auch das Böse bestimmt. Es ist interessant, dass Calvin sagt, dass *er* Gottes Vorhersehung zur „Hauptsache" für alle menschliche Aktivität gemacht hat. Dies ist eine steile These. Ob sie der Schrift entspricht, ist eine andere Sache.

Es ist eine Sache zu sagen, dass *meine Zeit in seinen Händen steht*, weil die Schrift es so lehrt (Ps 31,15). Wenn das mit Gottes Souveränität gemeint ist, dann ist es wahr, wunderschön und sehr tröstlich. Es ist jedoch eine vollkommen andere Sache, unter dem Gedanken der „Souveränität" zusammenzufassen, was Gordon H. Clark schreibt: „Ich möchte sehr offen und gezielt behaupten, dass wenn ein Mensch sich betrinkt und seine Familie erschießt, es der Wille Gottes war, dass er dies tut" und dennoch hält Clark aufrecht, dass Gott nicht verantwortlich für die Sünde ist, auch wenn er sie anordnet.[58] Dasselbe gilt dann doch auch für den Holocaust, die blutigen Schlachtfelder und den IS – oder etwa nicht? Kann dies derselbe Gott sein, der sagt: *Du sollst nicht töten?* (2Mo 20,13)?[59]

Bentley Hart erklärt, wie solche extremen Sichtweisen entstehen: weil die wichtige Unterscheidung zwischen Wille und Zulassung zusammenbricht. Er schreibt:

> *„Wenn jegliche aussagekräftige Unterscheidung zwischen dem Willen und der Zulassung Gottes ausgeschlossen wurde, und die jenseitigen Wirkungszusammenhänge der göttlichen Welt mit dem immanenten Netz der Kausalität verwechselt worden ist, die unsere*

---

57   J. Calvin, Institutio, (dt. nach Otto Weber/bearb. M. Freudenberg), I, xviii, 2

58   G. H. Clark, God and Evil: The Problem Solved, The Trinity Foundation, Unicoi, 2004, S. 27, 40

59   Für einen ausführlicheren und differenzierteren Bericht darüber, siehe R. Olson, Against Calvinism: Rescuing God's Reputation from Radical Reformed Theology, Zondervan, Grand Rapids, 2011.

Erfahrungswelt bestimmt, dann wird es unmöglich zu glauben, dass Gottes Wille nicht unmittelbar mit dem, was im Laufe der Zeit geschieht, auszutauschen ist. Daher muss sich sowohl die Autorität der Schrift als auch die Gerechtigkeit Gottes vor einer unerbittlichen Logik der absoluten göttlichen Souveränität beugen."[60]

Hart rekonstruiert dies zurück bis zu Calvin selbst (Institutio III), der schrieb, dass Gott den Fall des Menschen vorherbestimmt hat, um seine Größe in der Erlösung und Verdammnis derer zu zeigen, deren Schicksal er ewig vorherbestimmt hat. Calvin fügte hinzu, dass dies nicht „absurd erscheinen sollte" – was zeigt, dass er zu Recht erwartete, dass es absurd erscheinen könnte!

John Piper macht den Gedanken, dass Gott „seine Größe" durch seine absolute souveräne Kontrolle zeigt, zu einem Grundstein dessen, was er die „Rechtfertigung Gottes" nennt. Er zitiert die Sichtweise Jonathan Edwards, dass Gottes Größe sich durch die Ausübung seines absoluten und allumfassenden Willens zeigt:

„Es ist angemessen, dass das Aufleuchten der Herrlichkeit Gottes vollkommen sein soll; das heißt, dass alle Teile seiner Herrlichkeit aufleuchten sollen. Daher ist es notwendig, dass sich Gottes ehrfurchtgebietende Majestät, seine Autorität und ungeheure Größe, Gerechtigkeit und Heiligkeit manifestieren sollen. Doch dies kann nicht sein, wenn nicht auch die Sünde und Strafe von ihm verfügt werden; denn sonst wäre das Aufleuchten der Herrlichkeit Gottes sehr unvollkommen, weil diese Teile der göttlichen Herrlichkeit nicht so aufleuchten würden, wie die anderen. Ohne sie würde ebenso die Herrlichkeit seiner Güte, Liebe und Heiligkeit verblassen; nein, sie könnten schwerlich überhaupt aufleuchten."[61]

Piper drückt es anschließend so aus: „Gott ist dadurch viel herrlicher, weil er eine Welt wie diese mit all ihrem Bösen geplant und geschaffen

---

60   Ebd., S. 90

61   J. Piper, The Justification of God, Baker, Grand Rapids, 1993

hat und sie regiert."[62] Zu sagen, dass dies schwer zu akzeptieren ist, ist
eine Untertreibung. Wenn das Böse beispielsweise letztlich aufgrund
der unausweichlichen Anordnung Gottes notwendigerweise geschehen muss, wie könnte dann die Sünde irgendeine Bedeutung haben?
Bei solch einer Lösung der Theodizee-Frage denkt man an die mes-
serscharfe Formulierung des moralischen Schocks, die der deistische
Voltaire verfasste. Sie findet sich in einem Gedicht, das er nach dem
schrecklichen Erdbeben in Lissabon verfasste, bei dem 1755 schät-
zungsweise 60 000 Menschen starben.

> *„Alles ist gut, sagt ihr, und alles ist notwendig.*
> *Wie! Wäre das gesamte Universum ohne diesen Höllenschlund,*
> *Ohne Lissabon zu verschlingen, schlechter gewesen?"*[63]

Für eine detailliertere Bewertung von John Pipers Argument empfehle ich dem Leser den Artikel von Thomas Mc Call, der (meiner
Meinung nach auf überzeugende Weise) zeigt, dass Pipers Ansicht
nicht von der Schrift gestützt wird.[64]

Gottes direkte Verursachung des Bösen ist wahrscheinlich die
schwerwiegendste Implikation des theistischen Determinismus. Es
gibt noch andere Implikationen, sehr praktische Fragen des christlichen Glaubens und Zeugnisses, die ebenso oft zur Sprache kommen.
Zum Beispiel sagte jemand zu mir: „Weißt du, ich wünschte, ich hätte
deinen Glauben an Gott. Aber es ist bei mir einfach nicht geschehen.
Vielleicht wird Gott ihn mir eines Tages schenken, aber ich habe in
der Kirche gehört, dass ich bis dahin nichts weiter tun kann." Es wird
der Eindruck vermittelt, dass Glaube etwas ist, was bei einem entweder „geschieht" oder nicht, ohne jegliches Dazutun unsererseits.
Ob du ihn bekommst oder nicht hängt vollkommen von Gott ab. Es
wurde dann sicherlich ebenfalls vermittelt, dass, wenn die Erlösung

---

62   „Is God Less Glorious Because He Ordained That Evil be?", www.desiringgod.org

63   Neuübersetzung von Uwe Steiner: Voltaire oder der Optimismus: zu einigen phi-
lisophischen und poetischen Aspekten von Voltaires Gedicht über das Erdbeben
von Lissabon, in Daphnis 2, 1992, S. 387

64   T. McCall, „I believe in Divine Souvereignity", Trinity Journal, 29NS, 2008,
S. 295-26

einer Antwort bedürfte, man ja selbst etwas dazu beigetragen hätte und damit verleugnen würde, dass die Erlösung ein alleiniges Werk Gottes ist.

In ähnlicher Weise kritisieren manche theologische Deterministen Menschen wie mich, die mit Atheisten und Agnostikern diskutieren, dass wir unsere Zeit verschwenden. „Es macht keinen Sinn, mit Argumenten den christlichen Glauben zu verteidigen", sagen sie. „Menschen, die nicht an Gott glauben, sind schließlich ‚tot in Sünden und Übertretungen' und können genauso wenig auf deine Argumente reagieren, wie ein toter Hund einem Befehl folgen kann. Wenn Gott sie nicht zur Erlösung erwählt hat, werden sie niemals antworten, egal, was du tust."

Wir müssen solche Reaktionen sehr ernst nehmen. Das ist nicht nur irgendein abgehobener Streit zwischen denen, die theologisch verantwortungslos sind und denen, die Schwachstellen im Christentum suchen – es geht um Menschen. Menschen, die darum ringen, wie sie sich selbst und die Welt verstehen können und wie Gott damit zusammenhängt. Diese Menschen denken sehr wohl über die großen Themen der göttlichen Souveränität und der menschlichen Freiheit und Verantwortung nach. Deshalb ist es für uns Christen wichtig, dass wir sie ernst nehmen und sehr genau zuhören, was sie zu sagen haben.

Historische Beispiele

Die hausinterne Diskussion über diese Themen hat eine lange und komplizierte Vorgeschichte, die sich besonders an den Kontroversen zwischen den folgenden Personen zeigt:

- Augustinus und Pelagius im 5. Jahrhundert;
- Luther und Erasmus, Calvin und Arminius im 16. Jahrhundert;
- Whitefield und Wesley im 18. Jahrhundert.

Die Debatte beschränkt sich jedoch keineswegs auf die vergangene Geschichte. In seinem Werk „Young, Restless and Reformed: A Journalist's

Journey with the New Calvinists"[65] von 2009, zeichnet Colin Hansen die Entstehung einer Bewegung auf, die teilweise aufgrund der vermeintlichen Oberflächlichkeit vieler Kirchen entstanden ist, die viele dazu bewogen hat, die in ihren Augen viel solidere Theologie vergangener Generationen anzunehmen. Diese Bewegung, die sich besonders auf das Erbe Jonathan Edwards beruft, wird zur Zeit mit einflussreichen Autoren und Rednern wie R. C. Sproul, John Mac Arthur und John Piper in Verbindung gebracht. Das „Time Magazin" nannte diesen „Neuen Calvinismus" im Jahre 2009 eine der „zehn Ideen, die die Welt verändern".

Es ist gewiss verständlich, dass ein theologisches System, das scheinbar ein beachtliches intellektuelles und historisches Gewicht besitzt, viele junge Menschen anspricht, die sich nach Gottes Herrlichkeit sehnen. Sie haben genug von der allgegenwärtigen oberflächlichen Art eines verwässerten Christentums, das keinen Sinn für substanzielle Arbeit an der Bibel hat und stattdessen bequemen, sanften, selbstzentrierten Methoden für das menschliche Wohlbefinden viel Raum bietet, mit denen man sich seinen eigenen Gott erschafft. Ich verstehe ihre Reaktion. Die fehlende theologische Tiefe und biblische Kenntnis innerhalb vieler christlicher Kontexte ist beklagenswert. Es ist also sehr ermutigend zu sehen, wie viele junge Menschen die Schrift ernst nehmen und sich Zeit nehmen, um herauszufinden, was sie aussagt.

Wenn sich jedoch der Kern der Lehre, die solchen jungen Menschen präsentiert wird, derartig weit in die deterministische Richtung verschiebt, sodass viele die Liebe und Güte Gottes infrage stellen und daraus resultierend Menschen, die beginnen über das Christentum nachzudenken, entfremdet werden, dann müssen wir die Richtigkeit der Schriftauslegung prüfen, die hinter dieser Lehre steckt. In diesem Zusammenhang ist es sinnvoll, das Werk von Austin Fischer „Young, Restless, No Longer Reformed"[66] zu lesen. Fischer erzählt seine Geschichte mit Klarheit, Ehrlichkeit und ohne Bitterkeit.

---

65   Etwa: „Jung, rastlos und reformiert: die Reise eines Journalisten mit den Neuen Calvinisten"

66   A. Fischer, Young, Restless, No Longer Reformed: Black Holes, Love, and a Journey In and Out of Calvinism, Cascade Books (Wipf and Stock), Oregon, 2014

Der Fünf-Punkte-Calvinismus

Ein Erbstück der Kontroverse zwischen den Nachfolgern Calvins und Arminius ist die systematische Zusammenfassung der Hauptthemen, die als die ‚Fünf Punkte des Calvinismus' bekannt geworden ist. Sie wurden auf der Dordrechter Synode von 1618–1619 diskutiert, die fünfundfünfzig Jahre nach Calvins Tod einberufen wurde, um den Anhängern von Jacob Arminius zu antworten (die Remonstranten genannt wurden). Diese Punkte werden im Englischen oftmals mit TULIP abgekürzt:

T – Total Depravity – Völlige Verderbtheit
U – Unconditional Election – Unbedingte Erwählung
L – Limited Atonement – Begrenzte Sühne
I – Irresistible Grace – Unwiderstehliche Gnade
P – Perseverance of the Saints – Bewahrt bis zum Ende

Diese Punkte sind hier in leicht veränderter Begrifflichkeit aufgeführt gegenüber dem Standardwerk „The Reformed Doctrine of Predestination"[67] von Loraine Boettner aus dem Jahre 1932.

Ein Teil dieser Abkürzung (TUI) kann an dieser Stelle hilfreich sein, um die Hauptumrisse einiger Themen herauszustellen, die uns in diesem Buch begegnen werden. Die fünf Punkte beginnen mit einer Analyse des Zustandes der Menschheit, nachdem die Sünde in die Welt gekommen ist. Es wird behauptet, dass sie vollkommen verdorben sind; d. h. sie sind nicht nur vollkommen unfähig, Gottes Erlösung zu verdienen, sondern auch vollkommen unfähig, Gott in irgendeiner Form zu antworten – wie ein toter Mann, der auf dem Grund des Meeres liegt und unfähig ist, nach einer Rettungsleine zu greifen, die ihm zugeworfen wird.

Logischerweise muss den Menschen also Leben eingehaucht werden, damit sie Gott antworten und vertrauen können – das heißt, sie müssen durch eine Handlung Gottes wiederbelebt werden. Dem

---

67   L. Boettner, The Reformed Doctrine of Predestination, P&R Publishing, Phillipsburg, 1971

Glauben muss daher eine Wiedergeburt vorausgehen. Die Empfänger dieses wiederherstellenden Akts Gottes werden von Gott in seiner vorherbestimmenden Souveränität bedingungslos erwählt, ohne dass sie in irgendeiner Form daran beteiligt sind. Dementsprechend ist die Vorherbestimmtheit dieses souveränen Handelns Gottes vollkommenen unwiderstehlich.

Das Schicksal der Nicht-Erwählten wird jedoch als ebenso vorherbestimmt und schuldbeladen oder beides angesehen („doppelte Prädestination"). Das Herzstück des gesamten Systems ist die sogenannte *ordo salutis,* die Ordnung der Erlösung, auf der alles basiert. Die Reihenfolge wird wie folgt vorgeschlagen: Prädestination und unbedingte Erwählung, Wiedergeburt, Glaube, Erlösung.

Das „P" in TULIP steht für die Bewahrung der Heiligen und wirft eine sehr wichtige Frage auf, die Teil meiner Motivation bei der Verfassung dieses Buches ist. Wenn wir das Thema in eine schärfere und deutlichere Form bringen, lautet die Frage: Kann ein Kind Gottes verloren gehen? Für viele Christen ist diese Heilsgewissheit ein zentrales Anliegen, aber auch Ursache von Verwirrung, da auch hier die Meinungen geteilt sind. Diese Spaltung wird oftmals durch die Unterschiede zwischen dem Calvinismus und dem Arminianismus beschrieben. Die Lehre der Bewahrung der Heiligen (P) innerhalb des TULIP-Systems ist eng verbunden mit der Lehre der unbedingten Erwählung (U) – aus offensichtlichem Grund: Wenn Gott vorherbestimmt und erwählt, dann kann der Erwählte (per definitionem) nicht zu einem Nicht-Erwählten werden; echte Gläubige können nicht zu Ungläubigen werden. Sie werden bewahrt werden. Aus diesem Grund bevorzugen manche Autoren den Begriff „Bewahrung der Heiligen", als eine akkuratere Beschreibung dessen, was geschieht.

Es gibt jedoch ein Problem. Es ist eine Sache zu behaupten, dass die Erwählten bewahrt werden. Es scheint jedoch eine vollkommen andere Angelegenheit zu sein, sich sicher zu sein, dass man auch selbst tatsächlich zu diesen Erwählten gehört. Die Geschichte zeigt in der Tat auf ziemlich paradoxe Art und Weise, dass das Einhalten von P und U nicht unbedingt zu einer echten und tiefen Heilsgewissheit führt. Es ist eine Sache zu glauben, dass Gott manche zum Heil und manche zum Verderben erwählt; es ist etwas ganz anderes zu wissen, wo man selbst steht.

Wenn wir diejenigen fragen, die diesen Standpunkt vertreten, wie jemand wissen kann, ob er zu den Erwählten gehört – von Gott erwählt, ohne persönliche Beteiligung ihrerseits (sicherlich nicht durch Leistung, aber nicht einmal durch ihren eigenen Glauben) –, dann entdecken wir, erneut paradoxerweise, dass ihre Zuversicht sehr wohl von der Beurteilung ihres eigenen Verhaltens abhängig ist.

Auf der anderen Seite gibt es viele Menschen, die der Meinung sind, dass, wenn es irgendeine menschliche Freiheit gibt, es für den Gläubigen möglich sein muss, sich aus seiner Erlösung zurückzuziehen und sie quasi zu verlieren. Als Beweis zitieren sie die berühmte „Warnung" aus Hebräer, Kapitel 6 und 11. Dies wird oftmals als eine typisch „arminianische" Sichtweise bezeichnet.

Selige Gewissheit

Die Frage nach der Gewissheit und Zuversicht bezüglich unserer Erlösung ist für jeden Bereich der persönlichen geistlichen Entwicklung und der Evangelisation relevant, weil unser Denken darüber offenbart, was wir wirklich vom Evangelium halten. Heute gibt es viele Stimmen von außen, die uns sagen, dass es arrogant ist, sich irgendeiner Sache sicher zu sein, und die für die Privatisierung des Bekenntnisses eines selbstbewussten christlichen Glaubens sind. Es gibt auch noch die interne theologische Debatte über dieses Thema, die wir in diesem Buch auf zwei Arten ansprechen werden: Zunächst werden wir uns auf sie beziehen, wenn sie auf natürliche Weise im Verlauf unserer Hauptthemen auftaucht; zweitens werden wir dieser Debatte die letzten Kapitel dieses Buches gänzlich widmen, sodass dieses Thema nicht innerhalb der detaillierten Diskussion des restlichen Buches verloren geht.

Mir ist sehr wohl bewusst, dass es Widerspruch von Menschen geben wird, die sagen werden, dass dieses oder jenes nicht wirklich das ist, was sie glauben. Dafür habe ich Verständnis. Dies sind jedoch genau die Überzeugungen, zu denen ich ständig gefragt werde und die ich deswegen ansprechen möchte. Ich werde es den Lesern überlassen, welche Relevanz meine Antworten für ihre jeweilige Situation haben.

Mir ist ebenfalls klar, dass nicht alle diejenigen, die sich in der reformierten Tradition wiederfinden, sich allen fünf TULIP-Punkten verschreiben würden. Viele stimmen beispielsweise mit dem dritten Punkt nicht überein und werden manchmal „4-Punkte-Calvinisten" genannt. Andere stimmen nicht mit den verwendeten Begriffen überein. Manche gebrauchen beispielsweise den Begriff „totale Unfähigkeit" statt der „völligen Verderbtheit"; wieder andere haben die „begrenzte Sühne" durch die „bestimmte Sühne" oder „besondere Erlösung" ersetzt. Manche denken, dass man noch viel mehr als die fünf Punkte bestätigen muss, um ein Calvinist zu sein, indem man die Lehre der Kindertaufe, die Sakramente als Mittel der Gnade und die Lehre des Tausendjährigen Reiches hinzufügt. An relevanten Stellen der Diskussion werden wir uns gelegentlich auf das TULIP-Prinzip berufen; aber da keine der Begriffe strikt biblisch sind, werden wir uns viel mehr für die dahinterliegenden Lehren interessieren und nicht für die Schubladen, die ihnen oder ihren Vertretern zugeschrieben werden.

Nun wenden wir uns einem weiteren wichtigen Grund für diese Herangehensweise zu.

Kapitel 4

WAFFEN ZUR ZERSTÖRUNG VON GEDANKENGEBÄUDEN[68]

Das Problem mit dem Schubladendenken

In dieser Diskussion die Namen berühmter Gelehrter zu erwähnen bringt uns zu einer der Haupt-Schwierigkeiten der Debatte. Für viele Menschen geht es am Ende nur darum, jemanden mit dem Etikett Calvinist oder Arminianer versehen zu können (oder auch Reformierter, Molinist ...). Ich behaupte jedoch, dass genau dieses Schubladendenken einen großen Teil des Problems ausmacht, das besser früher als später angesprochen werden muss, wenn überhaupt eine produktive und vernünftige Diskussion zustande kommen soll. Die Menschen neigen dazu, andere und sich selbst in Schubladen zu stecken; und auch theologisch Interessierte bilden dort keine Ausnahme. Als direktes Beispiel dafür nehme ich an, dass manche meiner Leser bereits versuchen, mich in eine bestimmte Schublade zu stecken, sagen wir mit der Bezeichnung „Calminianer".[69]

Dann werden Sie sich allein aufgrund dieser Begriffe eine Meinung über die Dinge bilden, die ich schreibe, oder sich fragen, ob Sie überhaupt weiterlesen sollen. Ich möchte Sie höflich bitten, dies nicht zu tun. Lassen Sie mich erklären, warum.

---

68   Siehe 2Kor 10,4

69   Calminius ist selbstverständlich ein rein fiktiver Name, der sich aus den zwei bekannten Namen dieser Diskussion ableitet!

Vor vielen Jahren, als ich eine Stelle an einer Universität annahm, bekam ich Besuch von einigen meiner Mit-Akademikern, die auch Christen waren, offenbar ein Willkommensbesuch. Während des Gesprächs wurden zwei Dinge deutlich. Sie wollten mir eine Frage stellen, wussten aber nicht recht, wie sie sie formulieren sollten. Am Ende rückten sie damit heraus: „Sind Sie Calvinist?"

„Sie stellen mich vor große Schwierigkeiten", antwortete ich. „Inwiefern? Denn das ist das Letzte, was wir wollten!" „Nun", sagte ich, „wenn ich an Calvin denke, dann denke ich an jemanden, der einen riesigen Einfluss auf die europäische Kirche hatte und die zentrale Bedeutung der Heiligen Schrift verfochten hat. Der Wert allein dessen ist unschätzbar. Wie Sie sich vorstellen können, bin ich ebenso tief mit anderen Theologen der Vergangenheit verbunden – Wycliffe, Tyndale, Luther und vielen anderen Koryphäen, bis hin zu den frühen Kirchenvätern und den Aposteln selbst. Ich habe viel von ihnen gelernt und tue dies auch weiterhin, und viele meiner Freunde würden sich selbst als Calvinisten oder Lutheraner beschreiben.

Wenn ich jedoch die lange Liste der bedeutenden Menschen begutachte, denen ich mich verpflichtet fühle, und mich entscheiden müsste, mich nach einem von ihnen zu benennen, würde ich tatsächlich Paulus oder Petrus wählen. Ich denke nicht, dass Luther oder Calvin diese Wahl als eine Beleidigung auffassen würden.

Doch nun komme ich zu meinem Problem. Ich darf noch nicht einmal dieses tun, aus dem einfachen Grund, weil die Schrift es verbietet. Mit voller apostolischer Autorität stellt Paulus dar, dass wir *nicht* sagen sollen, dass wir des Paulus, Apollos oder Petrus sind. Wir sollen uns selbst nicht mit solchen Etiketten versehen oder in Schubladen stecken, selbst wenn sie mit den Aposteln verbunden sind. Wieso nicht? Paulus nennt den Grund sehr direkt und offen: ‚Ist der Christus zerteilt? Ist etwa Paulus für euch gekreuzigt, oder seid ihr auf den Namen des Paulus getauft worden?' (1Kor 1,13). Paulus ist von dieser Idee entsetzt.

Vielleicht verstehen Sie mein Problem. Nehmen wir an, ich wäre Calvinist. Wie würden Sie reagieren? Würden Sie auf dieser Basis Gemeinschaft mit mir haben? Wenn Sie es täten, würde ich Ihnen dieselbe Frage stellen, die Paulus stellte: Wurde Calvin für Sie gekreuzigt?

Nehmen wir auf der anderen Seite an, ich wäre kein Calvinist. Würde das die Möglichkeit unserer Gemeinschaft schmälern? Wenn ja, dann würde ich dieselbe Frage stellen: Wurde Calvin für Sie gekreuzigt? Oder wurden Sie auf den Namen Calvins getauft?

So sollten Sie nicht überrascht sein, dass ich Ihre Frage nicht so beantworten werde, wie Sie es erwartet haben. Ich bin jedoch mehr als bereit, darüber zu diskutieren, was die Bibel zu bestimmten Punkten zu sagen hat, und dann könnten wir alle etwas lernen."

Aber dies taten wir nicht. Sie waren nur daran interessiert, mich in eine Schublade zu stecken, und waren gescheitert. Dies ist vielleicht die traurigste Sache. Gespräche über solche Bezeichnungen und Systeme werden oft geführt, ohne dass die Schrift auch nur erwähnt, geschweige denn diskutiert wird. Das Ziel ist die Etikettierung – jemanden in eine Schublade zu stecken. Nachdem sie einander in solche Schubladen gesteckt haben, scheitern die Beteiligten vollkommen daran, die entscheidende Frage anzusprechen: Was genau sagt die Schrift über die Themen, die hinter den Etiketten und Schubladen stehen?

Charles Simeon schrieb einst:

> *„Der Calvinismus ist ein System. Gott hat seine Wahrheit nicht in einem System offenbart; die Bibel hat kein solches System. Legt das System beiseite und flieht zur Bibel. Empfangt ihre Worte mit einfacher Demut und ohne einen Blick auf irgendein System. Seid Bibel-Christen und keine System-Christen."*[70]

Es gibt einen weiteren Grund dafür, die Bezeichnungen des Calvinisten oder des Arminianers oder auch jede andere Bezeichnung abzulehnen. Paulus selbst deutet darauf hin, dass die grundsätzliche Ablehnung von Bezeichnungen eine noch viel weitreichendere Anwendung findet. Dies werden wir im weiteren Verlauf dieses Kapitels sehen. Es gibt beispielsweise Menschen, die sich selbst Calvinisten nennen, aber nicht mit allem übereinstimmen, was Calvin lehrte. Es gibt ebenso Menschen, die sich selbst nicht Calvinisten nennen

---

70 A. W. Brown, Recollections of Conversation Parties of Rev. Charles Simeon, M. S. Rickerby, London, 1862, S. 269

würden, aber mit vielen Dingen übereinstimmen, die Calvin lehrte. Dasselbe Prinzip trifft auch auf Arminius, Luther, Augustinus, Whitefield, Wesley usw. zu.

Wir hören von Hyper-Calvinisten (es gibt mindestens vier verschiedene Arten, soweit ich es sagen kann), Neo-Calvinisten, wieder erstehende Calvinisten, Neo-Puritanern und klassischen Arminianern. Wir versuchen zu bestimmen, ob Arminianer semi-Pelagianer oder semi-Augustinianer sind und treffen sogar auf Mischungen von Calvinisten und Arminianern (zweifellos werden sie Calminianer genannt!).

Es gibt auch noch diejenigen, die meinen, dass sie ganz genau definiert haben, was sie oder andere glauben, indem sie sich selbst und andere mit Bezeichnungen abstempeln wie Calvinist, Hyper-Calvinist, Ultra-Calvinist, Arminianer, Reformierter, Neo-Reformierter oder sonstigen Bezeichnungen, die so herumschwirren.

Sie leiden unter der grob vereinfachenden und falschen Annahme, dass der Calvinismus und der Arminianismus zwei klar definierte Systeme sind, die einander völlig entgegengesetzt sind. Wenn also eines wahr ist, muss das andere falsch sein.

Ein wenig Reflektion wird jedoch zeigen, dass die Sache nicht so einfach sein kann. Wir können schließlich auch nicht den Polytheismus bekämpfen, indem wir die Lehre der Dreieinigkeit leugnen. Es gibt Nuancen, die beachtet und diskutiert werden müssen.

Aus diesem Grund ist solch ein Schubladendenken nicht hilfreich.[71] Es mag sogar zu solch banalen, abwertenden Aussagen wie folgender kommen: „Du glaubst das, weil du Calminianer bist." Dies ist der sogenannte genetische Fehlschluss, der sich wahrscheinlich häufiger in Aussagen wie dieser findet: „Du glaubst das, weil du eine Frau, ein Ire, ein Banker, ein Konservativer usw." bist. Der Irrtum liegt in der Annahme, dass, wenn man eine kausale Erklärung für die besonderen Überzeugungen einer Person liefern kann, man deswegen diesen Überzeugungen jegliche Gültigkeit absprechen kann. Man hat jedoch den Wahrheitsgehalt dieses Glaubens noch nicht einmal untersucht.

---

71 Als Beispiel der erstaunlichen Vielfalt und Komplexität solcher Bezeichnungen in diesem Bereich, siehe R. Olson, Against Calvinism: Rescuing God's Reputation from Radical Reformed Theology, Grand Rapids, Zondervan, 2011.

In dieser Art der Argumentation steckt eine tiefe Ironie, besonders wenn sie von einem Deterministen gebraucht wird; schließlich basiert das Argument auf der Annahme, dass die kausal-deterministische Darstellung irgendeiner Sache sie bedeutungslos werden lässt.

Bei dem Versuch, diese Themen zu diskutieren, bin ich mir bewusst, dass die Reaktion manches Mal wie folgt lautet: „Aber das ist nicht, was wir Calminianer glauben", oder: „Das steht nicht für den klassischen Calminianismus – eher für den neuen Calminianismus und den akzeptieren wir sowieso nicht." Es gibt eine tief verwurzelte Neigung, sich eher auf irgendein theologisches System zu beziehen, als sich mit dem zu beschäftigen, was die Schrift tatsächlich sagt.

Herr Schmidt könnte beispielsweise den Römerbrief studieren und die Wichtigkeit der paulinischen Aussagen über die Prädestination erwähnen. „Ah, also ist Herr Schmidt Calvinist!" Nicht unbedingt. Herr Schmidt mag lediglich glauben, was die Schrift über Prädestination sagt, und würde niemals daran denken, dass er sie mit einem allumfassenden theologischen System verbinden muss. Bei anderer Gelegenheit könnte derselbe Herr Schmidt mit Freunden über die Mission sprechen und betonen, wie wichtig es ist, mit Menschen zu diskutieren. „Ah, also ist Herr Schmidt Arminianer!" Nicht unbedingt. Herr Schmidt mag lediglich versuchen, das ernst zu nehmen, was Paulus in den Synagogen und auf den Marktplätzen praktiziert hat.

Wenn man zu diesen Themen Bücher liest, gewinnt man durch den ständigen Gebrauch von Schubladen den Eindruck, dass es dieses allumfassende System – dieses auserwählte theologische Paradigma – ist, was vielen Autoren am wichtigsten ist. Die größte Ironie besteht darin, dass eben diese Apostel, deren Schriften so systematisiert werden, aufs deutlichste *solches Schubladendenken ablehnen*. Das kann nur bedeuten, dass innerhalb der theologischen Sphäre irgendwo eine falsche Richtung eingeschlagen wurde. Wenn wir nun ein wenig detaillierter betrachten, warum Paulus diese Bezeichnungen nicht als eine „unschuldige Zweckmäßigkeit" (wie jemand sie einmal genannt hat) betrachtete, wird deutlich werden, wie ernst diese Fehlentwicklung ist.

Was der Apostel Paulus über Schubladendenken sagt

Bemerkenswert ist, dass Paulus sich mit diesem Problem im Rahmen vieler schwieriger Themen, die die Gemeinde in Korinth beschäftigte, auseinandersetzt. Außerdem fällt uns der vergleichsweise große Umfang auf, in dem Paulus dieses Thema behandelt – nicht weniger als die ersten vier Kapitel des ersten Korintherbriefes. Er erwähnt es wiederholt:

> *„Ich meine aber dies, dass jeder von euch sagt: Ich bin des Paulus, ich aber des Apollos." (1Kor 1,12)*

> *„Denn wenn einer sagt: Ich bin des Paulus, der andere aber: Ich des Apollos – seid ihr nicht menschlich?" (1Kor 3,4)*

> *„So rühme sich denn niemand im Blick auf Menschen, denn alles ist euer. Es sei Paulus oder Apollos oder Kephas, es sei Welt oder Leben oder Tod, es sei Gegenwärtiges oder Zukünftiges; alles ist euer, ihr aber seid Christi, Christus aber ist Gottes." (1Kor 3,21-23)*

> *„Dies aber, Brüder, habe ich auf mich und Apollos bezogen um euretwillen, damit ihr an uns lernt, nicht über das hinaus zu denken, was geschrieben ist, damit ihr euch nicht aufbläht für den einen gegen den anderen." (1Kor 4,6)*

Diese letzte Aussage zeigt, dass Paulus nicht nur besorgt ist um die Angewohnheit, bestimmten Lehrern nachzufolgen, sondern vor allem um das dahinterstehende Prinzip. Durch die unterschiedlichen Meinungen über Gemeindepraxis, Art der Versammlung, Rituale und vieles mehr können Spaltungen entstehen. Dieses Thema war John Bunyan ein Anliegen (Autor des Werks „Die Pilgerreise"), als er Folgendes schrieb:

> *„Du fragst mich, wie lange ich ein Baptist gewesen bin? Ich muss dir sagen, dass ich niemanden kenne, für den dieser Titel angemessener ist als für die Nachfolger des Johannes. Da du den Namen kennst, durch den ich mich von anderen unterscheiden lasse, sage ich dir,*

dass ich – und ich hoffe, dass ich's bin – Christ bin. Wenn Gott mich würdig erachtet, so möchte ich auch ein Christ genannt werden, ein Gläubiger oder ein anderer Name, den der Heilige Geist billigt. Was die Titel der Anabaptisten, Unabhängigen, Presbyterianer und Ähnlicher betrifft, so ziehe ich den Schluss, dass sie weder aus Jerusalem noch Antiochia, sondern aus der Hölle und Babylon gekommen sind, da sie natürlicherweise zu Spaltungen führen. An ihren Früchten sollst du sie erkennen."[72]

Bunyans Formulierungen sind um einiges maßloser als die des Paulus. Dies sollte uns jedoch nicht davon abhalten zu fragen, warum Paulus diesen Tendenzen so bewusst widerstand. Diese Kapitel des ersten Korintherbriefes geben Antwort auf diese Frage: Diese Tendenzen waren alles andere als harmlos und nebensächlich, sondern lenkten die Aufmerksamkeit der Menschen von der Verkündigung des Kreuzes Christi ab. Sie konzentrieren sich mehr auf das natürliche Denken als auf den Heiligen Geist und veranlassen den Menschen dazu, sich über menschliche Führer zu definieren und damit zu prahlen, als sich in Gott zu rühmen. Paulus sah diese Entwicklung der frühen Gemeinde als Gefahr dafür, wie die Menschen Gott, den Vater, den Heiligen Geist, den Sohn und sein Evangelium des Kreuzes wahrnahmen. Er hält diese Entwicklung für äußerst schwerwiegend, da sie unsere Einstellungen gegenüber dem dreieinigen Gott beeinflusst. Man fürchtet sich fast, darüber nachzudenken, was Paulus heute, im Zeitalter der sozialen Medien, zu uns sagen würde, wo der Fokus darauf liegt, wie viele „Follower" wir haben.

Im Neuen Testament wird ungefähr zwanzig Mal davon berichtet, wie unser Herr sagt: „Folge mir nach!" Doch keiner der Apostel gebraucht jemals diese Worte. Das einzige Mal, wo wir uns dieser Aussage auch nur ein wenig annähern, ist die Aufforderung des Paulus an die Korinther am Ende des Abschnitts, den wir soeben betrachtet haben. Dort fordert er sie dazu auf, ihn nachzuahmen, aber nicht, ihm zu folgen:

---

72   J. Brown, John Bunyan: His Life, Times and Works, 3. Ausgabe, Wipf and Stock, Oregon, 2007, S. 239

*„Nicht um euch zu beschämen, schreibe ich dies, sondern ich er-
mahne euch als meine geliebten Kinder. Denn wenn ihr zehntau-
send Zuchtmeister in Christus hättet, so doch nicht viele Väter;
denn in Christus Jesus habe ich euch gezeugt durch das Evangelium.
Ich bitte euch nun, seid meine Nachahmer! Deshalb habe ich euch
Timotheus gesandt, der mein geliebtes und treues Kind im Herrn ist;
der wird euch erinnern an meine Wege in Christus, wie ich überall
in jeder Gemeinde lehre.“ (1Kor 4,14-17)*

Paulus betont sehr sorgfältig, dass wir seine *Wege in Christus* nachahmen sollen, wie er es auch später ausdrücklich schreibt: „Seid meine
Nachahmer, wie auch ich Christi Nachahmer bin!“ (1Kor 11,1).

Gott gibt uns gottesfürchtige Leiter als Vorbilder. Wir sollen uns
an diejenigen erinnern, die uns das Wort Gottes gebracht und uns gelehrt haben. Wir sollen nicht nur ihre Lehre beachten, sondern auch
den Ausgang ihres Lebens, und wir sollen ihren Glauben nachahmen:

*„Gedenkt eurer Führer, die das Wort Gottes zu euch geredet haben!
Schaut den Ausgang ihres Wandels an, und ahmt ihren Glauben
nach!“ (Hebr 13,7)*

Wir sollen Christus nachfolgen und jegliche Nachahmung anderer
sollte streng überprüft werden, indem ihr Leben und ihre Lehre mit
Christus und seiner Lehre verglichen wird, sodass er und er alleine
der Mittelpunkt bleibt.

Wie können wir also dem widerstehen, andere und uns selbst mit
Bezeichnungen und Etiketten zu versehen? Wenn Paulus sagt, dass
wir es nicht tun sollen, dann sollen wir es auch nicht tun. Nicht einmal in diesem Buch! Das ist ein wenig viel verlangt, und der Realis-
mus sagt mir, dass ich wahrscheinlich scheitern werde. Die Etiketten
loszuwerden wird keinesfalls leicht sein. Denn eine Gruppe muss
die Bezeichnungen nicht unbedingt schlecht finden, weil sie von einer anderen Gruppe verwendet werden. Im Gegenteil, manche sind
davon überzeugt, dass Etiketten vollkommen in Ordnung und sehr
nützlich sind, sodass sie gerne eine Vielzahl von Etiketten akzeptieren und sie sogar stolz verwenden, um sich selbst zu beschreiben.

Aber wir können zumindest versuchen, diese Tendenz zu vermeiden und zu verstehen, warum die Schrift sich dagegen wendet, statt ein System zu definieren und zu benennen, in das wir alles hineinpressen können.

Die Macht der Weltanschauungen

Das bedeutet jedoch nicht, dass ich die systematische Theologie nicht schätze. Mein akademischer Hintergrund liegt ja in der Tat in den mathematischen Wissenschaften, und der Kern der Wissenschaft ist die Systematisierung. Bildung von Systemen führt zur Schaffung von Rahmenbedingungen für Hintergrundannahmen oder zu Paradigmen, in denen die Wissenschaft üblicherweise betrieben wird und sehr nützlich sein kann.

Wir können jedoch von der Wissenschaft eine Lektion lernen. Es besteht die Gefahr, die von Wissenschaftsphilosophen sehr wohl erkannt wurde: dass ein wissenschaftliches System oder eine Weltanschauung ein Eigenleben entwickelt und schließlich die Realität definiert, anstatt von der Realität selbst definiert zu werden, die wir eigentlich studieren wollen. Im Ergebnis wird dann nicht dieses Paradigma hinterfragt, sondern Theorien und sogar Beobachtungen werden auf das Paradigma zugeschnitten.

Jahrhundertelang wurde das europäische Gedankengut von der Sichtweise des Aristoteles bestimmt, dass die Erde physikalisch fixiert und unbeweglich im Zentrum des Universums stand. Daher war ein Fortschritt in unserem Verständnis des Universums schwierig, was man an Galileo und seiner Erfahrung mit der römischen Inquisition sehen kann. Die Erfahrung zeigt, dass es oft sehr schwierig ist, ein Paradigma – eine Weltanschauung oder ein Weltbild – zu hinterfragen.

Die Macht von Paradigmen ist zum Teil der Grund, warum ich an der öffentlichen Verteidigung des Christentums gegenüber den neuen Atheisten beteiligt bin. Sie haben sich zur Aufgabe gemacht, ein naturalistisches Paradigma zu verbreiten, dessen Wahrheit und

Eignung ich im Namen der Wissenschaft und meines christlichen Glaubens bezweifle. Ich tue dies, obwohl der Naturalismus die westliche akademische Welt dominiert und als Position vorgegeben wird.

Es scheint innerhalb der Theologie eine parallele Situation zu geben. Jeder von uns ist dankbar – oder sollte es sein –, dass Theologen über die Jahrhunderte hinweg ihre Erkenntnisse systematisiert haben, um uns zu helfen, sie zu verstehen. Dennoch können theologische Systeme oder Weltanschauungen ebenso wie in der Wissenschaft manchmal so mächtig werden, dass sie letztlich definieren, was die Schrift meinen oder nicht meinen könnte, sodass man die „Schrift" nur dann „ernst nimmt", wenn man ein bestimmtes theologisches System vertritt und alle Schrift dort hineinpresst. Es ist daher ratsam, sich daran zu erinnern, dass, so wie die Wissenschaft das Universum nicht erschaffen hat, die systematische Theologie nicht die Bibel hervorgebracht hat. Unsere „ismen" mit ihren Systemen und Paradigmen sind nicht unfehlbar. Des Weiteren wurde die Bibel selbst nicht in einer systematischen Form geschrieben, auch wenn theologische Systeme eine große Hilfe sein können. So wie wir also bereit sein müssen, dem Universum zu erlauben, unsere wissenschaftlichen Paradigmen zu korrigieren, müssen wir auch der Schrift erlauben, unsere theologischen Systeme zu kontrollieren.

Es versteht sich von selbst, dass die meisten Leser dieses Buches davon überzeugt sein werden, dass ihre Systeme aus der Schrift abgeleitet sind.

Doch wir alle müssen uns eingestehen, dass es im Falle der Bibel, genau wie in der Wissenschaft, keinen neutralen oder unvoreingenommenen Beobachter oder Kommentator gibt.

Ob wir es nun erkennen oder nicht, jeder von uns geht mit sowohl theologischen, als auch philosophischen Vorannahmen und Vorurteilen an die Schrift heran. Wir müssen daher bereit sein zu fragen: Verstehe ich deshalb einen Text auf eine bestimmte Weise, weil er es selbst sagt oder wegen der Farbe der Brille (die Art des Paradigmas), durch die ich ihn lese?

Natürlich geht es oft nur darum, was klar und was weniger klar ist. Bei einer typischen Diskussion, bei der zwei Standpunkte vertreten werden, hören wir oft Aussagen wie: „Sicher kannst du sehen, dass diese ganze Reihe von Versen vollkommen klar ist, und dass die ein oder zwei Verse, die ein Problem sind, ganz leicht gelöst werden können. Deine Position ist also nicht haltbar."

Dann wird deutlich, dass die andere Seite genau dieselbe Sichtweise hat. Sie weisen ebenso auf ihre eigenen Textstellen hin, die ihrer Meinung nach genauso vollkommen eindeutig sind, und haben den Eindruck, sie könnten dementsprechend konsequent auch mit anderen Texten umgehen, die aus ihrer Sicht schwierig sind. Was der einen Seite eindeutig erscheint, ist für die andere Seite schwierig, und umgekehrt. Jede Seite betrachtet die problematischen Texte; aber durch die jeweilige Brille ist der Text vollkommen klar, und es gibt kein Problem.

Ich glaube, dass dies unvermeidbar und eher ein Grund zur Demut als zur Verzweiflung ist.

Warum ich dieses Buch schreibe

Ich nehme an, dass ich hauptsächlich für die Leute schreibe, die wie ich eine hohe Meinung von der Inspiration und Autorität der Bibel haben. Es ist ein trauriges Schauspiel, wenn sich Menschen mit einer solchen Überzeugung denen gegenüber lieblos verhalten, die nicht ihrer Meinung sind. Es ist sicherlich unerlässlich für eine fruchtbare Diskussion, dass wir erkennen, dass es Diener Gottes gegeben hat und gibt, die sich in diesen Fragen zutiefst unterscheiden, deren Wirksamkeit bei der Verkündigung des Evangeliums von Jesus Christus in der Welt aber unbestritten ist. Im Zusammenhang mit unserem gegenwärtigen Thema denke man beispielsweise an an den offensichtlichen geistlichen Segen, der die Dienste von John Wesley und George Whitefield oder C. H. Spurgeon und Billy Graham begleitet hat.

Wir alle – unvollkommene sündige Männer und Frauen – haben unausweichliche blinde Flecken in unserer Theologie (zumindest in den Augen anderer, wenn auch nicht aus unserer Sicht – das ist ja der Inbegriff eines blinden Flecks!). Wenn man dies logisch weiterdenkt, könnte das in der Praxis die Verkündigung des Evangeliums behindern. Es ist aber Gottes Gnade und die Macht des Evangeliums, dass die Botschaft dennoch verkündigt und von Gott gesegnet wird, trotz dieser blinden Flecken in unserer Verkündigung.

Zur Zeit des Neuen Testaments, als Paulus die Entstehung von Parteiungen um Lehrer wie Apollos, Petrus und ihn selbst beobachtete, reagierte er schnell, um diesem spalterischen Trend ein Ende zu bereiten. Eines seiner Argumente, das wir oben gesehen haben, beinhaltete, dass man demütig ist und sich auf die positiven Dinge konzentrierte, die wir alle teilen:

> *„So rühme sich denn niemand im Blick auf Menschen, denn alles ist euer. Es sei Paulus oder Apollos oder Kephas, es sei Welt oder Leben oder Tod, es sei Gegenwärtiges oder Zukünftiges; alles ist euer."* *(1Kor 3,21-22)*

Wir können also davon ausgehen, dass Paulus heute zu uns sagen würde: „Ob Wesley oder Edwards, ob Spurgeon oder Graham – alles ist euer."

Dies ist sicher einer der Schlüssel für unsere Diskussion: Das klare Bewusstsein der Gefahr, dass wir uns um besondere Prediger und bekannte Lehrer scharen und nicht erkennen, dass sie alle „unser" sind. Sie sind unsere Geschwister im Glauben, ob wir nun mit ihnen bei allen Themen einer Meinung sind oder nicht. Wir müssen sie daher bereitwillig als Glieder des Leibes Christi anerkennen, als Teil unseres reichhaltigen und facettenreichen christlichen Erbes. Wir müssen demütig genug sein, um zu erkennen, was schließlich die reine Tatsache ist: dass Gott Männer und Frauen überfließend gesegnet hat, die zu diesen Themen sehr unterschiedliche Meinungen vertreten.

Aus diesem Grund ist es herzerfrischend, Aussagen wie die Folgenden zu lesen. Die Erste stammt aus einem Buch mit dem Titel „Warum ich kein Arminianer bin":

> *„Eine Irrlehre als solche ist eine Verfälschung der Gnade Gottes in Christus, dass sie entweder Jesus als Erlöser oder die Gnade als Mittel der Erlösung ungültig macht. Die arminianische Tradition tut nichts dergleichen (...) Egal, bei welchen Themen, die für die Erlösung relevant sind, wir nicht übereinstimmen, lasst uns in dieser Sache einig*

sein: Der Calvinist und der Arminianer sind Brüder in Christus (…) Thema der Diskussion ist nicht der Glaube oder der Unglaube, sondern vielmehr, welche der beiden christlichen Perspektiven das biblische Bild der göttlich-menschlichen Beziehung in der Erlösung und die Beiträge von Gott und Mensch in der menschlichen Geschichte besser repräsentiert."[73]

Wir müssen noch anmerken, dass für den obigen Autoren nur zwei Perspektiven infrage kommen. Auch das mag ein Teil des Problems sein.

Mein zweites Zitat stammt aus einem Buch mit dem Titel „Warum ich kein Calvinist bin":

„Wir haben großen Respekt und Anerkennung für Calvin und das Erbe, das er umrissen und geschaffen hat. Der Calvinismus stellt seit Jahrhunderten eine lebendige Frömmigkeitstradition dar, die intellektuell und moralisch ernstzunehmen ist (…) Mit ihrer Leidenschaft für die Herrlichkeit Gottes, haben die Calvinisten eine führende Rolle in der Erneuerung der Anbetung in dieser Generation gespielt."[74]

Allein die Existenz solcher Bücher zeigt, dass eine belastbare Diskussion möglich ist. Wirklich wertvoller Austausch kann nur geschehen, wenn es gegenseitigen Respekt gibt. Es muss anerkannt werden, dass Menschen mit unterschiedlichen Sichtweisen sehr wahrscheinlich von derselben Sorge um Gottes Ruf motiviert sind, und dass sie seine Herrlichkeit und Heiligkeit bewahren und fördern wollen.

Bei diesem Thema ist es wichtig für mich zu erkennen, dass diejenigen, die mit mir bei manchen Themen nicht einer Meinung sind, genauso viel oder vielleicht sogar noch mehr den Wunsch danach haben, der Schrift treu zu bleiben. Also lassen Sie mich meinen Standpunkt zusammenfassen. Aus den oben genannten Gründen werde ich, soweit es mir möglich ist, Begriffe wie Calvinist, Hyper-Calvinist,

---

73 R. A. Peterson und M. D. Williams, Why I Am Not an Arminian", IVP, Downers Grove, 2004, S. 13

74 J. L. Walls und J. R. Dongell, Why I Am Not a Calvinist, IVP, Downers Grove, 2004, S. 9

Reformierter, Radikal Reformierter, Arminianer usw. vermeiden. Ich werde nicht versuchen, die Rolle des Calvinismus (wie auch immer er definiert ist) innerhalb der reformierten Tradition (wie auch immer sie definiert ist) zu umreißen oder gar darauf einzugehen, welch subtile Unterschiede zwischen den verschiedenen Arten der unterschiedlichen theologischen Traditionen bestehen. Diese Aufgaben überlasse ich den Leuten, die in den relevanten Disziplinen weitaus kompetenter sind, als ich es bin.

Ich habe viel von diesen Traditionen gelernt. Ich habe ihre Bücher mit Gewinn gelesen und zähle viele ihrer Anhänger zu meinen Freunden. Tatsächlich erinnere ich mich gerne daran, wie ich während meiner Cambridger Studienjahre mit einem Freund Calvins Predigten in französischer Originalsprache gelesen und diskutiert habe. Ich teile die Sorge um die Herrlichkeit und Souveränität Gottes, der die Initiative zur Erlösung ergriffen hat, und ich beklage auch den Verlust des Bewusstseins der Herrlichkeit, Heiligkeit und Würde Gottes durch viel zu viele oberflächliche Wohlfühl-Predigten heute.

In der Tat, gerade weil ich die Herrlichkeit Gottes für äußerst wichtig halte, beschäftige ich mich mit dem theistischen Determinismus oder allem, was ihm ähnelt, wie auch immer es genannt wird – alles, was die Wahrnehmung der Herrlichkeit, Güte und Liebe Gottes und die Natur des Evangeliums dermaßen verzerrt, dass es Menschen abstößt oder verwirrt.

Was sollen die Leser beispielsweise von einem Artikel halten, der am 23. März 2009 im „Time Magazin" erschien? Was dort als „Neuer Calvinismus" bezeichnet wurde, wird wie folgt beschrieben:

> *„(…) vollständig mit einer völlig souveränen und einer alles bis ins letzte Detail festlegenden Gottheit, einer sündigen und armseligen Menschheit und der logischen Konsequenz der Kombination – der Prädestination: der Glaube, dass Gott vor Grundlegung der Welt entschieden hat, wen er retten würde (oder nicht), völlig unabhängig von jeglichem späteren menschlichen Handeln oder Entscheiden."*

Trotz des karrikierenden Elements ist diese Art der Veröffentlichung sehr schädigend für das Evangelium.

Mir ist natürlich bewusst, dass es innerhalb der obig angeführten Traditionen Menschen gibt, die sich nicht einig darüber sind, ob diese Art des Determinismus zentral oder sogar erforderlich für ihre Theologie ist. Todd Billings beispielsweise, ein Pastor der reformierten Tradition, von dem ich das „Time"-Zitat bekommen habe, schreibt:

> *„TULIP bietet keine angemessene oder gar korrekte Darstellung der reformierten Theologie. Die Neuen Calvinisten wählen die TULIP aus dem reformierten Feld aus und übersehen dabei die anderen Blumen. In diesem riesigen Feld, das aus dem Samen des Wortes Gottes entstanden ist, gibt es noch viel mehr außer der TULIP."*[75]

Dieses Zitat weist noch einmal mehr darauf hin, dass die Reduzierung von Glaubensinhalten auf eine Abkürzung mehr Probleme mit sich bringt, als sie löst. R. C. Sproul sagt, dass, auch wenn die TULIP-Abkürzung vielen Menschen dabei geholfen hat, die charakteristischen Eigenschaften der reformierten Theologie zu behalten, sie „auch große Verwirrung und viele Missverständnisse verursacht hat".

Sproul mag die Formulierung des „T" – totale Verderbtheit – nicht, weil sie oftmals verwechselt wird mit dem Gedanken an eine „völlige Verdorbenheit". Dies finde ich nicht überraschend, weil die Worte „total" und „völlig" semantisch gesehen dasselbe bedeuten. Sproul bevorzugt den Begriff „radikale Verderbtheit". Er glaubt ebenso, dass der Begriff der „unwiderstehlichen Gnade" irreführend ist und bevorzugt den Begriff der „wirksamen Gnade", da – wie er uns sagt – Calvinisten nicht glauben, dass Gottes rettende Gnade wortwörtlich unwiderstehlich ist. Tatsächlich glauben „alle Calvinisten, dass der Mensch der Gnade Gottes widerstehen kann und wird".[76]

Dies illustriert das Minenfeld, das wir betreten, wenn wir unbiblische Begriffe verwenden, um unsere Glaubensinhalte zu definieren und dann durch die Popularität der Begriffe häufig dazu gezwungen

---

75 Todd Billings, „Calvin's Comeback – The Irresistible Reformer", Titel-Artikel für „The Christian Century", Dezember 2009

76 R. C. Sproul, Chosen by God, Tyndale House, Carol Stream, 2011, S. 95

werden, „Neu-Definitionen" zu formulieren. Oftmals sind diese dann auch in nicht-biblische Begrifflichkeiten gebettet, was die Verwirrung noch verstärkt.

Im Angesicht all dieser Dinge und der Tatsache, dass noch größere Denker als ich seit Jahrhunderten mit diesen Themen kämpfen, kann man sehr wohl fragen: „Wieso sollte man noch ein weiteres Buch über dieses Thema schreiben?" Meine Antwort ist, dass es für jede Generation wichtig ist, sich erneut an die Schrift zu wenden. Der Spürsinn, der William Tyndale dazu brachte, die Bibel ins Englische zu übersetzen und Martin Luther ins Deutsche, sodass die Menschen sie ohne eine dazwischenfunkende kirchliche Autorität lesen konnten, ist ein Impuls, der auch auf der Ebene des Schriftverständnisses gefördert werden muss.

Es wäre natürlich arrogant, den riesigen Beitrag derer zu ignorieren, die uns vorangegangen sind. Allerdings tun wir gut daran, nicht die Tatsache zu ignorieren, dass die Geschichte voll von Beispielen ist, wo jemand „etwas falsch verstanden hat", im Licht wie wir es heute sehen. Ich bin tatsächlich sicher, dass manche meiner Leser davon überzeugt sein werden, dass ich derjenige bin, der etwas falsch verstanden hat. Gott ist gnädig und barmherzig, und manchmal kann auch etwas Falsches dazu dienen, die Diskussion zu bereichern und unser Verständnis zu schärfen.

Um mein Möglichstes zu tun, nichts falsch zu verstehen, werde ich versuchen, so weit wie möglich den Gesamtkontext der relevanten Schriftstellen zu beachten. Dies wird sich auf die Länge des Buches auswirken, aber ich hoffe, dass der Gewinn eines klareren Verständnisses der Logik hinter den biblischen Argumenten, die besondere Anstrengung wert sein wird. Vielleicht führt sie die Leser sogar auf weit verzweigte Pfade und ermutigt dazu, Gedanken zu erforschen, die mit unserem Hauptthema nichts zu tun haben.

Ich möchte diese Dinge lediglich einem weiteren Publikum öffnen, die ich in meinem eigenen Forschen in der Schrift als nützlich empfunden habe; in der Hoffnung, dass sie auch anderen von ähnlichem Wert sein können, egal ob sie nun am Ende mit mir einer Meinung sind oder nicht. Dabei ist es unabdingbar, dass ich Namen von noch lebenden Autoren nenne, mit denen ich nicht übereinstimme –

manche von ihnen betrachte ich sogar als Freunde. In gewissem Sinne finde ich dies schwierig und sogar geschmacklos, da es leicht so verstanden werden kann, dass ich allem widerspreche, was sie sagen. Dies ist einfach nicht der Fall. Ich werde mich, wie oben bereits erwähnt, auf die Sichtweisen der Autoren bezüglich ihrer Meinung zum theistischen Determinismus konzentrieren. Ich fühle mich genauso frei, nicht mit ihnen übereinzustimmen, wie sicherlich auch sie nicht mit mir übereinstimmen würden.

An dieser Stelle kommt mir eine persönliche Anekdote in den Sinn. Als ich bei einem bestimmten Anlass eine Bühne mit John Piper teilte und wir – wenn ich mich richtig erinnere – manche dieser Themen durch Fragen des Publikums diskutierten, erwähnte er, dass sein Vater nicht mit ihm einer Meinung war. In diesem Sinne fühle ich mich vollkommen frei, dies auch zu tun!

Ich habe des Weiteren in vielen Fällen sehr von den Sichtweisen solcher Autoren bezüglich anderer Themen profitiert. Deshalb sollte meine Auseinandersetzung mit einem Gedanken, mit dem ich nicht übereinstimme, keinesfalls als Angriff auf die Person verstanden werden, genausowenig wie ich eine Nichtübereinstimmung mit einem meiner Standpunkte als *ad-hominem*-Angriff gegen mich werten würde.

Schließlich sind sie alle meine Brüder und Schwestern in Christus, und ich möchte, dass auch sie mich weiterhin als ihren Bruder sehen können.

Möge unser Bemühen von dem Wunsch getragen sein, die Ehre Gottes zu fördern.

TEIL 2

Die Theologie des Determinismus

Kapitel 5

GOTTES SOUVERÄNITÄT UND DIE VERANTWORTUNG DES MENSCHEN

Es gäbe unter Christen wenig Diskussion, geschweige denn Kontroverse, über Gottes Souveränität und die menschliche Verantwortung, wenn sich nicht beide Konzepte innerhalb der Bibel widerfinden ließen. Tatsächlich ist es ziemlich töricht, es so zu formulieren, denn diese Themen sind keine Nebensächlichkeiten innerhalb einer größeren Geschichte. In gewisser Hinsicht sind sie selbst die Geschichte, da der biblische Bericht die Geschichte von Gottes Souveränität und menschlicher Verantwortung ist.

Betrachten wir zuerst Gottes Souveränität über die Geschichte. Der Prophet Daniel behandelt dieses Thema als einer von vielen anderen biblischen Autoren. Die Einleitung seines Buches lautet wie folgt:

> *„Im dritten Jahr der Regierung Jojakims, des Königs von Juda, kam Nebukadnezar, der König von Babel, nach Jerusalem und belagerte es. Und der Herr gab Jojakim, den König von Juda, in seine Hand."* (Dan 1,1-2)

Im selben Buch war eine der wichtigsten Lektionen, die Gott dem babylonischen König Nebukadnezar erteilte, ein Gericht über ihn aufgrund seines Stolzes:

„All das kam über den König Nebukadnezar. Nach Ablauf von zwölf Monaten nämlich, als er auf dem königlichen Palast in Babel auf und ab ging, begann der König und sagte: Ist das nicht das große Babel, das ich durch die Stärke meiner Macht und zur Ehre meiner Herrlichkeit zum königlichen Wohnsitz erbaut habe? Noch war das Wort im Mund des Königs, da kam eine Stimme aus dem Himmel: Dir, König Nebukadnezar, wird gesagt: Das Königtum ist von dir gewichen! Und man wird dich von den Menschen ausstoßen, und bei den Tieren des Feldes wird deine Wohnung sein; man wird dir Gras zu essen geben wie den Rindern. Und es werden sieben Jahre über dir vergehen, bis du erkennst, dass der Höchste Macht hat über das Königtum der Menschen und es verleiht, wem er will" (Dan 4,25ff.)

Durch Daniel prophezeite Gott sieben Jahre der Züchtigung für Nebukadnezar.

Die Bibel zeigt Gottes souveräne Kontrolle der Geschichte anhand des Haupt-Phänomens der erfüllten Prophetien – von den detaillierten Vorhersagen bezüglich des Familienlebens von Abraham, Isaak und Jakob bis hin zu den berühmten Prophetien Jesajas und Michas bezüglich der Geburt des Messias und den detaillierten Prophetien Daniels über die hellenistische Zeit.[77] Im Neuen Testament gibt es Vorhersagen Jesu, die seinen Tod, seine Auferstehung, seine Himmelfahrt, die Zerstörung Jerusalems, die Zerstreuung des jüdischen Volkes betreffen und viele Prophetien über seine Wiederkunft. Die Schrift ist voll von Vorhersagen und Erfüllungen, das ist einzigartig in der gesamten Literatur. Bei jedem Versuch, das Wesen der Beziehung zwischen Gott, der Geschichte und der Menschheit zu verstehen, muss diese Tatsache mit einbezogen werden.

Wir müssen ebenso die erschwerende Tatsache beachten, dass die Individuen, die von diesen biblischen Voraussagen betroffen sind, nicht wie Marionetten behandelt werden, die von einem Meister-Puppenspieler manipuliert werden. Gott macht sie für ihr Verhalten verantwortlich. Abraham und Jakob waren solche

---

77   Siehe das Werk des Autors „Against the Flow: The Inspiration of Daniel in an Age of Relativism", Lion Hudson, Oxford, 2015

Individuen, deren Leben und Erfahrungen wir später betrachten werden.

Dann finden wir Beispiele in der Schrift, wo Gottes Souveränität und die menschliche Verantwortung direkt zusammentreffen. In seiner Pfingstrede sagt Petrus von Jesus: „Diesen Mann, der nach dem bestimmten Ratschluss und nach Vorkenntnis Gottes hingegeben worden ist, habt ihr durch die Hand von Gesetzlosen an das Kreuz geschlagen und umgebracht" (Apg 2,23). Die Kreuzigung war daher von Gott vorherbestimmt und geschah, um seinen Plan zu erfüllen. Dennoch waren die Menschen, die ihn umbrachten, böse und daher moralisch verantwortlich.

Weiter ermutigt Jesus die Menschen dazu, zu ihm zu kommen: „Jesus sprach zu ihnen: Ich bin das Brot des Lebens. Wer zu mir kommt, wird nicht hungern, und wer an mich glaubt, wird nie mehr dürsten" (Joh 6,35). Er beklagt diejenigen, die es ablehnen zu kommen: „Ihr erforscht die Schriften, denn ihr meint, in ihnen ewiges Leben zu haben, und sie sind es, die von mir zeugen; und ihr wollt nicht zu mir kommen, damit ihr Leben habt" (Joh 5,39-40). Auf der anderen Seite sagt er: „Niemand kann zu mir kommen, wenn nicht der Vater, der mich gesandt hat, ihn zieht" (Joh 6,44).

Daher können wir zwei Dinge festhalten:
1. Gott übernimmt die Initiative.
2. Die Menschen sind verantwortlich dafür, zu Jesus zu kommen, und sie sind fähig, es zu tun oder nicht zu tun.

Als Paulus zu den Philosophen in Athen sprach, sagte er, dass Gott „festgesetzte Zeiten und die Grenzen ihrer Wohnung" bestimmt hat. Dann wies Paulus darauf hin, dass dies geschehen war, damit „sie Gott suchen, ob sie ihn vielleicht tastend fühlen und finden möchten" (Apg 17,26-27). Gott hat deutlich gewisse Grenzen festgelegt, aber das entbindet Männer und Frauen nicht von der Verantwortung, ihn zu suchen, zu fühlen und zu finden.

In diesen Texten finden wir schon genügend Dinge, die uns erkennen lassen, dass es sich um sehr tiefgehende Themen handelt. Wir müssen sie nicht nur mit Demut betrachten, sondern auch mit einem

Bewusstsein, dass unser Verständnis, so tief es auch sein mag, seine Grenzen erreichen wird; manches wird ein Geheimnis bleiben. Wie wir bereits bemerkt haben, hat niemand eine wirkliche Vorstellung davon, was menschliches Denken ist, ganz zu schweigen davon, wie es menschliches Handeln auslösen kann. Wir werden also Gottes Umgang mit seiner Schöpfung wahrscheinlich auch nicht besser verstehen. Das Beste, was wir tun können, ist, dass wir versuchen zu verstehen, was Gott über diese Dinge offenbart hat – was er uns wissen lassen möchte.

Aber selbst wenn wir es nicht vollkommen verstehen können, müssen diejenigen von uns, die von der vollen Autorität und Inspiration der Schrift überzeugt sind, sicher bereit sein, der Schrift zu glauben. An dieser Stelle kann uns eine Analogie aus der Wissenschaft helfen. Das Universum, das die Wissenschaftler erforschen, wurde nicht von Wissenschaftlern, sondern von Gott gemacht – die Wissenschaftler erforschen also eine gegebene Tatsache. Sie müssen ihre Theorien dem Universum unterordnen, und nicht umgekehrt. Die Wissenschaft wurde tatsächlich jahrhundertelang aufgehalten, weil einflussreiche Denker wie Aristoteles entschieden hatten, wie das Universum zu sein hatte, und so versuchten, dem Universum ihre Strukturen aufzuzwingen.

Ähnlich verhält es sich mit der Schrift. Sie ist von Gott eingehaucht. Sie ist eine Gegebenheit, und wir sollten unsere Theorien und Systeme ihr unterordnen – und nicht die Schrift unter unsere Systemen zwingen. Wir glauben, was die Schrift uns sagt, wir versuchen zu verstehen, was sie sagt, aber wir bleiben demütig genug, um zu erkennen, dass die Schrift selbst autoritativ und inspiriert ist – und nicht unsere Interpretation der Schrift.

Dies gilt besonders, wenn wir eine Spannung wahrnehmen – wie etwa zwischen Gottes Souveränität und der menschlichen Verantwortung. Das Unvermögen, alles mit unserem Verstand zu vereinbaren, ist kein Grund, den Glauben an die eine oder andere Seite aufzugeben, noch ist es ein Grund, die eine Seite so sehr zu betonen, dass die andere Seite aufhört, auf bedeutungsvolle Weise zu existieren.

Eine der bekanntesten Beschreibungen von Gottes Initiative und unserer Antwort haben wir dem verstorbenem John Stott zu verdanken.

Wir finden sie im ersten Kapitel seines Buches „Why I Am a Christian". Das erste Kapitel heißt: „The Hound of Heaven"; diese Metapher stammt aus einem Gedicht von Francis Thompson und beschreibt den unermüdlichen Aufwand, den Gott betreibt, um einen Menschen zu erreichen. Stott beschreibt seine Bekehrung wie folgt:

> „Am 13. Februar 1938, als Jugendlicher von fast 17 Jahren, traf ich eine Entscheidung für Christus. Ich hörte die Predigt eines Geistlichen über die Frage des Pilatus: ‚Was soll ich denn mit Jesus tun, der Christus genannt wird?' Bis zu diesem Moment wusste ich nicht, dass ich etwas mit Jesus zu tun hatte, der Christus genannt wird. Aber als Antwort auf meine Fragen enthüllte der Prediger den Weg zu Christus. Er verwies mich besonders auf das Neue Testament, auf Offenbarung 3,20, wo Jesus sagt: ‚Siehe, ich stehe an der Tür und klopfe an; wenn jemand meine Stimme hört und die Tür öffnet, zu dem werde ich hineingehen und mit ihm essen und er mit mir.' Also öffnete ich in dieser Nacht an meiner Bettkante die Tür meines Herzens für Christus und lud ihn dazu ein, als mein Erlöser und Herr einzutreten.
>
> Dies ist auch wahr, aber ist nur eine Seite der Wahrheit.
>
> Der bedeutendste Faktor findet sich an anderer Stelle und darauf möchte ich mich in diesem ersten Kapitel konzentrieren. Mein Christsein verdanke ich letztlich weder dem Einfluss meiner Eltern und meiner Lehrer noch meiner eigenen persönlichen Entscheidung für Christus, sondern dem ‚Spürhund des Himmels'. Ich verdanke es Jesus Christus selbst, der mich beharrlich verfolgte, auch als ich vor ihm davonrannte, um meinen eigenen Willen zu bekommen. Wenn der ‚Spürhund des Himmels' mich nicht gnädig verfolgt hätte, dann wäre ich heute auf dem Schrotthaufen verschwendeter und ausrangierter Leben."[78]

Stott nennt an dieser Stelle noch andere Beispiele von Gottes Initiative, Menschen nachzugehen, einschließlich Saulus von Tarsus und

---

[78]   J. R. W. Stott, Why I Am a Christian, IVP, Leicester, 2003, S. 12-13; dt.: Die große Einladung: sieben Gründe, warum ich Christ geworden bin, 2004, Brunnen, Basel

C. S. Lewis. Danach kommt er zurück auf seine eigene Bekehrungser-
fahrung, die er anhand des Bildes des Fremden, der an die Tür seines
Herzens klopft, beschreibt:

> *„Trotz meiner Entfremdung und meines Versagens klopfte der
> Fremde weiter an der Tür, bis der anfangs erwähnte Prediger
> Licht in mein Dilemma brachte. Er sprach zu mir vom Tod und
> der Auferstehung Jesu Christi. Er erklärte, dass Christus gestor-
> ben war, um meine Entfremdung in Versöhnung zu verwandeln,
> und von den Toten auferweckt worden war, um meine Niederla-
> ge in den Sieg zu verwandeln. Die Korrespondenz zwischen mei-
> ner subjektiven Not und dem objektiven Angebot Christi konnte
> kaum Zufall sein. Christi Klopfen wurde lauter und beharrlicher.
> Öffnete ich die Tür, oder tat er es? Ich tat es wahrhaftig, aber nur
> weil er es durch sein beharrliches Klopfen möglich, gar unaus-
> weichlich, gemacht hatte ...*
>
> *Wenn wir uns des beharrlichen Nachgehens durch Christus be-
> wusst werden, und aufhören, vor ihm zu fliehen und der Umar-
> mung dieses ‚wunderbaren Geliebten‘ nachgeben, dann werden wir
> uns nicht mehr dessen rühmen können, was wir getan haben. Es
> wird nur Raum für tiefe Dankbarkeit für seine Gnade und Barm-
> herzigkeit geben und für den festen Entschluss, die Zeit und Ewig-
> keit in seinem liebevollen Dienst zu verbringen.“[79]*

Daraus ergeben sich drei Dinge:
1. Gott ergriff die Initiative und klopfte an John Stotts Tür.
2. Stott musste die Tür öffnen. Er musste aufhören „zu fliehen"
   und „nachgeben".
3. Stolz oder Rühmen ist ausgeschlossen.

Das letzte Wort des obigen vorletzten Abschnitts bringt jedoch eine
wichtige Frage mit sich: Wenn Christus an der Tür eines Herzens
klopft, ist es immer „unausweichlich", diese Tür zu öffnen? Manche bejahen dies, weil Gottes Gnade unwiderstehlich ist und unsere

---

79   J. R. W. Stott, S. 27-28

Antwort darauf vorherbestimmt. Solchen Fragen werden wir uns zu gegebener Zeit widmen.

Die athenischen Philosophen hätten den Ansatz des Paulus verblüffend gefunden, da einige von ihnen Stoiker waren und im Grunde an die deterministische Herrschaft des Schicksals glaubten; wohingegen andere Epikureer waren und die Ansicht vertraten, dass der Zufall König war und die Menschen daher die Verantwortung für ihr eigenes Schicksal übernehmen mussten. Paulus vertrat keine der beiden Ansichten, fand aber in beidem ein Körnchen Wahrheit. Er sagte den Athenern, dass Gott die Initiative ergriffen hatte, indem er die Grenzbedingungen für das menschliche Leben bestimmt hatte, aber dass die Menschen eine reale Verantwortung (daher auch eine implizierte Fähigkeit) haben, Gott zu suchen und den Weg zu ihm zu finden.

Dies war weder Stoizismus noch Epikureismus. Es war christlicher Theismus.

Auch historisch gesehen ist Apostelgeschichte 17 von Bedeutung, da es uns an den weitreichenden Einfluss des griechischen Gedankengutes auf die antike Welt erinnert. Viele Menschen in den frühen Jahrhunderten des Christentums hatten eine griechische Bildung. Um die christliche Botschaft an ihre Zeitgenossen weiterzugeben, war es unausweichlich, dass sie dabei griechische Ideen und Gedankenstrukturen anwendeten.

Vieles davon war natürlich gut, da das logische Argument sehr hoch auf der Liste der klassisch griechischen Erziehung stand. Es gab jedoch unterschwellige Denkströmungen, die ihre Spuren bei allen Denkern hinterließen – sowohl bei heidnischen, als auch bei christlichen Denkern. Für viele Leute (besonders für Römer) war die stoische Philosophie mit ihrem Fatalismus anziehend.

Die christliche Denkweise derer, die eine klassisch-griechische Erziehung genossen hatten, war unausweichlich bis zu einem Maß davon beeinflusst, was nicht immer geschätzt wurde. Viele der einflussreichen Theologen vergangener Jahrhunderte haben eine klassische Erziehung genossen, bevor sie Theologie studierten. Der Stoizismus hat seine Spuren bei den extremeren Formen des christlichen Determinismus hinterlassen, weshalb fraglich ist, ob der Gottesbegriff mehr griechisch als christlich ist.

Ebenso hat der Epikureismus, besonders in den Schriften von Lukrez, seine Spuren innerhalb der Geschichte hinterlassen. Er war in der Renaissance des klassischen Denkens im achtzehnten Jahrhundert vorherrschend, und die Lehren des Zufalls dominieren die heutige säkulare Welt.

Die „Stanford Encyclopedia of Philosophy" schreibt:

„Eine der entscheidendsten Entwicklungen der westlichen philosophischen Tradition war die schlussendlich weit verbreitete Verschmelzung der griechisch-philosophischen Tradition mit den jüdisch-christlich religiösen Schrifttraditionen. Augustinus ist eine der Hauptpersonen, durch die sich diese Verschmelzung vollzog. Er ist auch eine der herausragenden Figuren der mittelalterlichen Philosophie, deren Autorität und Gedankengut einen weitreichenden und dauerhaften Einfluss bis weit in die Moderne hinein ausübt."

Im selben Artikel heißt es weiter:

„Augustinus vermachte dem lateinischen Westen ein umfangreiches Werk, das in seinen chronologischen Extremen zwei völlig unterschiedliche Darstellungen des menschlichen Zustands enthält. Zu Beginn gibt es ein größtenteils hellenistisches Bild, das durch seinen Optimismus auffällt, dass ein ausreichend rationales und diszipliniertes Leben den ewig bedrohlichen Widrigkeiten des Lebens entfliehen kann. Gegen Ende jedoch entsteht ein wesentlich düstereres Bild, das die Ohnmacht des freien menschlichen Willens betont. Der spätere Augustinus präsentiert eine moralische Landschaft, die größtenteils von den massa damnata (den ,verdammten Massen') besiedelt ist; einer überwältigenden Mehrheit, die zu Recht von einem allmächtigen Gott zur ewigen Strafe prädestiniert ist, vermischt mit einer kleinen Minderheit, die Gott durch unverdiente Gnade zur Rettung bestimmt hat." [80]

---

80   http://plato.standford.edu/entries/augustine. Es ist wichtig darauf hinzuweisen, dass die Gelehrtenmeinung über die Sichtweise von Augustinus bezüglich dieser Fragen geteilt ist. Siehe Muller, S. 104

An dieser Stelle können wir die Umrisse dessen erkennen, was später zu den Lehren der totalen Verderbtheit und der unbedingten Erwählung geworden ist – das T und das U von TULIP. Bei so tiefen historischen Wurzeln ist sofort klar, dass unser Thema nicht einfach ist. Selbst auf einer oberflächlichen Gedankenebene ist es schwer vorstellbar, dass Gott nicht die Kontrolle haben soll; und doch ist es schwierig zu begreifen, dass Moral irgendeine Bedeutung hat, wenn das menschliche Handeln vollständig von Gott vorherbestimmt wird.

Anders formuliert: Wenn Gott x vorherbestimmt hat, dann wäre es scheinbar unmöglich, dass x nicht geschieht. Wie also kann ich frei sein, etwas anderes als x zu tun?

Eine theologische Bandbreite

Die Schrift enthält eindeutig Lehren, die man sinnvoll mit den Begriffen „Gottes Souveränität" und „menschliche Verantwortung" beschreiben kann, auch wenn beide Begriffe in der Bibel nicht vorkommen.[81] Unsere Reaktion auf diese offensichtliche Spannung variiert sehr und kann in Form von Positionen auf einer Linie dargestellt werden, auf der einerseits Gottes Souveränität und andererseits die menschliche Verantwortung stark betont wird.

Gottes Souveränität   Verantwortung des Menschen

Das Spektrum erstreckt sich dann zwischen denen, die die göttliche Souveränität betonen, und denen, die die menschliche Verantwortung betonen. Die Ersten sind der Meinung, dass die „Spannung"

---

81 D. A. Carson hat Bibelstellen zu beiden Seiten in seinem Buch gesammelt: „Divine Sovereignty and Human Responsibility: Biblical Perspectives in Tension, 2nd ed, Wipf and Stock, Oregon, 2002.

nur durch die Souveränität Gottes aufgelöst werden kann, wodurch eine tatsächliche Bedeutung der menschlichen Verantwortung praktisch geleugnet wird, da Gott die direkte Ursache aller Dinge ist. Dies ist der theistische Determinismus. Am anderen Ende befinden sich diejenigen, die die Rolle der menschlichen Verantwortung maximieren und die Souveränität Gottes minimieren. Doch selbst wenn wir nur die wenigen Texte berücksichtigen, die wir bereits zitiert haben, scheint jeglicher Versuch, eine vollständige Lösung der Spannung zu erreichen, indem man sich nur zu einem der beiden Ende hinbewegt, der biblischen Lehre nicht gerecht zu werden.

D. A. Carson schreibt über die Art und Weise, wie die Diskussionen über solche Themen oftmals ablaufen:

> *„Nehmen wir einmal an, dass mein Gegner so beeindruckt von der Souveränität Gottes ist, dass er sein theologisches System aus all den Texten und Argumenten aufbaut, die diese wichtige Wahrheit untermauern. Durch dieses Raster filtert er nun Beweise heraus, die dazu verwendet werden könnten, um sein theologisches System zu hinterfragen.*
>
> *Meine unmittelbare Reaktion ist, dass sich sein Verfahren methodisch nicht von demjenigen unterscheidet, der sein theologisches System aus jenen Texten und Lehrsätzen aufbaut, die die menschlicher Freiheit zu stützen scheinen, und der anschließend alle Erwählungs- und Prädestinationsstellen herausfiltert, bis er sie durch Neudefinition sicher entschärfen kann. Reduktionismus lautet die Devise."*

Carson weist außerdem darauf hin, dass solch ein Reduktionismus nicht funktioniert; er verändert lediglich die Form der Souveränität-Verantwortungsspannung. Er argumentiert, dass man dieser Spannung nicht entfliehen kann, es sei denn,

> *„man entfernt sich so weit vom biblischen Befund, dass entweder das Gottesbild oder das Menschenbild kaum noch Ähnlichkeit mit ihren Beschreibungen hat, die man aus den Bibeltexten selbst zusammengetragen hat."*

Carson schließt daraus Folgendes:

„Man muss mir nicht sagen, dass meine Darlegung der Souveränitäts-Verantwortungsspannung noch immer bestimmte ungelöste Spannungen enthält. Natürlich ist das der Fall. Aber um mich zu korrigieren, sollte man nicht behaupten, alle Spannungen lösen zu können, denn eine solche Täuschung ist leicht entlarvt. Um mich davon zu überzeugen, dass die gegenteilige Theologie christlicher ist als meine eigene, muss man mir zeigen, inwiefern diese andere Art, die Spannung zu gestalten, besser zu den biblischen Daten passt als meine." [82]

Carson kommentiert Johannes 6,44 („Niemand kann zu mir kommen, wenn nicht der Vater, der mich gesandt hat, ihn zieht; und ich werde ihn auferwecken am letzten Tag"):

„Trotz der starken prädestinierenden Tendenz, muss man mit keinem geringeren Nachdruck darauf bestehen, dass Johannes die Verantwortung des Menschen betont, zu Jesus zu kommen, und sie dafür verurteilen kann, wenn sie es ablehnen (z. B. Joh 5,40)." [83]

Carson ist der Meinung, dass „Johannes ziemlich zufrieden ist mit der Position, die die moderne Philosophie ‚Kompatibilismus' nennt" [84]. Wenn Carson damit meint, dass Johannes sowohl an die Souveränität Gottes als auch an die menschliche Verantwortung glaubt, und dass beides gleichermaßen gültig ist, wie paradox die daraus resultierende Spannung auch für uns sein mag, dann wäre das in Ordnung.

Der Begriff „Kompatibilismus" wird jedoch, wie wir bereits erwähnt haben, normalerweise von Philosophen gebraucht, die der Meinung sind, dass menschliche Freiheit und Verantwortung mit dem Determinismus kompatibel sind. Dies ist eine vollkommen

---

82 Divine Sovereignity and Human Responsibility: Biblical Perspectives in Tension, 2. Ausgabe, Wipf and Stock, Oregon, 1994, S. 220-21

83 D. A. Carson, The Gospel According to John, IVP, Leicester, 1991, S. 293

84 Carson, S. 291

andere Angelegenheit; es sei denn man interpretiert die Souveränität als Determinismus.[85]

Die Frage nach der Bedeutung von den „beiden Seiten der Diskussion", oder welche Version welcher Seite mit der jeweils anderen kompatibel ist, ist natürlich eine ganz andere Sache! Ein weiteres Beispiel für die Spannung zwischen den beiden Sichtweisen finden wir im Westminster Bekenntnis aus dem siebzehnten Jahrhundert (Artikel 3.1):

> *„Gott hat von aller Ewigkeit her nach dem höchst weisen und heiligen Ratschluss seines eigenen Willens frei und unabänderlich alles angeordnet, was auch immer sich ereignet, jedoch so, dass dadurch weder Gott der Urheber der Sünde ist, noch dem Willen der Geschöpfe Gewalt angetan wird, noch die Freiheit oder Zufälligkeit der zweiten Ursache aufgehoben, sondern diese vielmehr in Kraft gesetzt werden."*[86]

Die Klausel der „zweiten Ursache" wirft unmittelbar Fragen darüber auf, was mit der Ersten gemeint sein könnte. Trotzdem hat diese Erklärung den entscheidenden Wert, dass sie klar anerkennt, dass die Schrift sowohl Gottes Souveränität als auch menschliche Verantwortung lehrt; in diesem Fall müssen alle Interpretationen, die eine der beiden Seiten ausschließen, falsch sein. Der einfache Grund dafür ist, dass die *Bibel selbst nicht zulässt, dass eine Seite die andere aufhebt.* Dieses einfache, aber entscheidende Prinzip wird von denen oft übersehen, die versuchen, die Spannung aufzulösen. Ein Bemühen, das in dieser Westminster-Aussage, die eine Art theistischen Determinismus beschwört, kaum verschleiert wird.

Die Fragen, um die es geht, betreffen nicht nur die abstrakte Theologie. Sie haben mit unserem Bild von Gottes Person und Charakter und von unserem Bild von uns selbst zu tun. Sie betreffen den

---

85   Siehe Tom McCall, An Invitation to Analytic Christian Theology, IVP, Downers Grove, 2015

86   Text: Thomas Schirrmacher, Der evangelische Glaube kompakt, Hamburg und Bonn, 2004

Kern des Evangeliums. Ein Argument, das für die ausschließliche Betonung von Gottes Souveränität gebraucht wird, ist zum Beispiel, dass alles andere dazu führt, dass Gottes Herrlichkeit geschmälert wird, wenn wir einräumen, dass der Menschen an seinem eigenen Heil teilhaben kann bis hin zur Praktizierung des Glaubens. Menschen könnten aufgrund ihrer „völligen Verderbtheit" nicht einmal das.

Also wird uns gesagt, dass Gott vor Grundlegung der Welt diejenigen erwählt hat, die er retten will (die Erwählten) und die verloren gehen (die Verdammten). Das heißt, dass dieser Erwählungs-/Ablehnungsprozess nichts mit den involvierten Personen zu tun hat, sondern allein durch Gottes souveräne Entscheidung gelenkt wurde, die für uns unergründlich ist. Diese Sichtweise wird oftmals als „unbedingte Erwählung" bezeichnet.

Viele reagieren empört auf diese Sichtweise, weil sie ihrer Meinung nach Gottes Ehre nicht fördert, sondern dass ein solcher Determinismus sie eher schmälert und sogar verdunkelt. Sie sagen: Wie könnt ihr an einen Gott glauben, der euer ewiges Schicksal schon vor eurer Geburt und unabhängig von dem, was ihr tut, festgelegt hat? Wenn er euch zur Errettung erwählt hat, wird er euch das Geschenk des Glaubens geben, sodass ihr glauben und gerettet werden könnt. Wenn er entschieden hat, euch zu verdammen, dann werdet ihr verdammt. Es gibt nichts, was ihr dagegen tun könnt.

Dies steht im Konflikt mit jeglichem akzeptablen Konzept von Moralität und Fairness. Es lässt Gott weder liebevoll noch gut sein. Wäre er dann aber unseres Respekts und unserer Anbetung würdig?

Es steht nicht weniger auf dem Spiel als der Charakter Gottes und sein Ansehen in dieser Welt. Wir müssen diese Frage also so redlich wie möglich angehen.

Eine Herangehensweise wäre, den Ursprung der verschiedenen Themen zu erforschen, historische Beispiele dafür zu nennen, wie führende Vertreter der beiden Seite damit umgegangen sind, und sie dann auf die Bibel zu beziehen.

Man könnte auch damit beginnen, was die Bibel sagt, und anschließend die Schwierigkeiten untersuchen, die aus ihrer Interpretation heraus entstanden sind. Indem wir uns an Carsons Rat erinnern, wählen wir die zweite Herangehensweise. Die Erste kann sich leicht in endlosen (und oftmals unfruchtbaren) Definitionen und Neu-Definitionen von theologischen Systemen verlieren, bei denen man sich fragt, was X mit seiner Interpretation von Y gemeint haben könnte und umgekehrt, statt die Aufmerksamkeit auf die Schrift selbst zu lenken.

Ich betone bewusst noch einmal, was ich zuvor bereits geschrieben habe: Ich möchte keine Definitionen der diversen Formen des Hyper-Calvinismus liefern und wie er sich von den anderen Formen unterscheidet, um anschließend zu analysieren, wer was glaubt und warum. Ein oberflächlicher Blick in die Literatur zeigt, dass solche Bemühungen oft zu weiterer Verwirrung führen. Ich möchte versuchen, die Schrift und die Gültigkeit verschiedener Interpretationen zu diskutieren, ungeachtet dessen, wie die Menschen, die solche Interpretationen vertreten, sich selbst nennen würden. Ich werde also die Fragen beantworten, die mir Menschen aus den unterschiedlichsten Bereichen des theologischen Spektrums gestellt haben und versuchen, sie im Licht der Schrift zu analysieren. Dabei werde ich von meiner Seite aus nicht versuchen, sie mit diesem oder jenem „ismus" abzugleichen.

Das bedeutet beispielsweise, dass ich keine Zeit damit verbringen werde, Fragen zu beantworten, ob Calvinisten Deterministen sind. Manche, die sich Calvinisten nennen, distanzieren sich vom Determinismus, wohingegen andere eine sehr explizite Form des Determinismus verfechten. Wir werden uns dafür interessieren, was die Schrift über den Determinismus lehrt und werden die Aussagen anderer aus dieser Perspektive betrachten.

Das bedeutet, dass ich es so weit wie möglich vermeiden werde, Begriffe wie Calvinismus, Arminianismus usw. zu verwenden; auch wenn sie in Zitaten anderer Autoren unweigerlich auftauchen werden. Denn viele von ihnen benutzen gerne solche Begriffe, um die eigene Position zu beschreiben. Ich überlasse es meinen Lesern zu beurteilen, ob ich fair geblieben bin, bei meinem Versuch, die dahinterliegenden biblischen Themen zu verstehen.

Kapitel 6

DAS BIBLISCHE VOKABULAR

Zunächst müssen wir uns die Begriffe anschauen, die dieses Thema dominieren. Einige von ihnen haben wir bereits erwähnt. Wir werden versuchen, sie sorgfältig zu untersuchen, da jeder von uns sehr schnell Annahmen über die Bedeutung solcher Begriffe treffen kann, die aber mit der biblischen Lehre nicht übereinstimmen.

Zuerst schauen wir auf die drei großen Gedanken, die mit der Souveränität Gottes verbunden sind: Vorkenntnis, Prädestination und Erwählung.

1. Vorkenntnis

Die griechischen Worte lauten hier *prognosis* und *proginosko* und werden nur an den folgenden Stellen des Neuen Testaments gebraucht. Wir kennen das erste Wort, da es im Deutschen ein medizinischer Begriff ist – Prognose. Das Verb bedeutet „etwas vorher wissen".

> *„Diesen Mann, der nach dem bestimmten Ratschluss und nach Vorkenntnis Gottes hingegeben worden ist, habt ihr durch die Hand von Gesetzlosen an das Kreuz geschlagen und umgebracht."* *(Apg 2,23)*

> *„Sie kennen mich von der ersten Zeit her."* *(Apg 26,5)*

„Denn die er vorher erkannt hat, die hat er auch vorherbestimmt, dem Bilde seines Sohnes gleichförmig zu sein, damit er der Erstgeborene sei unter vielen Brüdern." (Röm 8,29)

„Gott hat sein Volk nicht verstoßen, das er vorher erkannt hat. Oder wisst ihr nicht, was die Schrift bei Elia sagt? Wie er vor Gott auftritt gegen Israel." (Röm 11,2)

„(…) nach Vorkenntnis Gottes, des Vaters, in der Heiligung des Geistes zum Gehorsam und zur Besprengung mit dem Blut Jesu Christi: Gnade und Friede werde euch immer reichlicher zuteil." (1Petr 1,2)

„Er ist zwar im Voraus vor Grundlegung der Welt erkannt, aber am Ende der Zeiten offenbart worden um euretwillen." (1Petr 1,20)

„Da ihr, Geliebte, es nun vorher wisst, so hütet euch, dass ihr nicht durch den Irrwahn der Ruchlosen mit fortgerissen werdet und aus eurer eigenen Festigkeit fallt." (2Petr 3,17)

2. Prädestination

Die griechische Wortgruppe besteht aus *horizo* und *proorizo*. Die Verse, die mit einem Stern markiert sind, gebrauchen das zweite Wort.

„Und der Sohn des Menschen geht zwar dahin, wie es beschlossen ist. Wehe aber jenem Menschen, durch den er überliefert wird." (Lk 22,22)

„Diesen Mann, der nach dem bestimmten Ratschluss und nach Vorkenntnis Gottes hingegeben worden ist, habt ihr durch die Hand von Gesetzlosen an das Kreuz geschlagen und umgebracht." (Apg 2,23)

„(…) alles zu tun, was deine Hand und dein Ratschluss vorherbestimmt hat, dass es geschehen sollte." (Apg 4,28*)

„*Und er hat uns befohlen, dem Volk zu predigen und eindringlich zu bezeugen, dass er der von Gott verordnete Richter der Lebenden und der Toten ist.*" *(Apg 10,42)*

„*Sie beschlossen aber, dass, je nachdem wie einer der Jünger begütert war, jeder von ihnen zur Hilfeleistung den Brüdern, die in Judäa wohnten, etwas senden sollte.*" *(Apg 11,29)*

„*Und er hat aus einem jede Nation der Menschen gemacht, dass sie auf dem ganzen Erdboden wohnen, wobei er festgesetzte Zeiten und die Grenzen ihrer Wohnung bestimmt hat.*" *(Apg 17,26)*

„*(...) weil er einen Tag festgesetzt hat, an dem er den Erdkreis richten wird in Gerechtigkeit durch einen Mann, den er dazu bestimmt hat.*" *(Apg 17,31)*

„*(...) und als Sohn Gottes in Kraft eingesetzt dem Geist der Heiligkeit nach aufgrund der Totenauferstehung: Jesus Christus, unseren Herrn.*" *(Röm 1,4)*

„*Denn die er vorher erkannt hat, die hat er auch vorherbestimmt, dem Bilde seines Sohnes gleichförmig zu sein, damit er der Erstgeborene sei unter vielen Brüdern. Die er aber vorherbestimmt hat, diese hat er auch berufen; und die er berufen hat, diese hat er auch gerechtfertigt; die er aber gerechtfertigt hat, diese hat er auch verherrlicht.*" *(Röm 8,29-30*)*

„*(...) sondern wir reden Gottes Weisheit in einem Geheimnis, die verborgene, die Gott vorherbestimmt hat, vor den Zeitaltern, zu unserer Herrlichkeit.*" *(1Kor 2,7)*

„*(...) und uns vorherbestimmt hat zur Sohnschaft durch Jesus Christus für sich selbst nach dem Wohlgefallen seines Willens.*" *(Eph 1,5*)*

„*Und in ihm haben wir auch ein Erbteil erlangt, die wir vorherbestimmt waren nach dem Vorsatz dessen, der alles nach dem Rat seines Willens wirkt, damit wir zum Preise seiner Herrlichkeit seien, die wir vorher schon auf den Christus gehofft haben.* " (Eph 1,11-12*)

„(...) *bestimmt er wieder einen Tag* (...)" (Hebr 4,7)

Diese Liste wird uns dabei helfen, das Bedeutungsspektrum des Wortes „Prädestination" zu verstehen. Apostelgeschichte 11,29 bezieht sich beispielsweise auf den gewöhnlichen menschlichen Vorgang, etwas im Voraus zu entscheiden – in diesem Fall bedürftige Menschen finanziell zu unterstützen. In Apostelgeschichte 17,31 hat Gott einen Mann dazu bestimmt, die Welt zu richten. Dies ist eindeutig eine Vorausbestimmung im Sinne unseres Verständnisses einer historischen Zeitleiste. Ähnlich auch in Hebräer 4,7.

In mehreren dieser Passagen liegen die Begriffe der Vorkenntnis und Prädestination nah beieinander. Eine der Kernfragen, die sich daraus ergibt, lautet: Wenn Gott etwas vorher weiß oder vorherbestimmt, welche Implikation hat dies für die Beteiligung, Verantwortung und die moralische Stellung derjenigen, die von diesem Ereignis betroffen sind?

Ist Gottes Vorkenntnis kausal – d. h., verursacht also die Tatsache, dass Gott weiß, dass etwas geschehen wird, das Geschehnis selbst und befreit dies damit jeden Beteiligten von seiner Verantwortung? Sicher lautet die Antwort darauf: Nicht unbedingt, wenn auch aus keinem anderen Grund, als dass die *Bibel selbst Gottes Vorkenntnis oder Prädestination nicht als Minderung der menschlichen Verantwortung sieht.*

Das erste Zitat unter „Vorkenntnis" (dasselbe wie das zweite Zitat unter „Prädestination") besagt, dass Christi Kreuzigung sowohl vorausgesehen, als auch vorherbestimmt war, aber dass die Männer, die daran beteiligt waren, böse und daher moralisch verantwortlich waren. Man könnte hinzufügen, dass der Tod Christi tatsächlich Jahrhunderte vorher in der Schrift vorausgesagt wurde. Die Schrift selbst sagt uns jedoch, dass diese Tatsache nicht die Schuld derjenigen verringert, die an der Kreuzigung des Herrn beteiligt waren.

Das erste Zitat unter „Prädestination" besagt, dass der Verrat Jesu vorherbestimmt war, doch wehe dem Verräter. Dies impliziert eindeutig, dass der Verräter moralisch schuldfähig war und daher verantwortlich. Erneut impliziert dies, dass wir – wie immer wir die Begriffe auch interpretieren mögen – sie nicht derartig verstehen können, dass sie die moralische Verantwortung des Menschen negieren.

Natürlich ist auf menschlicher Ebene die Vorkenntnis – etwas vorher zu wissen – nicht unbedingt ursächlich. Wenn ich ein außer Kontrolle geratenes Pferd sehe, dass die Kutsche über ein Feld zu einer Klippe zieht, die das Pferd nicht sehen kann, dann weiß ich im Voraus, dass es einen schrecklichen Unfall geben wird. Aber die Tatsache, dass ich es vorher weiß, verursacht nicht den Unfall selbst. Es wäre natürlich ratsam, mit menschlichen Analogien vorsichtig umzugehen, da es für den Schöpfer und Erhalter aller Dinge kaum dasselbe sein kann, etwas vorher zu wissen, wie für uns.

Auf höherer Ebene muss man noch etwas beachten. Der Gedanke, dass ein Ereignis vorherbestimmt sein muss, nur weil Gott vorher darüber Bescheid weiß, mag auf der Vermutung basieren, dass Gottes Beziehung zur Zeit dieselbe ist wie unsere und dass er wie wir auf einem Zeitstrahl sitzt, der von der Vergangenheit bis in die Zukunft ragt. Die Schrift deutet jedoch an, dass Gottes Beziehung zur Zeit ganz und gar nicht der Unsrigen ähnelt. Jesus sagte: „Ehe Abraham war, bin ich" (Joh 8,58). Es könnte zum Beispiel sein, dass Gott vorher wusste, dass ich an Christus glauben würde, weil er lediglich alles aus einer ewigen Perspektive sieht, sodass die Kausalitätsfrage gar nicht erst aufkommt.

Wir müssen an dieser Stelle jedoch vorsichtig sein. „Zeit" ist kein einfaches Konzept – im Grunde kann keiner sagen, dass er versteht, was sie wirklich ist.

Es wäre daher ratsam, skeptisch gegenüber den Interpretationen von Gottes Vorkenntnis zu sein, die die Freiheit leugnen, die Menschen nach der Schrift haben.

Die Bibel hat jedoch noch mehr über das Wesen von Gottes Vorkenntnis zu sagen. Bei einer Gelegenheit verurteilte Jesus die Städte, in denen er mächtige Wunder getan hatte:

„Dann fing er an, die Städte zu schelten, in denen seine meisten Wunderwerke geschehen waren, weil sie nicht Buße getan hatten:

Wehe dir, Chorazin! Wehe dir, Betsaida! Denn wenn in Tyrus und Sidon die Wunderwerke geschehen wären, die unter euch geschehen sind, längst hätten sie in Sack und Asche Buße getan. Doch ich sage euch: Tyrus und Sidon wird es erträglicher ergehen am Tag des Gerichts als euch. Und du, Kapernaum, meinst du, du werdest etwa bis zum Himmel erhöht werden? Bis zum Hades wirst du hinabgestoßen werden; denn wenn in Sodom die Wunderwerke geschehen wären, die in dir geschehen sind, es wäre geblieben bis auf den heutigen Tag. Doch ich sage euch: Dem Sodomer Land wird es erträglicher ergehen am Tag des Gerichts als dir." (Mt 11,20-24)

Diese Aussage macht deutlich, dass unser Herr nicht nur wusste, was tatsächlich zu seiner Zeit in Tyrus und Sidon und in Sodom vor Jahrhunderten geschah, sondern auch was geschehen *wäre*, hätten sie andere Beweise gehabt. Und dieses Wissen wird am Tag des Gerichts angewendet werden.

Diese Art des Wissens wurde von dem spanischen Jesuiten Luis de Molina (1535–1600) als „Mittleres Wissen" bezeichnet. Die Argumente, die darauf basieren, haben einen weiteren „ismus" erschaffen – den Molinismus.

Ich möchte den Leser daran erinnern, dass wir nicht von irgendeinem „ismus" ausgehen wollen, sondern von der Schrift, denn jeder „ismus" enthält ein ganzes Paket von Ideen. Es besteht die Gefahr (und auch hier lauert sie noch einmal), dass unsere Aufmerksamkeit in dem Moment, wo wir den „ismus" gebrauchen, von der Tatsache abgelenkt wird, dass die Schrift tatsächlich lehrt, dass Gott weiß, „was passieren würde, wenn" – eine Art von Wissen, das wir nur schwer fassen können. Die Implikationen der Aussage unseres Herrn sind schwerwiegend. Zunächst einmal unterstützt sie unsere obige Behauptung, dass Gottes Vorwissen nicht ursächlich ist, im Sinne, dass sie weder die menschliche Handlungsfreiheit noch die menschliche Verantwortlichkeit aufhebt.

Es ist interessant, dass unser Herr genau in diesem Zusammenhang darüber redet, dass er kleinen Kindern etwas offenbart, was den Weisen verborgen bleibt:

„Zu jener Zeit begann Jesus und sprach: Ich preise dich, Vater, Herr des Himmels und der Erde, dass du dies vor Weisen und Verständigen verborgen und es Unmündigen offenbart hast. Ja, Vater, denn so war es wohlgefällig vor dir. Alles ist mir übergeben worden von meinem Vater; und niemand erkennt den Sohn als nur der Vater, noch erkennt jemand den Vater als nur der Sohn, und der, dem der Sohn ihn offenbaren will. Kommt her zu mir, alle ihr Mühseligen und Beladenen! Und ich werde euch Ruhe geben. Nehmt auf euch mein Joch, und lernt von mir! Denn ich bin sanftmütig und von Herzen demütig, und ,ihr werdet Ruhe finden für eure Seelen'; denn mein Joch ist sanft, und meine Last ist leicht." (Mt 11,25-30)

Christus sagt von sich, dass er die einzige Quelle der Erkenntnis über den Vater ist und sich denen offenbart, die er erwählt. Doch diese Wahl ist alles andere als willkürlich, da er bereits im nächsten Satz zeigt, dass er denjenigen Ruhe geben will, die zu ihm kommen – wobei davon ausgegangen wird, dass sie auch dazu in der Lage sind, dies zu tun.

Die Formulierung „die Lehre der Prädestination" wird gewöhnlich als Kurzform für die Ansicht gebraucht, dass manche zur Erlösung vorherbestimmt sind[87], ohne jeglichen Bezug einer zukünftigen Mitwirkung, selbst wenn sie von Gott vorhergesehen wurde. Dies führt oft zu der Annahme, dass das Wort Prädestination sich immer auf die Erlösung bezieht. Dies ist jedoch nicht der Fall. Tatsächlich beziehen sich nur drei der obigen vierzehn Zitate unter Umständen auf die Erlösung. Zur Übersicht werden sie noch einmal wiederholt:

„Denn die er vorher erkannt hat, die hat er auch vorherbestimmt, dem Bilde seines Sohnes gleichförmig zu sein, damit er der Erstgeborene sei unter vielen Brüdern. Die er aber vorherbestimmt hat,

---

87 Und häufig auch, dass andere zur Verdammnis vorherbestimmt sind – die sogenannte „doppelte Prädestination". Es ist jedoch schwierig zu verstehen, wie man eine sogenannte einzelne Prädestination erklären will, ohne logisch damit die doppelte Prädestination zu bestätigen. Calvin hielt den Versuch, diese beiden zu trennen, in der Tat für absurd. Spätere Autoren wie Boettner und Sproul stimmen ihm dabei zu.

diese hat er auch berufen; und die er berufen hat, diese hat er auch gerechtfertigt; die er aber gerechtfertigt hat, diese hat er auch verherrlicht." (Röm 8,29-30)

„(…) und uns vorherbestimmt hat zur Sohnschaft durch Jesus Christus für sich selbst nach dem Wohlgefallen seines Willens." (Eph 1,5*)

„Und in ihm haben wir auch ein Erbteil erlangt, die wir vorherbestimmt waren nach dem Vorsatz dessen, der alles nach dem Rat seines Willens wirkt, damit wir zum Preise seiner Herrlichkeit seien, die wir vorher schon auf den Christus gehofft haben." (Eph 1,11-12*)

Beim nächsten Punkt werden wir die Epheserstelle genauer betrachten. Später, wenn wir uns mit Gottes Handeln an Israel befassen, werden wir uns mit der Römerstelle beschäftigen. Doch bevor wir fortfahren, müssen wir etwas ziemlich Auffälliges wahrnehmen. Die Liste der Schriftstellen mit den griechischen Begriffe für Prädestination ist kurz und mit knappem Inhalt. Drei von ihnen befassen sich mit dem Tod Christi, zwei mit seiner Auferstehung, zwei mit seiner Einsetzung als Richter, eine mit Gottes Bestimmung unserer zukünftigen Wohnorte, drei im Zusammenhang mit Gläubigen und eine in Verbindung mit sozialer Hilfe.

Angesichts dessen erscheint es fast unglaublich, dass die Lehre der Prädestination zu einem allumfassenden göttlichen Determinismus weiterentwickelt wurde, ohne jede Grenze – wie auch bei R. C. Sproul sichtbar wird. Hier noch einmal das Zitat:

„Die Bewegung eines jeden Moleküls, die Regung jeder Pflanze, jeder fallende Stern, die Entscheidungen jedes willensfähigen Geschöpfes; alles dies ist seinem souveränen Willen unterworfen. Es schweben keine herrenlose Moleküle frei im Universum, ohne dass sie unter der Kontrolle des Schöpfers sind." [88]

---

[88]   R.C. Sproul, S. 172

3. Erwählung und Erwählte

An dieser Stelle geht es um die Wortgruppe *eklegomai, eklektos, ekloge*, von denen die deutschen Worte „wählen", „auswählen", „erwählen" und verwandte Wörter abgeleitet werden können.

In den meisten Fällen, in denen der Begriff „Erwählte" vorkommt, bezieht er sich auf Gottes Volk, auf Gläubige. Unser Herr gebraucht ihn hauptsächlich im Zusammenhang mit seiner Wiederkunft:

> *„Und dann wird er die Engel aussenden und seine Auserwählten versammeln von den vier Winden her, vom Ende der Erde bis zum Ende des Himmels."* (Mk 13,27)

> *„Gott aber, sollte er das Recht seiner Auserwählten nicht ausführen, die Tag und Nacht zu ihm schreien, und sollte er es bei ihnen lange hinziehen?"* (Lk 18,7)

Paulus beschreibt die Christen in Kolossä als ein von Gott erwähltes Volk:

> *„Zieht nun an als Auserwählte Gottes, als Heilige und Geliebte: herzliches Erbarmen, Güte, Demut, Milde, Langmut."* (Kol 3,12)

Der Apostel Johannes schreibt an eine Person (wahrscheinlich ein Codewort für die Gemeinde), die er als erwählte Herrin bezeichnet:

> *„Der Älteste der auserwählten Herrin und ihren Kindern, die ich liebe in der Wahrheit; und nicht ich allein, sondern auch alle, die die Wahrheit erkannt haben."* (2Jo 1)

Aus diesen und vielen anderen Stellen geht hervor, dass es zur Zeit des Neuen Testaments üblich war, die christlichen Gläubigen als „Erwählte" zu bezeichnen. So beschreibt auch Petrus die Empfänger seines Briefes:

> *„Petrus, Apostel Jesu Christi, den Fremdlingen von der Zerstreuung von Pontus, Galatien, Kappadozien, Asien und Bithynien, die auserwählt sind"* (1Petr 1,1)

Da die Worte „auswählen" und „erwählen" oftmals die Bedeutung einer Auswahl aus einer Gruppe haben, ist es ebenso wichtig zu sehen, dass die Worte ohne jeglichen Bezug zu einem Auswahlprozess gebraucht werden können. In Lukas 23,35 beispielsweise wird unser Herr als der „Auserwählte" bezeichnet; in 1. Petrus 2,4-6 wird von Christus gesagt, dass er „von Menschen verworfen", aber von Gott als „auserwählter und kostbarer Eckstein" erwählt wurde. Auf dem Berg der Verklärung beschreibt Gott seinen Sohn als erwählt:

> „Dieser ist mein auserwählter Sohn, ihn hört!" (Lk 9,35)

Die Worte „erwählt" oder „auserwählt" tragen hier offensichtlich nicht die Bedeutung einer Auswahl aus einer Gruppe von Kandidaten, da es hier keinen anderen Kandidaten gab. Wie auch in Apostelgeschichte 17,31 geschah Christi Wahl zum Richter nicht als Auswahl aus einer Gruppe. Auch im allgemeinen Sprachgebrauch benutzen wir oftmals das Wort „wählen", um etwas als „besonders" oder „herausragend" zu beschreiben, ohne dass wir damit implizieren, dass dabei ein Selektionsprozess stattfindet.

Im Folgenden finden wir ein Gegenbeispiel:

> „Jeweils zum Fest aber pflegte der Statthalter dem Volk einen Gefangenen freizugeben nach ihrer Wahl." (Mt 27,15, Zür)

Pilatus ließ der Menschenmenge die Wahl, sich zwischen Jesus und Barabbas zu entscheiden, und sie wählten Barabbas.

> „Darum, liebe Brüder, wählt aus eurer Mitte sieben Männer aus, die einen guten Ruf haben und vom Geist Gottes und von Weisheit erfüllt sind. Ihnen wollen wir diese Aufgabe übertragen." (Apg 6,3, GN)

Es gibt klare Beispiele für die Auswahl aus einer Gruppe. Man beachte, dass es sich dabei nicht um willkürliche Wahlen handelte, sondern solche, die mit dem Charakter der beteiligten Personen zu tun haben. Auch diese Entscheidungen haben nichts mit der Erlösung zu tun.

Im Alten Testament wird Israel häufig als „erwählt" bezeichnet:

„Denn du bist dem HERRN, deinem Gott, ein heiliges Volk. Dich hat der HERR, dein Gott, erwählt, dass du ihm zum Volk seines Eigentums wirst aus allen Völkern, die auf dem Erdboden sind." (5Mo 7,6)

Die Tatsache, dass Gott Israel erwählte, bedeutete jedoch nicht, dass alle Israeliten gläubig oder alle Heiden ungläubig waren. Dies eröffnet den Gedanken, dass Gott entschied, dass es eine Gruppe wie Israel geben sollte, die seine Pläne ausführt, im Unterschied zu seiner Wahl von Individuen, die in dieser Gruppe sein sollten.

Der Gedanke, dass Gott vorher bestimmt, wer glauben und wer nicht glauben soll, bezieht sich auf das „U" (unbedingte Erwählung) des TULIP-Prinzips, sodass viele Menschen denken, dass die Worte „erwählen" oder „auserwählen" immer diese bestimmte Bedeutung tragen, sooft sie in der Schrift vorkommen. Dies ist jedoch nicht der Fall.

Wenn ich im normalen Sprachgebrauch jemandem ankündige: „Du bist erwählt", würde dessen unmittelbare Frage lauten: „Wofür?" Es ist sehr wichtig, diese Frage auch im biblischen Kontext zu stellen, als von vornherein anzunehmen, dass die Antwort immer lauten wird: „erwählt zum Glauben". Die einzelnen Personen des Alten Testaments wurden beispielsweise von Gott für unterschiedliche Zwecke auserwählt. Rebekka wurde auserwählt, die Frau Isaaks zu werden. Bezalel wurde als Kunsthandwerker erwählt; die Leviten wurden zu Priestern erwählt; Saulus, David und Salomo wurden zu Königen erwählt usw. Im Neuen Testament erwählte der Herr die Jünger, die bei ihm sein sollten, auch wenn nicht alle von ihnen gläubig waren: „Jesus antwortete ihnen: Habe ich nicht euch, die Zwölf, erwählt? Und von euch ist einer ein Teufel" (Joh 6,70). Keine dieser Wahlen bezieht sich auf die Erlösung.

In diesem Zusammenhang wollen wir Folgendes hinzufügen:

„Ihr habt nicht mich erwählt, sondern ich habe euch erwählt und euch dazu bestimmt, dass ihr hingeht und Frucht bringt und eure

Frucht bleibe, damit, was ihr den Vater bitten werdet in meinem Namen, er euch gebe." *(Joh 15,16)*

An dieser Stelle war das bestimmte Ziel der Erwählung und Einsetzung, Frucht zu bringen. Wie die Leute zu „Fruchtbringern" wurden, ist verständlicherweise eine andere Frage. Paulus wurde erwählt, Gottes Namen zu den Heiden zu bringen (Apg 9,15). Wenn wir die Frage „erwählt – wozu?" an jeden dieser Texte richten, dann werden wir unterschiedliche Antworten erhalten, von denen manche nichts mit der Erlösung oder dem endgültigen Schicksal zu tun haben.

Die Frage „wozu?" zu stellen, ist sehr wichtig, wenn wir die wesentlichen theologischen Passagen betrachten, die sich auf unser Thema beziehen.

Wenn wir unsere Schlüsselverse unter dieser Voraussetzung anschauen, beginnen wir mit Folgendem:

„(...) nach Vorkenntnis Gottes, des Vaters, in der Heiligung des Geistes zum Gehorsam und zur Besprengung mit dem Blut Jesu Christi: Gnade und Friede werde euch immer reichlicher zuteil." *(1Petr 1,2)*

Erwählt – wozu? Hier lautet die Antwort „zum Gehorsam Jesu Christi". Der Zusammenhang beschreibt das heiligende Werk des Geistes. Petrus sagt nicht, dass wir erwählt sind, Gläubige zu sein, sondern erklärt, wozu Gott die Gläubigen erwählt hat. Es ist seine Absicht, sie zu heiligen – sie immer heiliger zu machen – durch ihren Gehorsam gegenüber Jesus Christus.

Eine zweite Schlüsselpassage stammt aus dem Beginn des Epheserbriefes:

„Gepriesen sei der Gott und Vater unseres Herrn Jesus Christus! Er hat uns gesegnet mit jeder geistlichen Segnung in der Himmelswelt in Christus, wie er uns in ihm auserwählt hat vor Grundlegung der Welt, dass wir heilig und tadellos vor ihm seien in Liebe, und uns vorherbestimmt hat zur Sohnschaft durch Jesus Christus für sich selbst nach dem Wohlgefallen seines Willens, zum Preise der Herrlichkeit seiner Gnade, mit der er uns begnadigt hat in dem

Geliebten. In ihm haben wir die Erlösung durch sein Blut, die Vergebung der Vergehungen, nach dem Reichtum seiner Gnade, die er uns reichlich gegeben hat in aller Weisheit und Einsicht (...) Und in ihm haben wir auch ein Erbteil erlangt, die wir vorherbestimmt waren nach dem Vorsatz dessen, der alles nach dem Rat seines Willens wirkt, damit wir zum Preise seiner Herrlichkeit seien, die wir vorher schon auf den Christus gehofft haben. In ihm seid auch ihr, als ihr das Wort der Wahrheit, das Evangelium eures Heils, gehört habt und gläubig geworden seid, versiegelt worden mit dem Heiligen Geist der Verheißung." (Eph 1,3-8.11-13)

Dies ist ein großartiger Lobpreis, der Gott für seinen herrlichen Entschluss preist, durch den er unermessliche geistliche Segnungen in der Erlösung ermöglicht hat. Worte wie „auserwählt", „vorherbestimmt", „Wohlgefallen" und „Willen" sagen uns nachdrücklich, dass unsere Aneignung, Erlösung und Vergebung von Gott kommen. Uns wird auch gesagt, dass all diese Segnungen „in Christus" sind. Die häufige Wiederholung der Formulierung „in ihm" deutet darauf hin, wie wichtig dieses „in Christus sein" ist. Es ist tatsächlich eine Vorstellung, die es nur im Christentum gibt. Wir haben nie von Heiden gehört, die „in Zeus" oder „in Artemis" waren. Der Anfangsabschnitt des Epheserbriefes entfaltet uns einige der unermesslichen Reichtümer, die Gott uns in Christus gibt:

„(...) wie er uns in ihm auserwählt hat vor Grundlegung der Welt, dass wir heilig und tadellos vor ihm seien in Liebe." (Eph 1,4)

Diese Aussage wird oftmals als Hauptargument für die Sichtweise gebraucht, dass Gott vor Grundlegung der Welt diejenigen erwählt hat, die Christen sein sollten und sogar die (wie manche meinen), die keine Christen sein sollten – das heißt, dass die „Erwählung" in dem Sinn „unbedingt" ist, dass sie nichts mit der Reaktion des Einzelnen zu tun hat.

Diese Schlussfolgerung entsteht jedoch aus einem Missverständnis des Textes. Der sagt nämlich nicht „Gott erwählte uns, *in ihm* zu sein". An dieser Stelle befinden sich die Worte „zu sein" nicht im ursprünglichen Text. Sie kommen jedoch am Ende des vierten Verses vor („heilig seien"), wo Paulus die Frage beantwortet, wozu Gott uns erwählt hat. Die Antwort lautet hier nicht, dass er uns erwählt hat „in ihm zu sein", sondern erwählt hat „heilig und tadellos vor ihm zu sein". Der Text spricht hier nicht davon, wie „in Christus sein" beginnt, sondern was Gott für diejenigen bestimmt, die bereits in Christus sind. Dieser Unterschied ist sehr wichtig.

Ein einfaches Bild mag uns dabei helfen, es zu verdeutlichen. Nehmen wir an, dass ich keine eigenen Kinder habe und zu einer Adoptionsagentur gehe und zwei Kinder auswähle, die ich adoptieren will. Dies unterscheidet sich völlig von der Situation, in der ich bereits diese Kinder adoptiert habe und an einem sonnigen Tag dann wählen muss, ob ich sie lieber für einen Ausflug ans Meer oder in die Berge fahre.

Die Entscheidung, dass jemand in Christus sein soll, muss von der Entscheidung, dass die, die in Christus sind, „heilig und tadellos vor ihm" sein sollen, unterschieden werden. In der antiken Welt wurde nur den wichtigsten Offizieren erlaubt, in die Gegenwart eines Königs zu treten (die Geschichte von Esther ist ein Beispiel dafür). Der Text sagt uns, dass Gott entschieden hat, uns zu würdigen mit der Erlaubnis, in seiner Gegenwart zu sein. Dies ist eine enorme Ehre und alles andere als selbstverständlich. Gott hätte sich auch entscheiden können, etwas anderes zu gewähren, etwas mit geringerem Wert.

In diesem Abschnitt erkennen wir ein ähnliches Merkmal im Zusammenhang mit dem Gebrauch des Wortes „vorherbestimmt". Uns wird gesagt, dass das Ziel der Prädestination darin besteht, dass die Christen in Ephesus, die zunächst an Christus glaubten, dann zum Preis seiner Herrlichkeit dienen würden. Der Abschnitt ist nicht darauf aus uns zu berichten, wie sie zum Glauben an Christus gekommen sind, sondern was Gott für diejenigen bereithält, die bereits in Christus sind.

Es ist auffällig, dass manche Autoren, die den obigen Abschnitt aus dem Epheserbrief zitieren, dazu neigen, die Worte „in ihm" wegzulassen. Wenn ich merke, dass sie zu denjenigen gehören, die die Bedeutung der menschlichen Antwort bei der Annahme der Erlösung minimieren oder vollkommen ausschließen wollen, dann frage ich mich, ob der Druck des Paradigmas eine nüchterne Beschäftigung mit der Schrift verhindert, was dazu verführt, die Spannung auf un-biblische Weise zu lösen.

Dann wendet sich Paulus der Frage zu, wie Menschen dazu kom-men, in Christus zu sein, oder wie sie zum Glauben an Christus kom-men. Auch das zeigt, dass sich seine vorhergehende Aussage nicht mit dieser Frage befasste. Seine Antwort zu dieser folgenden Frage lautet wie folgt: „In ihm seid auch ihr, nachdem ihr das Wort der Wahrheit, das Evangelium eures Heils, gehört habt und gläubig geworden seid, versiegelt worden mit dem Heiligen Geist der Verheißung" (1,13). An dieser Stelle gibt es keinerlei Bezug auf Gottes Erwählung, es geht vielmehr um ihre Reaktion im Hören und Glauben.

Lassen Sie uns nun zu den biblischen Texten kommen, die die Fra-gen aufwerfen, wer nun „erwählt" und wer nicht „erwählt" ist. Viele Texte sind bereits erwähnt worden, die die Gläubigen als „erwählt" oder „vorherbestimmt" beschreiben. Der Begriff wird ohne Bedin-gung gebraucht und lässt, wie wir bereits gesehen haben, die Frage offen „wozu" sie erwählt sind.

Es gibt auch sehr spezifische Beispiele: „Denn viele sind Berufene, wenige aber Auserwählte" (Mt 22,14). Diese Aussage wird am Ende eines Gleichnisses gemacht, das Jesus über ein Hochzeitsbankett ei-nes Königs erzählte, zu dem viele Menschen eingeladen waren. Als sie jedoch darüber informiert wurden, dass das Fest vorbereitet war, wollten sie nicht kommen. Manche bevorzugten ihre landwirtschaft-lichen und geschäftlichen Aktivitäten, andere nahmen beträchtliche Mühen in Kauf und brachten die Diener des Königs um. Der König sandte noch weitere Diener, dieses Mal auf die Straßen, um jeden ein-zuladen, den sie finden konnten. Schließlich wurde der Festsaal von diesen gefüllt. Der König gab den Gästen Hochzeitsgewänder, weil sie mit ihren eigenen Kleidern nicht in seine Gegenwart treten durf-ten. Ein Mann, der es trotzdem versuchte, wurde kurzerhand rausge-worfen. Das ist das Gleichnis, das zu unserer Aussage führt, die oft so übersetzt wird: „Denn viele sind Berufene, wenige aber Auserwählte."

Das Gleichnis verdeutlicht jedoch, dass die Auswahl weder will-kürlich noch bedingungslos war. Die Eingeladenen – die Berufenen – waren Menschen, die dann nicht auf die Einladung antworteten;

manche von ihnen waren sogar Mörder. Dadurch wird klar, dass die Reaktion auf den Ruf, und nicht nur der Ruf selbst, bestimmte, wer letztlich erwählt wurde. Das heißt, obwohl das Wort „erwählt" nicht eingeschränkt ist, macht der Kontext deutlich, dass die Erwählung auf Grundlage bestimmter klarer Kriterien geschah. Der König entschied sich dazu, Einladungen auszusprechen. Als die Empfänger ihn ignorierten oder sogar Schlimmeres taten, entschied er sich dazu, die Menschen auf den Straßen einzuladen. Natürlich war ihre Annahme der Einladung keine Verdienstauszeichnung, die andeuten sollte, dass die Einladung wohlverdient war. Jedoch bedeutete die Tatsache, dass die Gäste erwählt waren, nicht, dass sie bedingungslos erwählt wurden. Es ist diese Fähigkeit zu antworten, die von manchen verleugnet wird.

Im Gleichnis wendet sich der König schließlich auf der Suche nach Gästen der Straße zu. Das Neue Testament gibt uns ein anderes Beispiel einer ähnlichen Situation, als Paulus sich von den Juden abwendet, um die Botschaft den Heiden zu bringen. Interessanterweise wird ein Vers aus diesem Bericht in der Apostelgeschichte oft zitiert, um den Gedanken zu unterstützen, dass Gott manche erwählt und andere ablehnt, ohne zu beachten, wer sie sind:

> *„Als aber die aus den Nationen es hörten, freuten sie sich und verherrlichten das Wort des Herrn; und es glaubten, so viele zum ewigen Leben verordnet waren." (Apg 13,48)*

Es ist wichtig, diesen Text in seinem größeren Kontext zu lesen. Paulus hatte in der jüdischen Synagoge im pisidischen Antiochia gesprochen und das Evangelium erklärt. Dann spricht er seine Zuhörer an:

> *„So sei es euch nun kund, ihr Brüder, dass durch diesen euch Vergebung der Sünden verkündigt wird; und von allem, wovon ihr durch das Gesetz Moses nicht gerechtfertigt werden konntet, wird durch diesen jeder Glaubende gerechtfertigt. Seht nun zu, dass nicht eintreffe, was in den Propheten gesagt ist: ‚Seht, ihr Verächter, und wundert euch und verschwindet! Denn ich wirke ein Werk in euren Tagen, ein Werk, das ihr nicht glauben werdet, wenn es euch jemand erzählt.'*

125

Als sie aber hinausgingen, baten sie, dass am folgenden Sabbat diese Worte noch einmal zu ihnen geredet werden möchten. Als aber die Synagogenversammlung sich aufgelöst hatte, folgten viele der Juden und der anbetenden Proselyten dem Paulus und Barnabas, die zu ihnen sprachen und ihnen zuredeten, beharrlich bei der Gnade Gottes zu bleiben. Am nächsten Sabbat aber versammelte sich fast die ganze Stadt, um das Wort Gottes zu hören. Als aber die Juden die Volksmengen sahen, wurden sie von Eifersucht erfüllt und widersprachen dem, was von Paulus geredet wurde, und lästerten. Paulus aber und Barnabas sprachen freimütig: Zu euch musste notwendig das Wort Gottes zuerst geredet werden; weil ihr es aber von euch stoßt und euch selber des ewigen Lebens nicht für würdig haltet, siehe, so wenden wir uns zu den Nationen. Denn so hat uns der Herr geboten: ‚Ich habe dich zum Licht der Nationen gesetzt, dass du zum Heil seiest bis an das Ende der Erde.‘ Als aber die aus den Nationen es hörten, freuten sie sich und verherrlichten das Wort des Herrn; und es glaubten, so viele zum ewigen Leben verordnet waren.“ (Apg 13,38-48)

Auf Seiten mancher Juden gab es eine verbitterte Reaktion gegenüber der riesigen Menschenmenge, die sich in der folgenden Woche versammelte, um das Wort des Herrn zu hören. Paulus sagt ihnen direkt, dass er die Verantwortung hatte, ihnen das Evangelium zuerst zu predigen, da sie sich aber nun dazu entschieden hatten, diese Botschaft abzulehnen, würde er sich den Heiden zuwenden. Jesaja hatte eine solche Reaktion vorausgesagt, also können wir wissen, dass Gott bereits vorher davon wusste. Doch dies war nicht der Grund für die Reaktion. Es war ihre Eifersucht, für die sie verantwortlich waren. Es stellte sich heraus, dass die Reaktion der Heiden ganz anders war: „Als aber die aus den Nationen es hörten, freuten sie sich und verherrlichten das Wort des Herrn; und es glaubten, so viele zum ewigen Leben verordnet waren“ (V. 48).

Das griechische Wort, das hier mit „verordnet“ übersetzt wird, steht nicht auf unserer Liste. Es stammt von einer Verbwurzel, die bedeutet: „jemanden in einen Zustand versetzen, der etwas mit einem Befehl oder einer Abmachung zu tun hat“. Es wird in militärischen Kontexten gebraucht, um zu beschreiben, wie Truppen sich aufstellen oder formieren. In diesem Kontext ist der Gebrauch des Wortes verständlich –

die Juden wollten das Evangelium nicht, also stellten sich die Heiden dafür auf. Die Herkunft des Wortes sagt nichts darüber aus, wie diese Aufstellung geschah. Aus dem Kontext geht jedoch hervor, dass so wie die Juden die bewusste Entscheidung trafen, aus der Reihe zu treten, die Heiden eine ebenso bewusste Entscheidung trafen einzutreten.

Erneut müssen wir betonen, dass Gott in all dem die Initiative ergriff. Er sandte ihnen die Botschafter, die ihnen in der Kraft des Geistes predigten. In diesem Sinne hat Gott an und in ihnen gearbeitet. Letztlich erlangten sie aber nicht aufgrund irgendeiner unergründlichen Anordnung Gottes ihre Rettung, sondern weil sie auf Gottes Initiative reagierten. Sie reihten sich ein und glaubten. Dadurch empfingen sie ewiges Leben. Ich habe sehr klare und bewegende Erinnerungen an große Menschenmassen, die aufstanden, um auf das Evangelium zu antworten, das von Billy Graham vor vielen Jahren in England gepredigt wurde. Ich kann mir vorstellen, dass es ein bisschen so war wie im pisidischen Antiochia.

Wir haben nun gesehen, dass die Worte „erwählen" und „erwählt" in der Schrift in verschiedenen Kontexten gebraucht werden, die nicht alle mit dem Gedanken der Erwählung zur Erlösung verbunden sind (inklusive einige der Schlüsselpassagen, die gebraucht werden, um den Determinismus zu begründen). Dennoch wird in Bezug auf die „Erwählungslehre" oftmals nur die Erwählung zur Erlösung betrachtet, die natürlich der Maßstab der Diskussion ist.

Wir erinnern uns an die klassische Aussage von Johannes Calvin, die sich mit dieser Sichtweise befasst:

> *„Unter Vorbestimmung verstehen wir Gottes ewige Anordnung, vermöge deren er bei sich beschloss, was nach seinem Willen aus jedem einzelnen Menschen werden sollte! Denn die Menschen werden nicht mit der gleichen Bestimmung erschaffen, sondern den einen wird das ewige Leben, den anderen die ewige Verdammnis vorher zugeordnet. Wie also nun der einzelne zu dem einen oder anderen Zweck geschaffen ist, so – sagen wir – ist er zum Leben oder zum Tode ,vorherbestimmt'."*[89]

---

[89] J. Calvin, Institutio (dt. nach Otto Weber/bearb. M. Freudenberg), III, xxi, 5

Eine viel aktuellere Formulierung verdanken wir Loraine Boettner, der als Experte dieses Themas gilt:

> *„Der reformierte Glaube hält an der Existenz einer ewigen göttlichen Anordnung fest (…), die die menschliche Rasse in zwei Teile aufteilt und den einen zum ewigen Leben und den anderen zum ewigen Tod bestimmt."* [90]

Boettner ist der Meinung, dass eine solche ewige göttliche Anordnung insofern bedingungslos ist, dass sie nichts mit den menschlichen Objekten der Anordnung zu tun hat – nicht einmal mit ihren Entscheidungen, die von Gott vorhergesehen werden.

Die offensichtliche Erwiderung darauf lautet: Wenn dies der Fall ist, dann ist es schwierig zu begreifen, warum Gott nicht jeden rettet. Die Anstrengungen derjenigen, die sich der bedingungslosen Erwählung verschreiben, auf diese Frage zu antworten, sind nicht überzeugend. Sproul schreibt:

> *„Die einzige Antwort auf diese Frage ist, dass ich es nicht weiß. Ich habe keine Ahnung, warum Gott manche rettet und manche nicht. Ich zweifle nicht für einen Moment daran, dass Gott die Macht hat, alle zu retten, aber ich weiß, dass er sich nicht dazu entscheidet, alle zu retten. Ich weiß nicht, warum (…) Wenn es Gott gefällt, manche zu retten und manche nicht, dann ist das in Ordnung. Gott ist nicht dazu verpflichtet, irgendjemanden zu retten. Wenn er sich dazu entscheidet, manche zu retten, dann verpflichtet ihn das nicht dazu, den Rest auch zu retten."* [91]

Es überrascht mich nicht, dass viele Menschen auf solche Aussagen wütend reagieren. Es klingt herzlos, hart und sogar grausam zu sagen,

---

90   L. Boettner, The Reformed Doctrine of Predestination, P & R Publishing, Phillipsburg, 1971, S. 102. Wir sollten anmerken, dass diese Lehre der doppelten Prädestination von einigen Theologen abgelehnt wird, die sich selbst als Calvinisten bezeichnen würden, obwohl es aus logischer Sicht schwierig zu bestreiten ist, dass diejenigen, die Gott nicht zur Erlösung erwählt, quasi zur Verdammnis erwählt sind.

91   R. C. Sproul, Chosen by God, Tyndale House, Carol Stream, 1986, S. 37

„Ich kenne die Antwort nicht, aber Gott kann tun, was er will." Mir ist sehr wohl bewusst, dass diese Sichtweise oft mit Römer 9–11 untermauert wird, und wir werden diesem Abschnitt später mehrere Kapitel widmen. Es reicht wohl aus, an dieser Stelle darauf hinzuweisen, dass es Aussagen wie der obigen an jeglicher Sensibilität gegenüber den anderen Eigenschaften Gottes fehlt – neben seiner Souveränität. Was ist mit der Liebe Gottes? Und was ist mit der Liebe der Christen für ihre Verwandten und Freunde, die nicht gläubig sind? Ist das alles, was man über sie sagen kann, wenn Gott sich dazu entscheidet, manche zu retten und manche nicht? Dann ist das in Ordnung?

Es ist nichts in Ordnung, wenn diese Erwählung mysteriös oder sogar willkürlich ist. Es ist nichts in Ordnung, wenn Gott tatsächlich der Gott ist, der die Welt so sehr geliebt hat, dass er seinen Sohn gab, damit jeder, der an ihn glaubt, nicht verloren geht, sondern ewiges Leben hat.

Es ist nichts in Ordnung, wenn Gott der Gott ist, der den Apostel Paulus inspiriert hat zu schreiben: „Dies ist gut und angenehm vor unserem Retter-Gott, welcher will, dass alle Menschen gerettet werden und zur Erkenntnis der Wahrheit kommen" (1 Tim 2,3-4).

Es ist nichts in Ordnung, weil es eher auf einen Gott verweist, der hasst, als dass er liebt.

Thomas McCall liefert eine Argumentation, die auf Gottes Liebe basiert, um das Problem des Determinismus an dieser Stelle hervorzuheben:

Bedenken Sie:
1. Gott liebt wahrhaftig alle Menschen.
2. Wenn man wirklich jemanden liebt, strebt man nach dem Wohlbefinden dieser Person und will ihre Entfaltung fördern, soweit man kann.
3. Das wahre Wohlbefinden und die wahre Entfaltung findet sich in der rechten Beziehung zu Gott – einer rettenden Beziehung, in der wir die Einladung des Evangeliums annehmen, ihn lieben und ihm gehorchen können.
4. Gott konnte festlegen, dass alle Menschen frei die Einladung des Evangeliums annehmen, die Beziehung richtigstellen und gerettet werden.
5. Daher werden alle Menschen gerettet.

Traditionelle Calvinisten werden zustimmen, dass der 5. Punkt im direkten Gegensatz zur Schrift steht. Da jedoch der 5. Punkt aus den ersten vier Punkten folgt, scheint hier ein Problem zu bestehen.[92]

McCall sagt weiter, dass die offensichtliche Lösung darin bestünde, den vierten Punkt zu leugnen – aber damit würde der göttliche Determinismus fallen. Wenn Gott nämlich jemanden zur Errettung bestimmen kann, dann kann er auch alle zur Errettung bestimmen.

In Anbetracht dieser moralischen Probleme ist es nicht überraschend, dass die Lehre der unbedingten Erwählung von vielen als Hindernis für die freie Verkündigung des Evangeliums gesehen wurde. Die unbedingte Erwählung nimmt an, dass die Menschen nicht fähig dazu sind, Gott zu antworten, weil sie ja dadurch einen Beitrag zu ihrer Erlösung leisten würden. Packer und Johnson schreiben in ihrer Einleitung zu ihrer Ausgabe des Luther-Werkes „Vom unfreien Willen" Folgendes:

> *„Für die Reformatoren bestand die wesentliche Frage nicht nur darin, ob Gott die Gläubigen ohne Werke des Gesetzes rechtfertigt. Es war die umfassendere Frage, ob Sünder in ihrer Sünde vollkommen hilflos sind und ob Gott sie durch freie, bedingungslose und unwiderstehliche Gnade rettet. Ob er sie rettet, indem er sie nicht durch Christus rechtfertigt, wenn sie zum Glauben kommen, sondern sie auch durch seinen belebenden Geist vom Tod der Sünde auferweckt, um sie zum Glauben zu bringen. Hier ist die wesentliche Frage: Ist Gott nicht nur der Verursacher der Rechtfertigung, sondern auch des Glaubens? (…) Was ist die Quelle und das Wesen des Glaubens? Wird die Gott-gegebene Rechtfertigung durch Gott-gegebene Mittel empfangen oder es ist eine Bedingung der Rechtfertigung, die der Mensch erfüllen muss? Ist es Teil von Gottes Geschenk der Erlösung, oder ist es der eigene Beitrag des Menschen zur Erlösung?"*[93]

Diese Fragen sind von zentraler Wichtigkeit innerhalb der gesamten Diskussion. Wir werden uns ihnen nun zuwenden müssen.

---

92   T. McCall, „I believe in divine Sovereignity", Trinity Journal, 29NS, 2008, S. 205-26

93   M. Luther, The Bondage of the Will, Baker, Grand Rapids, 1990, S. 59

TEIL 3

Das Evangelium und der Determinismus

Kapitel 7

MENSCHLICHE FÄHIGKEITEN UND IHRE GRENZEN

Das Evangelium ist eine gute Nachricht, weil es eine Botschaft der Erlösung ist. Diese Tatsache motivierte den Apostel Paulus dazu, es der Welt zu verkünden:

„Denn ich schäme mich des Evangeliums nicht, ist es doch Gottes Kraft zum Heil jedem Glaubenden, sowohl dem Juden zuerst als auch dem Griechen. Denn Gottes Gerechtigkeit wird darin offenbart aus Glauben zu Glauben, wie geschrieben steht: ‚Der Gerechte aber wird aus Glauben leben.' Denn es wird offenbart Gottes Zorn vom Himmel her über alle Gottlosigkeit und Ungerechtigkeit der Menschen, welche die Wahrheit durch Ungerechtigkeit niederhalten." (Röm 1,16-18)

„Wir wissen aber, dass alles, was das Gesetz sagt, es denen sagt, die unter dem Gesetz sind, damit jeder Mund verstopft werde und die ganze Welt dem Gericht Gottes verfallen sei. Darum: Aus Gesetzeswerken wird kein Fleisch vor ihm gerechtfertigt werden; denn durchs Gesetz kommt Erkenntnis der Sünde. Jetzt aber ist ohne Gesetz Gottes Gerechtigkeit offenbart worden, bezeugt durch das Gesetz und die Propheten: Gottes Gerechtigkeit aber durch Glauben an Jesus Christus für alle, die glauben. Denn es ist kein Unterschied, denn alle haben gesündigt und erlangen nicht die Herrlichkeit Got-

tes und werden umsonst gerechtfertigt durch seine Gnade, durch die Erlösung, die in Christus Jesus ist.

Ihn hat Gott hingestellt als einen Sühneort durch den Glauben an sein Blut zum Erweis seiner Gerechtigkeit wegen des Hingehenlassens der vorher geschehenen Sünden. (…) Denn wir urteilen, dass der Mensch durch Glauben gerechtfertigt wird, ohne Gesetzeswerke." (Röm 3,19-25.28)

Paulus sagt uns, warum Menschen gerettet werden müssen. Ihre Situation ist sehr ernst. Aufgrund ihrer Sünde und Ungerechtigkeit sind sie dem gerechten Gericht Gottes ausgesetzt. Sie müssen daher mit Gott versöhnt werden. Sie können sich jedoch nicht selbst mit Gott versöhnen, weil sie alle gesündigt haben und die Herrlichkeit Gottes nicht erlangen. Sie können sich Gottes Annahme nicht verdienen.

Das Wunder und die Herrlichkeit des Evangeliums bestehen darin, dass Gott den Menschen dies als freies und gnädiges Geschenk anbietet, was sie nicht verdienen können. Er möchte sie für gerecht erklären – das steckt in der Bedeutung des Wortes „rechtfertigen" – durch die Erlösung, die in Jesus Christus ist und im Glauben empfangen wird. Sie sollen allein durch Gottes Gnade und allein durch den Glauben an Christus gerettet werden.

Der menschliche Zustand ist schlimmer, als vielen bewusst ist. Gewiss ist jedem, der die Schrift ernst nimmt, bewusst, dass der Eintritt der Sünde in die Welt große Veränderung und Zerstörung mit sich gebracht hat. Die Folgen und der Schaden durch den Verlust des Paradieses sind auf jeder Ebene zu spüren. Menschen sind nicht mehr das, was sie einmal waren. Da sie von Gott entfremdet sind, können sie sich nicht selbst retten. Sie sind „tot in ihren Vergehungen und Sünden", wie Paulus schreibt (Eph 2,1). Sie können nur gerettet werden, wenn Gott die Initiative ergreift und Erlösung für sie schafft. Bei diesem Punkt werden sicher die meisten, wenn nicht alle Christen übereinstimmen, egal wie sie zum Determinismus stehen mögen. Wenn Gott nicht für Erlösung gesorgt hätte, könnte niemand jemals gerettet werden.

Das 1. Buch Mose liefert uns den Bericht dazu, wie die Sünde in die Welt kam. Dieses verheerende Ereignis wird oft als „Sündenfall"[94] bezeichnet. Dies geschah, als die ersten Menschen versucht wurden, Gott zunächst zu hinterfragen und dann ungehorsam seinem Gebot gegenüber zu sein. Sie aßen vom Baum der Erkenntnis des Guten und des Bösen. Diesem Ungehorsam ging mangelndes Vertrauen in Gott und sein Wort voraus; es war ein Vertrauensbruch.

Es ist daher nicht überraschend, dass die folgenden Kapitel von 1. Mose sich der Wiederherstellung dieses verlorengegangenen Vertrauens an Gott widmen.

Abraham wird uns als paradigmatisches Beispiel für eine Person vorgestellt, die es lernte, Gott zu vertrauen. Abrahams Glaube an Gott wurde ihm als Gerechtigkeit angerechnet. Paulus bezieht sich immer wieder auf diese Tatsache, wenn er erklärt, was es bedeutet, Christus zu vertrauen und erlöst zu werden.

In gewisser Weise sind all diese Dinge klar und werden von Christen vertreten, die aus ganz unterschiedlichen theologischen Richtungen kommen. Die Schwierigkeiten beginnen jedoch, wenn wir versuchen tiefer zu gehen. Wenn wir versuchen, noch besser zu verstehen, was mit der Menschheit nicht stimmt und wie genau der Schaden behoben werden kann. In welchem Ausmaß sind wir beispielsweise vom Sündenfall geschädigt? Das Neue Testament sagt uns, dass wir „tot sind in Vergehungen und Sünden" – aber was genau bedeutet das? Offensichtlich haben Menschen viele Fähigkeiten, aber ist eine davon, dass wir Gott antworten können? Was ist das Wesen und der Status dieses „Glaubens", von dem die Schrift spricht? Ist es etwas, das wir selbst produzieren? Ist es etwas, das Gott uns gibt? Und wenn ja, tut er es auf mysteriöse oder gar willkürliche Weise, oder sind wir in irgendeiner Weise daran beteiligt? Wieso „haben" manche Menschen „Glauben" und manche nicht? Solchen Fragen wollen wir uns nun zuwenden. Es sind wichtige Fragen, die unmittelbaren Einfluss darauf haben, was wir über Gott denken.

---

94 Dies ist ein angemessener Begriff, der durch Paulus' Bezug, wie viele in Versuchung „fallen", untermauert wird (1 Tim 6,9).

Die folgenden drei Argumente werden hauptsächlich dazu gebraucht, den Gedanken zu unterstützen, dass Menschen von Natur aus unfähig sind, Gott zu antworten.

Argument 1: Unbedingte Erwählung

Wenn die Menschen dazu fähig wären, an Gott zu glauben, dann würden sie selbst zu ihrer Erlösung beitragen und sie somit selbst verdienen. Die Erlösung würde nicht länger nur aus Gnade geschehen, und Gottes Ehre würde daher geschmälert werden. J. I. Packer und O. R. Johnson schreiben beispielsweise in ihrer Einleitung zu Luthers Werk „Vom unfreien Willen", dass es aus reformierter Sicht „keinen Unterschied macht, ob man sich auf seinen eigenen Glauben oder auf seine eigenen Werke verlässt".[95] Wayne Grudem schreibt ähnliches: „Die Erwählung, die auf etwas Gutem in uns (dem Glauben) basiert, wäre der Anfang der Erlösung durch Werke".[96] Seiner Meinung nach besteht der einzige Ausweg darin, dass der Glaube selbst ein Geschenk Gottes sein muss, das nach seinem souveränen Willen zugeteilt wird und vollkommen unabhängig ist von Einstellung, Bestreben oder Verhalten desjenigen, den er zur Erlösung erwählt. Diese Sichtweise nennt sich „unbedingte Erwählung" – ein Ausdruck, der in der Schrift so nicht vorkommt.

Argument 2: Totale Verderbtheit

Menschen sind nicht fähig zu glauben, weil sie in ihren „Vergehungen und Sünden tot sind". Dieser Zustand ist das Resultat der Sünde, die Adam in die Welt gebracht hat. Diese Sichtweise wird oft die „völlige Verderbtheit" des Menschen genannt – auch hier

---

95   M. Luther, The Bondage of the Will, Baker, Grand Rapids, 1990, S. 59

96   W. Grudem, Bible Doctrine, IVP, Leicester, 1999, S. 287

müssen wir feststellen, dass die Formulierung in der Schrift so nicht vorkommt. So wie tote Geschöpfe nicht auf Stimulation reagieren können – so das Argument –, sind auch Menschen grundsätzlich nicht fähig, Gott zu antworten. Um antworten zu können, müssen sie neues Leben empfangen (sie müssen „wiedergeboren" werden). Nur dann können sie mit dem Glauben antworten, den Gott ihnen gibt. Ohne jegliche Handlung von ihrer Seite (sie sind ja tot und können daher nicht handeln), belebt Gott diejenigen wieder, die er durch seinen Geist wiederbeleben will. Dann und nur dann können sie an Christus glauben.

Argument 3: Ursünde

Auch wenn Menschen nicht an Gott glauben können, gemäß dem 2. Argument ist es trotzdem ihre Schuld, dass sie nicht glauben. Gott kann sie also zu Recht verurteilen. Das hat mit ihrer Verbindung zu Adam zu tun, der die Sünde in die Welt gebracht hat: Als er sündigte, sündigten auch sie.

Ich nehme diese Argumente sehr ernst. In ihren Variationen werden sie von angesehenen und höchst geachteten Christen vertreten, von denen ich so manche kenne und sehr schätze. Ich hoffe, dass der Leser mir glauben wird, dass ich ihr Bestreben teile, Gottes Ehre in keiner Weise zu schmälern. Dennoch behaupte ich, dass alle drei Argumente aufgrund ihrer stark deterministischen Elemente Gottes souveräne Herrlichkeit schmälern. Ich bin außerdem der Meinung, dass die Argumente fehlerhaft sind.

Antwort zu Argument 1:
Glaube ist eine universale, Gott-gegebene Fähigkeit

Zuerst prüfen wir die Vorstellung, dass, wenn die Menschen die Fähigkeit zum Glauben besäßen, ihr Glauben bereits ein verdienstvolles Werk wäre, das zur Erlösung beiträgt. Darf ich es wagen anzumerken, dass diese Sichtweise aus einer Verwirrung über das Wesen des Glaubens selbst entsteht?

Ein Teil der Verwirrung kommt daher, dass ein einfacher logischer Punkt übersehen wird: *Sich etwas zu verdienen und etwas zu tun, um dieses Etwas zu erhalten, ist nicht dasselbe.* Wenn beispielsweise eine entfernte Verwandte mir eine hohe Summe in ihrem Testament vermacht, dann habe ich nichts getan, um es zu verdienen. Sie hat es mir geschenkt und es in einem Dokument festgehalten, das ihr Anwalt aufgesetzt hat. Er schickt mir einen Brief, in dem er mich über diese Tatsache informiert. Nun muss ich entscheiden, ob ich ihm – und auch ihr – vertraue. Ich muss antworten, weil ich das Geld sonst nicht bekommen werde. Ich könnte es ablehnen. Offensichtlich bedeutet die Tatsache, dass ich etwas *tun* muss, um mir etwas anzueignen, nicht, dass ich es *verdient* oder in irgendeiner Weise dazu *beigetragen* habe. Aus genau diesem Grund kann unser Herr zu einer Frau sagen: „Dein Glaube hat dich gerettet. Geh hin in Frieden" (Lk 7,50).

Paulus wird in Philippi von einem erschütterten Gefängniswärter, dessen Gefangene gerade durch ein Erdbeben befreit wurden, gefragt: „Was muss ich tun, um gerettet zu werden?" Paulus versteht die Frage nicht so, dass der Wärter danach fragt, wie er sich die Erlösung verdienen kann. Er antwortet nicht, dass der Wärter gar nichts tun kann, weil seine Erlösung allein von der souveränen Entscheidung Gottes abhängt. Im Gegenteil, er sagt dem Wärter genau, was er tun kann und tun sollte: „Glaube an den Herrn Jesus, und du wirst gerettet werden, du und dein Haus" (Apg 16,31).

Wayne Grudem, den wir oben zitiert haben, sagt: „Die Erwählung, die auf etwas Gutem in uns (dem Glauben) basiert, wäre der Beginn der Erlösung durch Werke." Interessant ist hier der Gebrauch des Wortes „gut", um den „Glauben" zu qualifizieren, der dann mit dem „Verdienst" verknüpft wird. Aber lehrt die Schrift, dass Glaube in diesem Sinne des Verdienstes gut ist? Ich denke nicht.

In seiner Antwort an den Wärter verleugnete Paulus nicht, dass die Erlösung vollkommen durch Gnade und ohne jeglichen menschlichen Verdienst geschieht. Im Gegenteil bestätigte er dies sogar. Wichtig ist Folgendes: *Paulus betrachtet den Glauben, den Akt des Glaubens, als das Gegenteil von Verdienst.* Das bedeutet, dass der persönliche

Akt des Glaubens oder des Vertrauens in Christus bezüglich der Erlösung kein menschlicher Verdienst ist, der einen Beitrag zur Erlösung leistet. Die Erlösung kommt allein von Gott.

Paulus war sich bewusst, dass die Unterscheidung zwischen Glaube und menschlichem Verdienst schwierig zu verstehen ist – besonders für religiöse Menschen. Deshalb macht er sich große Mühe, sie zu erklären. Eines seiner Hauptargumente findet sich im Römerbrief, wo er den Glauben Abrahams analysiert. Die erste große Aussage lautet: „Abraham aber glaubte Gott, und es wurde ihm zur Gerechtigkeit gerechnet" (Röm 4,3). Am Ende des Kapitels wird diese Aussage wiederholt: „Darum ist es ihm auch zur Gerechtigkeit gerechnet worden" (V. 22). Bitte beachten Sie, dass es Abrahams Glaube war – *sein* Glaube. Der Text sagt an dieser Stelle nicht, dass Gott „ihm den Glauben gab" (auch wenn wir später sehen werden, wie der Glaube „gegeben" werden kann). Er sagt auch nicht, dass Abrahams Glaube ein menschlicher Verdienst zu seiner Rechtfertigung war; es wird nicht einmal gesagt, dass Christi Gerechtigkeit Abraham als Gerechtigkeit angerechnet wurde. Nein, die Schrift sagt, dass es Abrahams Glaube war, der ihm zur Gerechtigkeit angerechnet wurde.

Schauen wir, wie Paulus das Wesen des Glaubens in den Versen 4-5 beschreibt:

> *„Dem aber, der Werke tut, wird der Lohn nicht angerechnet nach Gnade, sondern nach Schuldigkeit. Dem dagegen, der nicht Werke tut, sondern an den glaubt, der den Gottlosen rechtfertigt, wird sein Glaube zur Gerechtigkeit gerechnet" (Röm 4,4-5).*

Paulus gebraucht hier das Bild der Lohn-Arbeit. Der Glaube an Gott, sagt er, ist keinesfalls so: Er soll nicht als eine Sache des Verdienstes angesehen werden, die mit der Erlösung entlohnt wird – sonst würde sich der Glaubende die Erlösung ja erarbeiten.

Wir stellen ebenso fest, dass der Glaube einer Person an Gott als ihr eigener Glaube beschrieben wird. Der Glaube eines Menschen in der Zeit vor dem Gesetz wird als Gerechtigkeit angerechnet. Paulus stellt anschließend die beiden möglichen Vorgehensweisen oder Einstellungen – Werke und Vertrauen – gegenüber, auf

Grundlage der unausgesprochenen Annahme, dass jeder zu beidem fähig ist.

Während ich dies schreibe, ist mir bewusst, dass manche davon ausgehen, dass der Hintergrund seines Argumentes im Römerbrief nicht der Gedanke daran war, dass man die Erlösung durch die Anhäufung guter Werke verdienen kann. Dahinter stand vielmehr die Gefahr, dass man eigentümlichen jüdischen Ritualen und Zeremonien wie der Beschneidung und dem nationalen Privileg zur Erlösung vertraut. Dennoch ergibt mein Studium der Schrift, dass beides zutrifft. Simon Gathercole argumentierte wie folgt:

> *„Viele von Paulus' jüdischen Zeitgenossen hielten sich an eine Lehre der letztlichen Erlösung durch Werke. Der Gehorsam gegenüber der Tora war ein Kriterium beim letzten Gericht. In der Tat macht Paulus in Römer 2 deutlich, dass sein Gesprächspartner eine solche Sichtweise vertritt."* [97]

Weiter betont das Neue Testament nicht die *Qualität* des Glaubens, sondern seine *Richtigkeit*. Es ist beachtenswert, dass sie oftmals in Verbindung mit der Gerechtigkeit Gottes genannt wird, weil Glaube bedeutet, die richtige Haltung gegenüber Gott zu haben – daher wurde auch Abrahams Glaube ihm als *Gerechtigkeit angerechnet* (Röm 4,3). Da es um Richtigkeit und nicht um Qualität geht, zögert die Schrift nicht, Menschen für ihren Glauben zu loben, wie wir beispielsweise in der Glaubensdefinition des Hebräerbriefes sehen können:

> *„Der Glaube aber ist eine Verwirklichung dessen, was man hofft, ein Überführtsein von Dingen, die man nicht sieht. Denn durch ihn haben die Alten Zeugnis erlangt."* (Hebr 11,1-2)

Jemanden zu loben, weil er etwas getan hat, das nicht in seiner Macht steht, ist bedeutungslos. Wir stellen am Rande fest, dass der Fachbegriff für die Behauptung, dass nur Gott an der Wiedergeburt

---

[97]   S. Gathercole, Where is Boasting?: Early Jewish Soteriology and Paul's Response to Romans 1–5; Eerdmans, Grand Rapids, 2002, S. 214

beteiligt ist, „Monergismus" lautet. Die alternative Sichtweise, dass der Mensch durch seine Reaktion daran mitbeteiligt ist, wird „Synergismus" genannt. Unglücklicherweise bedeuten diese Begriffe „einer arbeitet" und „gemeinsame Arbeit" und lassen die Frage aufkommen, ob es hier überhaupt um *menschliche Werke* geht.

Paulus lehrt ganz klar, dass Gott allein das Werk der Wiedergeburt vollbringt, wir aber verantwortlich dafür sind, ihm zu vertrauen. *Diese Aktivität hingegen ist kein Werk*, sodass die Wiedergeburt nicht im eigentlichen Sinne synergetisch ist. Außerdem lehren viele, die überzeugt sind, dass die Wiedergeburt dem Glauben vorausgeht, dass die Wiedergeburt zwar monergetisch ist, die darauffolgende Erlösung jedoch synergetisch, da sie unseren Glauben betrifft. Aus diesem Grund erscheinen die Begriffe nicht hilfreich und sollten daher vermieden werden.

Abgesehen von der Tatsache, dass die Schrift explizit sagt, dass es Abrahams Glaube war, der ihm als Gerechtigkeit angerechnet wurde, wird der Einspruch erhoben, dass Paulus an anderer Stelle explizit sagt, dass der Glaube ein Geschenk Gottes ist. Die relevante Textstelle finden wir in Epheser 2,8-9, wo Paulus schreibt:

> „Denn aus Gnade seid ihr gerettet durch Glauben, und das nicht aus euch, Gottes Gabe ist es; nicht aus Werken, damit niemand sich rühme"

Dann wird argumentiert, dass dieser Vers mit der Sichtweise im Einklang steht, dass der nicht-wiedergeborene Mensch nicht fähig ist zu glauben, und wenn Gott ihm nicht den Glauben schenkt, dieser Mensch niemals glauben wird. Im griechischen Text jedoch steht das Wort *Glaube* in der femininen Wortform, wohingegen das Wort für *es* („Gottes Gabe ist es") im Neutrum steht. Aus grammatikalischer Sicht ist also nicht der Glaube das Geschenk, sondern die Erlösung aus Gnade. Paulus argumentiert an dieser Stelle tatsächlich genauso wie in Römer 4, indem er der Erlösung aus Werken die Erlösung aus Gnade durch den Glauben gegenüberstellt.

Man sollte diese Angelegenheit jedoch nicht nur auf der grammatikalischen Ebene betrachten. In einem bestimmten Sinn kann der

Glaube als Geschenk Gottes gesehen werden, ohne zu verleugnen, dass es auch unser Glaube ist.

Mir ist sehr wohl bewusst, dass die Neuen Atheisten für viele Menschen den Begriff des Glaubens geschickt neu definiert haben, sodass Glaube von der säkularen Gesellschaft (und leider auch von manchen bekennenden Christen) als rein religiöses Konzept angesehen wird – dass Glauben da beginnt, wo es keine Beweise gibt. Dies ist eine Fehlinterpretation des Glaubens. Sie ist völlig falsch und gefährlich und bedarf einer ständigen Widerlegung. Glaube ist kein spezifisch religiöses Wort, obwohl es in religiösen Kontexten gebraucht wird, wenn man z. B. vom subjektiv-persönlichen „Glauben an Gott" oder objektiv vom „christlichen Glauben" spricht.

Nach dem *Oxford English Dictionary* leitet sich das englische Wort „faith" von dem lateinischen Wort *fides* ab. Seine Grundbedeutung lautet „Vertrauenswürdigkeit" oder „Zuverlässigkeit". Das griechische etymologische Äquivalent ist *pistis,* das wir im Neuen Testament finden, wo es die folgenden grundlegenden Bedeutungen hat:

1. Glaube, Vertrauen
2. Etwas, das Überzeugungen, Belege, Beweise, Zusagen, Verpflichtung hervorbringt
3. Vertrauen in seinem objektiven Aspekt, Treue, Vertrauensbeweis, Glaubwürdigkeit

Die hauptsächlichen Wörterbuchdefinitionen des Wortes „Glauben" sind also: Überzeugung, Vertrauen, Zuversicht, Zuverlässigkeit und Überzeugungen, die von Zeugenaussagen oder einer Autorität ausgehen. Es muss nachdrücklich bekräftigt werden, dass der Glaube an Gott, der in der Bibel beschrieben wird, von dieser Art ist: „Zuverlässigkeit und Überzeugungen, die von Zeugenaussagen oder einer Autorität ausgehen." Biblischer Glaube basiert auf Beweisen.[98]

---

98 Für mehr Details lesen Sie das Werk des Autors: „Gott im Fadenkreuz", SCM R. Brockhaus, Witten, 2013.

Eine berühmte Textstelle, die das ausdrückt, finden wir am Ende des Johannesevangeliums:

„Auch viele andere Zeichen hat nun zwar Jesus vor den Jüngern getan, die nicht in diesem Buch geschrieben sind. Diese aber sind geschrieben, damit ihr glaubt, dass Jesus der Christus ist, der Sohn Gottes, und damit ihr durch den Glauben Leben habt in seinem Namen." (Joh 20,30-31)

Johannes beschreibt hier, zu welchem Zweck er sein Buch schrieb. Es berichtet von einer Reihe von Zeichen. Dies waren ganz besondere Handlungen Jesu, die auf eine dahinterliegende Realität hindeuteten und so die Identität Jesu als Inkarnation Gottes bezeugten. Wenn wir das Johannesevangelium lesen, werden wir sehen, dass genau dies geschah. Immer wieder berichtet Johannes von Menschen, die glaubten aufgrund der Beweise, die Jesus lieferte (z. B. Joh 2,11; 3,2; 4,41; 4,53; 6,14). Johannes hielt diese Beweise offensichtlich auch für solche ausreichend, die – wie wir – nicht unmittelbar diese Ereignisse beobachten konnten. Nach Johannes ist der Glaube, den Christus erwartet, alles andere als blind. Die Blindheit liegt auf Seiten der Menschen, die nicht geglaubt haben und die nicht glauben. Wir werden uns in Kürze damit beschäftigen.

Diese Zeichen wurden von Jesus bewusst gewirkt, um den Glauben an ihn zu wecken. Die Zeichen gingen dem Glauben voraus. Jesus weckte den Glauben der Menschen durch das, was er tat, und gewann so ihr Vertrauen und ihre Zuneigung. So ist der Glaube an Christus ein Glaube an eine Person. An dieser Stelle sollten wir darüber nachdenken, wie Vertrauen zwischen Menschen im alltäglichen Leben entsteht.

In der Wirtschaftswelt beispielsweise ist Vertrauen essentiell. Aber wie entsteht Vertrauen in der Praxis? Vielleicht treffen sich zwei Menschen in einem Büro. Jones hält Smith für einen offenen und ehrlichen Menschen. Er vertraut Smith sogar einen Job an. Smith erledigt seine Arbeit auf eine Art und Weise, dass Jones ihm sogar noch mehr anvertraut. Jones hört von anderen, dass Smith für ihn mit großer Integrität eintritt, auch wenn es ihn etwas kostet. Jones merkt, dass Smith ihn mit dem Vertrauen inspiriert, und vertraut ihm so noch mehr. So entsteht eine solide Geschäftsbeziehung. Woher kommt dieses Vertrauen, das Jones Smith entgegenbringt? In gewissem Sinne hat Smith es Jones geschenkt, weil er es ihm entlockt hat. Aber das ändert nicht die Tatsache, dass der Glaube von Jones dessen eigener Glaube ist. Jones hat die Fähigkeit zu vertrauen. Aufgrund dessen, was Smith ist und tut, vertraut Jones Smith.

In der Ehe ist es ähnlich: Das Vertrauen, der Glaube und die Treue des einzelnen Partners entlockt man sich gegenseitig. Das ändert nicht die Tatsache, dass der Glaube eines jeden Partners die eigene subjektive Reaktion auf den anderen ist – es ist ihr eigener Glaube.

In diesem Sinne können wir den Glauben sicherlich als ein Geschenk Gottes ansehen. Gott entlockt ihn uns durch seine Gnade und Liebe. Wenn Gott ihn nicht selbst ausgelöst hätte, würden wir nie glauben. Aber er sieht diesen Glauben als unseren eigenen an – wie er es auch bei Abraham getan hat.

Das bringt mich zu einem weiteren Punkt. Im normalen Leben, ob wir nun an Gott glauben oder nicht, praktizieren wir Glauben an vielen Stellen. Oft vertrauen wir auf Dinge, die wir gelesen haben, wir vertrauen Freunden, wir vertrauen Experten wie einem Chirurgen oder Piloten unser Leben an. Jeden Tag müssen wir an etwas oder jemanden glauben, und viele von uns glauben intuitiv, dass wir das aus freien Stücken tun. Diese Fähigkeit, glauben zu können, hat mit unserer Willensfreiheit zu tun und ist Teil unseres Wesens, das von Gott geschaffen wurde, egal, ob wir an ihn glauben oder nicht. Sie ist ein wunderbares Geschenk der Gnade Gottes an uns als seine Geschöpfe. Sie macht Liebe und authentische Beziehungen erst möglich und ist Teil des Bildes Gottes, das in unsere Natur geprägt wurde. Zu behaupten, dass der Mensch diese Fähigkeit nicht hat, sondern dass sein Schicksal davon bestimmt wird, dass er einen speziellen, ganz anderen „rettenden Glauben" besitzt – den Gott alleine willkürlich gibt – vermindert die Herrlichkeit von Gottes Charakters massiv, statt sie zu fördern; ganz zu schweigen von der entmenschlichenden Wirkung auf uns.

Das größte Problem, das wir Menschen haben, ist gewiss Folgendes: Werden wir dieses wunderbare Geschenk der Fähigkeit, vertrauen zu können (die wir alle besitzen), nutzen, um dem Urheber dieses Geschenks zu vertrauen, Gott selbst? Wichtig ist hier der Ort des Vertrauens, nicht seine Quantität. An *wen* glauben wir, nicht: *Wie viel* Glauben haben wir? Wir gebrauchen diese Fähigkeit täglich, um in vielen Bereichen Vertrauen zu üben. Aber sind wir bereit, diese Fähigkeit dazu zu gebrauchen, um Gott zu vertrauen? Das ist die zentrale Herausforderung der Botschaft des Evangeliums.

Paulus sagt uns, an welcher Stelle die Menschheit auf Abwege geraten ist:

> *„(…) weil sie Gott kannten, ihn aber weder als Gott verherrlichten noch ihm Dank darbrachten, sondern in ihren Überlegungen in Torheit verfielen und ihr unverständiges Herz verfinstert wurde."* *(Röm 1,21)*

Ihr Unrecht bestand in ihrer Weigerung, ihre Abhängigkeit von Gott zum Ausdruck zu bringen, denn das ist es, was Dankbarkeit bedeutet. Sie wollten ihm nicht vertrauen, deshalb stürzten sie in eine rebellische, sittliche Finsternis ab. Wenn an dieser Stelle die Dinge falsch gelaufen sind, dann ist es vollkommen angemessen, dass der Weg zurück darin besteht, neu zu lernen, Gott zu vertrauen. Dass wir lernen, Gottes Geschenk der Fähigkeit, vertrauen zu können, nutzen, um ihm darin zu vertrauen, was er für die Erlösung der Menschheit getan hat.

Der Apostel Johannes schrieb:

> *„Wenn wir schon das Zeugnis der Menschen annehmen, das Zeugnis Gottes ist größer; denn dies ist das Zeugnis Gottes, dass er über seinen Sohn Zeugnis abgelegt hat."* *(1Jo 5,9)*

Jeder von uns, ob nun wiedergeboren oder nicht, ist fähig das Zeugnis anderer anzunehmen. Wir sollten daher bereit sein, dem viel größeren und mächtigeren Zeugnis Gottes zu vertrauen, das von der Macht und Gnade Gottes getragen wird, die durch den Heiligen Geist in unsere Herzen ausgegossen ist.

Als unser Herr in das Haus des römischen Hauptmanns aus Kapernaum kommen wollte, um seinen gelähmten Diener zu heilen, da sagte der Mann: „Herr, ich bin nicht würdig, dass du unter mein Dach trittst; aber sprich nur ein Wort, und mein Diener wird gesund werden." Christi Reaktion darauf war: „Wahrlich, ich sage euch, bei keinem in Israel habe ich so großen Glauben gefunden" (Mt 8,8-10). Wenn der theologische Determinismus wahr ist, dann hätte unser Herr sicherlich gesagt: „Keinem in Israel habe ich so großen Glauben gegeben." Aber dies tat er nicht. Außerdem, wenn der Glaube nichts mit demjenigen zu tun hat, der ihn ausübt, wie kann er dann groß oder klein sein?

Doch nun zum zweiten Argument, das ungeduldig wartet.

Antwort zu Argument 2:
Der Glaube geht der Wiedergeburt voraus

Hier wird behauptet, dass Menschen nicht die Fähigkeit haben, zu glauben und auf Gott zu antworten, weil sie von Natur aus „tot sind in Vergehungen und Sünden", aufgrund der Sünde, die Adam in die Welt gebracht hat (gemäß der Lehre der völligen Verderbtheit oder völligen Unfähigkeit). Um glauben zu können muss ihnen also zuerst neues Leben eingehaucht werden. Sie müssen durch die Kraft des Heiligen Geistes wiedergeboren werden. Diese Sichtweise wurde auch von wichtigen und angesehenen Denkern aus der Zeit von Augustinus an vertreten.

Arthur W. Pink schreibt:

> *„Ein Mensch wird nicht wiedergeboren, weil er zuerst an Christus geglaubt hat, sondern er glaubt an Christus, weil er wiedergeboren wurde."* [99]

---

99   A. Pink, The Wisdom of Arthur W. Pink, Band 1, Reformed Church, Zeeland, 2009, S. 65

R. C. Sproul formuliert es folgendermaßen:

„Wenn nicht zuerst eine Wiedergeburt stattfindet, dann gibt es keine Möglichkeit zu glauben."[100]

Außerdem schreibt er:

„Wir glauben nicht, um wiedergeboren zu werden, sondern wir werden wiedergeboren, um zu glauben."[101]

John Piper schreibt:

„Die Wiedergeburt ist eine wundersame Schöpfung Gottes, die einen zuvor ‚toten' Menschen dazu befähigt, Christus zu empfangen und gerettet zu werden. Wir erwirken die Wiedergeburt nicht durch unseren Glauben. Gott bewirkt unseren Glauben durch die Wiedergeburt."[102]

In einem neueren Buch schreibt Ben Peays:

„Umkehr und Glauben strömen unfehlbar und untrennbar aus der Wiedergeburt. Wir können nicht glauben, wenn wir nicht wiedergeboren werden."[103]

Die Reihenfolge, die von diesen Autoren festgelegt wurde – Wiedergeburt vor dem Glauben – ist allerdings das genaue Gegenteil der Reihenfolge, die wir in der Schrift finden. In Johannes 3,14-15 sagt Jesus beispielsweise: „Und wie Mose in der Wüste die Schlange erhöhte, so muss der Sohn des Menschen erhöht werden, damit jeder, der an ihn glaubt, ewiges Leben habe." Er sagt nicht: „sodass jeder,

---

100 R. C. Sproul, „Regeneration precedes faith", Tabletalk, February 1997, S. 35

101 R. C. Sproul, Chosen by God, Tyndale House, Carol Stream, 2011, S. 73

102 What we believe about the five points of Calvinism, desiringgod.org

103 K. DeYoung (Hrsg.), Dont call it a comeback: The old Faith for a new day, Crossway, Wheaton, 2011, S. 90-91

der ewiges Leben hat, glauben möge." Der direkte folgende Vers sagt: „damit jeder, der an ihn glaubt, nicht verloren geht, sondern ewiges Leben hat." Er sagt nicht: „Jeder, der ewiges Leben hat, glaubt an ihn und wird nicht verloren gehen."

Mit welcher Berechtigung kehren die oben zitierten Autoren die biblische Reihenfolge um, indem sie den Karren vor das Pferd spannen? Eine Annahme ist, dass sie den Begriff „Wiedergeburt" in einem weiteren Sinne gebrauchen, als die Schrift es tut, und zwar, um jedes Werk zu beschreiben, das Gott im Leben eines Menschen vollbringt, bevor dieser zum Glauben an das Evangelium kommt. Im Neuen Testament gibt es jedoch keinen Hinweis auf solch einen Wortgebrauch.

Die Vorstellung, dass Menschen ihre eigene Erlösung bewirken können oder Gott unabhängig von seiner Gnade antworten können, ist eine Irrlehre, die oft Pelagianismus genannt wird; benannt nach dem keltischen Mönch Pelagius, der im vierten und fünften Jahrhundert überzogen stark die Rolle des Gläubigen bei dessen Erlösung vertrat. Also lassen Sie uns festhalten, dass es laut der Schrift keine Erlösung gäbe, wenn Gott sie nicht geschaffen und der Welt bereitgestellt hätte. Paulus schreibt:

> „Denn die Gnade Gottes ist erschienen, heilbringend allen Menschen." (Titus 2,11)

Das Kommen des Erlösers in diese Welt ist eine unabdingbare Voraussetzung für die Erlösung. Gott ist Urheber und Verursacher der Erlösung. An anderer Stelle lesen wir, dass das Wort das wahre Licht ist, das jeden erleuchtet (siehe Joh 1,9). Wir lesen auch vom „Ziehen" Gottes (Joh 6,44) und vom Heiligen Geist, der kommt, um „die Welt zu überführen von Sünde und von Gerechtigkeit und von Gericht" (Joh 16,8).

Es war Gottes Gnade, die Paulus dazu bewegte, seine römische Staatsbürgerschaft nicht zu gebrauchen, um dem Gefängnis in Philippi zu entgehen. Dennoch traf er diese Entscheidung eindeutig aus eigenem freien Willen. Es war Gottes Gnade, die das Gefängnis in Philippi erschütterte und mit ihm das Herz des Aufsehers. Diese

„zuvorkommende Gnade"[104] lief jedoch nicht auf die Wiedergeburt und die Erlösung hinaus. Wie wir bereits gemerkt haben, musste der Gefängnisaufseher etwas tun. Er fragte, was er tun sollte, und Paulus sagte es ihm: „Glaube an den Herrn Jesus!" (Apg 16,31).

Man muss also viel von Gottes Gnade erlebt haben, bevor man an Christus glaubt, aber dies sollte nicht mit der Wiedergeburt verwechselt werden. Die Schrift gebraucht Begriffe sehr sorgfältig, und keiner von denen des oben erwähnten göttlichen Handelns entspricht der Wiedergeburt. In der Tat gibt es Dinge, die der Wiedergeburt vorausgehen. Wie auch immer wir sie interpretieren, wir dürfen sie niemals so interpretieren, dass der freie Wille des Menschen untergraben wird und daher Gott verantwortlich gemacht wird für die Sünde und das Böse. Der Gefängniswärter hatte die Wahl, zu glauben oder nicht zu glauben. Gott konnte diese Entscheidung nicht für ihn treffen. Das hätte seine menschliche moralische Integrität und seinen Wert untergraben.

Vielleicht kann uns ein Bild helfen, auch wenn es nur ein Bild bleibt. Alle großen Fahrzeuge (und auch viele kleinere) haben Servolenkung. Ich hätte nicht die Kraft, das Lenkrad eines riesigen Sattelschleppers zu drehen. Aber Servolenkung bedeutet, dass in dem Moment, in dem ich das Lenkrad berühre, Energie bereitgestellt wird und die Räder sich drehen. Wenn ich das Lenkrad nicht berühre, wird nichts passieren; dennoch kann ich nichts ohne diese Kraft tun, die mir zur Verfügung gestellt wird. Die Servolenkung entscheidet nicht, die Räder zu bewegen; das tue ich. Aber ich kann es nicht ohne ihre Kraft tun.

Ich glaube, dass dieses Prinzip auch hinter diesem berühmten und ehrlichen Gebet steckt: „Ich glaube, hilf meinem Unglauben" (Mk 9,24). Gott wird alles in seiner Macht Stehende tun, um uns zu helfen, aber er kann sich nicht an unserer Stelle entscheiden. Dieser Grundsatz steht ebenso hinter der Beschreibung des Heiligen Geistes als Helfer, der uns zur Hilfe kommt. Er hat die Macht, stellt sie uns aber zur Verfügung, wenn wir sie nutzen.

---

104 Augustinus gebrauchte diesen Begriff, um jegliche Handlung der Gnade Gottes zu beschreiben, die dem Augenblick der Bekehrung vorausgeht.

Um das Ganze zusammenzufassen: Johannes 3 sagt uns nicht weniger als drei Mal, dass die Bedingung für das ewige Leben der Glaube an Christus ist; und er sagt uns ebenso, dass derjenige, der an Christus glaubt, nicht verdammt wird. Im Gegenzug sagt uns Johannes, dass derjenige, der nicht glaubt, bereits verdammt ist. Der Grund wird explizit genannt: „weil er nicht geglaubt hat an den Namen des eingeborenen Sohnes Gottes" (V. 18). Dieses Urteil wird am Ende des Kapitels wiederholt: „Wer an den Sohn glaubt, hat ewiges Leben; wer aber dem Sohn nicht gehorcht, wird das Leben nicht sehen, sondern der Zorn Gottes bleibt auf ihm" (V. 36). Das heißt, die Anklage gegen solch eine Person lautet, dass sie es unterlassen oder sich geweigert hat, an den Sohn zu glauben, und ihn so verworfen hat.

Das Kriterium, das hier genannt wird, hat nichts mit dem Verdienst einer Person durch Werke oder gutes Verhalten zu tun. Das Kriterium besteht lediglich darin, ob jemand an den Sohn Gottes geglaubt hat oder nicht. Der Glaube kommt vor der Wiedergeburt.

Wir sollten beachten, dass diese wiederholte Betonung in Johannes 3 nicht im Gegensatz steht zu einer späteren Aussage des Johannes:

> *„Jeder, der glaubt, dass Jesus der Christus ist, ist aus Gott geboren; und jeder, der den liebt, der geboren hat, liebt den, der aus ihm geboren ist." (1Jo 5,1)*

Piper dagegen sagt:

> *„Das bedeutet, dass die Wiedergeburt zuerst kommt und der Glaube folgt. Der Glaube an Jesus ist nicht die Ursache der Wiedergeburt, sondern der Beweis, dass wir aus Gott wiedergeboren wurden."* [105]

Dieser Vers kehrt jedoch nicht die in Joh 3 festgelegte Reihenfolge um, sondern steht in vollem Einklang mit der Tatsache, dass der Glaube der Grund für die Wiedergeburt ist – die Grammatik der Aussage besagt nicht, dass die Wiedergeburt dem Glauben vorausgeht.

---

105   „What we believe about the five points of Calvinism", desiringgod.org

Interessanterweise scheint Piper an einer Stelle seine Position umzudrehen, indem er Johannes 1,13 zitiert, dass die, die Christus empfangen, „nicht aus Geblüt, auch nicht aus dem Willen des Fleisches, auch nicht aus dem Willen des Mannes, sondern aus Gott geboren sind". Es ist mit anderen Worten notwendig, Christus zu empfangen, um ein Kind Gottes zu werden, aber die Wiedergeburt, durch die ein Menschen in die Familie Gottes aufgenommen wird, ist nicht durch den menschlichen Willen möglich. Nur Gott kann sie bewirken.

Dies führt zu einer weiteren Korrektur: Die zwei Ereignisse (Wiedergeburt und Glauben) sind so eng miteinander verwoben, dass wir sie in der Erfahrung nicht unterscheiden können. Gott schenkt uns neues Leben, und der erste Glanz dieses Lebens im Neugeborenen ist der Glaube.

Es gibt natürlich keinerlei Zweifel daran, dass der Glaube und die Wiedergeburt eng verbunden sind, aber auf Grundlage dieses Arguments kann man die biblische Reihenfolge nicht umkehren.

Wir stellen auch fest, dass es nicht den geringsten Hinweis darauf gibt, dass „wenn Gott vor Grundlegung der Welt entschieden hat, dich zu retten, du gerettet wirst, und wenn er entschieden hat, dich zu verurteilen, du verurteilt wirst – und es gibt nichts, was du dagegen tun kannst." Vielmehr trifft das Gegenteil zu: „Angenommen, Gott hat die Initiative übernommen und alles für die Erlösung bereitgestellt. Dennoch gibt es etwas, was du tun kannst und in der Tat tun musst. Du musst auf das Angebot der Erlösung antworten, indem du an Christus als den Herrn glaubst."

Dennoch gibt es Theologen wie E. H. Palmer, die Folgendes vertreten:

> *„Das Urteil der Verdammung ist in dem Sinn bedingt, dass jemand, der einmal gestorben ist, dann von Gott für seine Sünden und seinen Unglauben verurteilt wird. Obwohl alle Dinge – inklusive Unglaube und Sünde – aus Gottes ewigem Ratschluss entstehen, ist der Mensch immer noch für seine Sünden verantwortlich. Er ist schuldig; es ist seine Schuld und nicht die von Gott."*[106]

---

106   E. H. Palmer, The Five Points of Calvinism, Baker, Grand Rapids, 2009, S. 105-106

Es ist traurig, Palmers eigene Reaktion darauf zu lesen. An anderer Stelle im selben Werk gibt er frei – und etwas merkwürdig – zu, dass seine Sichtweise „unlogisch, absurd, unsinnig und töricht" [107] ist. Dann sucht er Zuflucht in der Aussage, dass „dieses Geheimnis unserem Herrn gehört, und wir sollten es auch dabei belassen". [108]

Ansichten, die unlogisch, absurd, unsinnig und töricht sind, Gott und seinem Wort zuzuschreiben, klingt nach der Sprache eines ungesunden Extremismus. Wenn ein Argument – Palmer gebraucht schließlich seinen Verstand die ganze Zeit – zu unlogischen, absurden, unsinnigen und törichten Ergebnissen führt, dann sollte man zuallererst nach den Fehlern im Argument suchen – entweder in seiner Logik oder seinen Prämissen. Dennoch ermutigt uns Palmer – verblüffenderweise blind und rein auf der Grundlage seiner eigenen persönlichen Autorität – es „da zu lassen". Aber Gott belässt es nicht dabei. Christus belässt es nicht dabei. Das Neue Testament belässt es nicht dabei.

Wie wir gesehen haben und weiter untersuchen werden, wird ein umfangreiches und detailliertes Argument im Johannesevangelium präzise darauf ausgerichtet, das Gegenteil von Palmers Argument zu behaupten. Gott erklärt uns seine Wege und ruft uns als seine Geschöpfe immer wieder dazu auf, unser moralisches Urteilungsvermögen zu gebrauchen, um zu begreifen, dass sein Wille und Handeln das genaue Gegenteil vom Unlogischen, Absurden, Unsinnigen und Törichten sind. Es lediglich „dabei (zu) belassen" birgt das Risiko in sich, die Glaubwürdigkeit der Schrift zu untergraben.

Es ist sehr wichtig, dass wir unser gottgegebenes moralisches Urteilungsvermögen gebrauchen. Wenn uns beispielsweise die elementarste moralische Logik mit Sicherheit sagt, dass, wenn jemand verurteilt wird, weil er persönlich etwas nicht getan hat (in diesem Fall zu glauben), er überhaupt in der Lage gewesen sein muss, es zu tun. Ansonsten könnte seinem Verhalten keinerlei Schuld zugewiesen werden und seine Verurteilung wäre ungerecht. Versuche wie die von Palmer, diesen Punkt abzustreiten, indem man sagt, dass er zum

---

107 Ebd. S. 85

108 Ebd. S. 87

geheimen Ratschluss Gottes gehört, sind einzigartig einfältig und wenig beeindruckend und können nicht richtig sein. Denn der Herr selbst macht deutlich, dass Schuld Verantwortung und moralische Handlungsfähigkeit voraussetzt.

In seiner Diskussion mit den religiösen Führern über seine Heilung des blinden Mannes, bringt es Jesus auf den Punkt:

> *„Wärt ihr blind, so hättet ihr keine Sünde; weil ihr aber sagt: Wir sind sehend, bleibt eure Sünde."* (Joh 9,41)

Nach Christus werden die Menschen also niemals verurteilt, weil sie nicht sehen, was sie nicht sehen können. Wenn sie also dafür verurteilt werden, dass sie nicht glauben, müssen sie fähig gewesen sein zu glauben. Andernfalls besteht die Gefahr, dass man Gott als moralisches Monster darstellt, und das ist nicht vorstellbar.

Dieser moralischen Schlussfolgerung wird manchmal entgegengesetzt, dass sogar in menschlichen Gerichtsprozessen Menschen manchmal wegen ihrer Unfähigkeit, das zu tun, was sie nicht tun konnten, verurteilt werden. Die Iren erzählen gerne die Geschichte eines Mannes, der verhaftet wurde, weil er betrunken Auto gefahren war. Als Beweis führte der Richter die Tatsache an, dass er nicht auf der weißen Linie gehen konnte und herumtorkelte, als der Polizist ihn dazu aufforderte. Der Mann erhob Einspruch: „Euer Ehren, Sie können mich nicht dafür schuldig sprechen, weil ich an diesem Abend einfach nicht geradeaus gehen konnte. Sie können mich nicht dafür verurteilen, dass ich nicht getan habe, was ich nicht tun konnte." Der Richter erwiderte natürlich, dass der Mann dafür verantwortlich war, weil er betrunken war, und verurteilte ihn zu einer ordentlichen Geldstrafe. Die Unfähigkeit des Schuldigen, geradeaus zu gehen, war eine Konsequenz seiner Liebe zum Alkohol. Wir stellen jedoch fest, dass der Mann in der Geschichte nicht wirklich dafür verurteilt wurde, weil er nicht getan hat, was er nicht tun konnte. Seine Unfähigkeit, auf der Linie zu laufen, war ja nur ein Symptom, keine Ursache. Die Ursache lag in seiner Trunkenheit, für die er direkt und schuldhaft verantwortlich war.

Im ähnlichen Sinne legt die Analyse des Unglaubens aus Johannes 3 eine starke Betonung auf die menschliche Verantwortung:

„Dies aber ist das Gericht, dass das Licht in die Welt gekommen ist, und die Menschen haben die Finsternis mehr geliebt als das Licht, denn ihre Werke waren böse. Denn jeder, der Arges tut, hasst das Licht und kommt nicht zu dem Licht, damit seine Werke nicht bloß- gestellt werden; wer aber die Wahrheit tut, kommt zu dem Licht, damit seine Werke offenbar werden, dass sie in Gott gewirkt sind.“ (Joh 3,19-21).*

An dieser Stelle erklärt Johannes das Kriterium, das Gott beim Ge- richt anwendet. Beachten Sie die moralische Vernunft. Zuerst einmal *ist das Licht in die Welt gekommen.* Noch einmal sehen wir, dass Gott die Initiative ergreift. Er liefert uns Menschen Beweise. Die Frage besteht darin, wie sie auf diese Beweise reagieren. Sie *haben die Finsternis mehr geliebt als das Licht.* Das bedeutet, dass sie das Licht gesehen, es abge- lehnt und daher das Gericht verdient haben.

Es ist wichtig, dass wir uns beständig daran erinnern, worum es hier geht: die Moralität und Glaubwürdigkeit des göttlichen Gerichts. Dies ist eine immens ernste Angelegenheit, und es ist kein Wunder, dass die Menschen jede Vorstellung ablehnen, dass Gott die Men- schen dafür richten wird, dass sie nicht das getan haben, was sie nicht tun konnten, oder etwas nicht gesehen haben, was sie nicht sehen konnten. Die Schrift macht sich daher große Mühe, die Gerechtigkeit der göttlichen Urteile zu verteidigen. Gottes Gericht im Widerspruch zu biblisch begründeter moralischer Intuition darzustellen, bedeutet, das Vertrauen der Menschen in die Autorität der Bibel und den Cha- rakter Gottes zu untergraben.

Es ist wichtig, dass wir noch bei unserer Antwort auf das zweite Argument bleiben (der unbiblischen Sichtweise, dass die Wiederge- burt vor dem Glauben kommen muss). Wir werden uns später, in Ka- pitel 10, mit dem dritten Argument befassen.

Kapitel 8

DER MENSCHLICHE ZUSTAND – DIAGNOSE UND BEHANDLUNG

Gottes Gerechtigkeit und die Rechtfertigung aus Glauben

Das Thema ist von so großer Bedeutung, dass Paulus ihm den ersten Teil seines Briefes an die Römer widmet. Hier ist das Argument in Kurzform; es stammt aus den ersten drei Kapiteln:

> *„Denn ich schäme mich des Evangeliums nicht, ist es doch Gottes Kraft zum Heil jedem Glaubenden, sowohl dem Juden zuerst als auch dem Griechen. Denn Gottes Gerechtigkeit wird darin offenbart aus Glauben zu Glauben, wie geschrieben steht: ,Der Gerechte aber wird aus Glauben leben.'"* *(Röm 1,16-17)*

Dies ist der Anfang einer langen Erklärung, in der Paulus beschreibt, wie Menschen durch den Glauben an Christus gerechtfertigt werden können.

Es ist wichtig zu wissen, dass der Begriff „rechtfertigen" „als gerecht oder richtig erklären" bedeutet. Es bedeutet nicht „gerecht machen". Ich erwähne diesen Punkt, weil Augustinus, der mit einer fehlerhaften lateinischen Übersetzung arbeitete, dachte, dass das Verb „richtig machen" bedeutete. Dies ist ein Übersetzungsirrtum, der in den darauffolgenden Jahren eine beachtliche theologische Verwirrung verursacht hat.

Alister McGrath beobachtet:

„Auch wenn dies eine zulässige Interpretation des lateinischen Wortes ist, so ist es eine inakzeptable Interpretation des hebräischen Gedankens, der dahintersteht."[109]

Der dahinterstehende hebräische Gedanke beschreibt natürlich Abrahams Rechtfertigung aus Glauben. Das griechische Wort, das diesen Gedanken übersetzt, bedeutet „für gerecht erklären". Das griechische Verb aus Lukas 7,29 sagt beispielsweise, dass die Zöllner „Gott recht gegeben haben", was natürlich nicht bedeuten kann, dass sie „Gott gerecht machten".

Es lohnt sich, ein wenig über die Rechtfertigung nachzudenken, weil sie das zentrale Unterscheidungsmerkmal der christlichen Botschaft ist; kein Gläubiger sollte jemals müde werden, an die Geschichte der Erlösung durch Gott erinnert zu werden.

Paulus' erste Aufgabe ist es, uns zu zeigen, dass solch eine Erlösung notwendig ist, weil wir alle vor Gott schuldig sind. Er geht im weiteren Verlauf detailliert darauf ein:

„Denn es wird offenbart Gottes Zorn vom Himmel her über alle Gottlosigkeit und Ungerechtigkeit der Menschen, welche die Wahrheit durch Ungerechtigkeit niederhalten." (Röm 1,18)

Sie unterdrücken die Wahrheit, weil es überhaupt Wahrheit gibt, die erkannt werden soll. Besonders Folgende:

„(...) weil das von Gott Erkennbare unter ihnen offenbar ist, denn Gott hat es ihnen offenbart." (Röm 1,19)

---

109   A. E. Mc Grath, Iustitia Die, CUP, 1998, S. 31. Lesen Sie ebenso den Artikel „Justification" in W. A. Elwell (Hrsg.), Evangelical Dictionary of Biblical Theology, Baker, Grand Rapids, 1996.

Das heißt, sie sind durchaus in der Lage zu sehen, was Gott ihnen aus seiner eigenen Initiative heraus gezeigt hat. Was hat Gott ihnen gezeigt?

> *„Denn sein unsichtbares Wesen, sowohl seine ewige Kraft als auch seine Göttlichkeit, wird seit Erschaffung der Welt in dem Gemachten wahrgenommen und geschaut, damit sie ohne Entschuldigung seien." (Röm 1,20)*

Gott hat in das erschaffene Universum eine wichtige Botschaft hineingelegt. Diese ist ein Teil dessen, was oftmals seine „allgemeine Gnade" für die Menschheit genannt wird. Menschen können durch das, was er gemacht hat, wahrnehmen, dass es einen mächtigen Schöpfergott gibt. Die These ist hier eindeutig: Menschen haben die Fähigkeit dazu. Doch nicht nur das: Paulus fügt sogar hinzu, dass der Beweis, der durch die Schöpfung erbracht ist, so stark ist, dass sie „ohne Entschuldigung" sind (V. 20). Der Mensch ist nicht intellektuell blind. Deshalb wird er dafür verantwortlich gemacht, wenn er den Beweis der Schöpfung ablehnen.

Aber es gibt noch mehr Beweise außer dem Beweis durch die erschaffene Welt. Es gibt zusätzlich den Beweis unseres menschlich moralischen Sinnes. Paulus beschreibt als nächstes den drastischen moralischen Verfall, der aus der Ablehnung Gottes resultiert, und dennoch macht er deutlich, dass Menschen für ihre Handlungen verantwortlich sind, weil sie noch immer ein moralisches Bewusstsein haben.

> *„Obwohl sie Gottes Rechtsforderung erkennen, dass die, die so etwas tun, des Todes würdig sind, üben sie es nicht allein aus, sondern haben auch Wohlgefallen an denen, die es tun." (Röm 1,32)*

Auch der Moralist, der ein solches Verhalten verurteilt, kann nicht entfliehen:

„Deshalb bist du nicht zu entschuldigen, Mensch, jeder, der da richtet; denn worin du den anderen richtest, verdammst du dich selbst; denn du, der du richtest, tust dasselbe." (Röm 2,1)

Paulus stellt solchen Menschen die folgende Frage:

„Oder verachtest du den Reichtum seiner Gütigkeit und Geduld und Langmut und weißt nicht, dass die Güte Gottes dich zur Buße leitet?" (Röm 2,4)

Die Schlussfolgerung besagt, dass sie hätten umkehren können, wenn sie gewollt hätten. Gott wäre sicher geduldig gewesen und hätte ihnen genug Zeit zur Umkehr gegeben. Sie kehrten jedoch nicht um und verhärteten ihre Herzen. Paulus sagt ihnen:

„Nach deiner Störrigkeit und deinem unbußfertigen Herzen aber häufst du dir selbst Zorn auf für den Tag des Zorns und der Offenbarung des gerechten Gerichtes Gottes." (Röm 2,5)

Sie sind es, die den Zorn für sich selber anhäufen. Gottes Gericht ist gerecht, weil sie es verdient haben.

Paulus weist dann darauf hin, dass solch moralisches Bewusstsein nicht nur auf Israel begrenzt ist, die das geschriebene Gesetz Gottes empfangen haben. Er argumentiert nun so, dass alle Menschen moralisch verantwortliche Wesen sind, wie man an ihrem Verhalten erkennen kann. Auch wenn sie das Gesetz nicht in schriftlicher Form haben,

„beweisen sie, dass das Werk des Gesetzes in ihren Herzen geschrieben ist, indem ihr Gewissen mit Zeugnis gibt und ihre Gedanken sich untereinander anklagen oder auch entschuldigen – an dem Tag, da Gott das Verborgene der Menschen richtet nach meinem Evangelium durch Christus Jesus." (Röm 2,15-16)

Ob sie nun an Gott glauben oder nicht, alle Menschen verhalten sich als moralische Wesen, weil sie als solche geschaffen worden sind.

Als Teil ihrer von Gott gegebenen Veranlagung besitzen sie alle ein Gewissen. Wenn Smith Jones anklagt, oder wenn Smith seine Handlungen vor Jones entschuldigt, dann wird klar, dass Smith von Jones verlangt, dass er sich an einen moralischen Maßstab hält, der unabhängig von ihnen beiden ist. Paulus gebraucht dies als weiteren Beweis dafür, dass Gottes Gericht verdient ist. Menschen sind nicht moralisch blind.

Das Ziel dieses Teils von Paulus Argumentation ist nachzuweisen, dass alle Menschen schuldig sind vor Gott. Er bringt eine vernichtende Anklage der Sündhaftigkeit der Menschen vor, seien sie heidnisch oder religiös. Er zeigt, dass niemand irgendeine Entschuldigung für seine Sünden hat, weil Gott ihnen in seiner Schöpfung, im Gewissen und in seinem offenbarten Wort den Beweis gegeben hat.

Alle werden daher zur Rechenschaft gezogen:

> *„Wir wissen aber, dass alles, was das Gesetz sagt, es denen sagt, die unter dem Gesetz sind, damit jeder Mund verstopft werde und die ganze Welt dem Gericht Gottes verfallen sei. Darum: Aus Gesetzeswerken wird kein Fleisch vor ihm gerechtfertigt werden; denn durchs Gesetz kommt Erkenntnis der Sünde."* *(Röm 3,19-20)*

Die große Schlussfolgerung lautet:

> *„Denn alle haben gesündigt und erlangen nicht die Herrlichkeit Gottes."* *(Röm 3,23)*

So weit ist es moralisch stimmig. Persönliche Schuld wird durch persönliche Sünde verursacht, weswegen das Urteil verdient ist. Es ist auch völlig klar, dass die Erlösung nicht von Menschen in Gang gebracht, gelenkt oder verdient werden kann. Die große Frage, die Paulus nun beantwortet, lautet: Wie also können Menschen, die alle gesündigt haben und die Herrlichkeit Gottes nicht erlangen, mit Gott versöhnt werden?

Das Wunder der Erlösung

Paulus erklärt das Wunder der Erlösung Gottes. Das, was der Mensch nicht machen oder verdienen kann, ermöglicht Gottes Geschenk der Gnade. Menschen können so

> *„umsonst gerechtfertigt werden durch seine Gnade, durch die Erlösung, die in Christus Jesus ist. Ihn hat Gott hingestellt als einen Sühneort durch den Glauben an sein Blut."* (Röm 3,24-25)

Gottes Sorge um unsere Erlösung hat nicht weniger für ihn zur Folge als den Tod seines Sohnes, des Herrn Jesus Christus. Grund dafür ist, dass wir in einem moralischen Universum leben; wir haben den Zorn Gottes durch unsere Sünde auf uns gezogen.

Das Wort „Sühneort" ist hier das Schlüsselwort. Es ist ein Opfer-Begriff, der etwas beschreibt, das den Zorn Gottes zurückhält. Christi Tat am Kreuz wurde von den Propheten des Alten Testaments bezeugt (siehe Röm 3,21). Gott kann nicht einfach einen Zauberstab schwingen und sagen: „Ich vergebe dir." Das Kreuz ist notwendig, weil es eine gerechte Basis dafür ist, den Sünder, der glaubt, für gerecht zu erklären. Bezüglich des Todes Christi sagt Paulus Folgendes:

> *„(...) unter der Nachsicht Gottes; zum Erweis seiner Gerechtigkeit in der jetzigen Zeit, dass er gerecht sei und den rechtfertige, der des Glaubens an Jesus ist."* (Röm 3,26)

Kreuz und Erlösung durch Christus sind wichtige Ziele atheistischer Kritik, sodass einige Christen versucht sind, sich für die Botschaft von Christi Tod und Auferstehung zu schämen. Die Atheisten halten es für absurd und unmoralisch, zu behaupten, Christus sei für unsere Sünden gestorben. Paulus jedoch schämt sich nicht für diese Botschaft. Weit entfernt davon, unmoralisch zu sein, ist sie die einzig mögliche Grundlage, auf der Gott den bußfertigen glaubenden Menschen vergeben konnte.[110]

---

110   Für mehr atheistische Kritik der Sühne lesen Sie das Werk des Autors „Gunning for God", Lion Hudson, Oxford, 2011.

Die objektive Seite der Geschichte ist, dass Gott die Initiative ergriffen hat. In seiner Gnade ist Christus von Gott zum Sühneort eingesetzt worden. Er ist gestorben und hat die Grundlage der Erlösung geschaffen. In diesem Sinne kommt die Erlösung allein von Gott – ohne ihn gäbe es keine. Dennoch geschieht Erlösung nicht automatisch. Sie muss im Glauben an Jesus, den Erlöser, individuell empfangen werden. In diesem kurzen Abschnitt betont Paulus viermal die Notwendigkeit der Antwort:

> Durch den Glauben an Jesus Christus
> Für alle, die glauben
> Im Glauben empfangen
> Gott rechtfertigt denjenigen, der an Jesus glaubt.

Die meisten Christen werden natürlich zustimmen, dass die Bibel lehrt, dass die Erlösung durch den Glauben geschieht. Doch manche werden sagen, dass wir diesen Glauben nur ausüben können, weil wir vorher von Gott wiedergeboren wurden. Dies würde logischerweise bedeuten, dass die Erlösung durch den Glauben, aber nicht durch die Wiedergeburt geschieht.

Ich behaupte, dass das Neue Testament lehrt, dass beides allein durch den Glauben geschieht. Im Übrigen ist es sehr schwierig durchzuhalten, die Wiedergeburt von der Erlösung zu trennen – bis dahin, dass man dann wiedergeboren sein könnte, ohne erlöst zu sein. Dennoch ist dies eine mögliche Schlussfolgerung des Gedankens, dass die Wiedergeburt dem Glauben vorausgeht.

Paulus beschreibt die Erlösung selbst als die „Waschung der Wiedergeburt" (Titus 3,5).[111]

Wenn die Wiedergeburt dem Glauben vorausgeht, dann stehen wir vor einem ernsthaften logischen Problem. Wenn ein Mensch

---

111 Paulus spricht hier nicht von der Taufe, aber es ist vielleicht wichtig zu erwähnen, dass die Vertreter der Kindertaufe davon ausgehen müssen, dass die Wiedergeburt dem Glauben vorangeht. Die Diskussion über die Gründe, warum eine solche Lehre nicht biblisch ist, würde den Umfang dieses Buches übersteigen. Ohnehin wird die Wiedergeburt durch die Taufe nicht oft als Argument von denjenigen gebraucht, die der Meinung sind, dass die Wiedergeburt dem Glauben vorausgeht.

durch die Handlung Gottes wiedergeboren wird, ist er dann nicht ein Mitglied des Himmelreichs und bereits im Besitz der Erlösung? Was also wäre der Zweck einer darauffolgenden Umkehr und des Glaubens? C. H. Spurgeon kommentierte dies:

> *„Wenn ich den Glauben an Christus einem Menschen predige, der wiedergeboren ist, dann ist der Mensch, weil er wiedergeboren ist, bereits gerettet. Es ist somit unnötig und lächerlich, dass ich ihm Christus verkündige und ihn zum Glauben auffordere, wenn er bereits durch die Wiedergeburt gerettet ist."*[112]

Tot in Vergehungen und Sünden: der Fall Adam

Trotz der scheinbar überwältigenden Beweise, dass der Glaube die Ursache und nicht die Frucht der Wiedergeburt ist, wird behauptet, dass dies nicht sein kann, weil Menschen „tot sind in Vergehungen und Sünden". Daraus folgt, so das Argument, dass sie nicht im Glauben antworten können, bevor sie nicht wiedergeboren wurden. Diejenigen, die dieses Argument jedoch gebrauchen, um die ausdrückliche und oft wiederholte Reihenfolge der Schrift zu widerlegen, haben den biblischen Ausdruck „tot in Vergehungen und Sünden" nicht richtig verstanden. Diese Formulierung kann tatsächlich ohne Weiteres so verstanden werden, dass sie mit der Behauptung übereinstimmt, dass der Glaube der Wiedergeburt vorangeht.

Nun ist es sicherlich richtig, dass Menschen „tot sind in Vergehungen und Sünden", da diese Tatsache im Neuen Testament explizit so beschrieben wird. Paulus erinnert die Gemeinde in Ephesus an ihren früheren Zustand: „(…) die ihr tot wart in euren Vergehungen und Sünden, in denen ihr einst wandeltet" (Eph 2,1-2). Zweitens ist es ebenso richtig, dass tote Körper nicht reagieren können – also tote physische Körper. Aber redet die Schrift an dieser Stelle tatsächlich davon?

---

112   C. H. Spurgeon, C. H. Spurgeon's Sermons: Metropolitan Tabernacle Pulpit, Pilgrim Publications, Pasadena, 1970, S. 532.

Beginnen wir mit der Behauptung, dass die menschliche Unfähigkeit zur Antwort aus der Sünde resultiert, die Adam in die Welt gebracht hat. Da Adam derjenige war, der diese Sünde beging, ist er per definitionem das Paradebeispiel dafür, was es bedeutet, in Vergehungen und Sünden tot zu sein.

Einige theistische Deterministen legen einen verwirrenden Glanz auf die Geschehnisse im Garten Eden. Sie sagen, dass Adam zwar sehr wohl sündigte, als er von seiner Freiheit Gebrauch machte, aber ihre Definition von Freiheit entspricht nicht dem, was die meisten Menschen unter diesem Begriff verstehen würden. Sie meinen lediglich die Handlungsfreiheit. Sie sind der Meinung, dass Adam frei war, das zu tun, was er tun wollte. Aber sie glauben, dass er nicht frei dazu war, irgendetwas anderes zu tun, als das, wofür er sich schließlich entschied, da er dazu vorherbestimmt war, dem Befehl Gottes nicht zu gehorchen. Er hatte keine Willensfreiheit.

Calvin schreibt beispielsweise:

> *„Gott hat den Fall des ersten Menschen (…) nicht bloß vorhergesehen, sondern auch nach seinem Gutdünken angeordnet. (…) Es ist zwar ein furchtbarer Ratschluss, das gebe ich zu; aber dennoch wird niemand leugnen können, dass Gott, bevor er den Menschen schuf, zuvor gewusst hat, welchen Ausgang er nehmen würde, und dass er dies eben darum vorauswusste, weil er es in seinem Ratschluss so bestimmt hatte!“*[113]

J. M. Frame schreibt:

> *„Die Bibel lehrt einen theistischen Determinismus, der im Sinne des Jakobus ‚weich' ist. Sie lehrt, dass Menschen manchmal moralische Freiheit, gewöhnlich kompatibilistische Freiheit, aber niemals Willensfreiheit besitzen.“*[114]

---

113   J. Calvin, Institutio, (dt. nach Otto Weber / bearb. M. Freudenberg), III, xxiii, 7

114   „Determinism, Chance and Freedom" in W. C. Campbell-Jack und G. J. McGrath (Hrsg.), New Dictionary of Christian Apologetics, IVP, Leicester, 2006, S. 220

Dies widerspricht dem biblischen Zeugnis über die Versuchung. Paulus schreibt:

> *„Keine Versuchung hat euch ergriffen als nur eine menschliche; Gott aber ist treu, der nicht zulassen wird, dass ihr über euer Vermögen versucht werdet, sondern mit der Versuchung auch den Ausgang schaffen wird, sodass ihr sie ertragen könnt."* *(1Kor 10,13)*

Manchmal passiert es, dass ein Christ der Versuchung erliegt. Nach diesem Vers stand zur Zeit der Versuchung ein Fluchtweg für ihn offen. Das impliziert, dass er hätte anders handeln können, als er es getan hat. Somit hat auch ein Christ Willensfreiheit. Der eben zitierte Text bezieht sich auf eine Versuchung, die *menschlich* ist und somit der Versuchung gleicht, die auch Nichtchristen erleben.

Ein Beispiel dafür finden wir in der Geschichte von Hananias und Saphira in Apostelgeschichte 5. Der Kontext ist die Verteilung von Gütern durch die ersten Christen, um den Bedürftigen unter ihnen zu helfen. Es war eine spontane Reaktion auf ihre Erfahrung der Kraft des Evangeliums. Auch Ananias reagierte. Mit Zustimmung seiner Frau Saphira brachte er jedoch nur einen Teil des Verkaufserlöses zu den Aposteln, tat aber so, als sei es der gesamte Betrag gewesen. Petrus sagte zu ihm:

> *„Hananias, warum hat der Satan dein Herz erfüllt, dass du den Heiligen Geist belogen und von dem Kaufpreis des Feldes beiseite geschafft hast? Blieb es nicht dein, wenn es unverkauft blieb, und war es nicht, nachdem es verkauft war, in deiner Verfügung? Warum hast du dir diese Tat in deinem Herzen vorgenommen? Nicht Menschen hast du belogen, sondern Gott."* *(Apg 5,3-4)*

Petrus glaubte ganz klar, dass Hananias die Willensfreiheit besaß, anders zu handeln, als er es tat. In diesem Zusammenhang ist der Bericht über die erste menschliche Versuchung ebenfalls sehr hilfreich.

Dem biblischen Bericht nach gehorchten die ersten Menschen dem Befehl Gottes nicht, sie aßen die verbotene Frucht. Sofort schämten sie sich, fühlten sich unglücklich und spürten die Entfremdung von Gott. Deshalb versteckten sie sich vor ihm. Um die offensichtliche Frage danach zu umgehen, was Gott damit gemeint haben könnte, als er Adam befahl, nicht von dem Baum der Erkenntnis des Guten und Bösen zu essen, kommen manche auf die exotische Idee, dass Gott zwei verschiedene Willen hat: seinen sogenannten „vorschreibenden" Willen, durch den er Adam sagt, dass er nicht essen sollte, und seinen „dekretorischen" Willen, durch den er bestimmt hat, dass Adam die Frucht essen sollte. Der zweite Wille macht den ersten jedoch vollkommen heimtückisch und unrealistisch und negiert jegliche Form von wahrer Freiheit. Mit der Freiheit kommt die Verantwortung. Erneut führt die exzessive Überziehung der biblischen Lehre über die Prädestination nicht nur zu paradoxen, sondern auch zu offenkundigen Widersprüchen, sowohl im logischen als auch im moralischen Bereich. Wie kann Gott, dessen Liebe und Gerechtigkeit makellos sind, diejenigen für schuldig erachten, die nicht dazu fähig waren, etwas zu tun, was er ihnen befohlen hat?

Diese Art des Widerspruchs macht es schwierig zu verstehen, was Menschen wirklich glauben. In dem Buch, das von 14 Autoren der reformierten Tradition geschrieben wurde, lesen wir beispielsweise Folgendes:

> „Gott schuf Adam rechtschaffen. Er besaß, was wir die ursprüngliche Gerechtigkeit nennen. Dies war eine Bewährungsperiode, in der Adam und Eva der Versuchung ausgesetzt waren und ihr erlagen. Sie konnten sündigen, aber auch nicht sündigen. Gott gab dem Menschen die Macht der gegenteiligen Entscheidung. Der Mensch gebrauchte diese Macht, indem er sündigte – ohne jeglichen äußeren Druck oder Zwang. Weder aus seinem physischen Zustand noch aus dem Zustand seiner Umwelt entstand die Notwendigkeit zu sündigen. Es war ein freier Impuls im menschlichen Geist."[115]

Das klingt einwandfrei. Aber zwei Abschnitte später lesen wir Folgendes:

---

115 Reddit Andrews III, in D. A. Carson and T. Keller (Hrsg.), The Gospel as Center, Crossway, Wheaton, Crossway, 2011, S. 10-11

„Gott bestimmte souverän, dass die Sünde in die Welt kommen würde, und Adam war verantwortlich dafür, dass er frei sündigte."

Abgesehen vom schlichten Selbst-Widerspruch innerhalb dieses Satzes, negiert er den vorangegangenen Abschnitt. Wie kann Adams Handlung „ohne jeglichen äußeren Druck oder Zwang" mit Gottes souveränem Ratschluss, dass Adam sündigen sollte, vereinbart werden? Zusätzlich widerspricht die Aussage „Gott gab dem Menschen die Macht der gegenteiligen Entscheidung" einem früheren Kommentar eines der Herausgeber dieses Buches, in dem er sagt, dass er sich nach denen ausrichtet,

„die nicht glauben, dass menschliche Freiheit als Gegenmacht logisch vertretbar ist angesichts der göttlichen Souveränität."

Diese Inkonsistenz macht es nicht einfach zu verstehen, was vor sich geht. Natürlich mag es durchaus einen Sinneswandel darstellen, in diesem Fall wäre es aber hilfreich, die Gründe dafür zu lesen.

Es ist bemerkenswert, dass diese Aussagen, die eben zitiert wurden (abgesehen von der letzten), in einem Buch erscheinen, das vor dem Hintergrund der folgenden Behauptung geschrieben wurde:

„Wichtige Aspekte des Christentums stehen in der Gefahr, verwischt zu werden oder verloren zu gehen, während der Relativismus in unseren heutigen Gemeinden Fuß fasst. Was historisch bestätigt wurde, wird nun bereitwillig hinterfragt. Die Grundsätze des christlichen Glaubens sind in Gefahr. Es ist Zeit, den Kern unseres Glaubens wieder zurückzugewinnen."

Wenn sich die „historische Bestätigung" auf die zentralen Aussagen des Neuen Testaments bezüglich der Person und des Werkes Christi und die Authentizität der Schrift bezieht, dann unterstütze ich das Bestreben des Autors, diesen Trend zu bekämpfen, wo auch immer man ihn antrifft. Wenn sich die „historische Bestätigung" jedoch auf Zeiten nach dem Neuen Testament bezieht und den theologischen Determinismus mit einbezieht, dann muss sie hinterfragt werden. Es ist nämlich eine ernsthafte Frage, ob dieser zum Kern des christlichen Glaubens gehört oder nicht.

Ein weiteres Beispiel, bei dem diese Themen in undurchdringliche Nebel des Geheimnisvollen und Mysteriösen getaucht werden, erscheint in einem wohlbekannten Werk über die Souveränität Gottes von A. W. Pink:

> *„Der Ratschluss Gottes, dass die Sünde durch den Ungehorsam unserer ersten Eltern in die Welt kommen sollte, war ein Geheimnis, das in seinen eigenen Gedanken verborgen war. Adam wusste nichts davon, und das machte bezüglich seiner Verantwortlichkeit den Unterschied (...) Auch wenn von Gott niemals etwas anderes als Heiligkeit und Gerechtigkeit kommen kann, hat er dennoch zu seinen eigenen weisen Zwecken angeordnet, dass seine Geschöpfe sündigen sollen (...) Gott versucht niemals den Menschen zur Sünde, aber er hat durch seine ewigen Ratschlüsse (die er nun ausführt) seinen Kurs bestimmt (...) Auch wenn Gott die Sünden des Menschen angeordnet hat, ist der Mensch dennoch dafür verantwortlich, sie nicht zu begehen, und muss dafür beschuldigt werden, dass er es tut."*[116]

Man weiß kaum, wie man auf diese Art von komplizierter und widersprüchlicher Ausdrucksweise reagieren soll.

William Lane Craig stellt fest:

> *„An Geheimnissen ist zunächst einmal nichts verwerflich (...) Das Problem besteht darin, dass manche reformierten Theologen versuchen (...) das Geheimnis so zu lösen, indem sie sich an den universalen, göttlichen, kausalen Determinismus und eine kompatibilistische Sichtweise der menschlichen Freiheit festhalten. Nach dieser Sichtweise kontrolliert Gott alle Geschehnisse souverän, indem er sie verursacht. Und Freiheit wird so uminterpretiert, das sie im Einklang damit steht, kausal durch äußere Faktoren bestimmt zu sein. Es ist diese Sichtweise, die den universalen Determinismus und Kompatibilismus propagiert, die in Probleme gerät. Gott zum Urheber*

---

116   A. W. Pink, The Sovereignty of God, Bridge Logos, Newberry, 2008, S. 351-54

des Bösen zu machen, ist nur eines der Probleme, denen sich diese neu-reformierte Sichtweise stellen muss."[117]

Aber kommen wir zurück zum Bericht aus dem 1. Buch Mose. Nachdem Adam und Eva die Frucht vom Baum der Erkenntnis des Guten und des Bösen gegessen hatten, starben sie nicht sofort physisch. Sie würden später auch physisch sterben, wobei der physische Tod die niedrigste Form des Todes ist, die der niedrigsten oder ersten Ebene des Lebens, dem physischen Leben, entspricht. Der Bericht aus 1. Mose macht deutlich, dass die höchste Ebene des Lebens eine Beziehung mit Gott ausmacht, die moralischen Gehorsam gegenüber seinem Wort einschließt. Als sie nicht gehorchten, starben sie im tiefsten Sinne – sie starben geistlich, ihre Beziehung zu Gott zerbrach. Als Konsequenz dieses Bruchs folgten schließlich andere Formen des Todes – die „Todesfälle" der Moral, des geistlichen Lebens, der Arbeit, der Familie, der Ästhetik (...) und schließlich auch der physische Tod.

Adam und Eva waren nun „tot in Vergehungen und Sünden". Wir müssen den Text aus 1. Mose sorgfältig betrachten, um zu sehen, welche Fähigkeiten sie noch besaßen. Das unmittelbare Resultat ihrer Übertretungen war, dass „ihrer beider Augen aufgetan wurden, und sie erkannten, dass sie nackt waren" (1Mo 3,7). Daraus können wir schließen, dass sie nicht nur körperlich lebendig waren, sie erlebten das alles bewusst – sie waren auch mental lebendig. Sie versuchen sofort, ihre Nacktheit zu bedecken, indem sie Feigenblätter zusammenhefteten. Daher können wir sehen, dass sie moralisch lebendig waren – sie erlebten ihre Schuld bewusst.

Dann hörten sie die Stimme Gottes und versteckten sich. Dennoch überließ Gott sie nicht sich selbst. In seiner Gnade ergriff Gott die Initiative, rief Adam und fragte ihn: „Wo bist du?" (1Mo 3,9). Nach dem zweiten Argument hätte Adam nicht fähig sein sollen, Gottes Stimme zu hören und ihm zu antworten. Dennoch konnte er es, und er antwortete. Er war vollkommen dazu in der Lage, Gottes Stimme zu hören, auf sie zu reagieren und mit ihm ins Gespräch zu treten. Adam antwortete: „Ich hörte deine Stimme im Garten, und ich fürchtete

---

117   www.reasonablefaith.org/molinism-vs-calvinism#ixzz3Q63gy7HU

mich, weil ich nackt bin, und ich versteckte mich" (1Mo 3,10). Hier sehen wir, dass Adam, obwohl „tot in Sünden", Gottes Stimme hören konnte und in schuldbewusster Angst vor ihr davonlaufen konnte. Gott fragte ihn, ob er von dem verbotenen Baum gegessen habe, und Adam beschuldigte Eva. Also war er nicht moralisch tot. Kein Mann, der seine Frau beschuldigt, ist moralisch tot.

Um die offensichtlichen Schlussfolgerungen dessen zu vermeiden, sagen manche, dass die Nichtwiedergeborenen die Worte des Evangeliums zwar wahrnehmen können, sie aber nicht in einer Tiefe hören, die für die Erlösung notwendig ist (man unterscheidet hier zwischen dem „allgemeinen" und dem „wirksamen" Ruf. Aber das ist einfach nicht zufriedenstellend. Adam hörte Gottes Stimme auf der tiefsten Ebene seines Seins. Sie holte ihn in die Realität zurück und führte zu seinem Sündenbekenntnis.

Die von einigen vertretene deterministische Vorstellung, dass Adams Sünde durch Gottes Anordnung verursacht wurde und daher Adam gar nicht anders hätte handeln können, ist grotesk. Moral würde dadurch aus allen ihren Zusammenhängen gelöst, und das Problem des Bösen würde nicht länger existieren (weil wir Gott einfach für alles die Schuld geben könnten). Wir haben gesehen, dass Calvin selbst seine deterministische Sichtweise „furchtbar" findet, aber wenn seine Sichtweise wahr wäre, dann hätte moralisches Denken keinerlei Bedeutung mehr.

Adam war durch seine Übertretung gewiss geistlich tot. Doch er war in der Lage, auf Gottes Wort zu antworten. Gott hat ihn dann gnädig in Form von Gewändern erlöst, damit sie ihre Scham bedecken konnten. Welcher Schaden auch immer die Folge ihrer Sünde war, sie hatten immer noch eine echte Fähigkeit, Gott zu antworten.

Angesichts dessen scheint der Begriff „völlige Verderbtheit" eine seltsame Formulierung für den menschlichen Zustand nach dem Fall zu sein. In der Tat bedeutet das Wort „verdorben", wenn man es im Wörterbuch nachschlägt, so viel wie „pervertiert", „minderwertig" oder „korrupt". Diesem Wort noch ein „völlig" hinzufügen, macht das Ganze noch schlimmer. Nachdem wir gerade gesehen haben, was mit Adam und Eva passiert ist, scheint es ein äußerst unangebrachter und irreführender theologischer Begriff zu sein, um ihren Zustand zu beschreiben.

C. S. Lewis warnt vor den Gefahren eines solchen Denkens:

„Oder ließe sich die Vorstellung eines bösen Gottes gewissermaßen durch eine Hintertür im Ernst einführen: durch eine Art extremen Calvinismus? Man könnte sagen, wir sind gefallen und verderbt. Wir sind so verderbt, dass unsere Vorstellungen von Güte nicht zählen; oder schlimmer noch: die bloße Tatsache, dass wir etwas für gut halten, beweist von vornherein, dass es in Wahrheit schlecht ist. Nun weist aber Gott tatsächlich – unsere ärgsten Befürchtungen treffen zu – alle Eigenschaften auf, die uns als schlecht gelten: Unvernunft, Eitelkeit, Rachsucht, Ungerechtigkeit und Grausamkeit. Aber all dieses (wie es uns scheinen will) Dunkel ist in Wahrheit hell. Nur unsere Verderbtheit lässt es als schwarz erscheinen (…) Und wenn die Wirklichkeit für uns so abgründig sinnlos ist – oder andersherum: wenn wir so absolut schwachsinnig sind –, was hat es dann schließlich für einen Zweck, über Gott oder sonstwas nachzudenken? Dieser Knoten löst sich auf, sobald man in festziehen will.“[118]

Der Genesisbericht zeigt auch, warum.

Der Fehler im Argument

Nun sollte offensichtlich sein, wo das zweite Argument versagt. Seine Prämisse ist fehlerhaft, weil es die Analogie eines *physisch toten Körpers* gebraucht, genau dem, was im biblischen Bericht *nicht der Fall ist*. Dies ist ein klassischer Fall von theologischer Fehlinterpretation, die sich aus der Verwendung einer unbiblischen und tatsächlich auch irrelevanten Analogie ergibt.

Eine traurige Konsequenz dessen besteht darin, dass das zweite Argument manchmal zu dem Extrem gebraucht wird, das C. S. Lewis beschrieben hat – dass es keinen Sinn macht, mit Unbekehrten zu argumentieren, zu diskutieren oder ihnen sogar zu predigen: Sie sind

---

118   C. S. Lewis, Über die Trauer, Insel Verlag, 1999, Frankfurt, S. 47f.

ja tot und können uns gar nicht hören. Christus und seine Apostel dagegen zeigen ausdrücklich, wie sie zu dieser Angelegenheit stehen, indem sie ständig die Ungläubigen ansprachen, argumentierten, diskutierten und predigten (wie es ja auch Luther und Calvin und viele nach ihnen es taten).

Boettner gebraucht den Begriff „völlige Unfähigkeit" anstatt der „völligen Verderbtheit". Dies mag weniger anstößig klingen, aber das Adjektiv „völlig" vermittelt erneut den Eindruck, dass der Mensch nach dem Sündenfall unfähig wurde, irgendetwas zu tun.[119] Wir haben gesehen, dass dies falsch ist, aber es ist wichtig hinzuzufügen, dass es einige sehr wichtige Dinge gibt, zu denen der Mensch tatsächlich nicht fähig ist – vor allem, dass er nicht in der Lage ist, sich selbst zu erlösen.

Der zweite Teil des zweiten Arguments besagt, dass derjenige, der „tot in Vergehungen und Sünden" ist, erst einmal neues Leben empfangen muss, um reagieren zu können (er muss *von neuem geboren werden,* Joh 3,3). Schließlich wäre es absurd, einen toten Hund zu bitten, dich anzuschauen oder bei Fuß zu kommen. Der Hund braucht Leben, um reagieren zu können. Ähnlich – so das Argument – können Menschen die „tot in Vergehungen und Sünden" sind, nicht reagieren. Gott erneuert sie durch seinen Geist, ohne dass sie etwas dazutun. Nur dann sind sie in der Lage, an Christus zu glauben. Daher geht die Wiedergeburt dem Glauben voraus.

Wir haben bereits gesehen, dass dieses Argument falsch ist, weil es auf einer unbiblischen Analogie – dem *physischen* Tod – basiert. Es gibt deshalb keine Rechtfertigung, die explizite Reihenfolge, die wir in der Schrift viele Male finden, umzukehren.

Dieser Punkt ist so wichtig, dass wir ihn dadurch illustrieren, dass wir ein Argument von R. C. Sproul dagegenhalten. Sproul betont die biblische Tatsache, dass alle Menschen tot sind „in Vergehungen und Sünden". Mit seinen Worten sind sie „geistlich tot". Dann zitiert er Vergleiche, die Evangelisten verwenden, um das Evangelium zu verkünden. Ein Vergleich beschreibt einen ertrinkenden Mann, der vollkom-

---

119 L. Boettner, The Reformed Doctrine of Predestination, P&R Publishing, Phillipsburg, 1971

men hilflos ist und zum dritten Mal zu versinken droht, als jemand ihm einen Rettungsring zuwirft. Der Mann streckt sich danach aus, ergreift den Rettungsring und wird gerettet. Sproul gibt zu, dass diese Illustration die vollkommene Hilflosigkeit des sündigen Menschen, sich selbst zu retten, ernst nimmt, aber trotzdem lehnt er sie ab:

> *„Der ertrinkende Mann ist in einem ernsten Zustand. Er kann sich selbst nicht retten. Dennoch ist er noch am Leben, er kann noch immer seine Finger ausstrecken. Seine Finger sind das entscheidende Glied in der Erlösung. Sein ewiges Schicksal hängt davon ab, was er mit seinen Fingern tun wird. Paulus sagt, dass der Mann bereits tot ist. Er ist nicht nur dabei zu ertrinken, sondern er liegt bereits ertrunken auf den Meeresboden. Es ist sinnlos, einem Menschen, der bereits ertrunken ist, einen Rettungsring zuzuwerfen."*[120]

Sproul behauptet zu Recht, dass alle Menschen geistlich tot sind, und er weiß, dass der geistliche Tod und der physische Tod nicht dasselbe sind. Das Problem ist, dass er – vielleicht unbewusst – suggeriert, Paulus sage, dass der Mann so gut wie *physisch tot* sei. Genau das ist jedoch in der biblischen Situation nicht der Fall, wie wir im 1. Buch Mose gesehen haben. Wir hätten dies ebenso gut in jenem Kontext erkennen können, wo die Formulierung „tot in Vergehungen und Sünden" vorkommt. Lassen Sie uns diesen weiteren Kontext betrachten:

> *„Auch euch hat er auferweckt, die ihr tot wart in euren Vergehungen und Sünden, in denen ihr einst **wandeltet** gemäß dem Zeitlauf dieser Welt, gemäß dem Fürsten der Macht der Luft, des Geistes, der **jetzt** in den Söhnen des Ungehorsams **wirkt**. Unter diesen hatten auch wir einst **alle unseren Verkehr** in den Begierden unseres Fleisches, indem wir den Willen des Fleisches und der Gedanken **taten** und von Natur Kinder des Zorns waren wie auch die anderen."* (Eph 2,1-3; Hervorhebungen vom Autor)

---

120   R. C. Sproul, Classic Teachings on the Nature of God, Hendrickson, Peabody, 2010, S. 221

Ich habe die Worte hervorgehoben, die darauf hindeuten, dass diejenigen, die „tot in Vergehungen und Sünden" waren, weit entfernt davon waren, mental oder moralisch tot zu sein. Sie waren sogar extrem aktiv in allen möglichen Richtungen. Sprouls Argument ist ungültig.

Darüber hinaus soll die ursprüngliche Analogie des ertrinkenden Menschen die menschliche Hilflosigkeit bezüglich seiner eigenen Erlösung betonen und die Tatsache, dass die Erlösung allein von Gott kommt. Die Worte Sprouls – dass das ewige Schicksal des Menschen davon abhängt, was er mit seinen Fingern macht – sind irreführend. Nichts, was er mit seinen Fingern tat, konnte ihm die Erlösung verdienen, die er durch den Rettungsring empfing. Es ist jedoch klar, dass er die Erlösung ablehnen kann, indem er den Rettungsring wegstößt. Seine Finger waren ja nicht seine eigene Schöpfung, sondern ein Teil des Geschenks Gottes an ihn als Mensch. Es ist seine Verantwortung, sie zu gebrauchen.

Tim Kellers Beispiel ist hier treffender:

> *„Der Glaube ist einfach die Haltung, dass man mit leeren Händen zu Gott kommt. Wenn ein Kind seine Mutter um etwas bittet und darauf vertraut, dass es das auch bekommt, dann ist seine Bitte keine verdienstvolle Leistung. Sie ist lediglich die Art und Weise, wie es die Großzügigkeit seiner Mutter empfängt."* [121]

Genauso ist es. Das Kind *tut etwas* (es vertraut seiner Mutter), aber es *verdient* nichts. Der freie Wille ist das Geschenk Gottes, das uns die Fähigkeit verleiht, mit leeren Händen zu Gott zu kommen.

Um auf die biblische Lehre von der Erlösung zurückzukommen, lassen Sie es uns noch einmal wiederholen: Wir können die Erlösung nicht verdienen, sie kommt allein von Gott. Aber wenn Gott diese Erlösung als freies Geschenk angeboten hat, dann können wir es annehmen oder ablehnen. Da wir letztlich auf der Grundlage gerichtet werden, ob wir geglaubt oder nicht geglaubt haben, zeigt dies, dass, obwohl wir *„tot sind in Vergehungen und Sünden"* wir dennoch die Fähigkeit

---

[121]   T. Keller, Romans 1–7 for you, Epsom, Good Book Company, 2014, S. 81

besitzen, das Angebot Gottes anzunehmen oder abzulehnen. Es geht hier um fundamentale Moral.

Die Schlange in der Wüste

Christus selbst gab uns eine biblische Analogie, damit wir den Punkt klar verstehen können. Jesus sagte zu Nikodemus:

> *„Und wie Mose in der Wüste die Schlange erhöhte, so muss der Sohn des Menschen erhöht werden, damit jeder, der an ihn glaubt, ewiges Leben habe." (Joh 3,14f.)*

Den Hintergrund dazu finden wir im 4. Buch Mose, wo Israel auf dem Weg durch die Wüste zum Verheißenen Land ungeduldig wurde und sich gegen Gott und Mose auflehnte. Als Folge sandte Gott Schlangen unter sie, viele starben deswegen. Das Volk bereute dann und bat Mose, dass er zu Gott beten solle, um die Bedrohung abzuwenden. Gott antwortete Folgendes:

> *„Mache dir eine Schlange und tu sie auf eine Stange! Und es wird geschehen, jeder, der gebissen ist und sie ansieht, der wird am Leben bleiben." (4Mo 21,8)*

Mose tat genau das, sodass jeder, der von einer Schlange gebissen wurde und die Schlange ansah, am Leben blieb (4Mo 21,8-9). Wir bemerken die zweifach wiederholte Reihenfolge der Ereignisse: erst ansehen, dann leben. Nun gibt uns Jesus die Anwendung:

> *„Und wie Mose in der Wüste die Schlange erhöhte, so muss der Sohn des Menschen erhöht werden."*

Was folgt nun? Dem zweiten Argument nach sollte nun dort stehen: „(...) damit jeder der ewiges Leben hat, nun glaubt". Es steht aber etwas anderes dort:

„(...) damit jeder, der an ihn glaubt, ewiges Leben habe." (Joh 3,14).

Eines Tages würde auch Jesus wie diese Schlange aufgerichtet werden, und wenn Menschen ihn anschauten, würden sie leben. Zuerst anschauen, dann leben. Das Gegenteil würde keinen Sinn ergeben. Es würde keinen Sinn machen hinzuschauen, wenn man bereits ewiges Leben hätte. Deshalb verstärkt diese biblische Analogie das, was Johannes schreibt: Der Glaube (das Anschauen) geht der Wiedergeburt (dem Leben) voraus. Durch das Anschauen der Schlange trugen die gequälten Menschen nichts zu ihrer Erlösung bei und verdienten sie sich auch in keiner Weise. Sie taten lediglich das, was Gott ihnen sagte, um eine Erlösung zu empfangen, die sie niemals selbst hätten schaffen oder verdienen können.

In Anbetracht dessen ist es vollkommen unberechtigt, darauf zu bestehen, die Reihenfolge zu verändern oder die Aussage unseres Herrn so zu interpretieren, als sagte er: „Wer immer wiedergeboren ist, glaubt an ihn." Ich kann mir in der Tat nur schwer vorstellen, wie seriöse Theologen meinen können, sie hätten die Freiheit, so mit Gottes Wort umzugehen. Es scheint, als seien dort sehr mächtige, nicht-biblische Vor-Annahmen am Werk, ein klassisches Beispiel für den Druck, der durch ein Paradigma entstehen kann. Es ist sicher grundsätzlich viel sinnvoller, mit dem zu beginnen, was die Schrift selbst tatsächlich sagt, als mit nichtbiblischen Interpretationsanalogien.

Die Schrift sagt zwei Dinge:

1. Wer an ihn glaubt, hat ewiges Leben.
2. Menschen sind „tot in Vergehungen und Sünden".

Das Problem besteht darin, dass eine bestimmte Interpretation des zweiten Satzes mit dem kollidiert, was der erste tatsächlich sagt. Man könnte erwarten, dass diejenigen mit einer hohen Wertschätzung der Autorität und Inspiration der Schrift sofort die Gültigkeit ihrer Interpretation des zweiten Satzes hinterfragen würden. Es ist schließlich eine Sache, die Schrift zu interpretieren, aber eine vollkommen andere, sie umzuschreiben und so ihre Autorität zu untergraben.

Der alte Abraham

Paulus gibt uns eine weitere biblische Analogie, um zu verstehen, was Glaube bedeutet. Dieses Bild beruht auf einem physischen Körper – wenn auch auf keinem toten Körper, dann doch sicherlich auf einem zu alten und verbrauchten Körper, der kein neues physisches Leben mehr erzeugen kann. Es ist die Geschichte von Abraham:

> *„Darum ist es aus Glauben, dass es nach Gnade gehe, damit die Verheißung der ganzen Nachkommenschaft sicher sei, nicht allein der vom Gesetz, sondern auch der vom Glauben Abrahams, der unser aller Vater ist – wie geschrieben steht: ‚Ich habe dich zum Vater vieler Nationen gesetzt‘ –, vor dem Gott, dem er glaubte, der die Toten lebendig macht und das Nichtseiende ruft, wie wenn es da wäre; der gegen Hoffnung auf Hoffnung hin geglaubt hat, damit er ein Vater vieler Nationen werde, nach dem, was gesagt ist: ‚So soll deine Nachkommenschaft sein.‘ Und nicht schwach im Glauben, sah er seinen eigenen, schon erstorbenen Leib an, da er fast hundert Jahre alt war, und das Absterben des Mutterleibes der Sara und zweifelte nicht durch Unglauben an der Verheißung Gottes, sondern wurde gestärkt im Glauben, weil er Gott die Ehre gab. Und er war völlig gewiss, dass er, was er verheißen habe, auch zu tun vermöge. Darum ist es ihm auch zur Gerechtigkeit gerechnet worden. Es ist aber nicht allein seinetwegen geschrieben, dass es ihm zugerechnet worden ist, sondern auch unsertwegen, denen es zugerechnet werden soll, die wir an den glauben, der Jesus, unseren Herrn, aus den Toten auferweckt hat, der unserer Übertretungen wegen dahingegeben und unserer Rechtfertigung wegen auferweckt worden ist."* (Röm 4,16-25)

Bezüglich der Aussicht auf Kinder waren Abrahams und Sarahs Körper *so gut wie tot*. Dennoch hatte Gott ihnen ein Kind verheißen, das aus diesen toten Körpern hervorgehen sollte. Die Herausforderung für Abraham bestand darin, ob er Gott bezüglich dieser Aussage glauben würde oder nicht. Konnte er glauben, dass Gott die Macht hatte, ihn „wiederzubeleben". Abraham glaubte Gott, und sein Glauben wurde ihm zur Gerechtigkeit gerechnet. Beachten Sie, dass Gott nicht zuerst Abrahams Körper wiederherstellte und ihn dadurch zum Glauben führte. Es war genau andersherum. Aber beachten Sie auch, dass auch Abrahams Glaube nicht seinen Körper erneuern konnte. Das war unmöglich und Abraham wusste es. Gott wirkte die Erneuerung als Antwort auf den Glauben Abrahams. Paulus betont, dass es bei uns auf der geistlichen Ebene genau dasselbe ist.

Kapitel 9

VOM VATER GEZOGEN
UND ZU CHRISTUS KOMMEN

Das Johannesevangelium zeigt noch weitere Wege auf, um zu verstehen, was Glaube an Christus bedeutet. So wird die Metapher des Hörens gebraucht, um darzustellen, was es heißt, an Christus zu glauben. Jesus sagte:

> *„Wahrlich, wahrlich, ich sage euch, dass die Stunde kommt und jetzt da ist, wo die Toten die Stimme des Sohnes Gottes hören werden, und die sie gehört haben, werden leben." (Joh 5,25)*

Beachten Sie erneut die Reihenfolge. Der Text sagt nicht, dass diejenigen, die leben, hören werden, sondern dass diejenigen die hören, leben werden. Dies steht völlig im Einklang mit der Tatsache, dass der geistlich tote Adam die Stimme Gottes hören konnte. Das Hören und das Glauben gehören zusammen.

> *„Wahrlich, wahrlich, ich sage euch: Wer mein Wort hört und glaubt dem, der mich gesandt hat, der hat ewiges Leben und kommt nicht ins Gericht, sondern er ist aus dem Tod in das Leben übergegangen."*
> *(Joh 5,24)*

Erneut ist die Reihenfolge vollkommen klar: Das Hören und Glauben sind die Bedingungen, nach denen das ewige Leben gegeben wird.

Später noch im selben Kapitel ergänzt Johannes das Bild des „Zu-Jesus-Kommens", um uns ein Verständnis des Glaubens zu geben. Jesus sagt zu den jüdischen Autoritäten:

> *„Und ihr wollt nicht zu mir kommen, damit ihr Leben habt." (Joh 5,40)*

Beachten Sie erneut, dass das „Zu-Jesus-Kommen" dem Empfang des Lebens vorausgeht. Jesus sagte nicht „Ihr wollte kein Leben haben, damit ihr zu mir kommen könnt". Beachten Sie auch, dass der Ausdruck „wollt nicht" sich auf eine bewusste Handlung des menschlichen Willens bezieht. Das bedeutet, dass sie fähig waren zu kommen, wenn sie es nur gewollt hätten.

Johannes 6 wird allgemein als ein Schlüsselkapitel angesehen im Zusammenhang mit der Diskussion über den Determinismus. Darin finden wir eine noch detailliertere Darstellung davon, was das „Zu-Jesus-Kommen" bedeutet. Christus speist auf wundersame Weise fünftausend Menschen, zieht sich zurück und überquert den See Genezareth. Ihm folgen riesige Menschenmengen, und er stellt ihre Motive infrage:

> *„Jesus antwortete ihnen und sprach: Wahrlich, wahrlich, ich sage euch: Ihr sucht mich, nicht weil ihr Zeichen gesehen, sondern weil ihr von den Broten gegessen habt und gesättigt worden seid. Wirkt nicht für die Speise, die vergeht, sondern für die Speise, die da bleibt ins ewige Leben, die der Sohn des Menschen euch geben wird! Denn diesen hat der Vater, Gott, beglaubigt. Da sprachen sie zu ihm: Was sollen wir tun, damit wir die Werke Gottes wirken? Jesus antwortete und sprach zu ihnen: Dies ist das Werk Gottes, dass ihr an den glaubt, den er gesandt hat." (Joh 6,26-29)*

Jesus weist sie weg vom tatsächlichen Brot hin zur geistlichen Quelle des ewigen Lebens. Er sagt ihnen, sie sollen dafür „wirken". Auf ihre Frage hin, was das zu bedeuten hat, antwortet er, dass das Werk Gottes darin besteht, an den zu glauben, den er gesandt hat. Sie bekunden ihr Interesse daran, die Dinge zu tun, die Gott verlangt. Gott erwartet, dass sie an Christus glauben.

Dies provoziert die Menge, ihn weiter herauszufordern, ein Zeichen zu tun, obwohl sie bereits das spektakuläre Wunder der Speisung einer großen Menschenmenge gesehen hatten.

> *„Da sprachen sie zu ihm: Was tust du nun für ein Zeichen, damit wir sehen und dir glauben? Was wirkst du? Unsere Väter aßen das Manna in der Wüste, wie geschrieben steht: ‚Brot aus dem Himmel gab er ihnen zu essen.‘ Da sprach Jesus zu ihnen: Wahrlich, wahrlich, ich sage euch: Nicht Mose hat euch das Brot aus dem Himmel gegeben, sondern mein Vater gibt euch das wahrhaftige Brot aus dem Himmel. Denn das Brot Gottes ist der, welcher aus dem Himmel herabkommt und der Welt das Leben gibt. Da sprachen sie zu ihm: Herr, gib uns allezeit dieses Brot.“ (Joh 6,30-34)*

Jesus korrigiert ihren Fehler schnell: *nicht Mose (...) sondern mein Vater.* Er ist der Sohn des Vaters, und der Hauptschwerpunkt der folgenden Diskussion liegt darauf, dass seine Zuhörer die Verbindung zwischen ihm und seinem Vater herstellen können. Sein Vater ist Gott – der Gott, an den sie glauben. Diese Verbindung ist tiefgehend, und sie ist der Schlüssel zum Verständnis und zum Empfang der Erlösung. Christus ist das Brot, das vom Vater für das Leben der Welt gegeben wird.

Seine Zuhörer wollen dieses Brot Gottes. Nun erklärt Jesus ihnen, wie sie es in Besitz nehmen können.

> *„Ich bin das Brot des Lebens. Wer zu mir kommt, wird nicht hungern, und wer an mich glaubt, wird nie mehr dürsten.“ (Joh 6,35)*

Um ihren Hunger und Durst nach Leben zu stillen, müssen sie zu ihm kommen, sie müssen an ihn glauben. Die beiden Begriffe *kommen* und *glauben* sind ganz klar Synonyme. Dennoch gibt es ein Problem:

„Aber ich habe euch gesagt, dass ihr mich auch gesehen habt und nicht glaubt." (Joh 6,36)

Das Traurige ist, dass sie Jesus gesehen haben. Sie haben seine wundervollen Taten gesehen und sind durch seine übernatürlichen Macht gespeist worden. Trotz all dem glauben viele noch immer nicht. Ganz klar sagt er ihnen, dass sie genug Beweise dafür gehabt haben, um an ihn zu glauben.

Was ist mit denen, die kommen? Jesus sagt:

„Alles, was mir der Vater gibt, wird zu mir kommen, und wer zu mir kommt, den werde ich nicht hinausstoßen; denn ich bin vom Himmel herabgekommen, nicht dass ich meinen Willen tue, sondern den Willen dessen, der mich gesandt hat. Dies aber ist der Wille dessen, der mich gesandt hat, dass ich von allem, was er mir gegeben hat, nichts verliere, sondern es auferwecke am letzten Tag. Denn dies ist der Wille meines Vaters, dass jeder, der den Sohn sieht und an ihn glaubt, ewiges Leben habe; und ich werde ihn auferwecken am letzten Tag." (Joh 6,37-40)

Wie sollen wir das verstehen? Bedeutet das, dass ihr Versäumen, zu Jesus zu kommen, dadurch erklärt wird, dass sie nicht vom Vater erwählt wurden, mit der Folge, dass sie niemals kommen werden, wenn der Vater sich nicht dazu entscheidet? Solch eine Interpretation dieser Formulierung ist oberflächlich möglich. Wenn dies jedoch der Fall ist, dann erscheint der Rest, den wir im vorherigen Kapitel des Johannesevangeliums lesen, unredlich. Dort sagte Jesus:

„Und ihr wollt nicht zu mir kommen, damit ihr Leben habt." (Joh 5,40)

Was auch immer „vom Vater gegeben" bedeutet, wir können nicht behaupten, dass es die menschliche Verantwortung eliminiert, da diese Verantwortung drei Sätze später von Christus bestätigt wird. Wie wir auch gesehen haben, reicht es nicht, lediglich zu behaupten, dass Menschen verantwortlich sind, schon gar nicht, wenn wir dann Gott so darstellen, als mache er die Menschen verantwortlich für etwas, was sie gar nicht tun konnten.

Die Aussage „wer zu mir kommt, den werde ich nicht hinausstoßen" ist eine direkte Garantie des Herrn Jesus, dass er niemanden verstoßen wird, der zu ihm kommt. Das heißt, dass unsere Sicherheit zuallererst in der Autorität des Wortes Christi liegt. Die Menschheit scheiterte, weil die ersten Menschen Gottes Wort nicht gehorchten, und wir haben gesehen, dass der Weg zurück zu Gott darin besteht, dass man diese Haltung umkehrt und ihm in dem vertraut, was er für uns und unsere Erlösung getan hat. Gemäß der Autorität des Wortes Christi können wir also wissen, dass er uns niemals hinausstoßen wird, wenn wir zu ihm gekommen sind.

Manche sensiblen Menschen, die sich vielleicht ihrer Schwächen und Fehler bewusster sind als andere, reagieren darauf manchmal so: „Ja, das verstehe ich und nehme es auch an, dass Jesus mich niemals hinausstoßen wird. Aber ich bin ein schwacher Mensch und ich weiß nicht, was als Nächstes passieren wird. Wie kann ich wissen, dass ich mich nicht selbst dafür entscheiden werde, von Jesus wegzulaufen? Habe ich nicht die Freiheit wegzulaufen? Also ja, er wird mich nicht hinausstoßen, aber wenn ich gehe, wird es meine Schuld sein."

Diese Sichtweise ist verbreitet unter Christen, die denken, dass menschliche Freiheit die Möglichkeit beinhalten muss, dass ein Gläubiger von Jesus abfallen und damit sein Heil verlieren kann. Unausweichlich haben sie so auch keine Heilsgewissheit.

In unserem letzten Kapitel werden wir uns ausführlich damit befassen, aber zunächst beachten wir, wie Jesus selbst dieses Thema anspricht. Um diese Fehlinterpretation zu vermeiden, betont Jesus nun noch einmal, dass er vom Himmel herabgekommen ist. Doch dieses Mal sagt er, dass er nicht gekommen ist, um seinen Willen zu tun, sondern den Willen des Vaters, der ihn gesandt hat. Dann erklärt er, was dieser Wille ist – „dass ich von allem, was er mir gegeben hat, nichts verliere".

Hier mag uns ein Bild helfen. Nehmen wir an, dass ein Hirte mich darum bittet, eine Stunde lang auf seine Schafe aufzupassen, mit der Anweisung: „Bitte schick kein Schaf weg, das zu dir kommt." Er kommt zurück und findet mich ganz alleine.

„Was ist passiert?", fragt er. „Nun, ich habe getan, was du mir gesagt hast. Ich habe kein Schaf weggeschickt, sie sind von alleine gegangen." Es wäre eine ganz andere Angelegenheit gewesen, wenn der Hirte gesagt hätte: „Verliere kein Schaf, das zu dir kommt." Dies ist aber genau das, was der Vater zu Jesus, dem Guten Hirten gesagt hat.

Dieser Abschnitt ist daher eine Quelle großer Gewissheit für den Christen. Er lehrt uns nicht nur, dass Christus niemals jemanden abweisen wird, der zu ihm kommt, sondern auch, dass er sich ausdrücklich darum kümmert, niemanden zu verlieren, den der Vater ihm gegeben hat. Er wird sie von den Toten auferwecken. Er wird sie in alle Ewigkeit bewahren, weil es unvorstellbar ist, dass er den Willen seines Vaters nicht tun sollte. Der Christ kann sich absolut gewiss sein; nicht nur der Liebe Gottes in Christus, sondern auch seiner Fürsorge, die der souveräne Wille des Vaters für den Sohn vorsieht.

Dies ist so wichtig, dass es in zwei parallelen Aussagen betont wird:

> *„Dies aber ist der Wille dessen, der mich gesandt hat, dass ich von allem, was er mir gegeben hat, nichts verliere, sondern es auferwecke am letzten Tag. Denn dies ist der Wille meines Vaters, dass jeder, der den Sohn sieht und an ihn glaubt, ewiges Leben habe; und ich werde ihn auferwecken am letzten Tag." (Joh 6,39-40)*

Der zweifache Bezug auf den Willen des Vaters deutet darauf hin, dass die zweite Aussage die Erste erklärt. Die Betonung der ersten Aussage liegt auf der Gabe des Vaters, und die zweite Aussage betont die menschliche Verantwortung, zu schauen und zu glauben. Das heißt, dass diejenigen, die der Vater ihm gegeben hat, genau dieselben sind, die auf den Sohn geschaut und an ihn geglaubt haben. Die Gabe ist kein willkürlicher Akt göttlichen Determinismus. Gott ist entschlossen, dass diejenigen, die kommen, schauen und glauben, niemals verloren gehen.

Johannes liefert uns später ein weiteres Beispiel für Personen, die der Vater dem Sohn gegeben hat:

„Ich habe deinen Namen den Menschen offenbart, die du mir aus der Welt gegeben hast. Dein waren sie, und mir hast du sie gegeben, und sie haben dein Wort bewahrt. Jetzt haben sie erkannt, dass alles, was du mir gegeben hast, von dir ist; denn die Worte, die du mir gegeben hast, habe ich ihnen gegeben, und sie haben sie angenommen und wahrhaftig erkannt, dass ich von dir ausgegangen bin, und haben geglaubt, dass du mich gesandt hast.“ (Joh 17,6-8)

Im Kontext spricht Jesus mit seinem Vater über seine Jünger. Der Ausdruck „dein waren sie“ bedeutet, dass sie wahre, treue, jüdische Gläubige gewesen waren, die an Gott geglaubt hatten. Eine ganze Menge solcher Leute wird im Neuen Testament aufgezählt – Zacharias, Elisabeth, Johannes der Täufer, Hanna, Simeon, die Jünger usw.

„Du hast sie mir gegeben“ bedeutet, dass sie historisch gesehen zum Glauben an Jesus als den Sohn Gottes gekommen waren; dies war für einen orthodoxen Juden eine bedeutsame Veränderung. Johannes erzählt uns, wie sie geschah. Gott übernahm die Initiative und sandte seinen Sohn in die Welt und er offenbarte ihnen Gottes Namen. Sie kamen zum Glauben, weil er ihnen dieselben Worte vermittelte, die der Vater ihm gegeben hatte. Dann erklärt er weiterhin, dass er sie bewahrt und nicht einen von ihnen verloren hat, außer Judas (den wir in Kapitel 18 behandeln werden).

Erneut beobachten wir, dass die Aussage „du hast sie mir gegeben“ nicht die Verantwortung der Einzelnen negiert, Christi Worte aktiv aufzunehmen und zu glauben. Es ist uns viel vertrauter, jemandem *etwas* zu geben, z. B. ein Geburtstagsgeschenk, als jemandem *eine Person* weiterzugeben. Es gibt jedoch eine Zeremonie, wo genau dies getan wird. In manchen Traditionen übergibt der Vater der Braut seine Tochter bei der Hochzeit dem Bräutigam. Dies zeigt, dass sie in einem gewissen Sinne zu ihrem Vater gehört; sie ist die Tochter ihres Vaters. Nun wird sie dem Bräutigam übergeben. Natürlich gibt es auch arrangierte Ehen, wo diese Übergabe einen stark deterministischen Beiklang hat, da die Braut in dieser Sache kein Mitspracherecht hat. Die meisten westlichen Hochzeiten jedoch werden nicht von den Eltern arrangiert, sondern beruhen auf der beiderseitig freien Entscheidung von Braut und Bräutigam.

Ich möchte dieses Bild nicht überstrapazieren, sondern es lediglich erwähnen, um deutlich zu machen, dass die Dinge selbst auf der menschlichen Ebene oft nicht so einfach sind, wie wir es uns vorstellen.

Ein universales Erlösungsangebot

Es lässt sich noch mehr zu Johannes 6 sagen. Jesu Aussagen darüber, den Willen des Vaters zu tun, führen bei den Zuhörern dazu, dass sie unwillig werden und ihrem Ärger Luft machen:

> *„Da murrten die Juden über ihn, weil er sagte: Ich bin das Brot, das aus dem Himmel herabgekommen ist; und sie sprachen: Ist dieser nicht Jesus, der Sohn Josefs, dessen Vater und Mutter wir kennen? Wie sagt denn dieser: Ich bin aus dem Himmel herabgekommen? Da antwortete Jesus und sprach zu ihnen: Murrt nicht untereinander! Niemand kann zu mir kommen, wenn nicht der Vater, der mich gesandt hat, ihn zieht; und ich werde ihn auferwecken am letzten Tag. Es steht in den Propheten geschrieben: ‚Und sie werden alle von Gott gelehrt sein.‘ Jeder, der von dem Vater gehört und gelernt hat, kommt zu mir. Nicht dass jemand den Vater gesehen hat, außer dem, der von Gott ist, dieser hat den Vater gesehen. Wahrlich, wahrlich, ich sage euch: Wer glaubt, hat ewiges Leben. Ich bin das Brot des Lebens.“ (Joh 6,41-48)*

Anstatt sich den zunehmenden Beweisen zu stellen, die auf die Gottheit Jesu hinweisen, streiten sie über seine Herkunft. Jesus sagt ihnen, dass sie aufhören sollen zu murren, und erklärt weiter, was es bedeutet, zu ihm zu kommen. Nun gebraucht er eine neue Metapher – nicht die des gebenden Vaters, sondern des ziehenden Vaters. Der Schlüsselgedanke besteht darin, dass der Vater jemanden ziehen muss, damit er zu Christus kommen kann. Erneut liegt der Schwerpunkt darauf, dass Gott die Initiative in der Erlösung ergreift. Doch wie zuvor sollte auch hier keine deterministische Schlussfolgerung daraus gezogen werden, da Jesus weiter erklärt, wie ein solches „Ziehen" sich auswirkt – indem man auf den Vater hört und von ihm lernt. Genau dies taten viele seiner Zuhörer nicht. Sie hörten nicht wirklich auf ihn. Aber Gott hatte gesprochen; er hatte die Initiative ergriffen und zu ihnen gesprochen. Dabei zitiert Jesus die Propheten, die sagen: „Und sie werden alle von Gott gelehrt sein." Es gibt hier kein Ausschlusskriterium. Die Lehre ist offen und für alle zugänglich.

Manche Theologen jedoch schreiben dem Begriff „ziehen" eine unwiderstehliche, wenn nicht sogar zwingende Dimension zu. Das heißt, dass sie das Ziehen als unwiderstehlich (das I von TULIP) ansehen. Doch dies kann nicht sein, da Christus denselben Begriff später folgendermaßen gebraucht:

> *„Und ich, wenn ich von der Erde erhöht bin, werde alle zu mir ziehen." (Joh 12,32)*

Wenn dieses Ziehen unwiderstehlich und zwingend wäre, dann würden alle gerettet, was nicht der Fall ist. Ein angemesseneres Verständnis der Situation ist, dass auf der einen Seite niemand zu Christus kommen kann, wenn der Vater ihn nicht zieht (Gott übernimmt immer die Initiative in der Erlösung); aber auf der anderen Seite ist dieses Ziehen für alle wirksam, die bereit sind zu hören, zu lernen und zu vertrauen.

Dieses Verständnis der Zugänglichkeit wird von Paulus verstärkt:

> *„Ich ermahne nun vor allen Dingen, dass Flehen, Gebete, Fürbitten, Danksagungen getan werden für alle Menschen, für Könige und alle, die in Hoheit sind, damit wir ein ruhiges und stilles Leben führen mögen in aller Gottseligkeit und Ehrbarkeit. Dies ist gut und angenehm vor unserem Retter-Gott, welcher will, dass alle Menschen gerettet werden und zur Erkenntnis der Wahrheit kommen. Denn einer ist Gott, und einer ist Mittler zwischen Gott und Menschen, der Mensch Christus Jesus, der sich selbst als Lösegeld für alle gab, als das Zeugnis zur rechten Zeit. Dafür bin ich eingesetzt worden als Herold und Apostel – ich sage die*

Wahrheit, ich lüge nicht –, als Lehrer der Nationen in Glauben und Wahrheit." (1 Tim 2,1-7)

Dieser Abschnitt sagt unmissverständlich, dass Gott möchte, dass alle gerettet werden. Manche wollen die Kraft dieser Aussage abschwächen, indem sie die Bedeutung von allen einzelnen Menschen zu „alle Arten von Menschen" umändern. Das ist jedoch unzulässig. Die Betonung wird im nächsten Satz wiederholt, dass Jesus sich selbst als Lösegeld für alle gegeben hat. Paulus beendet den Abschnitt sehr ungewöhnlich, indem er sagt, dass er nicht lügt, sondern die Wahrheit sagt. Wir haben keinerlei Freiheit, dies in irgendeiner Form anders zu interpretieren: Christus hat für alle Menschen Vorkehrung getroffen – und dies ist die öffentliche Bestätigung des göttlichen Willens –, dass er möchte, dass alle gerettet werden sollen.

Dies steht auch im vollkommenen Einklang mit mehreren anderen Texten. Petrus sagt beispielsweise:

„Der Herr verzögert nicht die Verheißung, wie es einige für eine Verzögerung halten, sondern er ist langmütig euch gegenüber, da er nicht will, dass irgendwelche verloren gehen, sondern dass alle zur Buße kommen." (2 Petr 3,9)

Johannes sagt uns, dass Jesus „das wahrhaftige Licht war, das, in die Welt kommend, jeden Menschen erleuchtet" (Joh 1,9); dass Jesus „das Lamm Gottes ist, das die Sünde der Welt wegnimmt" (Joh 1,29) und dass Gott „die Welt so geliebt hat, dass er seinen eingeborenen Sohn gab, damit jeder, der an ihn glaubt, nicht verloren geht, sondern ewiges Leben hat" (Joh 3,16).

Luther schrieb über Johannes 1,29:

„Ja, möchtest Du sagen: wer weiß, ob er auch meine Sünde trägt? (…) Hörst du nicht, was hier Johannes sagt: Dies ist das Lamm Gottes, das da trägt die Sünde der Welt. Nun kannst du ja nicht leugnen, du seiest auch ein Stück von der Welt, denn du bist von Mann und Weib geboren, bist nicht ein Kuh oder Schwein. So mussten ja deine Sünden auch mit dabei sein, ebenso wohl als die von Petrus oder Paulus (…) Hörst du wohl, es fehlt an dem Lämmlein nichts.

Es trägt alle Sünden der Welt von Anfang her, darum muss es deine Sünden auch tragen und dir Gnade anbieten. "[122]

Was könnte klarer sein als Johannes' wunderbare Aussage in seinem ersten Brief:

„Und er ist die Sühnung für unsere Sünden, nicht allein aber für die unseren, sondern auch für die ganze Welt." (1Jo 2,2)

Luthers Kommentar zu diesem Vers ist beachtenswert:

„Das Opfer war für die Sünden der ganzen Welt, auch wenn nicht die ganze Welt glaubt." [123]

Bekräftigt wird es auch durch folgenden Vers:

„Wir wissen, dass wir aus Gott sind, und die ganze Welt liegt in dem Bösen." (1Jo 5,19)

Das heißt, keine dieser Aussagen impliziert, dass alle gerettet werden, sondern dass das Angebot der Erlösung allen gilt, nicht nur einer bestimmten Klasse, die von Gott unabhängig von ihrem Glauben erwählt wurde. Dies ist eine der grundlegenden Motivationen für die Verkündigung des Evangeliums. Ohne sie könnte kein Evangelist ehrlich zu seinen Hörern sagen: „Christus ist für deine Sünden gestorben."

In der Tat ist allen der Beweis geliefert worden: Dieser Punkt ist am Anfang des Römerbriefes ausschlaggebend, um festzustellen, dass alle sündig sind. Paulus erklärt es wie folgt:

„Denn sein unsichtbares Wesen, sowohl seine ewige Kraft als auch seine Göttlichkeit, wird seit Erschaffung der Welt in dem Gemachten

---

122 Luthers Werke, Weimarer Ausgabe, Bd. 46, S.682f., Reihenpredigten u.a. über Johannes 1–2 1537/1538, https://archive.org/details/werkekritischege46luthuoft/page/682 – sprachlich leicht angepasst

123 J. J. Pelikan (ed.), Luther's Works, vol. 22, St Louis Concordia: 1957, 26:38

wahrgenommen und geschaut, damit sie ohne Entschuldigung seien." (Röm 1,20)

Wie wir gesehen haben, wird dieser Beweis nicht nur aus der Schöpfung abgeleitet, sondern auch aus dem Gewissen. Gott hat sein moralisches Gesetz in das menschliche Herz gelegt. Unsere Versuche, einander anzuklagen und uns zu entschuldigen sind ebenfalls Beweise, die uns als schuldige Sünder einstufen (Röm 2,1-16).

All das entkräftet das „L" von TULIP (limited atonement – begrenzte Sühne), das die Sichtweise vertritt, dass Christus nicht wirklich für alle, sondern nur für die „Erwählten" gestorben ist. Tatsächlich haben sich neben Luther auch viele der anderen Reformatoren, inklusive Calvin, gegen eine begrenzte Sühne ausgesprochen. Ein interessanter historischer Bericht weist daraufhin, dass diese Sichtweise der Sühne erst in der zweiten oder dritten Generation der Reformatoren bekannt war (siehe David Allens Buch „Whosoever will"[124]).

Es ist eine ernste Angelegenheit, eine klare Lehre der Schrift zu verleugnen oder zu versuchen, sie zu umgehen, nur um ein theologisches Paradigma beizubehalten. Z. B. indem man behauptet, dass Christi Tod eine Art unspezifischen temporären Vorteil für alle mit sich bringt oder dass Gott verschiedene Arten der Liebe für die Erwählten und Nicht-Erwählten hat. Den Menschen zu sagen, wie es manche tun, dass Christus für sie in einem vagen unerklärlichen Sinne gestorben ist, anstatt ihnen klar zu sagen, dass Christus für ihre Sünden gestorben ist und dass sie gerettet werden, wenn sie ihm vertrauen, ist nicht nur für den Intellekt beleidigend, sondern auch für die Botschaft Kreuzes.

An dieser Stelle nehmen wir ein Argument aus Johannes 6 auf. Wir wollen uns noch einmal daran erinnern, an welchem Punkt wir stehengeblieben waren. Jesus spricht.

„Es steht in den Propheten geschrieben: ‚Und sie werden alle von Gott gelehrt sein.' Jeder, der von dem Vater gehört und gelernt hat, kommt zu mir. Nicht dass jemand den Vater gesehen hat, außer

---

124   D. Allen, Whosoever will, B&H Academic, Nashville, 2010, S. 67 f.

dem, der von Gott ist, dieser hat den Vater gesehen. Wahrlich, wahrlich, ich sage euch: Wer glaubt, hat ewiges Leben. Ich bin das Brot des Lebens. Eure Väter haben das Manna in der Wüste gegessen und sind gestorben. Dies aber ist das Brot, das aus dem Himmel herabkommt, damit man davon esse und nicht sterbe. Ich bin das lebendige Brot, das aus dem Himmel herabgekommen ist; wenn jemand von diesem Brot isst, wird er leben in Ewigkeit. Das Brot aber, das ich geben werde, ist mein Fleisch für das Leben der Welt." (Joh 6,45-51)

Wir haben die Allgemeingültigkeit der Aussage „Und sie werden alle von Gott gelehrt sein" bereits erwähnt. Ihr Ursprung ist ebenso wichtig. Unser Herr zitiert hier aus Jesaja 54,13, und gleich darauf folgt einer der mächtigsten Aufrufe an die Menschen, die nach geistlicher Erfüllung im Herrn hungern und dürsten. Zu solchen Menschen sagt Gott;

„Neigt euer Ohr und kommt zu mir! Hört, und eure Seele wird leben! Und ich will einen ewigen Bund mit euch schließen, getreu den unverbrüchlichen Gnadenerweisen an David (…) Sucht den HERRN, während er sich finden lässt! Ruft ihn an, während er nahe ist. Der Gottlose verlasse seinen Weg und der Mann der Bosheit seine Gedanken! Und er kehre um zu dem HERRN, so wird er sich über ihn erbarmen, und zu unserem Gott, denn er ist reich an Vergebung" (Jes 55,3.6-7)

Dies also ist der Weg, durch den der Vater die Menschen zu sich zieht, indem er ihnen sagt: „Hört, kommt, sucht, ruft, kehrt um!" Es steht jedem offen zu antworten. Und wenn sie antworten, sagt Jesus, dann werden sie zu ihm kommen und durch den Glauben an ihn ewiges Leben empfangen.

Doch es gab einige Juden in der Menge, die Jesus zuhörten und nicht auf diese Weise antworteten. Ohne jede Vorstellungskraft oder Verständnisbereitschaft begannen sie, miteinander zu streiten: „Wie kann dieser uns sein Fleisch zu essen geben?" (Joh 6,52).

Denn das hatte er gerade gesagt:

Wer immer glaubt, hat ewiges Leben.
Er selbst ist das Brot des Lebens.
Wenn jemand dieses Brot isst, wird er für immer leben.
Das Brot, das er für das Leben der Welt hingibt, ist sein Fleisch.

Das macht es vollkommen offensichtlich, dass „sein Fleisch essen"
nicht wörtlich, sondern metaphorisch zu verstehen ist, und es bedeutet, dass man an ihn „glaubt". Tatsächlich kann ein einfacher Literalismus vollkommen ausgeschlossen werden, da Jesus mit seiner
Kernbotschaft fortfährt:

> *„Da sprach Jesus zu ihnen: Wahrlich, wahrlich, ich sage euch: Wenn*
> *ihr nicht das Fleisch des Sohnes des Menschen esst und sein Blut*
> *trinkt, so habt ihr kein Leben in euch selbst." (Joh 6,53)*

Den Juden war es verboten, Blut zu essen. Indem Jesus also vom Blut
und Fleisch sprach, drängte er sie weg vom sturen Literalismus, um
ihnen die Botschaft zu überbringen, dass der einzige Weg zum er-
sehnten ewigen Leben der Glaube an ihn als den Sohn Gottes war.
Jesus erklärte weiter:

> *„Wie der lebendige Vater mich gesandt hat, und ich lebe um des Va-*
> *ters willen, so auch, wer mich isst, der wird auch leben um meinet-*
> *willen." (Joh 6,57)*

Es war klar, dass Jesus sich natürlich nicht wörtlich vom Vater „er-
nährte", schließlich hat er bereits erklärt, dass „Gott Geist ist" (Joh
4,24). Jesus meinte, dass er im demütigen Vertrauen und in der Abhängigkeit vom Vater lebte. Dies sollten auch seine Zuhörer tun, um
ewiges Leben zu empfangen. Wir sollten auch beachten, dass Vers 51
darauf hindeutet, dass die Gabe des Brotes seinen Tod beinhaltete.[125]

---

125 Für den Zusammenhang zwischen diesem Abschnitt und dem Abendmahl, siehe
D. A. Carson „The Gospel According to John", IVP, Leicester, 1991, S. 296-98.
Carsons Schlussfolgerung: „Johannes 6 spricht nicht direkt vom Abendmahl,
sondern offenbart dessen wahre Bedeutung so deutlich, wie auch jede andere
Schriftstelle."

Manche seiner Jünger fanden dies alles zu heftig:

„Diese Rede ist hart. Wer kann sie hören?" *(Joh 6,60)*

Der Begriff „Jünger" umfasst hier mehr als nur die Zwölf. In Johannes 8,31 erklärt der Herr, dass nur diejenigen, die in seinem Wort bleiben, wirklich seine Jünger sind. Hier reagierten Menschen abweisend auf die Rede Jesu. Was sie an seiner Botschaft „hart" fanden, sehen wir in seiner Antwort an sie:

„Da aber Jesus bei sich selbst wusste, dass seine Jünger hierüber murrten, sprach er zu ihnen: Ärgert euch dies? Wenn ihr nun den Sohn des Menschen dahin auffahren seht, wo er vorher war? Der Geist ist es, der lebendig macht; das Fleisch nützt nichts. Die Worte, die ich zu euch geredet habe, sind Geist und sind Leben; aber es sind einige unter euch, die nicht glauben. Denn Jesus wusste von Anfang an, welche es waren, die nicht glaubten, und wer es war, der ihn überliefern würde. Und er sprach: Darum habe ich euch gesagt, dass niemand zu mir kommen kann, es sei ihm denn von dem Vater gegeben." *(Joh 6,61-65)*

Erstens war es ihnen bereits schwer gefallen, seine Aussage zu akzeptieren, dass er vom Himmel herab gekommen sei. Wenn sie davon schon schockiert waren, was würden sie erst zur Himmelfahrt sagen, bei der er leiblich dorthin zurückgehen würde, woher er gekommen war?

Zweitens waren sie über Jesu metaphorischen Sprachgebrauch gestolpert, und nun erklärte er ihnen deutlich, dass eine wörtliche Auslegung in diesem Zusammenhang sinnlos war. Sie mussten begreifen, dass der Geist das Leben gab und dass seine Worte Geist und Leben waren.

Drittens erklärte er ihnen, dass das wahre Problem darin bestand, dass manche von ihnen nicht glaubten. Johannes fügt dann in Klammern hinzu, dass Jesus von Anfang an wusste, wer diejenigen waren, die nicht glaubten – einschließlich der Identität von Judas, dem Verräter.

Viertens und letztens erinnerte Jesus sie an die Tatsache, dass er ihnen zuvor gesagt hatte, dass niemand zu ihm kommen könnte, wenn es ihm nicht vom Vater gegeben werde. Dies war ein Wendepunkt für viele von ihnen:

„Von da an gingen viele seiner Jünger zurück und gingen nicht mehr mit ihm." (Joh 6,66)

Die Frage ist, wie wir dies verstehen sollen. Vielleicht noch wichtiger ist die Frage: Wie hätten sie es damals verstehen sollen?

Hätten sie daraus schließen sollen, dass der Grund für ihren Unglauben in der unergründlichen Entscheidung Gottes bestand und vollkommen unabhängig war von ihrer Einstellung und daher auch nicht tadelnswert? Nun, wie wir bereits zuvor gesehen haben, ist dies sicherlich ein logisch mögliches Verständnis dieser Aussage, wenn man sie isoliert sieht. Es würde allerdings direkt mit dem Tenor der gesamten Botschaft des Johannes kollidieren. Wenn Jesu Zuhörer es so verstanden hätten, dann hätten sie wahrscheinlich geantwortet: „Also das ist alles? Du sagst uns, dass der Grund, warum wir nicht an dich glauben, darin besteht, dass Gott es so angeordnet und er entschieden hat, dass wir nicht gläubig werden sollen und deswegen nicht glauben – und tatsächlich nicht glauben können? Dann sei es eben so. Wir wollen ohnehin nicht glauben. Wenn das wirklich stimmt, warum hast du dir dann eine solche Mühe gemacht, uns zu überzeugen, wenn solche Versuche vollkommen sinnlos sind, weil die Angelegenheit schon geklärt ist?"

Natürlich wissen wir nicht, was sie gesagt haben – wenn sie überhaupt etwas erwidert haben. Uns wird lediglich gesagt, dass viele von ihnen sich abwandten. Dies waren ihre Entscheidung und ihre Antwort. Wir bemerken, dass Johannes nicht sagt, dass sie sich alle abwandten. Es mag einige gegeben haben, die verstanden und geglaubt haben.

All dies ist Grund genug dafür, die Aussage unseres Herrn im gesamten Kontext seiner langen Rede zu betrachten.

Die Zuhörerschaft, die Jesus ansprach, bestand zum Großteil aus Menschen, die behaupteten, an Gott zu glauben. Sie fanden es sehr schwierig, die grundlegende Verbindung zwischen Jesus und Gott zu sehen, auf der er bestand. Diese Verbindung bestand darin, dass er der einzigartige Sohn des Vaters war und dass der Vater die Initiative ergriffen hatte, Jesus vom Himmel herab zu senden, um der Welt Erlösung und Leben zu schenken. Die Menschenmenge hatte unmissverständliche Beweise von Gottes Macht in ihm gesehen; sie hatten die Brote gegessen und waren ihm deswegen nachgefolgt. Aber sie waren nicht bereit, die tiefere Schlussfolgerung daraus zu ziehen, dass Gott nicht nur durch Jesus sprach, sondern dass Jesus selbst der Sohn Gottes war.

Christi frühere Erklärung ihres Unglaubens, auf den er sich bezieht, wurde so formuliert, dass sie nicht auf Gottes Stimme reagierten. Diese Aussage wollen wir uns noch einmal in Erinnerung rufen:

> *„Niemand kann zu mir kommen, wenn nicht der Vater, der mich gesandt hat, ihn zieht; und ich werde ihn auferwecken am letzten Tag. Es steht in den Propheten geschrieben: ‚Und sie werden alle von Gott gelehrt sein.‘ Jeder, der von dem Vater gehört und gelernt hat, kommt zu mir.“ (Joh 6,44-45)*

Es war Gottes Initiative, seine ziehend-werbende Stimme; und es war ihre Verantwortung, auf ihn zu hören. Die Schlussfolgerung, mit der unser Herr seine Zuhörer konfrontierte, war, dass sie nicht auf Gott gehört hatten. Sie hatten nicht auf seine werbende Kraft reagiert. Wenn sie es getan hätten, hätten sie Christus empfangen.

Das Kapitel endet mit der Frage Jesu an seine engsten Jünger: „Wollt ihr etwa auch weggehen?" (V. 67). Petrus antwortet umgehend:

> *„Herr, zu wem sollten wir gehen? Du hast Worte ewigen Lebens; und wir haben geglaubt und erkannt, dass du der Heilige Gottes bist.“ (Joh 6,68-69)*

Doch Petrus irrte sich – unter den Zwölfen gab es einen Verräter; eine ernüchternde Tatsache, auf die Jesus nun hinwies. (Beachten Sie hier, dass sich das folgende Wort „erwählt" nicht auf die Erlösung bezieht.)

> *„Habe ich nicht euch, die Zwölf, erwählt? Und von euch ist einer ein Teufel.“ (Joh 6,70)*

Der Kampf würde weitergehen.

Kapitel 10

DIE UNUMKEHRBARKEIT
DER WIEDERGEBURT

Es bietet sich an, diese Diskussion mit der Aussage Jesu über das Brot des Lebens zu beginnen, die er im 6. Kapitel des Johannesevangeliums macht, das wir gerade studiert haben.

> „Es steht in den Propheten geschrieben: ‚Und sie werden alle von Gott gelehrt sein.‘ Jeder, der von dem Vater gehört und gelernt hat, kommt zu mir. Nicht dass jemand den Vater gesehen hat, außer dem, der von Gott ist, dieser hat den Vater gesehen. Wahrlich, wahrlich, ich sage euch: Wer glaubt, hat ewiges Leben. Ich bin das Brot des Lebens. Eure Väter haben das Manna in der Wüste gegessen und sind gestorben. Dies aber ist das Brot, das aus dem Himmel herabkommt, damit man davon esse und nicht sterbe. Ich bin das lebendige Brot, das aus dem Himmel herabgekommen ist; wenn jemand von diesem Brot isst, wird er leben in Ewigkeit. Das Brot aber, das ich geben werde, ist mein Fleisch für das Leben der Welt." (Joh 6,45-51)

Wieder einmal wird der Glaube als Voraussetzung für dem Empfang des ewigen Lebens betont (der, der glaubt, hat ewiges Leben). Der Abschnitt gibt dann eine weitere Antwort auf die Frage, die wir oben gestellt haben: Was sollte die Menschen davon abhalten, ihre Freiheit zu nutzen (unter der Annahme, dass Gott sie nicht vollkommen entfernt hat), um aus der Erlösung auszusteigen und letztlich verloren zu gehen? Anders formuliert: Was sollte die Menschen davon abhalten, das Brot des Lebens in Anspruch zu nehmen, sich dann aber abzuwenden und geistlich zu sterben?

Wir könnten noch weiter gehen: Was ist mit dem Himmel? Wenn wir unseren freien Willen behalten, was sollte uns davon abhalten, selbst aus dem Himmel auszutreten?

Die Antwort ist, dass, wenn dies der Fall wäre, das wahre Brot des Lebens nicht besser wäre als das Manna in der Wüste, das – wie Jesus seine Zuhörer erinnerte – die Vorväter aßen und starben. Aber das Brot des Lebens ist nicht so: „Wenn jemand von diesem Brot isst, wird er leben in Ewigkeit" (V. 51).

In Ewigkeit bedeutet ewig. Echte Wiedergeburt ist unumkehrbar; sowohl in diesem Leben, als auch im kommenden Leben. Dies wird durch die Aussage von Petrus bestätigt, dass wir „wiedergeboren sind, nicht aus vergänglichem Samen, sondern aus unvergänglichem, durch das lebendige und bleibende Wort Gottes" (1Petr 1,23). Die Wiedergeburt gilt für die Ewigkeit, weil sie aus unvergänglichem Samen entstanden ist.

Daher werden wir durch das neue Leben in Christus nicht in den ursprünglichen Zustand der Menschheit im Garten Eden zurückversetzt; was würde sonst verhindern, dass sich die ganze traurige Geschichte von menschlicher Sünde und Versagen in der kommenden Welt wiederholt? Nein, wenn wir unser Geschenk der Freiheit dazu gebrauchen, um Christus zu unserer Erlösung zu vertrauen, dann geschieht etwas Unumkehrbares. Im normalen Leben mögen wir uns dazu entscheiden, uns einer unumkehrbaren Operation zu unterziehen, ohne dass uns jemals einfallen würde, dass dadurch unsere Freiheit beschnitten wird. Im Falle der Wiedergeburt ist es ihre Unumkehrbarkeit, die die Zerstörung des Himmels durch die menschliche Sünde verhindert. Das neue Leben ist nicht wie die alte Schöpfung. Die Schrift sagt uns sogar, dass es eine ganz neue Schöpfung ist:

> *„Daher, wenn jemand in Christus ist, so ist er eine neue Schöpfung; das Alte ist vergangen, siehe, Neues ist geworden." (2Kor 5,17)*

Die Unumkehrbarkeit der Wiedergeburt wird von einer juristischen Überlegung untermauert – der Tatsache, dass der letzte Richter sein Urteil verkündet hat. Im vorherigen Kapitel des Johannesevangeliums sagt Jesus:

> *„Wahrlich, wahrlich, ich sage euch: Wer mein Wort hört und glaubt dem, der mich gesandt hat, der hat ewiges Leben und kommt nicht ins Gericht, sondern er ist aus dem Tod in das Leben übergegangen."*
> *(Joh 5,24)*

Die Wiedergeburt bringt eine unumkehrbare Veränderung unserer Rechtsstellung vor Gott mit sich. Denn der finale Richter sagt, dass wir nicht ins Gericht kommen werden – das heißt, dass wir niemals verurteilt werden –, sondern dass wir (ein für alle Mal) vom Tod in das Leben übergegangen sind. Dieses Urteil könnte nicht gesprochen werden, wenn es möglich wäre, sich zu irgendeinem Zeitpunkt aus dem ewigen Leben zurückzuziehen, sei es in diesem oder im kommenden Leben.

Zu Beginn seines Evangeliums gebraucht Johannes ein weiteres Synonym für den Glauben – das Aufnehmen. Über Jesus sagt er:

> *„Er kam in das Seine, und die Seinen nahmen ihn nicht an; so viele ihn aber aufnahmen, denen gab er das Recht, Kinder Gottes zu werden, denen, die an seinen Namen glauben; die nicht aus Geblüt, auch nicht aus dem Willen des Fleisches, auch nicht aus dem Willen des Mannes, sondern aus Gott geboren sind."* *(Joh 1,11-13)*

In der alten Schöpfung waren wir Geschöpfe Gottes; in der neuen Schöpfung werden wir zu Kindern Gottes. Offensichtlich wird man nicht zu etwas, das man bereits war. Wir bemerken erneut, dass das Aufnehmen (der Glaube) die Bedingung für die Wiedergeburt ist und nicht ihre Folge.

Johannes sagt hier von der Wiedergeburt ebenfalls, dass sie nicht in einer menschlichen Entscheidung begründet ist. Manche deuten das so, als ob der menschliche Wille in dem Prozess nirgendwo beteiligt ist. Sicherlich liegt der Schwerpunkt auf der Initiative Gottes. Die

Wiedergeburt ist etwas, das nur Gott wirken kann und das Menschen nicht ins Dasein rufen können. Doch Menschen können und müssen sie empfangen – „so viele ihn aber aufnahmen". Der Prozess der Aufnahme (oder Ablehnung) erfordert unseren Willen. Wir haben gerade erst gesehen, wie Jesus zu einigen der ungläubigen Pharisäer sagt: „Und ihr wollt nicht zu mir kommen, damit ihr Leben habt" (Joh 5,40). Die Ablehnung ging von ihnen aus, nicht von Gott, der ihnen die Erlösung nicht geben wollte. Daher war auch ihr Wille beteiligt, indem sie auf eine Erlösung reagierten, die Gottes Wille geschaffen hatte.

Dieselbe Reihenfolge – der Glaube kommt vor der Wiedergeburt – finden wir ebenso in der Kernaussage von Johannes über den Grund seines Schreibens. Wir haben sie vorher in einem anderen Zusammenhang zitiert. Weil sie so wichtig ist, beziehen wir uns nun ein zweites Mal darauf:

> *„Auch viele andere Zeichen hat nun zwar Jesus vor den Jüngern getan, die nicht in diesem Buch geschrieben sind. Diese aber sind geschrieben, damit ihr glaubt, dass Jesus der Christus ist, der Sohn Gottes, und damit ihr durch den Glauben Leben habt in seinem Namen."* (Joh 20,30-31)

Der Glaube führt zum Leben, nicht umgekehrt. Der Glaube wird hier besonders von den Zeichen motiviert, die Jesus getan hat. Es hätte keinen Sinn gemacht, diese Zeichen zu tun, wenn Menschen von Natur aus nicht in der Lage gewesen wären, auf sie zu reagieren..

Die Tatsache, dass Menschen die Fähigkeit haben zu glauben, und die Tatsache, dass der Glaube der Wiedergeburt vorausgeht, sind daher ein beständiger Refrain im Johannesevangelium. Wir erinnern uns daran, dass sie die Gerechtigkeit und die Richtigkeit des göttlichen Gerichts unterstreichen, insbesondere seine Verurteilung derer, die sich weigern zu glauben. Die endgültige Entscheidung dieses Urteils wird sich danach richten, ob ein Mensch geglaubt hat oder nicht:

> *„Wer an den Sohn glaubt, hat ewiges Leben; wer aber dem Sohn nicht gehorcht, wird das Leben nicht sehen, sondern der Zorn Gottes bleibt auf ihm."* (Joh 3,36)

Das ist eine sehr schwerwiegende Aussage. Im Angesicht unserer bisherigen Argumentation ist es sehr schwer vorstellbar, wie man sie hätte treffen können, wenn Menschen nicht die Fähigkeit hätten zu glauben. Dennoch, trotz der Fülle an einheitlichen Beweisen aus der Schrift, dass der Glaube die Vorbedingung für die Wiedergeburt ist, lesen wir noch immer Aussagen wie Folgende:

> *„Der Gedanke, dass die Wiedergeburt vor dem rettenden Glauben kommt, wird von heutigen Evangelikalen nicht immer verstanden. Manchmal sagen die Leute sogar: Wenn du an Christus als deinen Erlöser glaubst, dann wirst du (nachdem du geglaubt hast) wiedergeboren werden. **Aber die Schrift sagt nichts dergleichen.** Diese neue Geburt wird von der Schrift als etwas angesehen, das Gott in uns wirkt, um uns zum Glauben zu befähigen.“*[126]

Sicherlich liegt der Grund, warum viele Evangelikale überzeugt sind, dass der Glaube der Wiedergeburt vorausgeht, darin, dass die Schrift genau dies nicht nur einmal, sondern immer und immer wieder sagt. Wie wir gesehen haben, ist das besonders im Johannesevangelium der Fall, wo uns versichert wird, dass Gott die Welt so geliebt hat, dass er seinen einzigen Sohn gab, damit jeder, der glaubt, nicht verloren geht (Joh 3,16). Dort heißt es nicht: „Jeder, der ewiges Leben hat, glaubt an ihn.“

D. A. Carson schreibt:

> *„Das Verb ‚glauben‘ wird im Johannesevangelium absolut verwendet (d. h. ohne ein Objekt), als Voraussetzung oder Grundlage des ewigen Lebens.“*[127]

---

126   W. Grudem, Bible Doctrine, IVP, Leicester, 1999, S. 303, Hervorhebung durch den Autor

127   D. A. Carson, The Gospel according to John, IVP, Leicester, 1991, S. 202

Einwände

1. Logische und zeitliche Priorität

Manchmal wird versucht, die durchgängige Reihenfolge – zuerst der Glaube, dann die Wiedergeburt – zu umgehen, indem man sagt, dass, obwohl die Wiedergeburt und der Glaube im Wesentlichen gleichzeitig geschehen, wir aber die logische Priorität von der zeitlichen Priorität unterscheiden müssen. R. C. Sproul schreibt beispielsweise:

> *„Wenn die reformierte Theologie davon redet, dass die Wiedergeburt dem Glauben vorausgeht, dann spricht sie von einer logischen Priorität, nicht von einer zeitlichen Priorität. Wir können keinen rettenden Glauben ausüben, wenn wir nicht wiedergeboren sind. Wir sagen also, dass der Glaube von der Wiedergeburt abhängt und nicht die Wiedergeburt vom Glauben."* [128]

Seine Aussage „wir können keinen rettenden Glauben ausüben, wenn" zeigt, dass er an eine zeitliche Reihenfolge denkt. Sein Gedanke von der logischen Priorität scheint also keinen Sinn zu machen, denn bedenken Sie die folgenden Verse aus dem Johannesevangelium:

> *„So viele ihn aber aufnahmen, denen gab er das Recht, Kinder Gottes zu werden, denen, die an seinen Namen glauben."* (Joh 1,12)

> *„Ihr wollt nicht zu mir kommen, damit ihr Leben habt."* (Joh 5,40)

Dabei handelt es sich um eine zeitliche Priorität, die zugleich logisch ist. Nach unserem Herrn gehen Glaube, Schauen, Hören und

---

128 R. C. Sproul, Grace Unknown: The Heart of Reformed Theology, Baker, Grand Rapids, 2000, S. 195. Dies „reformierte Lehre" zu nennen, passt nicht zu meiner Erfahrung. Es gibt viele Leute, die ihre Theologie als „reformiert" bezeichnen würden, die aber nicht die Sichtweise vertreten, dass die Wiedergeburt dem Glauben vorausgeht. Ist dies etwa ein weiteres Beispiel für die irreführenden Auswirkungen des Schubladendenkens?

Kommen alle der Wiedergeburt voraus, sowohl im logischen als auch im zeitlichen Sinne, weil die logische Priorität zeitlich ist. Der Glaube ist sowohl eine logische als auch eine zeitliche Vorbedingung für die Wiedergeburt.

2. Wiedergeburt und Geburt

Manchmal wird behauptet, dass es – wie auch im physischen Bereich – einen Unterschied gibt zwischen der Erzeugung unseres Lebens (der wir uns vollkommen unbewusst sind) und der Geburt (der wir uns bewusst sind). So zeugt uns Gott in der geistlichen Sphäre durch seinen Geist (dessen sind wir uns nicht bewusst) und einige Zeit später werden wir geboren (wir kehren bewusst um und glauben).

Dies kann jedoch nicht der Fall sein, weil es erneut die biblische Reihenfolge von anfänglichen Glauben und der folgenden Wiedergeburt umkehrt. Wenn Paulus an die korinthischen Christen schreibt, bezeichnet er sich selbst als ihren geistlichen Vater: „In Christus Jesus habe ich euch gezeugt durch das Evangelium" (1Kor 4,15). Das heißt, dass Paulus ihnen das Evangelium verkündigte, sie darauf reagierten und wiedergeboren wurden. Petrus beschreibt dasselbe:

> „Denn ihr seid wiedergeboren nicht aus vergänglichem Samen, sondern aus unvergänglichem, durch das lebendige und bleibende Wort Gottes. (…) Dies aber ist das Wort, das euch als Evangelium verkündigt worden ist." (1Petr 1,23.25).

Da Martin Luther einer der führenden Reformatoren war, lohnt es sich, ihn zu diesem Thema zu zitieren. In seinem Kommentar zum Galaterbrief schrieb er:

> „Paulus ist ein außerordentlich Meister und Doktor vom Glauben zu reden, darum hat er das Wort „Glaube" immerdar im Munde (…) Durch den Glauben an Christum Jesum sei ihr Kinder Gottes. Darum macht das Gesetz nicht Gottes Kinder, viel weniger tun es die menschlichen Gebete. Es vermag auch nicht, dass wir neu geboren

und dem Bilde Gottes ähnlich werden, sondern die alte Natur, nach welcher wir in Teufels Reich geboren sind, stellt es uns vor die Augen und bereitet uns also so zur neuen Geburt vor, welche geschieht durch den Glauben an Christum Jesum und nicht durchs Gesetz, wie Paulus hier aufs Klarste bezeugt, schließ also unwidersprechlich, dass allein der Glaube, und zwar der an Christum Jesum ohne alle Gesetze und Werke, gerecht und Kinder und Erben Gottes, Miterben Christi, Herren über Himmel und Erde mache, desgleichen auch Johannes sagt in Joh 1,12."[129]

Es gibt wohl kaum eine klarere Aussage über die Reihenfolge der Erlösung *(ordo salutis)* als diese. Auch wenn Johannes Calvin in seinem Kommentar über 1. Johannes 5,1 sagt, dass „keiner Glauben haben kann, außer er ist von Gott geboren", beginnt er seinen Kommentar über diesen Abschnitt, indem er sagt, dass „Gott uns durch den Glauben die Wiedergeburt schenkt". Manchmal ist es schwierig zu verstehen, was manche Leute wirklich glauben!

Argument 3: Die Erbsünde

Auch wenn manche Autoren in diesem Bereich davon überzeugt sind, dass der Menschen gar nicht in der Lage ist, an Gott zu glauben, sind sie dennoch der Ansicht, dass es trotzdem Schuld der Menschen ist, dass sie nicht glauben können und dass Gott sie damit zurecht verurteilen darf.

Es wird behauptet, dass dies an ihrer Verbindung mit Adam liegt, der die Sünde in die Welt gebracht hat. Unsere Aussagen bezüglich des zweiten Arguments machen dies jedoch sehr unplausibel.

---

129   M. Luther, Auslegung der Epistel an die Galater (Hrsg. Eberle), 1865, Stuttgart, S. 102f., sprachlich leicht angepasst

Aus Fairness gegenüber denjenigen, die diesen Standpunkt vertreten, sollten wir jedoch einige Fragen berücksichtigen, die dadurch aufgeworfen werden. Das Argument wird von Phillip Johnson wie folgt ausgedrückt:

> *„Der Mensch ist an seiner Unfähigkeit selbst schuld. Diese Unfähigkeit kann also nicht als etwas gesehen werden, das den Sünder von seiner Verantwortung befreit."* [130]

Nach Johnsons Argument werden alle Menschen mit dieser Schuld geboren; und es ist ihre eigene Schuld, dass sie damit geboren wurden. Der Grund dafür besteht darin, dass sie „in Adam" waren, als er sündigte. Adam ist das Bundeshaupt der Menschheit. Als er sündigte, sündigten alle. (Von Adams Sünde wird manchmal gesagt, dass sie ihnen „zugerechnet" wird). Sie sind also selber schuld an ihrer Unfähigkeit, Gott zu antworten.

Dieses Argument basiert auf Römer 5:

> *„Darum, wie durch einen Menschen die Sünde in die Welt gekommen ist und durch die Sünde der Tod und so der Tod zu allen Menschen durchgedrungen ist, weil sie alle gesündigt haben – denn bis zum Gesetz war Sünde in der Welt; Sünde aber wird nicht zugerechnet, wenn kein Gesetz ist. Aber der Tod herrschte von Adam bis auf Mose selbst über die, welche nicht gesündigt hatten in der Gleichheit der Übertretung Adams, der ein Bild des Zukünftigen ist."* (Röm 5,12-14)

Dieses Argument ist abhängig davon, dass man die Aussage „weil sie alle gesündigt haben" als „weil sie alle in Adam gesündigt" haben interpretiert, also alle schuldig sind an Adams Sünde.

An dieser Stelle gibt es zwei Probleme mit der Exegese. Das erste Problem betrifft die altlateinische Übersetzung, bei der die Formulierung mit „in quo omnes peccaverunt" – „in dem alle gesündigt haben"

---

130 P. R. Johnson, „A primer on Hyper-Calvinism", romans45.org/articles/hypercal.htm

–übersetzt wird. Augustinus gebrauchte diese Übersetzung, also ist es verständlich, dass er zu der Schlussfolgerung kam, dass alle in Adam gesündigt hatten. Augustinus Standpunkt hatte einen weitreichenden Einfluss. Das lateinische „in quo" (in dem) ist jedoch eine Fehlübersetzung des griechischen „eph ho", das „weil" oder „da" bedeutet. Daher hat sich die überwiegende Mehrheit der Kommentatoren auf die Übersetzung „weil" oder „da" – „weil sie alle gesündigt haben" – geeinigt.

Zweitens steht das griechische Verb, das hier in Römer 5,12 mit „gesündigt" übersetzt wird, in der Zeitform Aorist. Es kann oder kann nicht als ein Perfekt übersetzt werden. Die Aorist-Form kann im Griechischen mit einer verschiedenen Bandbreite von möglichen Bedeutungen übersetzt werden.

Dies zeigt sich daran, dass in Römer 3,23 genau das gleiche griechische Wort übersetzt wird mit „alle haben gesündigt". In diesem Fall verwendeten die Übersetzer die Perfektform („haben gesündigt"), um den griechischen Aorist zu übersetzen. Es mit der vollendete Vergangenheit zu übersetzen, würde nicht den richtigen Sinn vermitteln. Die Zeitform des Perfekt tut es.

Es stellt sich also die Frage, wonach sich die Übersetzer in Römer 5,12 richten sollten. Was die Grammatik betrifft, gibt es mindestens zwei Möglichkeiten. Auch theologische Vorannahmen spielen sehr wahrscheinlich eine Rolle, wenn man sich für eine Möglichkeit entscheidet. Wenn man glaubt, dass Paulus hier den Eindruck erwecken wollte, dass alle sündigten, als Adam sündigte, dann wird die Imperfekt-Übersetzung sicher bevorzugt werden. Es ist jedoch ebenso möglich, dass er vermitteln wollte, dass der Tod auf sie kam, weil sie alle individuell gesündigt haben. In diesem Fall wäre die Perfekt-Form korrekt.

In seinem maßgeblichen Werk über den Römerbrief, erforscht C. E. B. Cranfield detailliert alle Haupt-Interpretationen der Paulus-Aussage und kommt zu folgendem Schluss:

> *„Auf der anderen Seite steht die wichtige Überlegung, dass nichts in diesem Zusammenhang oder Vers darauf hindeutet, dass* he-marton *(das griechische Wort für ‚gesündigt') auf ungewöhnliche Weise gebraucht wird und dass bei jedem anderen Vorkommen*

dieses Verbs in den Paulusbriefen sehr deutlich die aktuell-tatsächliche Sünde gemeint ist. Daraus schließen wir, dass pantes hemarton *(‚alle haben gesündigt‘) hier dieselbe Bedeutung hat wie in Römer 3,23.“*[131]

Wir sollten uns auch daran erinnern, dass das Argument, was wir erörtern, in diesem Fall nicht benutzt wird, um zu beweisen, dass Menschen nicht dazu fähig sind, auf Gott zu reagieren, sondern dass Menschen trotz dieser Unfähigkeit schuldfähig sind. Wenn natürlich diese Unfähigkeit biblisch nicht belegt werden kann, entscheidet man sich automatisch für die Schuldfähigkeit, ohne dass man über die Übersetzung des Aorists entscheiden muss.

Manche Religionen lehren, dass, wenn ein Kind mit einer Behinderung geboren wird, es die Schuld des Kindes ist. Das Kind muss wohl in einem früheren Leben gesündigt haben, oder es hat in irgendeiner Form die Sünde der Eltern geerbt. Die Jünger hatten sicher etwas Derartiges im Sinne, als sie Jesus über den blinden Mann befragten: „Rabbi, wer hat gesündigt, dieser oder seine Eltern, dass er blind geboren wurde?“ (Joh 9,2). Jesus brachte sie sofort von einem solchen Gedanken ab: „Weder dieser hat gesündigt noch seine Eltern“ (Joh 9,3). Vor diesem Hintergrund wäre es sicher ratsam, vorsichtig mit der Lehre zu sein, dass es unsere eigene Schuld ist, dass wir als Sünder geboren wurden – als Ergebnis der Sünde, die von uns in weiter Vergangenheit begangen wurde, als wir „in Adam“ waren.

Wir können diesen Gedanken noch weiter ausloten, indem wir uns eine Situation vorstellen, die leider in manchen Teilen der Erde heute vorkommt. Eine schwangere Frau wird festgenommen und zum Tode verurteilt, weil sie Drogen geschmuggelt hat. Im Gefängnis gebiert sie das Kind, während sie auf ihre Hinrichtung wartet. Das Kind war in ihr, als sie das Verbrechen beging. Wäre es moralisch richtig, dass das Kind daher als schuldig angesehen wird und ebenso hingerichtet wird? Natürlich nicht.

---

131 C. E. B. Cranfield, Romans 1–8, Band 1, T&T Clark, Edinburgh, S. 279. Lesen Sie auch die Auslegung dieses Abschnitts in Michael Birds Kommentar *The Story of God Bible Commentary: Romans,* Zondervan, Grand Rapids, 2016.

Ihr Sohn kann jedoch durch den Drogenmissbrauch seiner Mutter geschädigt zur Welt kommen. Eventuell erholt er sich nie ganz davon und wird möglicherweise selbst zum Abhängigen oder Dealer. Wenn er jedoch wegen des Drogenhandels festgenommen und verurteilt werden würde, dann könnten die Anwälte eventuell für eine milde Behandlung plädieren, weil es nicht seine Schuld war, dass er einen schweren Start ins Leben hatte. Dennoch wäre er verantwortlich und würde für das verurteilt werden, was er persönlich getan hat. Niemals würde ein Anwalt argumentieren, dass er dasselbe Urteil wie seine Mutter erhalten sollte, nur weil er in ihr war, als sie ihr Verbrechen beging.

Oliver Crisp gebraucht ein anderes Bild, das hilfreich ist:

„Wenn ein Mensch eine Behinderung erbt, wie das Kind, das als Heroinsüchtiger geboren wird, weil seine Mutter heroinabhängig ist, dann geben wir dem Kind nicht die Schuld für seinen Zustand, wie wir es bei der Mutter tun würden. Denn ein Kind kann offensichtlich nicht dafür verantwortlich gemacht werden, dass es in einem Zustand gezeugt und geboren wurde, dem es nicht zugestimmt hat. Wenn also ein Mensch mit der Veranlagung zum Alkoholismus geboren wurde, dann würden wir diesen Menschen nicht als moralisch verantwortlich oder schuldfähig ansehen, dass er eine solche Veranlagung hat, obwohl wir normalerweise denken würden, dass ein Mensch moralisch dafür verantwortlich ist, weil er die Schritte gegangen ist, die zur Alkoholabhängigkeit führen, weil er sich dazu entschieden hat zu handeln, wenn auch auf der Grundlage einer Veranlagung.

Es scheint mir, dass man etwas Ähnliches auch über die gefallenen Menschen sagen kann. Sie alle haben die moralische Verdorbenheit ihrer Eltern geerbt, über Generationen hinweg bis hin zum Ursprung der menschlichen Gesellschaft. In einem solchen Zustand geboren zu werden ist nichts, wofür man vernünftigerweise verantwortlich oder schuldfähig gemacht werden kann. Doch der Mensch kann moralisch verantwortlich und schuldfähig sein, wenn er nach einer solchen Veranlagung (wenn es denn eine ist) handelt.

Mit anderen Worten, es gibt einen Unterschied zwischen Erbsünde und Tatsünde. Die Erbsünde betrifft die moralische Verdorbenheit, in der wir alle gezeugt werden und für die wir nicht verantwortlich oder schuldig sind. Tatsünden sind diese einzelnen Dinge, die wir bereit sind zu tun, weil wir in einem moralisch verdorbenen Zustand geboren wurden.

Derjenige, der mit einer Veranlagung zum Drogenmissbrauch geboren wurde, kann zum Alkoholiker werden. Der gefallene Mensch ist dazu geneigt, Sünden zu begehen. Bedeutet dies nur, dass es sehr wahrscheinlich ist, dass diejenigen, die mit der moralischen Verdorbenheit der Ursünde geboren wurden, auch Sünden begehen? Ist es möglich, die Tatsünde zu vermeiden, so wie es (wie wir meinen) auch dem Menschen mit einer Veranlagung zum Alkoholismus möglich ist zu vermeiden, Alkoholiker zu werden? Wenn ich anderen aus der reformierten Tradition folge, glaube ich nicht, das es möglichlich ist.

Ich glaube eher, dass die moralische Verdorbenheit der Ursünde es unausweichlich macht, dass alle gefallenen Menschen zumindest einmal tatsächlich sündigen werden, wenn sie lange genug leben und sie ein Subjekt moralischer Zustände und Eigenschaften sind."

Manche meinen, dass es im Hebräerbrief eine Parallelstelle dazu gibt, die ein wenig Licht in die Angelegenheit bringt:

> *„Und sozusagen ist durch Abraham auch von Levi, der die Zehnten empfängt, der Zehnte erhoben worden, denn er war noch in der Lende des Vaters, als Melchisedek ihm entgegenging."* (Hebr 7,9-10)

Dieser Abschnitt redet jedoch vom Status. Indem er Melchisedek seinen Zehnten gab, erkannte Abraham an, dass er ihm im Status unterlegen war. Das Argument besagt, dass wenn Abraham als der Gründer des hebräischen Volkes einen geringeren Status als König Melchisedek hatte, dann hätten seine Nachkommen ebenfalls einen geringeren Status. Man findet nirgendwo einen Hinweis darauf, dass Abrahams Glaube seinen physischen Nachfahren zugeschrieben wurde. Im Gegenteil: „Die aus Glauben sind, diese sind Abrahams Söhne" (Gal 3,7). Auch wenn sie in gewissem Sinne „in ihm" waren, als er „Gott glaubte und es ihm wurde zur Gerechtigkeit gerechnet" wurde (Röm 4,3). Auch umgekehrt wurde weder Levi oder irgendjemand anderes für etwas beschuldigt, was Abraham getan hatte.

Zu glauben, dass Adams Sünde seine Nachkommen nachhaltig beschädigte und sie als Sünder festlegte, ist eine Sache; zu glauben, dass alle seine Nachkommen für seine Sünde schuldig gesprochen werden, ist etwas ganz anderes. Zu glauben, dass alle Menschen in Adams sündigten – und dass sie sich der Sünde Adams schuldig gemacht haben, weil sie in Adam gesündigt haben –, kann nicht mit dem vereinbart werden, was Paulus im späteren Verlauf desselben Abschnitts sagt:

„Aber der Tod herrschte von Adam bis auf Mose selbst über die, welche nicht gesündigt hatten in der Gleichheit der Übertretung Adams, der ein Bild des Zukünftigen ist." (Röm 5,14)

Hier wird uns unmissverständlich gesagt, dass es Menschen gibt, deren Sünden der Übertretung Adams nicht gleich waren.

Wie hätte Paulus dies schreiben können, wenn er gewollt hätte, dass wir aus der vorherigen Aussage genau das Gegenteil schlussfolgern? Wenn wir alle der Sünde Adams schuldig geworden sind, weil wir in Adam gesündigt haben, dann gibt es niemanden, dessen Sünde nicht wie Adams Sünde war. Anders ausgedrückt: Wenn Adams Sünde allen angerechnet wird, dann sind wir schuldig dafür, weil dies in der Bedeutung des Wortes „angerechnet" liegt. Nach Paulus ist das nicht der Fall. Dies ist sicherlich ausschlaggebend. Es bedeutet, dass, obwohl der Tod wegen Adam universell ist, die Schuld es jedoch nicht ist. Schuld ist deswegen universell, weil alle Menschen tatsächlich sündigen.

Manchmal fragen sich die Leute Folgendes: Wenn wir nicht alle schuldig sind, weil uns Adams Sünde angerechnet wird, wieso sterben dann Babys, obwohl niemand von ihnen behaupten kann, dass sie persönlich gesündigt haben? Die Antwort auf diese Frage finden wir im Bericht aus dem 1. Buch Mose. Eine Konsequenz der ersten Sünde war, dass Gott den Zugang zu der Frucht des Lebensbaumes versperrte (1Mo 3,22-24). Uns wird gesagt, dass dies den Menschen die Möglichkeit der physischen Unsterblichkeit nahm. Somit würden alle Nachfahren Adams unausweichlich als Sterbliche geboren werden.

Eine auffällige Tatsache ist hier, dass sich die Unsterblichkeit – der Baum des Lebens – außerhalb von Adam und Eva befand. Es wird nirgendwo angedeutet, dass die Sterblichkeit durch irgendeinen innerlichen (genetischen) Prozess über die Menschen kam, sondern vielmehr, dass ihnen der Zugang zu einer ganz besonderen Nahrung versagt wurde.

Mit anderen Worten, der Mensch war also von Anfang an von dieser Nahrung abhängig, damit sein physisches Leben unbegrenzt weitergehen konnte. Somit sind also alle Menschen nach Adam dem physischen Tod ausgeliefert, nur weil sie in einer Welt leben, wo diese Nahrung nicht länger existiert.

In Römer 5 zieht auch Paulus eine Parallele zwischen Adam und Christus:

> *„Denn wie durch des einen Menschen Ungehorsam die vielen in die Stellung von Sündern versetzt worden sind, so werden auch durch den Gehorsam des einen die vielen in die Stellung von Gerechten versetzt werden.“ (Röm 5,19)*

Wenn jemand so argumentiert, dass wir alle sündigten, als Adam sündigte und wir daher Gottes Gericht verdient haben, dann würde diese Parallele im Umkehrschluss darauf hindeuten, dass im Gehorsam Christi auch wir gehorchten und wir daher zu unserer Erlösung durch diesen Gehorsam einen Verdienst beitragen. Es ist schwer vorstellbar, wie jemand dieser Schlussfolgerung zustimmt, besonders nicht diejenigen, die glauben, dass wir alle in Adam gesündigt haben.

Ganze Meere von Tinte wurden verbraucht bei dem Versuch, genau zu beschreiben, wie stark der Mensch durch den Eintritt der Sünde in die Welt beschädigt wurde.

Ich mache mir keine Illusionen, dass ich mehr Licht in diese Angelegenheit bringen könnte. Einige Dinge scheinen jedoch ziemlich klar zu sein. Adams Sünde hat uns alle zu Sündern gemacht und uns unter die Herrschaft des Todes gestellt. Das kann aber nicht bedeuten, dass wir dadurch unfähig wurden, Gottes Stimme zu hören, die von ihm gegebenen Beweise zu erkennen und auf das Evangelium zu reagieren, indem wir umkehren und an den Herrn Jesus glauben.

All diese Dinge werden in der Schrift ausdrücklich gelehrt. Da wir die Fähigkeit haben, dies zu tun, laden wir uns Schuld auf, wenn wir es nicht tun und werden so rechtmäßig von Gott verurteilt. Es ist daher nicht unvernünftig zu schlussfolgern, dass wir zwar alle durch Adams Sünde geschädigt wurden, wir aber nicht alle dafür verantwortlich sind.

Mit anderen Worten, der Römerbrief lehrt die Erbsünde, aber keine „Erbschuld". Crisp liefert uns die folgende hilfreiche Zusammenfassung: „Gefallene Menschen sind nicht für die erste Sünde verantwortlich. Das heißt, dass sie keine Urschuld tragen."[132]

Es ist wichtig zu betonen, dass dieses Schriftverständnis nicht die Irrlehre des Pelagianismus aufnimmt, dass die menschliche Sündhaftigkeit nur eine Sache der Nachahmung von Adams Sünde und nicht der direkten Zurechnung sei und auch keine grundsätzliche Selbstverständlichkeit für jedes Individuum sei.

Es folgt auch nicht dem Semi-Pelagianismus, der lehrt, dass die Menschen den freien Willen unabhängig von der göttlichen Gnade ausüben können, um dann in Zusammenarbeit mit dieser Gnade ihre eigene Erlösung zu erwirken.

Abschließend sei noch erwähnt, dass Michael Rae die interessante philosophische These aufgestellt hat, dass eine Bejahung einer „Erbschuld" nicht zwingend mit dem Determinismus verbunden sein muss.[133] Da ich jedoch nicht glaube, dass man eine „Erbschuld" biblisch belegen kann, werde ich dazu nicht mehr sagen.

---

132   O. Crisp, S. 261

133   Siehe Michael Raes Aufsatz „The Metaphysics of Original Sin", in Persons, Divine and Human, Dean Zimmerman und Peter van Inwagen (Hrsg.), OUP, Clarendon Press, 2007, S. 319-356.

Kapitel 11

DAS EVANGELIUM UND DIE MORALISCHE VERANTWORTUNG

Abgesehen von den Auswirkungen der Sünde Adams stellt sich die Frage, ob wir Menschen uns selbst unfähig machen können, auf Gott zu reagieren – durch unser eigenes sündiges Verhalten und unsere Einstellungen. Die Antwort darauf lautet zweifellos ja. Das Gewissen kann so weit abgetötet werden, dass Menschen seine Stimme nicht länger hören können.

Jesus ging die, die ihn töten wollten, scharf an. Sie behaupteten, Gott zu kennen, aber Christus sagte ihnen geradeheraus, dass der Beweis, dass sie ihn nicht kennen, darin besteht, dass sie nicht an den glauben, den er gesandt hat (Joh 5,38):

> *„Ihr erforscht die Schriften, denn ihr meint, in ihnen ewiges Leben zu haben, und sie sind es, die von mir zeugen; und ihr wollt nicht zu mir kommen, damit ihr Leben habt." (Joh 5,39-40)*

Sie waren für ihre Ablehnung moralisch verantwortlich. Schlimmer noch: Sie begannen durch ihr Verhalten, innerlich die Tür vor Gott zu verschließen.

> *„Wie könnt ihr glauben, die ihr Ehre voneinander nehmt und die Ehre, die von dem alleinigen Gott ist, nicht sucht?" (Joh 5,44)*

Je mehr Beweise sie ablehnten, desto moralisch unfähiger wurden sie, auf Jesu Botschaft zu antworten.

Ein weiteres Beispiel finden wir in Johannes 12:

> *„Obwohl er aber so viele Zeichen vor ihnen getan hatte, glaubten sie nicht an ihn, damit das Wort des Propheten Jesaja erfüllt würde, das er sprach: ‚Herr, wer hat unserer Verkündigung geglaubt, und wem ist der Arm des Herrn offenbart worden?‘ Darum konnten sie nicht glauben, weil Jesaja wieder gesagt hat: ‚Er hat ihre Augen verblendet und ihr Herz verstockt, dass sie nicht mit den Augen sehen und mit dem Herzen verstehen und sich bekehren und ich sie heile.‘ Dies sprach Jesaja, weil er seine Herrlichkeit sah und von ihm redete. Dennoch aber glaubten auch von den Obersten viele an ihn; doch wegen der Pharisäer bekannten sie ihn nicht, damit sie nicht aus der Synagoge ausgeschlossen würden; denn sie liebten die Ehre bei den Menschen mehr als die Ehre bei Gott."* (Joh 12,37-43)

Diese Aussage unseres Herrn stammt nicht aus der Anfangszeit, sondern aus den letzten Tagen seines Dienstes. In den vergangenen drei Jahren hatte er viele Zeichen getan und dem Volk das Wort Gottes gepredigt. Viele hatten geglaubt, aber es gab auch andere, die ihn trotz aller Beweise, Zeichen und der Macht seiner Botschaft bewusst ablehnten. Sie hatten einen Punkt erreicht, an dem es kein Zurück mehr gab, und Gott griff ein und verhärtete ihre Herzen.

Die Verhärtung des menschlichen Herzens durch Gott ist eine ernste Angelegenheit. Wir werden sie uns noch im Zusammenhang mit Römer 9–11 detaillierter anschauen. Hier jedoch konzentrieren wir uns auf das, was uns die Schrift über diesen Moment im Herzen eines Menschen lehrt, der nicht mehr rückgängig gemacht werden kann – es gibt einen Punkt, an dem es kein Zurück mehr gibt.

Wir sehen dies auch an anderen Stellen der Evangelien. Einmal heilte Jesus einen von Dämonen besessenen Mann, der blind und taub war. Auf diese spektakuläre Heilung gab es zwei Reaktionen:

„Und es erstaunten die ganzen Volksmengen und sagten: Dieser ist doch nicht etwa der Sohn Davids? Die Pharisäer aber sagten, als sie es hörten: Dieser treibt die Dämonen nicht anders aus als durch den Beelzebul, den Obersten der Dämonen." (Mt 12,23-24)

Diese Pharisäer sind keine wiedergeborenen Menschen. Dennoch spricht Jesus nicht mit ihnen, als ob sie keinerlei moralische Wahrnehmung hätten. Im Gegenteil, er antwortet mit einer Reihe von starken Argumenten, die an ihr moralisches Urteilsvermögen appellieren und die Absurdität ihrer Position zeigen:

„Da er aber ihre Gedanken wusste, sprach er zu ihnen: Jedes Reich, das mit sich selbst entzweit ist, wird verwüstet; und jede Stadt oder jedes Haus, die mit sich selbst entzweit sind, werden nicht bestehen. Und wenn der Satan den Satan austreibt, so ist er mit sich selbst entzweit. Wie wird denn sein Reich bestehen? Und wenn ich durch Beelzebul die Dämonen austreibe, durch wen treiben eure Söhne sie aus? Darum werden sie eure Richter sein." (Mt 12,25-27)

Ihre moralische Unbelehrbarkeit ist schuldhaft, denn es ist eine vorsätzliche Ablehnung der offensichtlichen Schlussfolgerung, die sich aus der Heilung des besessenen Menschen ergibt. Jesus selbst weist darauf hin:

„Wenn ich aber durch den Geist Gottes die Dämonen austreibe, so ist also das Reich Gottes zu euch gekommen." (Mt 12,28)

Dann verkündet er sein Urteil:

„Deshalb sage ich euch: Jede Sünde und Lästerung wird den Menschen vergeben werden; aber die Lästerung des Geistes wird nicht vergeben werden. Und wenn jemand ein Wort reden wird gegen den Sohn des Menschen, dem wird vergeben werden; wenn aber jemand gegen den Heiligen Geist reden wird, dem wird nicht vergeben werden, weder in diesem Zeitalter noch in dem zukünftigen." (Mt 12,31-32)

Jesus erwartete eindeutig, dass diese nicht wiedergeborenen Menschen die Logik seiner ethischen Argumente verstehen würden. Sie konnten nicht leugnen, dass der Mensch durch übernatürliche Macht geheilt worden war; aber gegen jede Logik und gegen jeden gesunden Menschenverstand beschlossen sie, nicht anzuerkennen, dass Jesus durch die Macht Gottes gehandelt hatte.

Sie hätten anerkennen müssen, dass er der Sohn Gottes, der Messias, war, und so haben sie das Wunder fälschlicherweise dem Teufel zugeschrieben. Christus sagte ihnen sehr ernst, dass dies eine schwere Gotteslästerung gegen den Heiligen Geist sei, die ihnen jede Möglichkeit nehmen würde, jemals Vergebung zu empfangen.

Das war noch nicht alles, was er ihnen zu sagen hatte. Sein letztes Wort in diesem Diskurs war:

> *„Ich sage euch aber, dass die Menschen von jedem unnützen Wort, das sie reden, Rechenschaft geben müssen am Tag des Gerichts; denn aus deinen Worten wirst du gerechtfertigt werden, und aus deinen Worten wirst du verdammt werden."* (Mt 12,36-37)

In einem gewissem Sinne hatten diese Pharisäer, ohne dass sie es merkten, erlebt, wie der Tag des Gerichts aussehen würde. Sie hatten vor dem Richter gestanden, der sie zur Rechenschaft über ihre törichten und verdrehten Worte aufforderte. Ebenso wird Gottes letztes Gericht gerecht sein und als fair angesehen werden.

Es ist wichtig, an dieser Stelle darauf hinzuweisen, dass dies kein tyrannisches Urteil ist, das in irgendeiner Form beweist, dass Gott letztlich doch kein Gott der Liebe ist. Es gibt nur dieses eine Evangelium: Erlösung durch Umkehr und Glauben an Jesus als den Sohn Gottes. Es wird bezeugt durch die Macht des Heiligen Geistes, und wenn Menschen dieses Zeugnis endgültig ablehnen und es dem Teufel zuordnen, dann hat Gott kein alternatives Evangelium zu bieten. Das liegt in der Natur der Sache.

Aus der Schrift ist klar ersichtlich, dass die Menschen durch ihr eigenes Verhalten ihre Fähigkeit, umzukehren und zu glauben, irreversibel beschädigen können.

Niemand, der das Neue Testament liest, kann leugnen, dass das Evangelium ein Aufruf Gottes an den Menschen ist. Das Johannesevangelium ist sogar von Anfang bis Ende ein einziger langer Appell. Christus und seine Apostel predigten, lehrten, argumentierten, diskutierten und überzeugten ihre Zuhörer. Der Apostel Petrus sagt den Christen:

> *„Haltet den Herrn, den Christus, in euren Herzen heilig! Seid aber jederzeit bereit zur Verantwortung jedem gegenüber, der Rechenschaft von euch über die Hoffnung in euch fordert." (1Petr 3,15)*

Dennoch treffen wir manchmal auf Menschen, die der Meinung sind, dass es nutzlos ist, für das Evangelium zu argumentieren. „Man kann niemand ins Reich Gottes hineinargumentieren", sagen sie. Wie wir bereits gesehen haben, wird dieses Argument manchmal auf der Grundlage eines falschen Verständnisses gebraucht, „tot in Sünden und Vergehungen" zu sein.

Es gibt jedoch noch einen anderen Gesichtspunkt. Viele von uns, besonders diejenigen mit dem Privileg der höheren Bildung, sind manchmal versucht, sich zuerst auf den eigenen Verstand zu verlassen und sich nur dann an Gott zu wenden, wenn sie in Schwierigkeiten geraten. Das ist gewiss nicht das, was die Apostel taten. Ihre Einstellung war genau das Gegenteil. Sie vertrauten Gott und gebrauchten ihren Verstand, ihre Talente und Gaben für ihren Dienst für Gott. Dem Verstand zu vertrauen und Gott zu benutzen ist gleichbedeutend mit Götzendienst. Gott zu vertrauen und den Verstand zu benutzen ist christlich. Wenn wir dies einmal verstanden haben, dann können wir sehen, dass sich unser Intellekt nicht von anderen Gaben unterscheidet. Er ist eine Gabe Gottes, die mit seiner Hilfe in seinem Dienst eingesetzt werden soll, dem man jedoch nicht als Götze oder Gottes-Ersatz vertrauen sollte.

Es grenzt an Respektlosigkeit anzunehmen, dass Christus und seine Apostel „ihre Zeit damit verschwendeten" an den Orten der antiken Welt zu lehren, zu diskutieren und mit Leuten zu argumentieren. Weit gefehlt! Wie wir in Kapitel 7–10 des Johannesevangeliums sehen können, war dies Gottes Strategie, um die Welt zu erreichen. Da diese Kapitel eine Passage enthalten, die oft zur Unterstützung des deterministischen Theismus verwendet wird, sind sie für unser Hauptthema von besonderer Bedeutung. Christus sagte zu den religiösen Führern, die ihm zuhörten:

> *„Aber ihr glaubt nicht, denn ihr seid nicht von meinen Schafen, wie ich euch gesagt habe. Meine Schafe hören meine Stimme, und ich kenne sie, und sie folgen mir; und ich gebe ihnen ewiges Leben, und sie gehen nicht verloren in Ewigkeit, und niemand wird sie aus meiner Hand rauben."* (Joh 10,26-28)

Dieser Text wird oft als Argument dafür gebraucht, dass es eine Frage der bedingungslosen Erwählung durch Gott ist, eines von Christi Schafen zu werden. Manche wählt er als seine Schafe aus, manche nicht; ohne jeglichen Bezug zu ihnen selbst. Die Erwählten werden an Christus glauben. Diejenigen, die nicht zu seinen Schafen erwählt sind, werden niemals glauben, sodass sie ewig verloren sind. Wir werden prüfen, ob dies eine vertretbare Interpretation ist, wobei wir den weiteren Kontext des Johannesevangeliums, in dem sie vorkommt, im Hinterkopf behalten. Dieser Abschnitt gliedert sich in vier Hauptteile, die durch ihre Kapiteleinteilung einfach beschrieben werden können:

- Johannes 7 – Jesus lehrt auf dem Laubhüttenfest in Jerusalem
- Johannes 8 – Jesus vergibt der Ehebrecherin
- Johannes 9 – Jesus heilt den blindgeborenen Mann
- Johannes 10 – Jesus offenbart sich selbst als der Hirte der Schafe und lehrt beim Fest der Tempelweihe

In diesem Teil des Johannesevangeliums wird Jesus als das Licht der Welt offenbart. Jedes dieser vier Kapitel ist einer anderen Art und Weise gewidmet, wie er seine gute Nachricht der Welt verkündet. Zwei wichtige jüdische Feste sind davon betroffen: das Laubhüttenfest zu Beginn und das Fest der Tempelweihe am Ende. Bei jedem dieser Feste wurde der Tempel auf besondere Art erleuchtet. Beim Laubhüttenfest (Sukkot) war Jerusalem wie ein großer Schafstall, überlaufen von jüdischen Pilgern, die von überall her kamen. Eines der Merkmale dieses Festes war eine prächtige Zeremonie, bei der der Tempel beleuchtet wurde. Dabei wurden im Hof der Frauen vier riesige goldene Öllampen angezündet. Man sagt, dass diese Menoras über zwanzig Meter hoch waren. Sie warfen in der Nacht ein strahlendes Licht über Jerusalem und dienten als Symbol für die Feuersäule, die Israel einst auf ihrer Reise zum Verheißenen Land geführt hatte.

Höhepunkt dieses Abschnitts des Johannesevangeliums ist eine Szene im vierten Teil, die sich im Bereich des Jerusalemer Tempelhofs am 25. Tag des hebräischen Monats Kislev zutrug. Es wurde das Fest der Tempelweihe gefeiert (Chanukka oder Lichterfest). Dies war kein biblisches Fest, aber dennoch von großer historischer Bedeutung für die Juden. Die Makkabäer fügten es im zweiten Jahrhundert vor Christus zu ihrem Kalender hinzu, um die Reinigung und die Neueinweihung des Tempels zu feiern. Das Fest dauerte acht Tage und Nächte. Dabei wurden die Lampen der besonderen neun-armigen Hanukkah-Menora entzündet. In der ersten Nacht wurde eine Lampe angezündet, in der zweiten Nacht zwei Lampen, bis alle acht Lampen brannten. Es gab noch zusätzliches Licht, das praktischen Beleuchtungszwecken diente. Jedes Haus hatte ein Licht im Fenster und Jerusalem muss wunderschön ausgesehen haben im Schein tausender Lampen, die überall in der Stadt leuchteten.

So wird unser Abschnitt des Johannesevangeliums am Anfang und am Ende von zwei Festen eingerahmt. Jedes von ihnen dauerte eine Woche, bei beiden geht es um die Erleuchtung der Stadt. Zu diesen Festen kommt Jesus als Licht der Welt. Im ersten Teil lesen wir, wie Jesus nach Jerusalem hinaufgeht. Im vierten Teil gebraucht Johannes dasselbe griechische Wort (*anabaino*), um zu beschreiben, wie sich der Dieb der Schafherde nähert (wo er „hinübersteigt"; Joh 10,1). Dies ist eines der Schlüsselthemen des Abschnitts: Wie können die Menschen unterscheiden zwischen dem wahren Hirten, der das Beste für die Schafe will, und dem falschen „Hirten", der die Schafe ausbeuten und zerstören will? Wie können die Schafe wissen, um wen es sich handelt? Wie nähert sich ihnen der wahre Hirte, um ihr Vertrauen zu gewinnen? Die Antworten auf diese Fragen werden uns helfen, das Wesen der menschlichen Verantwortung und ihre Beziehung zur Souveränität der göttlichen Initiative zu verstehen.

Die mittleren Teile 2 und 3 tragen auch zum Thema bei, wie Jesus sich den Menschen als Licht der Welt nähert. In Johannes 8 lesen wir, wie die religiösen Führer die Sünde einer Frau offenlegen, wohingegen Jesus ihre eigene Sünde ans Licht bringt. In Kapitel 9 lesen wir von der Heilung eines blinden Mannes, der – ohne eigene Schuld oder Schuld der Eltern – von Geburt an nicht sehen konnte und daher nicht wusste, was Licht ist. Jesus lässt ihn sehen und gebraucht ihn als Gleichnis für die Blindheit der religiösen Führer.

Unser Studium dieses Abschnitts wird etwas uneinheitlich sein, da manche Teile für unser Hauptthema wichtiger sind als andere. Wir müssen also der Versuchung widerstehen, eine allzu detaillierte Darstellung zu geben.

Wir beginnen mit dem Laubhüttenfest.

Johannes 7: Jesus beim Laubhüttenfest

„Und danach zog Jesus in Galiläa umher; denn er wollte nicht in Judäa umherziehen, weil die Juden ihn zu töten suchten. Es war aber nahe das Fest der Juden, die Laubhütten. Es sprachen nun seine Brüder zu ihm: Zieh von hier fort und geh nach Judäa, dass auch deine Jünger deine Werke sehen, die du tust! Denn niemand tut etwas im Verborgenen und sucht dabei selbst öffentlich bekannt zu sein. Wenn du diese Dinge tust, so zeige dich der Welt! Denn auch seine Brüder glaubten nicht an ihn." (Joh 7,1-5)

In den Augen seiner Brüder, war die große Menschenmenge, die das Laubhüttenfest besuchte, eine einzigartige Möglichkeit für Jesus, seine Botschaft in die Welt zu tragen. Ihrer Meinung nach war es nur vernünftig, zu der größten Menschenansammlung zu gehen und dort zu zeigen, zu welchen Taten er fähig war.

Wie Jesus ihnen zeigte, war dies jedoch nicht ganz so einfach. Seine Botschaft war keine gewöhnliche Botschaft, die unmittelbar populär war. Sie beinhaltete, dass der Welt gesagt wurde, wie böse ihre Taten waren. Eine solche Offenlegung von Sünde würde sehr wahrscheinlich Ressentiments wecken. Diese Tatsache musste in Rechnung gestellt werden, wenn sich Jesus den Menschen näherte. Deshalb ging er damals nicht mit seinen Brüdern zum Fest. Wahrscheinlich hätten sie der Menge in ihrem Unglauben Jesu Gegenwart auf wenig hilfreiche Weise vermittelt. Jesus wartete einige Tage, bis das Fest bereits weit fortgeschritten war. Dann ging er unbemerkt nach Jerusalem. Inzwischen gab es in der Stadt viele Gerüchte über ihn. Die Meinung der Menge war geteilt, ob es sich bei ihm um einen Betrüger handelte oder nicht.

Wie sollte er sie ansprechen, um seiner Botschaft den maximalen Einfluss zu verleihen?

> *„Als es aber schon um die Mitte des Festes war, ging Jesus hinauf in den Tempel und lehrte. Da wunderten sich die Juden und sagten: Wie kennt dieser die Schriften, da er doch nicht gelernt hat?" (Joh 7,14.15)*

Seine Strategie – so schlicht sie auch war – wird nun offenbar. Er ging zum Tempel und lehrte öffentlich für jeden, der ihm zuhören wollte. Sofort faszinierte er die Menge mit seiner tiefen Weisheit und Gelehrsamkeit. Die Juden im Tempel waren erstaunt. Sie kannten doch alle Lehrer des Tempels und der rabbinischen Schulen und es war klar, dass wer auch immer dieser Lehrer war – er hatte nicht in der üblichen Weise an ihren Schulen studiert. Sie sahen in ihm daher auch keinen legitimen Lehrer. Dennoch war seine Lehre in ihrer Reichweite und Tiefe atemberaubend.

Dabei wird noch nicht auf Details oder Inhalte seiner Lehre eingegangen. Der Fokus der Zuhörer lag vielmehr auf der Quelle seiner Lehre – woher hatte er sie?

> *„Da antwortete ihnen Jesus und sprach: Meine Lehre ist nicht mein, sondern dessen, der mich gesandt hat. Wenn jemand seinen Willen tun will, so wird er von der Lehre wissen, ob sie aus Gott ist oder ob ich aus mir selbst rede. Wer aus sich selbst redet, sucht seine eigene Ehre; wer aber die Ehre dessen sucht, der ihn gesandt hat, der ist wahrhaftig, und Ungerechtigkeit ist nicht in ihm. Hat nicht Mose*

*euch das Gesetz gegeben? Und keiner von euch tut das Gesetz. Was
sucht ihr mich zu töten?" (Joh 7,16-19)*

Jesus sprach nicht zu wiedergeborenen Menschen. Dennoch erwartete er von ihnen, dass sie seiner Logik folgen und verstehen konnten, was er sagte. Er behauptete, dass seine Lehre von Gott kam und dass sie dies überprüfen konnten, indem sie sich dazu *entschieden,* Gottes Willen zu tun. Jesus forderte also eine moralische Antwort, denn solches Wissen wird nicht gewährt, um bloße intellektuelle Neugier zu befriedigen. Um zu erkennen, sollten seine Zuhörer ihren eigenen moralischen Willen ausüben und dazu Gottes Willen tun. Christus behandelte sie als moralisch verantwortliche Wesen, die moralische Entscheidungen treffen konnten. Dies wird plötzlich noch klarer, als er die moralische Frage anspricht, warum sie versuchen, ihn zu töten. Plötzlich wird ihnen klar, dass sie ihm schon einmal begegnet waren:

*„Die Volksmenge antwortete: Du hast einen Dämon. Wer sucht dich
zu töten? Jesus antwortete und sprach zu ihnen: Ein Werk habe ich
getan, und ihr alle verwundert euch deswegen. Mose gab euch die
Beschneidung – nicht dass sie von Mose sei, sondern von den Vätern –, und am Sabbat beschneidet ihr einen Menschen. Wenn ein
Mensch die Beschneidung am Sabbat empfängt, damit das Gesetz
Moses nicht aufgehoben wird, wieso zürnt ihr mir, dass ich einen
ganzen Menschen gesund gemacht habe am Sabbat? Richtet nicht
nach dem äußeren Anschein, sondern richtet das gerechte Gericht.
Es sagten nun einige von den Bewohnern Jerusalems: Ist das nicht
der, den sie zu töten suchen? Und siehe, er redet öffentlich, und sie
sagen ihm nichts. Haben etwa die Obersten wahrhaftig erkannt,
dass dieser der Christus ist? Diesen aber kennen wir, woher er ist;
wenn aber der Christus kommt, so weiß niemand, woher er ist. Jesus
nun rief im Tempel, lehrte und sprach: Ihr kennt mich und wisst
auch, woher ich bin; und ich bin nicht von mir selbst gekommen,
sondern der mich gesandt hat, ist wahrhaftig, den ihr nicht kennt.
Ich kenne ihn, weil ich von ihm bin und er mich gesandt hat. Da
suchten sie ihn zu greifen; und niemand legte die Hand an ihn, weil*

seine Stunde noch nicht gekommen war. Viele aber von der Volks-menge glaubten an ihn und sprachen: Wenn der Christus kommt, wird er wohl mehr Zeichen tun als die, welche dieser getan hat?"
(Joh 7,20-31)

Jesus erinnerte sie daran, wie er bei seinem letzten Aufenthalt in Jerusalem einen Mann am Sabbat geheilt hatte (Joh 5). Er lädt sie nun dazu ein, ein moralisches Urteil über den Vergleich zwischen seiner Heilung am Sabbat und ihrer Beschneidung von Babys am Sabbat zu treffen. Er weist mit simpler Logik darauf hin, dass ihr Zorn gegen ihn unangebracht ist.

Wir dürfen nicht übersehen, was das für unser Thema bedeutet. Wir müssen uns daran erinnern, dass dies die Strategie unseres Herrn ist, seine Botschaft zu kommunizieren. Es beginnt damit, dass er seine Zuhörer dazu auffordert, ihre moralischen und logischen Fähigkeiten zu gebrauchen, um seine Lehre und seine Taten zu beurteilen. Er sagt ihnen nicht, dass Gottes Gedanken zu diesem Thema viel zu hoch für sie sind, oder dass man nicht von ihnen erwarten kann, dass sie verstehen, was geschieht, weil sie intellektuell und moralisch „tot in Sünden und Vergehungen" sind.

Das kann nicht der Fall sein. Obwohl sie nicht wiedergeboren sind, deutet allein die Tatsache, dass der Herr selbst diese Menschen dazu auffordert, ihr moralisches Empfinden zu gebrauchen, um ein richtiges Urteil zu fällen, darauf hin, dass er daran glaubt, dass sie die Fähigkeit dazu auch besitzen. Sie waren zwar „tot in Sünden und Vergehungen", aber dennoch traut Christus ihnen zu, ein richtiges Urteil zu treffen.

Sie waren daher weder intellektuell noch moralisch tot. Sie waren moralische Wesen, als Ebenbilder Gottes geschaffen. Sie waren fähig, auf die moralische Herausforderung des Herrn zu antworten, und schuldig, wenn sie es nicht taten. Offensichtlich antworteten manche. Johannes sagt uns, dass es diejenigen waren, die gesehen hatten, was Jesus getan hatte. Sie hatten ihr moralisches Urteilsvermögen auf diese Zeichen angewendet und waren zu dem Schluss gekommen, dass er wirklich derjenige war, der er vorgab zu sein. Sie kehrten von ihren Sünden um und glaubten an ihn. Andere lehnten ihn auf der

Grundlage fadenscheiniger Argumente bezüglich seiner Herkunft ab, und manche von ihnen versuchten sogar, ihn festzunehmen. Jerusalem war gespalten.

Das Ende des Festes näherte sich und der letzte Tag war voll von Zeremonien. Es wurde Wasser vom Teich von Siloah geschöpft und über dem Sockel des Altars im Tempelhof ausgegossen. Die Menschenmenge sang einige Psalmen, die von der Erlösung redeten, Worte, die zum Himmel riefen: „Herr, rette uns jetzt!" An einer Stelle muss es wohl eine Pause gegeben haben. Es herrschte Stille, während die aufmerksame Menge eine kraftvolle Stimme hörte:

> *„Wenn jemand dürstet, so komme er zu mir und trinke! Wer an mich glaubt, wie die Schrift gesagt hat, aus seinem Leibe werden Ströme lebendigen Wassers fließen." (Joh 7,37-38)*

„Hat jemand noch Durst?" Es muss ein dramatischer Schock für die religiösen Führer gewesen sein. Hier standen sie, hatten das Beste aus der religiösen Zeremonie herausgeholt, und dieser Emporkömmling aus Galiläa hatte die Dreistigkeit zu behaupten, dass dies nicht ausreichend sei, um den Durst der Menschen zu stillen.

Wie konnte er es wagen?! Er wagte es, weil er wusste, dass viele Menschen an diesem Tag völlig enttäuscht von dieser äußerlich religiösen Zeremonie waren, egal wie teuer und beeindruckend sie auch sein mochte. Sie dürsteten nach einer inneren Realität, nach jener Erfüllung, die Christus vorher der Frau am Brunnen gegeben hatte, als er sie mit dem Wasser des Lebens versorgte und sie an ihn als Erlöser und Herrn glaubte.

Der Appell unseres Herrn war dramatisch. Er war auch authentisch. Er galt allen und nicht nur einigen wenigen Vorherbestimmten. Es war ein Angebot für diejenigen, die den Vater noch nicht kannten. Sie konnten ihn kennenlernen, indem sie an den Sohn glaubten. Aber sie mussten kommen und trinken. Sie konnten ja oder nein sagen. Jesu Lehre hatte großen Auswirkungen und teilte die Menge. Manche glaubten ihm und manche nicht. Am Ende gingen sie alle nach Hause, nur Jesus nicht. Er ging zu seinem Lieblingsplatz auf dem Ölberg, vermutlich um mit seinem Vater in der Stille des Gartens alleine zu sein.

Johannes 8: Jesus vergibt der Ehebrecherin

„Frühmorgens aber kam er wieder in den Tempel, und alles Volk kam zu ihm; und er setzte sich und lehrte sie. Die Schriftgelehrten und die Pharisäer aber bringen eine Frau, die beim Ehebruch ergriffen worden war, und stellen sie in die Mitte und sagen zu ihm: Lehrer, diese Frau ist auf frischer Tat beim Ehebruch ergriffen worden. In dem Gesetz aber hat uns Mose geboten, solche zu steinigen. Du nun, was sagst du? Dies aber sagten sie, ihn zu versuchen, damit sie etwas hätten, um ihn anzuklagen. Jesus aber bückte sich nieder und schrieb mit dem Finger auf die Erde. Als sie aber fortfuhren, ihn zu fragen, richtete er sich auf und sprach zu ihnen: Wer von euch ohne Sünde ist, werfe als Erster einen Stein auf sie. Und wieder bückte er sich nieder und schrieb auf die Erde. Als sie aber dies hörten, gingen sie, einer nach dem anderen, hinaus, angefangen von den Älteren; und er wurde allein gelassen mit der Frau, die in der Mitte stand. Jesus aber richtete sich auf und sprach zu ihr: Frau, wo sind sie? Hat niemand dich verurteilt? Sie aber sprach: Niemand, Herr. Jesus aber sprach zu ihr: Auch ich verurteile dich nicht. Geh hin und sündige von jetzt an nicht mehr!" (Joh 8,2-11)

Es war früh am nächsten Tag, und Jesus ging zurück in den Tempel. Eine Menge sammelte sich um ihn, und er begann zu lehren. Erneut folgte er seiner Strategie. Johannes beschreibt, wie seine Lehre unterbrochen wurde, als die Pharisäer eine Ehebrecherin vor Jesus zerrten, in der Hoffnung, ihm ein Urteil abzuzwingen, was mit ihr geschehen sollte. Sie zitierten Mose, um sie steinigen zu lassen. Sie taten dies nicht aus Sorge um die Einhaltung des Gesetzs oder weil sie die Frau gerecht richten wollten. Sie wollten Jesus einfach nur eine Falle stellen, indem sie ihn herausforderten, Mose zu widersprechen. Sie ließen sozusagen das Gesetz des Moses über der Frau erstrahlen.

Jesus antwortete, indem er auf die Erde schrieb. Als sie hartnäckig weiterfragten, forderte er jeden, der ohne Sünde war, auf, den ersten Stein zu werfen. Dann beugte er sich erneut herab, um auf den Boden zu schreiben. Wir wissen nicht, was er schrieb, aber der Gedanke, dass der Sohn Gottes mit dem Finger auf den Boden schreibt, erinnert daran, dass das Gesetz, das Mose gegeben wurde, „mit dem Finger Gottes" geschrieben wurde (2Mo 31,18). Es ist möglich und sogar plausibel, dass Jesus diese Gesetze in den Sand schrieb. Was auch immer er schrieb, es hatte einen gewaltigen Effekt. Als die Ankläger der Frau sie mit dem Gesetz konfrontierten, hielten sie sich selbst für moralisch einwandfrei. Wie Menschen, die eine mächtige Fackel vor sich hertragen, waren sie selbst im Dunkeln. Als das Licht der Welt zu leuchten begann, durchdrang das Licht ihr Gewissen und sie verließen den Ort, vom Ältesten bis zum Jüngsten. Jesus hatte sie dazu gebracht, ihr moralisches Urteilsvermögen zu gebrauchen. Doch dieses Mal war es weniger um seine Lehre gegangen als um sie selbst. Wieder liegt der Schwerpunkt darauf, dass sie auch als nicht wiedergeborene Menschen dazu fähig waren, moralisch zu urteilen. Auch wenn sie geistlich tot waren, waren sie sicherlich nicht in moralischer oder intellektueller Weise tot.

Bemerkenswert ist, dass die Frau, nachdem sie von ihren Anklägern losgelassen wurde, keine Anstalten machte zu gehen. Ihre eigenen Sünden und diejenigen ihrer Ankläger waren offengelegt worden, aber das Wesen des Lichtes dieser Welt ließ sie in seiner Gegenwart verweilen. Vielleicht fühlte sie sich sicher und unbedroht. Er fragte sie, ob jemand sie verurteilt hatte. „Niemand", sagte sie. „Auch ich verurteile dich nicht. Geh hin und sündige von jetzt an nicht mehr", sagte Jesus. Christus billigte ihre Sünde nicht – sie sollte nicht mehr sündigen. Er vergab ihr und brachte Hoffnung in ihr bis dahin trauriges und unbefriedigendes Leben.

Erneut sprach Jesus zu den Menschen:

> *„Jesus redete nun wieder zu ihnen und sprach: Ich bin das Licht der Welt; wer mir nachfolgt, wird nicht in der Finsternis wandeln, sondern wird das Licht des Lebens haben. Da sprachen die Pharisäer zu ihm: Du zeugst von dir selbst; dein Zeugnis ist nicht wahr. Jesus antwortete und sprach zu ihnen: Auch wenn ich von mir selbst zeuge, ist mein Zeugnis wahr, weil ich weiß, woher ich gekommen bin und wohin ich gehe; ihr aber wisst nicht, woher ich komme oder wohin ich gehe. Ihr richtet nach dem Fleisch, ich richte niemand. Wenn ich aber auch richte, so ist mein Gericht wahr, weil ich nicht allein bin, sondern ich und der Vater, der mich gesandt hat. Aber auch in*

eurem Gesetz steht geschrieben, dass das Zeugnis zweier Menschen wahr ist. Ich bin es, der von mir selbst zeugt, und der Vater, der mich gesandt hat, zeugt von mir. Da sprachen sie zu ihm: Wo ist dein Vater? Jesus antwortete: Ihr kennt weder mich noch meinen Vater; wenn ihr mich gekannt hättet, so würdet ihr auch meinen Vater gekannt haben. Diese Worte redete er in der Schatzkammer, als er im Tempel lehrte; und niemand legte Hand an ihn, denn seine Stunde war noch nicht gekommen." (Joh 8,12-20)

In diesem Abschnitt beginnt der Herr eine tiefe und komplexe Diskussion mit einer Gruppe von Pharisäern. Entschuldigen Sie, wenn ich diesen Punkt erneut betone, aber die Tatsache, dass er dies tut, zeigt wieder einmal, dass er sie nicht als intellektuell tot und unverständig ansah.

Man diskutiert nur mit Leuten, von denen man erwartet, dass sie verstehen, was man sagt. Er diskutierte mit ihnen als ein Zeuge und erwartete von ihnen, dass sie den Inhalt dieses Zeugnisses verstanden. Er behandelte sie als mündige Menschen.

Er sagte ihnen, dass er das Licht der Welt ist. Vielleicht hatten sie eine vage Idee, was er damit meinte. Denn sie waren dabei, als die Ehebrecherin zu Jesus gebracht wurde, und hatten gesehen, wie Jesus die Sünde ihrer Möchte-Gern-Richter offengelegt hatte. Vielleicht hatten manche von ihnen seine Macht persönlich gespürt und waren zurückgeschlichen, um noch mehr von dem zu hören, was er zu sagen hatte. Er sagte ihnen, dass dieses Licht für sie verfügbar war. Es gab nur eine Bedingung: Sie mussten ihm folgen. Dieses Licht war keine beliebig leuchtende Lampe, die auf willkürliche oder geheimnisvolle Art und Weise den einen anstrahlte und den anderen nicht. Alle konnten seine heilenden Strahlen genießen, wenn sie bereit waren, ihm zu folgen, seiner Lehre zu glauben und ihm als Herrn zu vertrauen und zu gehorchen.

Manche verloren sich in intellektuellen Spitzfindigkeiten und wollten ihn ablenken. Sie sagten, dass er sich selbst bezeugte, was vollkommen stimmte. Obwohl sie das juristische Recht hatten, über Zeugen zu diskutieren, war ihre Behauptung, dass sein Zeugnis falsch war, nicht logisch. Wenn nämlich Jesus der war, der er vorgab zu sein, dann war er vollkommen einzigartig – er konnte nur selbst zum Zeugen werden.

Ebenso wie ein Forscher, der alleine an einen einsamen Ort gelangt, sich bei seiner Rückkehr selbst bezeugen muss. Das bedeutet nicht, dass sein Zeugnis falsch ist. Ob wir dieses Zeugnis nun akzeptieren oder nicht, kann nicht von unterstützendem Beweismaterial abhängen, weil es keines gibt. Niemand sonst hat ja gesehen, was der Forscher gesehen hat! Unsere Reaktion muss von dem abhängen, was wir über diesen Menschen wissen: seine Verlässlichkeit, seine Glaubwürdigkeit und dergleichen. Jesus behauptet, dass er weiß, woher er kommt und wohin er geht. Sie hatten keinerlei Wissen darüber, also konnten sie mögliche Informationen einzig allein durch die Akzeptanz von Jesu Zeugnis bekommen.

Man kann dies jedoch noch aus einer anderen Perspektive sehen. Es gab in gewisser Weise noch einen zweiten Zeugen: den Vater. Dies verwirrte sie – wie es auch beabsichtigt war –, und sie fragten: „Wo ist dein Vater?" Jesus antwortete ihnen, dass sie weder ihn noch seinen Vater kannten. Es war rätselhaft, aber im Rückblick können wir verstehen, was geschieht. Im letzten Teil dieses Abschnitts macht Jesus die steile Aussage, dass er und der Vater eins sind (Joh 10,30). Zu diesem Zeitpunkt also, in Kapitel 8, als sie ihn fragten, wo der Vater war, lautete die Antwort, dass er in Christus genau vor ihnen stand. Schritt für Schritt verringert Jesus den scheinbaren Abstand zwischen sich und dem Vater. Wir müssen daran denken, dass in den Augen seiner Zuhörer jede Behauptung Jesu, dass er Gott sei, blasphemisch war. Zu diesem Zeitpunkt konnten sie nicht glauben, dass es wahr sein könnte.

Johannes erinnert uns daran, dass der Herr noch immer im Tempel lehrte – dieses Mal in der Schatzkammer (8,20). Er folgte weiter seiner Strategie des Zeugnisses, indem er durch die Worte seiner Lehre sein Licht erstrahlen ließ. Dies waren sehr dramatische Augenblicke, und dennoch machte keiner den Versuch, ihn festzunehmen. Die von Gott angeordnete Zeit war noch nicht gekommen.

Also sprach er erneut zu ihnen:

„Ich gehe hin, und ihr werdet mich suchen und werdet in eurer Sünde sterben; wohin ich gehe, könnt ihr nicht hinkommen. Da

sagten die Juden: Er will sich doch nicht selbst töten, dass er spricht: Wohin ich gehe, könnt ihr nicht hinkommen? Und er sprach zu ihnen: Ihr seid von dem, was unten ist, ich bin von dem, was oben ist; ihr seid von dieser Welt, ich bin nicht von dieser Welt. Daher sagte ich euch, dass ihr in euren Sünden sterben werdet; denn wenn ihr nicht glauben werdet, dass ich es bin, so werdet ihr in euren Sünden sterben. Da sprachen sie zu ihm: Wer bist du? Jesus sprach zu ihnen: Durchaus das, was ich auch zu euch rede. Vieles habe ich über euch zu reden und zu richten, aber der mich gesandt hat, ist wahrhaftig; und was ich von ihm gehört habe, das rede ich zu der Welt. Sie erkannten nicht, dass er von dem Vater zu ihnen sprach. Da sprach Jesus zu ihnen: Wenn ihr den Sohn des Menschen erhöht haben werdet, dann werdet ihr erkennen, dass ich es bin und dass ich nichts von mir selbst tue, sondern wie der Vater mich gelehrt hat, das rede ich. Und der mich gesandt hat, ist mit mir; er hat mich nicht allein gelassen, weil ich allezeit das ihm Wohlgefällige tue. Als er dies redete, glaubten viele an ihn." (Joh 8,21-30)

Kurz vorher hatte Jesus gesagt: „Ich weiß, woher ich gekommen bin und wohin ich gehe" (Joh 8,14). Da es für die Bestimmung seiner einzigartigen Identitäts-Beziehung zum Vater relevant ist, erweitert er nun das Thema über seine Herkunft und sein Schicksal. Er würde gehen – dies ist ein klarer Hinweis auf seinen Tod. Sie würden ihn suchen – man kann sich die hektischen und vergeblichen Versuche der jüdischen Führung vorstellen, die sie nach der Auferstehung unternahmen, um seinen Leichnam zu finden. Sie würden in ihrer Sünde sterben – die Ablehnung von Jesus als Sohn Gottes und Messias war die Sünde. Es bedeutete, dass sie niemals in die Gegenwart des Vaters kommen würden. Dies war eine absolute Tragödie für diejenigen, die in diesem Moment den Vater hörten, der sich durch den Sohn bezeugte. Er würde in der Tat weggehen und sterben, aber dieser Tod würde das Tor für seine Rückkehr zum Vater sein.

Sie waren verblüfft. Meinte er damit, dass er sich selber umbringen würde, als er sagte, dass er dorthin gehen würde, wohin sie nicht kommen könnten? Nein, es musste etwas mit dem Unterschied ihrer

Herkunftsorte zu tun haben. Sie waren von unten, er war von oben. Sie gehörten zu dieser Welt, deren Werke er als böse bezeichnete, während sein Ursprung beim Vater im Himmel war. Da sie zu dieser Welt gehörten, standen sie in der Gefahr, „in ihren Sünden", also ohne Vergebung zu sterben. Dennoch bedeutete dies nicht, dass es keine Hoffnung für sie gab. Die Situation könnte sich vollkommen verändern, wenn sie bereit waren zu glauben, dass „ich es bin" (V. 24).

Erneut wären diese Worte blasphemisch gewesen, wenn sie nicht gestimmt hätten, da sie sich auf den Namen Gottes bezogen (2Mo 3,14) – wieder ein Anspruch seiner Göttlichkeit. Dies provozierte sofort die Frage: „Wer bist du?" Sie fanden es schwierig, die offensichtliche Schlussfolgerung anzunehmen. Dennoch, wie Jesus nun darauf hinweist, war es genau das, was er ihnen von Anfang an beständig gesagt hatte. Er hatte Dinge über sie gesagt; er hat noch mehr zu sagen, und alles, was er sagte, hatte er zuvor vom Vater gehört. Erneut betont er seine Nähe zum Vater.

Johannes hält inne, um darauf hinzuweisen, dass sie nicht verstanden, dass er vom Vater sprach. Also erklärt Jesus weiter, dass sie verstehen werden, wer er ist und in welcher Beziehung er zum Vater steht, wenn sie ihn aufgerichtet haben. Das Kreuz wird letztendlich offenbaren, wer Jesus wirklich ist. Natürlich nicht sofort. Viele, die an Pfingsten gläubig wurden, glaubten an Christus, weil sie erkannten, dass das Kreuz die letzte Offenbarung der Liebe Gottes war. Das Kreuz war das Mittel, durch das die Erlösung für diejenigen zugänglich wurde, die zur Umkehr und zum Glauben bereit waren. Das Kreuz würde auch das Wesen der Autorität Christi offenbaren:

> „Da sprach Jesus zu ihnen: Wenn ihr den Sohn des Menschen erhöht haben werdet, dann werdet ihr erkennen, dass ich es bin und dass ich nichts von mir selbst tue, sondern wie der Vater mich gelehrt hat, das rede ich." (Joh 8,28)

Am Pfingsttag würde Petrus seiner Zuhörerschaft das Kreuz, die Auferstehung und die Himmelfahrt als Beweise dafür präsentieren, dass Jesus als Herr zur Rechten Gottes im Himmel erhöht wurde. Für ihn gab es nun keinen Zweifel mehr, dass Jesu Autorität mit der Autorität des Vaters identisch war.

Damals allerdings stand das Kreuz noch bevor. Als er es ankündigte, sagte Jesus der Menge noch einmal, dass er in genau diesem Moment nicht alleine und der Vater bei ihm war, weil er immer tat, was ihm gefiel. Seine Worte hatten Macht und seine Lehre erreichte viele Herzen. Obwohl sie nicht alles verstanden, was er sagte und seine Worte noch nicht erfüllt waren, hatte er ihnen dennoch genügend Beweise gegeben, und sie glaubten an ihn. Ja, er hatte ihnen zuvor gesagt, dass sie weder ihn noch seinen Vater kannten, dass sie von dieser Welt waren; aber jetzt war klar, dass Jesus nicht gesagt hatte, dass sie ihn niemals kennenlernen könnten. Viele taten es, genau an diesem Ort.

Oder etwa doch nicht? Waren sie aufrichtig? Diese Frage stellt sich im Johannesevangelium mehr als einmal. In Kapitel 2,23-25 gab es Menschen, die scheinbar an Jesus glaubten, weil sie seine Zeichen gesehen hatten, aber es ging nicht tief genug. Daher wollte der Herr der Menschenmenge an dieser Stelle den Unterschied zwischen oberflächlicher Hingabe und echtem Glauben deutlich machen:

„Jesus sprach nun zu den Juden, die ihm geglaubt hatten: Wenn ihr in meinem Wort bleibt, so seid ihr wahrhaft meine Jünger; und ihr werdet die Wahrheit erkennen, und die Wahrheit wird euch frei machen. Sie antworteten ihm: Wir sind Abrahams Nachkommenschaft und sind nie jemandes Sklaven gewesen. Wie sagst du: Ihr sollt frei werden? Jesus antwortete ihnen: Wahrlich, wahrlich, ich sage euch: Jeder, der die Sünde tut, ist der Sünde Sklave. Der Sklave aber bleibt nicht für immer im Haus; der Sohn bleibt für immer. Wenn nun der Sohn euch frei machen wird, so werdet ihr wirklich frei sein. Ich weiß, dass ihr Abrahams Nachkommen seid; aber ihr sucht mich zu töten, weil mein Wort nicht Raum in euch findet. Ich rede, was ich bei dem Vater gesehen habe; auch ihr nun tut, was ihr von eurem Vater gehört habt. Sie antworteten und sprachen zu ihm: Abraham ist unser Vater. Jesus spricht zu ihnen: Wenn ihr Abrahams Kinder wäret, so würdet ihr die Werke Abrahams tun; jetzt aber sucht ihr mich zu töten, einen Menschen, der ich euch die Wahrheit

gesagt habe, die ich von Gott gehört habe; das hat Abraham nicht getan. Ihr tut die Werke eures Vaters. Sie sprachen nun zu ihm: Wir sind nicht durch Hurerei geboren; wir haben einen Vater, Gott. Jesus sprach zu ihnen: Wenn Gott euer Vater wäre, so würdet ihr mich lieben, denn ich bin von Gott ausgegangen und gekommen; denn ich bin auch nicht von mir selbst gekommen, sondern er hat mich gesandt. Warum versteht ihr meine Sprache nicht? Weil ihr mein Wort nicht hören könnt. Ihr seid aus dem Vater, dem Teufel, und die Begierden eures Vaters wollt ihr tun. Jener war ein Menschenmörder von Anfang an und stand nicht in der Wahrheit, weil keine Wahrheit in ihm ist. Wenn er die Lüge redet, so redet er aus seinem Eigenen, denn er ist ein Lügner und der Vater derselben. Weil ich aber die Wahrheit sage, glaubt ihr mir nicht. Wer von euch überführt mich einer Sünde? Wenn ich die Wahrheit sage, warum glaubt ihr mir nicht? Wer aus Gott ist, hört die Worte Gottes. Darum hört ihr nicht, weil ihr nicht aus Gott seid." (Joh 8,31-47)

Wahrer Glaube an Christus zeigt sich an seinen Früchten im Leben derer, die ihn bekennen. Er ist keine oberflächliche Sache. Eines seiner Indizien ist eine tiefer werdende Verpflichtung gegenüber dem Wort Christi. Ein Jünger ist ein Lernender. Das Merkmal eines wahren Jüngers ist die Bereitschaft, mehr und mehr von der Wahrheit zu lernen, um zu entdecken, dass die Erkenntnis der Wahrheit zur Freiheit führt. Echter Glaube hält durch.

Bei der Erwähnung von Freiheit protestierte ein Teil der Menge massiv. Sie waren Nachkommen Abrahams. Sie waren freie Männer und Frauen. Sie waren niemals jemand hörig gewesen. Aber die Freiheit, von der Jesus sprach, war die Freiheit von Sünde. Denken Sie daran, dass viele seiner Zuhörer die Begebenheit mit der Ehebrecherin mitbekommen hatten. Sie hatten zur Kenntnis genommen, wie Jesus die Sünde derer offenbart hatte, die sie zu Tode steinigen wollten. Jesus wollte nun sichergehen, dass diejenigen, die auf seine Lehre reagiert hatten, auch wirklich verstanden hatten, dass Erlösung nichts bedeutete, wenn sie nicht von Sünde erlöste. Wenn sie niemals richtig umgekehrt waren und die Sünde beständig ihr Leben bestimmte, dann waren sie Sklaven der Sünde. Nur der Sohn – Jesus, der Sohn

Gottes – konnte sie befreien. Und wenn er es tat, dann würden sie wahre Freiheit genießen.

Jesus bestätigte dann ihren Anspruch, Nachkommen Abrahams zu sein. Er wollte, dass die gesamte Menge die Themen verstand, aber manche wollten sein Wort nicht annehmen und würden versuchen, ihn umzubringen. Der Grund dafür sei, dass sie verschiedene Väter hätten. Dies spornte sie erneut an, ihren Anspruch zu wiederholen, Kinder Abrahams zu sein. Aber wenn dies der Fall wäre, erwiderte Jesus, dann würden sie auch die Werke Abrahams tun. Abraham hätte niemals versucht, einen Menschen umzubringen, der die Wahrheit Gottes verkündigte. „Ihr erweist keinerlei Kennzeichen für eine moralische und geistliche Verwandtschaft mit Abraham. Tatsächlich tut ihr die Werke eures Vaters."

Sie verstanden nicht recht, was er damit sagen wollte, aber das sollte sich schnell ändern. Sie beharrten darauf, dass sie nur einen Vater hatten, mit einer nicht gerade subtilen Unterstellung: „Wir sind nicht durch Hurerei geboren" (V. 41). Dadurch implizierten sie, dass Jesus sehr wohl in diese Kategorie gehören könnte. Nur wenige Menschen wussten etwas über seine wahre Elternschaft. Man kann sich vorstellen, wie ihm die Gerüchte vorauseilten, dass Josef nicht sein richtiger Vater war. Nein, so waren sie nicht! Ihr Vater war Gott selbst! Wenn dies der Fall wäre, antwortete Jesus, dann würden sie ihn lieben, weil er von Gott gekommen war. Aber sie konnten nicht einmal seine Worte ertragen, ganz zu schweigen davon, sie zu befolgen. So entlarvte das Licht der Welt sie als diejenigen, die sein Wort um keinen Preis der Welt annehmen wollten – und dies bedeutete, dass ihr wahrer Vater der Teufel selbst war.

Das waren sehr deutliche Worte. Jesus wies darauf hin, dass die Schrift lehrte, dass der Teufel ein Mörder und Lügner von Anfang an war. Und indem sie die Wahrheit der Lehre Jesu ablehnten, zeigten diese Menschen ihre wahre Herkunft. Jesus forderte sie auf, ihn einer einzigen Sünde zu überführen, was sie natürlich nicht konnten. Kein anderer Mensch könnte diese Forderung stelle und dabei ernst genommen werden. Aber im Falle Jesu steht sie seit über 2000 Jahren. Alles, was er tun musste, um ihre Sünde zu offenbaren, war, in den Sand zu schreiben. Wenn er die Wahrheit sagte, warum glaubten sie ihm nicht? Da Menschen, die von Gott sind, Gottes Worte hören, besteht die einzig mögliche Antwort darin, dass sie nicht von Gott waren. Egal, was sie behaupteten zu sein, sie waren keine echten Gläubigen, jedenfalls nicht alle.

> *„Die Juden antworteten und sprachen zu ihm: Sagen wir nicht recht, dass du ein Samariter bist und einen Dämon hast? Jesus antwortete: Ich habe keinen Dämon, sondern ich ehre meinen Vater, und ihr verunehrt mich. Ich aber suche nicht meine Ehre: Es ist einer, der sie sucht und der richtet. Wahrlich, wahrlich, ich sage euch: Wenn jemand mein Wort bewahren wird, so wird er den Tod nicht sehen in Ewigkeit. Die Juden sprachen nun zu ihm: Jetzt erkennen wir, dass du einen Dämon hast. Abraham ist gestorben und die Propheten, und du sagst: Wenn jemand mein Wort bewahren wird, so wird er den Tod nicht schmecken in Ewigkeit. Bist du etwa größer als unser Vater Abraham, der gestorben ist? Und die Propheten sind gestorben. Was machst du aus dir selbst? Jesus antwortete: Wenn ich mich selbst ehre, so ist meine Ehre nichts; mein Vater ist es, der mich ehrt, von dem ihr sagt: Er ist unser Gott. Und ihr habt ihn nicht erkannt, ich aber kenne ihn; und wenn ich sagte: Ich kenne ihn nicht, so würde ich euch gleich sein: ein Lügner. Aber ich kenne ihn, und ich bewahre sein Wort. Abraham, euer Vater, jubelte, dass er meinen Tag sehen sollte, und er sah ihn und freute sich. Da sprachen die Juden zu ihm: Du bist noch nicht fünfzig Jahre alt und hast Abraham gesehen? Jesus sprach zu ihnen: Wahrlich, wahrlich, ich sage euch: Ehe Abraham war, bin ich. Da hoben sie Steine auf, um sie auf ihn zu werfen. Jesus aber verbarg sich und ging aus dem Tempel hinaus.* (Joh 8,48-59)

Manche von ihnen stießen wilde Anschuldigungen aus, dass Jesus kein Jude war, sondern ein von Dämonen besessener Samariter. Das Erstaunliche ist, dass er das Gespräch trotz solcher unverfrorener und törichter Provokation fortsetzte. Der Grund dafür war, dass er diese Menschen liebte und sie noch immer erreichen wollte. Weit entfernt davon, von einem Dämonen besessen zu sein, antwortete er, dass er Gott ehre; und doch entehrten sie ihn. Nicht, dass er seine eigene Herrlichkeit und Ehre suchte – Gott suchte sie, und letzten Endes würde Gott der Richter sein. Er ignorierte ihre Bosheit und beendete seine Lehre mit einem letzten Appell: „Wenn jemand mein Wort bewahren wird, so wird er den Tod nicht sehen in Ewigkeit" (V. 51).

Während seiner Unterweisung an diesem Tag hatte Jesus immer wieder die Wichtigkeit seines Wortes unterstrichen. Wieder und wieder betonte er, dass seine Worte vom Vater kamen. Es war sein Wort, das Vergebung und Freiheit bringen konnte. Als Licht der Welt ließ er nun sein unbeschreibliches Licht auf den Tod selbst erstrahlen und sprach die unvergänglichen Worte: „Wenn jemand mein Wort bewahren wird, so wird er den Tod nicht sehen in Ewigkeit." Blind vor Wut benutzten seine Zuhörer diese Aussage, um ihn erneut der dämonischen Besessenheit anzuklagen. Jeder stirbt – auch der Größte. Abraham starb und so auch die Propheten. Dachte Jesus, er wäre größer als Abraham?

Wieder einmal liegt der Fokus auf seiner Identität, aber Jesus wird sich nicht selbst verherrlichen. Seine Ehre kommt vom Vater – genau von dem Gott, den sie für sich beanspruchen. Ihr Anspruch ist falsch: Sie kennen Gott nicht, sie haben ihn nie gekannt. Jesus kennt ihn – und wenn er dies also verleugnen würde, um sich mit ihnen in Einklang zu bringen, dann würde er selbst zum Lügner werden. Jesus kennt Gott und hält sein Wort; sie tun weder das eine noch das andere.

Behauptet er etwa, größer als Abraham zu sein? Ja, das tut er! Abraham freute sich sogar darauf, den Tag Jesu zu sehen – er sah ihn und war froh.

Die Menschenmenge war überwältigt. Der Mann, der vor ihnen stand und behauptete, Abraham gesehen zu haben, war nicht einmal fünfzig Jahre alt. „Ehe Abraham war, bin ich", sagte Christus. Die Bedeutung dessen war atemberaubend. Jesus gebrauchte noch deutlicher den uralten Namen Gottes – Jahweh – „Ich bin" (V. 58). Er gebrauchte diesen Namen nicht nur, um zu erklären, dass er Abraham gesehen hatte, sondern dass er bereits vor Abraham in Ewigkeit existiert hatte.

Solche Worte waren noch nie gehört worden. Sie erschallten in Jerusalems Tempel; ein Gebäude, das in gewissem Sinne die Residenz Gottes auf Erden sein sollte. Es war Gott, der an diesem Tag zu ihnen sprach. Manche von denen, die den Lehrer im Tempelhof bedrängten, waren sich leider nicht bewusst, dass sie gerade eine lange Audienz beim Schöpfer selbst gehabt hatten. Aber nicht allen ging es so. Johannes beendet seine Erzählung hier damit, dass Menschen sich bückten, um Steine aufzuheben und Jesus wegen seiner Blasphemie zu steinigen. Am Beginn des Tages hatten sie Steine für die Ehebrecherin gesucht. Nun wandten sie sich gegen Jesus. Wut auf Gott ist eine hässliche Sache.

Johannes 9: Jesus heilt den blindgeborenen Mann

In Kapitel 9 finden wir erneut das Thema vom Licht der Welt. Dies ist offensichtlich, da es sich mit der Heilung eines blinden Mannes befasst. Beginnen wir damit, Licht auf physikalischer Ebene zu betrachten, und rufen wir uns ins Gedächtnis, was es bedeutet zu sehen.

Erstens muss es eine Lichtquelle geben, die etwas anstrahlt. Zweitens muss es etwas geben, was zu sehen ist. Drittens müssen wir die Fähigkeit des Sehens besitzen. Alle drei Dinge müssen gleichzeitig gegeben sein. Dasselbe gilt für die moralische und geistliche Ebene. Wenn kein Licht in die Welt gekommen wäre, dann gäbe es nichts zu sehen; und wenn Menschen überhaupt nicht fähig wären zu sehen, dann wäre es sicherlich ungerecht, sie dafür zu verurteilen, die Finsternis anstelle des Lichts zu lieben. Aber es gab Licht, es gab etwas zu sehen, und sie waren fähig es zu sehen. Sie sahen es und lehnten es ab. Deshalb sind alle schuldig, und Gottes Urteil ist gerecht.

Diese Dinge finden wir alle im Johannesevangelium. „Das war das wahrhaftige Licht, das, in die Welt kommend, jeden Menschen erleuchtet" (Joh 1,9). Es war Gottes Initiative, das Licht in die Welt zu senden. Es gibt eine Lichtquelle, und wir sollten ihre Universalität beachten: Sie erleuchtet „jeden Menschen".

Wenn Menschen jemals dazu fähig sein sollen, zu sehen, dann reicht es nicht aus, dass es Licht gibt, sie müssen auch die Fähigkeit zu sehen besitzen. Als Jesus in Jerusalem diesem Mann begegnete, fragten ihn seine Jünger: „Rabbi, wer hat gesündigt, dieser oder seine

Eltern, dass er blind geboren wurde?" (Joh 9,2). Jesus antwortete, dass weder der Mann noch seine Eltern schuldig waren. Es war nicht die Schuld des Mannes, dass er nicht sehen konnte.

Wie wir bereits im Zusammenhang mit Johannes 3 im letzten Kapitel gesehen haben, erschließt sich daraus der Grundsatz, dass Gott einen Menschen nicht dafür verantwortlich macht, dass er etwas nicht sieht, was er gar nicht sehen kann.

Jesus tat dann etwas Außergewöhnliches. Er spie auf den Boden und machte Schlamm mit seinem Speichel. Damit salbte er die Augen des Mannes und wies ihn an, sich am Teich von Siloah zu waschen. Als er das tat, empfing der Mann sofort seine Sehfähigkeit. Dies führte zu einem faszinierenden Streit mit den Pharisäern, die nicht glauben wollten, dass er blind gewesen war. Der Mann wusste nicht, wer ihn geheilt hatte. Er sagte lediglich, dass er einmal blind gewesen war und nun sehen konnte. Die Pharisäer beharrten darauf, dass *dieser Mensch* (Jesus) ein *Sünder* (V. 24) war. Der ehemals blinde Mann jedoch argumentierte brilliant, dass Gott nicht auf Sünder hört: „Wenn dieser nicht von Gott wäre, so könnte er nichts tun" (V. 33). An dieser Stelle warfen sie ihn hinaus.

Jesus wendet dann die Geschehnisse auf eine tiefere moralische und geistliche Ebene an:

> *„Jesus hörte, dass sie ihn hinausgeworfen hatten; und als er ihn fand, sprach er: Glaubst du an den Sohn des Menschen? Er antwortete und sprach: Und wer ist es, Herr, dass ich an ihn glaube? Jesus sprach zu ihm: Du hast ihn gesehen, und der mit dir redet, der ist es. Er aber sprach: Ich glaube, Herr. Und er warf sich vor ihm nieder. Und Jesus sprach: Zum Gericht bin ich in diese Welt gekommen, damit die Nichtsehenden sehen und die Sehenden blind werden. Einige von den Pharisäern, die bei ihm waren, hörten dies und sprachen zu ihm: Sind denn auch wir blind? Jesus sprach zu ihnen: Wenn ihr blind wäret, so hättet ihr keine Sünde. Nun aber sagt ihr: Wir sehen. Daher bleibt eure Sünde." (Joh 9,35-41)*

Aus dieser letzten Aussage Jesu geht klar hervor, dass es nicht nur um körperliche Blindheit, sondern auch um moralische und geistliche

Blindheit geht. Er sagt den Pharisäern, dass sie keine Schuld träfe, wenn sie blind wären. Er legt denselben Grundsatz auf der geistlichen Ebene aus, den er bereits auf der moralischen Ebene erklärt hatte. Wenn ein Mensch etwas nicht sehen kann, dann kann man ihm nicht vorwerfen, wenn er es nicht sieht – es ist keine Schuld damit verbunden. Die Pharisäer behaupteten jedoch, sehen zu können. Sie sagten, dass sie Jesus kannten – sie behaupteten z. B., dass er ein Sünder war. Da sie dieses Urteil gefällt hatten, hielt der Herr sie für schuldig und sagte es ihnen auch (V. 41).

In seiner Rede beim Passahfest im Obersaal sagte Jesus zu seinen Jüngern:

> *„Wenn ich nicht gekommen wäre und zu ihnen geredet hätte, so hätten sie keine Sünde; jetzt aber haben sie keinen Vorwand für ihre Sünde. Wer mich hasst, hasst auch meinen Vater. Wenn ich nicht die Werke unter ihnen getan hätte, die kein anderer getan hat, so hätten sie keine Sünde; jetzt aber haben sie sie gesehen und doch sowohl mich als auch meinen Vater gehasst.“ (Joh 15,22-24)*

Jesus war Gottes Botschaft. Wenn es keine Botschaft gegeben hätte, dann hätte niemand dafür verantwortlich gemacht werden können, sie nicht zu glauben. Wie man auch niemanden dafür verantwortlich machen kann, etwas nicht zu sehen, was man nicht sehen kann, kann man niemanden dafür beschuldigen, eine Botschaft nicht zu glauben, die man nie gehört hat. Aber diese Botschaft war in Jesus gekommen; sie hatten sie gehört, und sie wurde von mächtigen Beweisen untermauert. Sie hatten sie gesehen und sie dennoch abgelehnt. Sie hatten daher keine Entschuldigung, und Gottes Urteil über sie war gerecht.

An dieser Stelle ist es wichtig, das Offensichtliche zu betonen. Die Aussagen, die wir soeben diskutiert haben, sind keine Schlussfolgerungen von Theologen oder Philosophen. Sie kommen vom Herrn selbst. Wenn Jesus, der Sohn Gottes, den Grundsatz festlegt, dass Menschen nicht dafür beschuldigt werden können, dass sie etwas nicht sehen, was sie nicht sehen können, oder dass sie etwas nicht glauben, was sie nie gehört haben, dann müssen wir das akzeptieren. Egal, was Calminius oder sonst jemand uns gelehrt hat!

Johannes 10: Jesus als der Hirte am Fest der Tempelweihe

„Wahrlich, wahrlich, ich sage euch: Wer nicht durch die Tür in den Hof der Schafe hineingeht, sondern anderswo hinübersteigt, der ist ein Dieb und ein Räuber. Wer aber durch die Tür hineingeht, ist Hirte der Schafe. Diesem öffnet der Türhüter, und die Schafe hören seine Stimme, und er ruft die eigenen Schafe mit Namen und führt sie heraus. Wenn er die eigenen Schafe alle herausgebracht hat, geht er vor ihnen her, und die Schafe folgen ihm, weil sie seine Stimme kennen. Einem Fremden aber werden sie nicht folgen, sondern werden vor ihm fliehen, weil sie die Stimme der Fremden nicht kennen. Diese Bildrede sprach Jesus zu ihnen; sie aber verstanden nicht, was es war, das er zu ihnen redete. Jesus sprach nun wieder zu ihnen: Wahrlich, wahrlich, ich sage euch: Ich bin die Tür der Schafe. Alle, die vor mir gekommen sind, sind Diebe und Räuber; aber die Schafe hörten nicht auf sie. Ich bin die Tür; wenn jemand durch mich hineingeht, so wird er gerettet werden und wird ein- und ausgehen und Weide finden. Der Dieb kommt nur, um zu stehlen und zu schlachten und zu verderben. Ich bin gekommen, damit sie Leben haben und es in Überfluss haben. Ich bin der gute Hirte; der gute Hirte lässt sein Leben für die Schafe. Wer Lohnarbeiter und nicht Hirte ist, wer die Schafe nicht zu eigen hat, sieht den Wolf kommen und verlässt die Schafe und flieht – und der Wolf raubt und zerstreut sie –, weil er ein Lohnarbeiter ist und sich um die Schafe nicht kümmert. Ich bin der gute Hirte; und ich kenne die Meinen, und die Meinen kennen mich, wie der Vater mich kennt und ich den Vater kenne; und ich lasse mein Leben für die Schafe. Und ich habe andere Schafe, die nicht aus diesem Hof sind; auch diese muss ich bringen, und sie werden meine Stimme hören, und es wird eine Herde, ein Hirte sein. Darum liebt mich der Vater, weil ich mein Leben lasse, um es wiederzunehmen. Niemand nimmt es von mir, sondern ich lasse es von mir selbst. Ich habe Vollmacht, es zu lassen, und habe Vollmacht, es wiederzunehmen. Dieses Gebot habe ich von meinem Vater empfangen. Es entstand wieder ein Zwiespalt unter den Juden dieser Worte wegen. Viele aber von ihnen sagten: Er hat einen Dämon und ist von Sinnen. Was hört ihr ihn? Andere sagten: Diese

Reden sind nicht die eines Besessenen. Kann etwa ein Dämon der Blinden Augen öffnen?" (Joh 10,1-21)

Das Johannesevangelium hat das Ziel zu beweisen, dass Jesus der Messias, der Sohn Gottes, ist, und es will die Menschen ermutigen, das ewige Leben zu empfangen, indem sie an ihn als Herrn und Erlöser glauben (Joh 20,31). In Kapitel 10 erzählt Jesus ein Gleichnis mit seinem wundervollen und viel geliebten Bild vom Hirten und seinen Schafen. Es soll uns helfen zu verstehen, wie der echte, wahre und gute Hirte unter all den Stimmen, die unsere Aufmerksamkeit und Loyalität fordern, erkannt werden kann.

Am offensichtlichsten ist die Vorgehensweise des Hirten. Der echte Hirte betritt den Schafstall durch das Tor, das ihm vom Wächter geöffnet wurde, der ihn kennt. Wenn er einmal im Schafstall ist, muss er nur noch seine Schafe rufen, und sie erkennen seine Stimme. Sie werden alle anderen Stimmen meiden und vor ihnen fliehen. Zuerst verstanden die Jünger nicht, was Jesus meinte. Aber ziemlich schnell müssen sie bemerkt haben, dass er über seinen Umgang mit dem Volk sprach.

Die Identität des Torwächters wird am Ende des Kapitels angesprochen:

„Und er ging wieder weg jenseits des Jordan an den Ort, wo Johannes zuerst taufte, und er blieb dort. Und viele kamen zu ihm und sagten: Johannes tat zwar kein Zeichen; alles aber, was Johannes von diesem gesagt hat, war wahr. Und es glaubten dort viele an ihn." (Joh 10,40-42)

In einer sehr betonten Geste ging Jesus genau an jenen Ort zurück, an dem Johannes, der Torwächter, ihn als das „Lamm Gottes, das die Sünde der Welt wegnimmt" angekündigt hatte (Joh 1,29). Die Menschen, die ihm am Jordan begegneten, konnten sehen, dass alles, was Johannes über Jesus gesagt hatte, der Wahrheit entsprach. Johannes hatte sein Werk des Torwächters erfüllt und die Menschen reagierten darauf, indem sie an Jesus als den Herrn glaubten. Die Rolle von Johannes dem Täufer ist historisch sehr wichtig, auch wenn wir sie hier nicht behandeln können. Sie bestätigt den Anspruch Jesu, der wahre Hirten-Messias zu sein.

Zur Erklärung verändert Jesus die Metapher leicht und sagt, dass er selbst die Tür der Schafe ist. Viele haben behauptet, das Tor oder die Tür zu einer tieferen Erfahrung Gottes zu sein, aber die Mehrheit von ihnen sind Scharlatane und Ausbeuter, die sich nicht um die Schafe kümmern. Sie sorgen sich vielmehr darum, wie viel sie aus ihnen herausholen können, auch wenn es die Schafe letztlich zerstört. Da es nicht die wahren Hirten sind, erkennen die Schafe sie nicht.

Nun verbindet Jesus die Metapher mit der Realität:

> *„Ich bin die Tür; wenn jemand durch mich hineingeht, so wird er gerettet werden und wird ein- und ausgehen und Weide finden."* (Joh 10,9)

Er legt die Bedingung für die Erlösung fest – er ist die Tür, und jeder, der durch ihn hineingeht, wird gerettet werden. Er redet nicht von irgendwelchen versteckten Extra-Bedingungen, die an den Determinismus erinnern – wenn jemand durch mich hineingeht, den Gott souverän und bedingungslos erwählt hat … Nein! Die Erlösung ist offen für alle, die eintreten – aber man muss eintreten. Wer es tut, wird vom Guten Hirten geführt werden und den umfassenden Segen der Erlösung genießen. Es ist daher klar, dass der „Eintritt" eine weitere Metapher dafür ist, dass man dem Herrn Jesus als Erlöser vertraut.

Jesus ist sich bewusst, dass es skrupellose falsche Hirten gibt, die sich nicht wirklich für die Schafe interessieren und sie verlassen werden, wenn ein Wolf auftaucht. Der Gute Hirte unterscheidet sich dadurch, dass er als Einziger dazu bereit ist, den ultimativen Preis zu bezahlen und sein Leben für die Schafe hinzugeben. Er kennt seine Schafe innig und sie kennen ihn, so wie er auch den Vater kennt und der Vater ihn kennt.

Jesus erwähnt anschließend andere Schafe, die nicht zu dieser Herde gehören. Vermutlich steht die erste Schafherde mit Johannes dem Täufer als Torwächter für Israel in Verbindung, zu dem Jesus zuerst kam. Die andere Herde repräsentiert die Heiden, die in zukünftigen Tagen viele Schafe versorgen würde. Schließlich würde es eine Herde unter einem Hirten geben. Die Apostelgeschichte erzählt uns von dieser Entwicklung.

In diesem kurzen Abschnitt bezieht unser Herr sich fünfmal auf seinen Tod. Er beschreibt ihn als einen freiwilligen Akt und als den Grund, warum der Vater ihn liebt. Dies ist der Kern des Evangeliums. Der gute Hirte ist zuallererst an seinem Tod am Kreuz für die Schafe zu erkennen.

Zuvor im Tempel hatte Jesus mit den Pharisäern über die Auswirkungen seines Todes am Kreuz gesprochen:

„Wenn ihr den Sohn des Menschen erhöht haben werdet, dann werdet ihr erkennen, dass ich es bin und dass ich nichts von mir selbst tue, sondern wie der Vater mich gelehrt hat, das rede ich." (Joh 8,28)

Das Kreuz würde der Welt zeigen, wer Jesus ist. Es ist diese größte Tat, die die Menschen durch Jesus zum Vater zieht:

„Und ich, wenn ich von der Erde erhöht bin, werde alle zu mir ziehen." (Joh 12,32)

Wir stellen hier die Allgemeingültigkeit der Botschaft des Kreuzes fest. Sie wird nicht nur eine gewisse vorherbestimmte Gruppe anziehen, sondern alle Menschen ohne Ausnahme.

Aber das Kreuz war zu diesem Zeitpunkt noch nicht geschehen, und die Menge war wieder einmal geteilt. Manche hielten ihn für verrückt und durch einen Dämon zum Wahnsinn getrieben. Als sich andere an sein Wunder der Heilung des blinden Mannes erinnerten, gebrauchten sie ihr moralisches Urteilsvermögen und schlossen daraus, dass Wahnsinn nicht infrage kam. Viele konnten sich einfach nicht entscheiden, wer Jesus war. Das hatte zur Folge, dass zur Zeit der Tempelweihe in Jerusalem wild spekuliert wurde:

„Es war damals das Fest der Tempelweihe in Jerusalem; es war Winter. Und Jesus ging in dem Tempel umher, in der Säulenhalle Salomos. Da umringten ihn die Juden und sprachen zu ihm: Bis wann hältst du unsere Seele hin? Wenn du der Christus bist, so sage es uns frei heraus. Jesus antwortete ihnen: Ich habe es euch gesagt, und ihr glaubt nicht. Die Werke, die ich in dem Namen meines Vaters

tue, diese zeugen von mir; aber ihr glaubt nicht, denn ihr seid nicht von meinen Schafen, wie ich euch gesagt habe. Meine Schafe hören meine Stimme, und ich kenne sie, und sie folgen mir; und ich gebe ihnen ewiges Leben, und sie gehen nicht verloren in Ewigkeit, und niemand wird sie aus meiner Hand rauben. Mein Vater, der sie mir gegeben hat, ist größer als alle, und niemand kann sie aus der Hand meines Vaters rauben. Ich und der Vater sind eins." (Joh 10,22-30)

Wir haben diesen Abschnitt damit begonnen, wie Jesus im Tempel vor den Menschen lehrte, die sich um ihn geschart hatten. Nun ist er zurück am selben Ort und die Juden umringen ihn erneut. Sie werfen ihm vor, dass er sie hinhalten wolle, und fordern ihn dazu auf, ihnen direkt zu sagen, ob er der Messias sei. Er weist darauf hin, dass er es ihnen bereits gesagt hat – mehrfach sogar. Ihr Problem ist, dass sie nicht glauben. Indem er im Namen seines Vaters mehrere Zeichen getan hat, hat er ihnen viele Beweise geliefert. Aber sie glauben nicht. Sie glauben nicht, weil sie nicht seine Schafe sind.

Theistische Deterministen ziehen heute daraus den Schluss, dass Gott vor Grundlegung der Welt diese Menschen nicht zu seinen Schafen erwählt hat, sodass sie auf ewig durch Gottes souveränen und bedingungslosen Willen verurteilt sind. Dieses Argument ist jedoch zutiefst fehlerhaft. Das werden wir sehen, wenn wir den Rest der Unterhaltung verfolgen, die Jesus mit den Juden führte.

Christus betont, warum es offensichtlich ist, dass sie nicht seine Schafe sind. Viele hörten nicht auf seine Stimme und sie folgten ihm nicht. Sie haben kein ewiges Leben empfangen. Wie wunderbar muss es dagegen für die Gläubigen in der Menschenmenge gewesen sein, seine Worte über sie zu hören:

„Ich gebe ihnen ewiges Leben, und sie gehen nicht verloren in Ewigkeit, und niemand wird sie aus meiner Hand rauben. Mein Vater, der sie mir gegeben hat, ist größer als alle, und niemand kann sie aus der Hand meines Vaters rauben. Ich und der Vater sind eins." (Joh 10,28-30)

Dies ist eine starke Aussage bezüglich der Heilsgewissheit und der ewigen Sicherheit. Niemand konnte sie aus seiner Hand rauben.

Tatsächlich konnte niemand sie aus der Hand des Vaters rauben, denn diese beiden Hände sind identisch: Ich und der Vater sind eins! Dies traf die Menschenmenge mit explosiver Wucht. Sie hatten ihn gefragt, ob er der Messias sei – nun sagte er ihnen, dass er eins war mit Gott dem Vater. Es war einfach zu viel. Für viele dort war das der Gipfel der Blasphemie und verdiente den Tod durch Steinigung. Noch einmal bückten sich diese Männer, um Steine aufzuheben. Aber Jesus hielt sie zurück:

> *„Da hoben die Juden wieder Steine auf, dass sie ihn steinigten. Jesus antwortete ihnen: Viele gute Werke habe ich euch von meinem Vater gezeigt. Für welches Werk unter ihnen steinigt ihr mich? Die Juden antworteten ihm: Wegen eines guten Werkes steinigen wir dich nicht, sondern wegen Lästerung, und weil du, der du ein Mensch bist, dich selbst zu Gott machst. Jesus antwortete ihnen: Steht nicht in eurem Gesetz geschrieben: ‚Ich habe gesagt: Ihr seid Götter'? Wenn er jene Götter nannte, an die das Wort Gottes erging – und die Schrift kann nicht aufgelöst werden –, sagt ihr von dem, den der Vater geheiligt und in die Welt gesandt hat: Du lästerst, weil ich sagte: Ich bin Gottes Sohn? Wenn ich nicht die Werke meines Vaters tue, so glaubt mir nicht! Wenn ich sie aber tue, so glaubt den Werken, wenn ihr auch mir nicht glaubt, damit ihr erkennt und versteht, dass der Vater in mir ist und ich in dem Vater! Da suchten sie wieder ihn zu greifen, und er entging ihrer Hand.“ (Joh 10,31-39)*

Jesus verwies noch einmal auf viele Werke, die er im Namen und in der Autorität des Vaters getan hatte. Sie aber erwiderten, dass sie ihn nicht wegen eines guten Werkes, sondern wegen der Blasphemie steinigten. Ihr Einspruch war theologischer Natur. Er war nicht substanziell. Unser Herr wies sie darauf hin, dass Gott in den Psalmen zu gewissen Menschen sagt: „Ihr seid Götter“ (Ps 82,6). Wenn Gott nun Menschen, die sein Wort empfangen haben in gewisser Weise als „Götter“ ansprechen kann, wieso sollte es blasphemisch sein, wenn er dies behauptete? Er ist der Sohn Gottes, der von Gott dem Vater gesegnet und in die Welt gesandt wurde. Dies ist ein *fortiori*-Argument – wenn es schon auf den einen Fall zutrifft, wie viel mehr trifft es dann auf den anderen zu!

Christus lässt sich durch ihre offensichtlichen Schwierigkeiten nicht ablenken. Er wendet sich auch nicht von ihnen ab, indem er sagt, dass sie nicht seine Schafe sind, und da ihr Schicksal sowieso schon besiegelt ist, es keinerlei Sinn macht, die Diskussion fortzuführen. Keineswegs. Jesus kommt auf die Frage nach seinen Werken zurück und sagt praktisch: „Schaut, wenn ich nicht die Werke meines Vaters tue, dann glaubt mir einfach nicht. Wenn ich sie aber tue, auch wenn ihr meinen Worten nicht glaubt, dann beginnt doch damit, dass ihr den Werken glaubt. Dann könnt ihr sehen, dass der Vater in mir und ich im Vater bin."

Christus hatte zuvor gesagt, dass dieselben Menschen nicht seine Schafe sind. Er hatte jedoch nirgendwo angedeutet, dass sie niemals seine Schafe werden könnten. Dies ist der grundlegende Fehler des deterministischen Arguments. Sie waren zwar noch nicht seine Schafe, aber wenn sie das taten, was er ihnen sagte und seine Werke prüften, dann konnten sie verstehen, wer er war, und dann konnten sie seine Schafe werden. Christus hatte zuvor gesagt, dass sie nicht seine Schafe waren. Wenn dies bedeutet hätte, dass es in Ewigkeit keine Hoffnung für sie gab, dann hätte er ihnen niemals einen Weg angeboten, wie sie an ihn glauben konnten. Sonst hätte er sie quasi verspottet. Als Saulus von Tarsus die Steinigung des Stephanus anordnete (beachten Sie die ähnliche Situation), war er gewiss keins von Christi Schafen; aber auf dem Weg nach Damaskus wurde er eins.

Wir müssen die Stellung dieser Männer beachten, die vor Jesus standen. Als Ergebnis eines lebenslangen theologischen Trainings fanden sie seine Worte äußerst schockierend. Niemals hatten sie etwas Ähnliches gehört. Wahrscheinlich waren sie entsetzt. Jesus behauptete, dass seine Stimme die des guten Hirten war; aber sie hatten sie als Stimme eines gefährlichen Irrlehrers empfunden.

Dies ist ein weiterer Grund, warum er sie zuerst auf seine Werke und Taten verwies. Diese waren weit weniger kontrovers als seine Aussagen. Jesus aber hoffte, dass sie erkennen würden, dass seine Werke mit seinen Worten übereinstimmten. Sie sollten daher mit seinen Werken beginnen.

Dies war auch mit dem blindgeborenen Mann geschehen, wie es in Johannes 9 beschrieben wird. Er wusste nicht viel über Theologie, und er war verwirrt, als die religiösen Führer anfingen, mit ihm darüber zu reden, woher der Messias kam. Aber er wusste eins: Es war noch nie geschehen, dass ein blindgeborener Mann seine Sehkraft zurückerhalten hatte. Er begann mit den Werken Jesu; der Herr gab ihm die Möglichkeit dies zu tun, bevor er ihn wieder traf. Schließlich glaubte er dann, dass Jesus der göttliche Menschensohn war und betete ihn als Gott an.

Nicht einmal in der natürlichen Sphäre ist es leicht, Schafe dazu zu bringen, dass sie einem vertrauen. Sie sind sehr sensibel und ängstlich. Jedes Einzelne von ihnen hat die Fähigkeit, einen Hirten kennenzulernen, aber Vertrauen braucht Zeit. Den Schafen ein Büschel frisches Gras vor die Füße zu werfen ist ein Anfang. Wenn man dies immer und immer wieder tut und dabei den Abstand verringert, kann dies letztlich dazu führen, dass sie einem aus der Hand fressen. Sie haben nun einen Grund zum Vertrauen.

Jesus war sanftmütig und mitfühlend mit diesen Männern. Er ermöglichte ihnen einen einfacheren Weg, sich mit seinen Behauptungen auseinanderzusetzen. Leider jedoch schoben sie seine Worte beiseite und wollten ihn verhaften. Nun waren sie absichtlich blind.

In dem Abschnitt, der zuvor zitiert wurde, lesen wir, dass Jesus entkam:

> *„Und er ging wieder weg jenseits des Jordan an den Ort, wo Johannes zuerst taufte, und er blieb dort. Und viele kamen zu ihm und sagten: Johannes tat zwar kein Zeichen; alles aber, was Johannes von diesem gesagt hat, war wahr. Und es glaubten dort viele an ihn."* (Joh 10,40-42)

So schließt dieser Abschnitt mit einer zusammenfassenden Aussage, in der sich das Ziel des Johannesevangeliums erfüllt: „Es glaubten dort viele an ihn." Eine weitere Menschenmenge war gerade zu seinen Schafen hinzugekommen.

TEIL 4

Israel und der Determinismus

Kapitel 12

ISRAEL UND DIE HEIDEN

Einige der stärksten Thesen des theistischen Determinismus stützen sich auf Römer 9, wo Paulus Beispiele für die Souveränität Gottes innerhalb der Geschichte gibt. Er spricht beispielsweise von Jakob und Esau:

> *„Denn als die Kinder noch nicht geboren waren und weder Gutes noch Böses getan hatten – damit der nach freier Auswahl gefasste Vorsatz Gottes bestehen bliebe, nicht aufgrund von Werken, sondern aufgrund des Berufenden –, wurde zu ihr gesagt: ‚Der Ältere wird dem Jüngeren dienen‘; wie geschrieben steht: ‚Jakob habe ich geliebt, aber Esau habe ich gehasst.‘“ (Röm 9,11-13)*

Anschließend bezieht sich Paulus auf den Pharao:

> *„Denn die Schrift sagt zum Pharao: ‚Eben hierzu habe ich dich erweckt, damit ich meine Macht an dir erweise und damit mein Name verkündigt werde auf der ganzen Erde.‘ Also nun: Wen er will, dessen erbarmt er sich, und wen er will, verhärtet er.“ (Röm 9,17-18)*

Aus diesen und weiteren nachstehenden Aussagen wird die Schlussfolgerung gezogen, dass Gott einige Menschen zur Erlösung und alle anderen zur Verdammnis erwählt hat, ohne jeglichen Bezug auf diese einzelnen Personen und ihre Einstellungen, ob vorhergesehen oder nicht. Dies wird unbedingte Erwählung genannt.

Bevor wir die Gültigkeit dieser Argumente betrachten, lassen Sie uns einen Schritt zurücktreten und uns noch einmal daran erinnern, dass die souveräne Initiative Gottes in der gesamten Bibel klar betont wird. Gott ist der Schöpfer. Ohne ihn gäbe es weder ein Universum noch Menschen. Gott ist der souveräne Erhalter des Universums – nichts von seiner Geschichte liegt außerhalb seiner Kontrolle. Christus ist der Retter und Erlöser – ohne ihn gäbe es keine Erlösung.

Des Weiteren haben wir gesehen, dass Gottes Initiative in der Schrift mit Begriffen wie Erwählung, Vorkenntnis, Prädestination und Berufung ausgedrückt wird. Alle diese Begriffe kommen am Höhepunkt im 8. Kapitel des Römerbriefes vor. An diesem Punkt hat Paulus bereits über die universelle menschliche Schuld und die daraus folgende Notwendigkeit der Erlösung argumentiert. Er hat erklärt, dass die Erlösung nur durch den Glauben an Christus und nicht durch Werke geschieht. Er hat das Thema der menschlichen Verantwortung bezüglich eines heiligen Lebens durch die Kraft des Heiligen Geistes behandelt. Er hat den inneren Kampf gegen unsere menschliche Natur (das Fleisch) beschrieben, den wir alle erleben, wenn wir nach dem Geist wandeln wollen.

Der innere Kampf ist jedoch nicht der einzige Kampf. Paulus selbst war Leid nicht fremd – er hatte viele Jahre lang mit Verfolgung gelebt. Und so spricht Paulus in Römer 8 das Leid direkt an. Er beschreibt die Vorkehrungen, die Gott für ihn und seine Mitchristen getroffen hat, damit sie fest in ihrem Glauben bleiben, wenn die feindlichen Stürme wehen. Hier finden wir diesen wunderbaren Abschnitt in voller Länge:

„Denn ich denke, dass die Leiden der jetzigen Zeit nicht ins Gewicht fallen gegenüber der zukünftigen Herrlichkeit, die an uns offenbart werden soll. Denn das sehnsüchtige Harren der Schöpfung wartet auf die Offenbarung der Söhne Gottes. Denn die Schöpfung ist der Nichtigkeit unterworfen worden – nicht freiwillig, sondern durch den, der sie unterworfen hat – auf Hoffnung hin, dass auch selbst die Schöpfung von der Knechtschaft der Vergänglichkeit frei gemacht werden wird zur Freiheit der Herrlichkeit der Kinder Gottes. Denn wir wissen, dass die ganze Schöpfung zusammen seufzt und

zusammen in Geburtswehen liegt bis jetzt. Nicht allein aber sie, sondern auch wir selbst, die wir die Erstlingsgabe des Geistes haben, auch wir selbst seufzen in uns selbst und erwarten die Sohnschaft; die Erlösung unseres Leibes. Denn auf Hoffnung hin sind wir gerettet worden. Eine Hoffnung aber, die gesehen wird, ist keine Hoffnung. Denn wer hofft, was er sieht? Wenn wir aber das hoffen, was wir nicht sehen, so warten wir mit Ausharren. Ebenso aber nimmt auch der Geist sich unserer Schwachheit an; denn wir wissen nicht, was wir bitten sollen, wie es sich gebührt, aber der Geist selbst verwendet sich für uns in unaussprechlichen Seufzern. Der aber die Herzen erforscht, weiß, was der Sinn des Geistes ist, denn er verwendet sich für Heilige Gott gemäß. Wir wissen aber, dass denen, die Gott lieben, alle Dinge zum Guten mitwirken, denen, die nach seinem Vorsatz berufen sind. Denn die er vorher erkannt hat, die hat er auch vorherbestimmt, dem Bilde seines Sohnes gleichförmig zu sein, damit er der Erstgeborene sei unter vielen Brüdern. Die er aber vorherbestimmt hat, diese hat er auch berufen; und die er berufen hat, diese hat er auch gerechtfertigt; die er aber gerechtfertigt hat, diese hat er auch verherrlicht. Was sollen wir nun hierzu sagen? Wenn Gott für uns ist, wer ist gegen uns? Er, der doch seinen eigenen Sohn nicht verschont, sondern ihn für uns alle hingegeben hat – wie wird er uns mit ihm nicht auch alles schenken? Wer wird gegen Gottes Auserwählte Anklage erheben? Gott ist es, der rechtfertigt. Wer ist, der verdamme? Christus Jesus ist es, der gestorben, ja noch mehr, der auferweckt, der auch zur Rechten Gottes ist, der sich auch für uns verwendet. Wer wird uns scheiden von der Liebe Christi? Bedrängnis oder Angst oder Verfolgung oder Hungersnot oder Blöße oder Gefahr oder Schwert? Wie geschrieben steht:

,Deinetwegen werden wir getötet den ganzen Tag; wie Schlachtschafe sind wir gerechnet worden.'

Aber in diesem allen sind wir mehr als Überwinder durch den, der uns geliebt hat. Denn ich bin überzeugt, dass weder Tod noch Leben, weder Engel noch Gewalten, weder Gegenwärtiges noch Zukünftiges, noch Mächte, weder Höhe noch Tiefe, noch irgendein anderes Geschöpf uns wird scheiden können von der Liebe Gottes, die in Christus Jesus ist, unserem Herrn." (Röm 8,18-39)

In der gesamten Schrift ist dies eine der herrlichsten Aussagen über die Liebe Gottes, der die Initiative übernimmt, die Erlösung in all ihren Facetten bereitzustellen, damit uns nichts von der Liebe in Jesus Christus trennen kann – nicht einmal der Tod selbst. Ich möchte den Teil betonen, der für unser Thema wichtig ist. Im Hinblick auf Leid, Schwachheit und Ungewissheit, können wir wissen, dass Gott alle Dinge zum Guten wirkt für die, die ihn lieben. Paulus beschreibt diese Menschen als nach Gottes Vorsatz Berufene. Was dieser große Vorsatz beinhaltet, wird er im Verlauf erklären. Zunächst jedoch beschreibt er die Gläubigen als Menschen, die Gott vorher erkannt hat, was (wie wir gesehen haben) nicht bedeutet, dass Gott sie veranlasst oder dazu gezwungen hat, im Voraus irgendetwas zu tun. Es ist eine große Ermutigung für Gläubige, die unter Druck stehen, zu wissen, dass sie die Berufung Gottes erlebt haben. Gott hat sie erkannt und weiß alles über sie – und er hat eine Bestimmung für sie. Was beinhaltet diese Bestimmung? Er hat sie dazu vorherbestimmt, dem Bild seines Sohnes gleich zu werden.

Unter dem Druck eines vorausgesetzten Paradigmas ist es nur allzu leicht zu behaupten, dass Paulus damit sagen will, dass Gott sie vorherbestimmt hat, gläubig zu sein, und dann diese Aussage dazu benutzt, um den theistischen Determinismus zu untermauern. Paulus sagt jedoch etwas vollkommen anderes: dass Gott diejenigen, die gläubig sind, vorherbestimmt hat, um in das Bild seines Sohnes verwandelt zu werden. Das bedeutet, dass er den Gläubigen ungeahnte Würde zukommen lässt. Als Geschöpfe Gottes waren sie im Bilde Gottes geschaffen. Nun aber, da sie an Christus glauben und seine Erlösung empfangen haben, erwartet sie eine Bestimmung von fast unbeschreiblicher Herrlichkeit. In seiner Liebe für sie hat Gott bestimmt, dass sie wie sein Sohn sein sollen. Das schiere Staunen über dieses Ziel definiert nun das unermessliche Wesen der Gnade und Herrlichkeit Gottes. In gewissem Sinne hätte Gott uns zu allem möglichen Herrlichen bestimmen können, aber er hat sich für diese ultimative Auszeichnung entschieden. Das Ziel ist, dass der Herr Jesus der Erstgeborene sein soll (der Erste, der verherrlicht wird und auch der erste im Rang) unter vielen Brüdern.

Dies ist Gottes erstaunlich gnädiges Ziel. Um es zu erreichen bedarf es all der Dinge, die Gott uns im Evangelium bereitstellt, die

Paulus bis dahin erläutert hat: Berufung, Rechtfertigung aus Glauben, Verherrlichung. Es ist die reine Erhabenheit dieses Ziels, die Paulus' triumphierendes und zuversichtliches Fazit hervorruft: „Wenn Gott für uns ist, wer ist gegen uns?"

Aus diesen herrlichen Gedanken ergibt sich jedoch eine Frage, die den Apostel tief verstört und besorgt. Wie kann es sein, dass angesichts solch einer herrlichen Botschaft seine Mit-Israeliten, Freunde und Verwandte von Paulus, diese wunderbar gnädige Botschaft größtenteils ablehnen und verleugnen, dass Jesus der Messias und der Sohn Gottes ist? Paulus Schmerz ist greifbar, als er Folgendes schreibt:

> *„Ich sage die Wahrheit in Christus, ich lüge nicht, wobei mein Gewissen mir Zeugnis gibt im Heiligen Geist, dass ich große Traurigkeit habe und unaufhörlichen Schmerz in meinem Herzen; denn ich selbst, ich habe gewünscht, verflucht zu sein von Christus weg für meine Brüder, meine Verwandten nach dem Fleisch; die Israeliten sind, deren die Sohnschaft ist und die Herrlichkeit und die Bündnisse und die Gesetzgebung und der Gottesdienst und die Verheißungen; deren die Väter sind und aus denen dem Fleisch nach der Christus ist, der über allem ist, Gott, gepriesen in Ewigkeit. Amen."* (Röm 9,1-5)

Paulus steht vor einem offensichtlichen Widerspruch. Sein eigenes Volk Israel lehnte Christus, der ihr eigenes Fleisch und Blut war, überwiegend ab, obwohl sie als Volk einzigartig privilegiert waren. Gott hatte sie als sein Volk – sogar als seine Söhne – angenommen, als diejenigen, die den Familienbesitz erben sollten. Er hatte sie auf dem Sinai und in der Stiftshütte in seiner Herrlichkeit aufgesucht und hatte ihnen den Bund, das Gesetz und die Ordnungen des Tempels gegeben. Er gab ihnen großartige Verheißungen. Und nicht nur das, es war Gott, der ihnen die Patriarchen gegeben hatte, von denen der Messias abstammen sollte – der Messias, der niemand anderes als Gott selbst ist. Und sie glaubten nicht an ihn!

Dies war kein neues Thema für Paulus. Er war ihm viele Male begegnet, als er Menschen von der Wahrheit der christlichen Botschaft überzeugen wollte. Als er in der Synagoge von Thessaloniki predigte, sagte er beispielsweise Folgendes:

„Nach seiner Gewohnheit aber ging Paulus zu ihnen hinein und unterredete sich an drei Sabbaten mit ihnen aus den Schriften, indem er eröffnete und darlegte, dass der Christus leiden und aus den Toten auferstehen musste, und dass dieser der Christus ist; der Jesus, den ich euch verkündige." (Apg 17,2-3)

Man kann sich leicht vorstellen, wie ein intelligenter Jude darauf erwidert: „Das war eine sehr interessante Predigt, Paulus. Ich finde es beeindruckend, wie ein Rabbi mit deinen zweifellos hohen Qualifikationen, der unter Gamaliel studiert hat, auf solch eine Weise argumentieren kann. Was mich jedoch stört ist, dass du damit scheinbar alleine da stehst. Oder irre ich mich? Kannst du mir irgendeinen weiteren Rabbi nennen, der daran glaubt, dass deine Interpretationen korrekt sind?"

Paulus hätte wohl geantwortet: „Nun, es gibt Nikodemus, Josef von Arimathea, die beide Mitglieder des Hohen Rates in Jerusalem sind."

„Ist das alles? Wenn das stimmt, was du sagst – und ich gebe zu, es hat mich bewegt –, dann möchte man doch meinen, dass der Großteil der jüdischen Denker es annimmt, oder? Schließlich argumentierst du auf der Grundlage unserer Schriften, dass Jesus der Messias ist, den unser Volk erwartet. Dennoch stimmen die Experten dieser Schriften nicht mit dir überein. Sicherlich kannst du meine Verwirrung verstehen!"

Paulus konnte sie verstehen, und sie traf ihn tief. Die Heiden stellten ihm dieselbe Frage: „Wenn etwas wirklich zutiefst jüdisch ist, dann sollten die Juden es doch als Erste annehmen. Und dennoch lehnen es die meisten von ihnen ab. Wie kann das sein?"

Paulus war zutiefst betroffen darüber und wollte verzweifelt etwas dagegen unternehmen. Es drohte zu einem ernsthaften Hindernis zu werden, wenn es darum ging, das Evangelium ernst zu nehmen. Wie kann er glauben, dass nichts uns von der Liebe Gottes trennen kann – wie er in Kapitel 8 schreibt –, wenn offensichtlich so viele glauben, dass etwas Israel von Gott getrennt hat? Wie konnte Israel seinen Weg auf solch dramatische Art und Weise verlieren?

So schreibt Paulus Römer 9–11, um zu zeigen, dass das, was historisch in Israel mit der Ablehnung des Herrn Jesus geschehen ist, kein

Widerspruch zur christlichen Botschaft darstellt, sondern sogar die Wahrheit dieser Botschaft bestätigt.

An diesem Punkt argumentieren einige Schriftausleger, dass sich die endgültige Antwort auf diese Frage im Galaterbrief findet. Dort hebt er alle Unterscheidungen zwischen Juden und Nichtjuden in seiner berühmten Aussage auf, dass es in Christus „nicht Jude noch Grieche" gibt (Gal 3,28). Es wird gesagt, dass dies sicherlich bedeutet, dass alle Verheißungen, die Israel im Alten Testament gegeben wurden, nun als in der Gemeinde erfüllt verstanden werden müssen. Daher hat Gott sein Volk nicht verworfen, weil „sein Volk" nun mit „der Gemeinde" gleichzustellen ist, die lebendig ist und wächst.

Paulus' Aussage im Galaterbrief ist jedoch für das Problem im Römerbrief nicht relevant. In Galater 3,21-29 diskutiert Paulus die Grundlage der Erlösung und betont, dass sie für jeden gleich ist; unabhängig von Ethnie, sozialem Status oder Geschlecht, ob Jude, Grieche, Sklave, Freier, Mann oder Frau. Diese gemeinsame Grundlage liegt allein im Glauben an Christus. Paulus spricht dort nicht über die Frage bezüglich der gesellschaftlichen oder historischen Rollen, die aus offensichtlichen Gründen für jede dieser Gruppen sehr unterschiedlich sein mag. Aus diesen Versen zu schlussfolgern, dass es aufgrund des Kommens Christi absolut keine Unterschiede mehr gibt zwischen den Positionen der Juden und der Heiden, wäre genauso absurd wie die Aussage, dass es durch Christus keinen Unterschied mehr zwischen den Aufgaben von Sklaven und Freien oder von Männern und Frauen gibt. Ihre Rollen können dieselben bleiben, ohne ihren Status in Christus zu beeinträchtigen.

Das Thema von Paulus in Römer 9–11 ist nicht die Grundlage des Evangeliums, sondern die Frage, warum genau dieses Volk, das von Gott als privilegiertes Werkzeug seiner Offenbarung an die Welt ausgewählt worden war, nun zum Großteil das Evangelium des Messias ablehnt. Dieses Problem muss er ansprechen. Es ist so komplex, dass er dafür drei Kapitel braucht.

Das erste Hauptargument basiert auf der Tatsache, dass nicht alle ethnischen Israeliten zum wahren Volk Gottes gehören. Seine Argumentation befasst sich mit der Souveränität Gottes in der Geschichte hinsichtlich der unterschiedlichen Personen und den Völkern, die von ihnen abstammen.

Das zweite Hauptargument beinhaltet, dass Israels Unglauben schuldhaft ist. Gott hat ihnen alles bereitgestellt. Paulus geht jede Entschuldigung durch, die Israel aus der Verantwortung nehmen würde, kommt aber in jedem Fall zu dem Schluss, dass sie für ihren Unglauben verantwortlich sind.

Das dritte Hauptargument konzentriert sich auf die Tatsache, dass es einige Israeliten wie Paulus gab, die sehr wohl an Jesus glauben. Tatsächlich hat es durch die gesamte Geschichte hinweg einen „Überrest" an wahren Gläubigen in Israel gegeben, deren Zahl manchmal unterschätzt wurde. Paulus diskutiert dann die historischen Rollen, die Israel und später die Heiden als Zeugnis für Gott in der Welt gehabt haben. Er schließt mit der herrlichen Hoffnung für sein Volk, dass eines Tages ganz Israel gerettet werden wird. Paulus hat keinen Zweifel daran, dass sein Volk eine zukünftige Rolle haben wird, aber nicht bevor sie zum Glauben an Jesus, den Messias, kommen.

Kapitel 13

WARUM GLAUBT ISRAEL NICHT?

„Nicht aber als ob das Wort Gottes hinfällig geworden wäre; denn nicht alle, die aus Israel sind, die sind Israeliten, auch nicht, weil sie Abrahams Nachkommen sind, sind alle Kinder, sondern ,in Isaak wird dir eine Nachkommenschaft genannt werden'. Das heißt: Nicht die Kinder des Fleisches, die sind Kinder Gottes, sondern die Kinder der Verheißung werden als Nachkommenschaft gerechnet. Denn dieses Wort ist ein Wort der Verheißung: ,Um diese Zeit will ich kommen, und Sara wird einen Sohn haben.'" (Röm 9,6-9)

Wir betonen noch einmal, dass Paulus sich um die Mitglieder seines eigenen Volkes sorgt. Es ist die ethnische Volksgruppe – keine geistliche Gruppe innerhalb des Volkes –, der die Privilegien und die herausgehobene Stellung anvertraut wurde, die Paulus in den vorherigen Versen beschrieben hat.

Paulus' Sorge gilt also seinen Zeitgenossen, denjenigen Juden, die trotz ihres großen Privilegs die Erlösung durch Christus abgelehnt haben. Er nennt sie seine Brüder. Sie sind Israeliten (beachten Sie die Präsensform!), aber dennoch nicht wiedergeboren. Gott hatte Israel für eine besondere Rolle innerhalb der Geschichte ausgewählt, aber diese Rolle lief nicht auf die Erlösung hinaus. Wir sollten ebenfalls beachten, dass Gottes Auswahl Israels als sein Volk nicht bedeutet, dass jeder, der nicht dazugehörte, zur Verdammnis bestimmt war. Tatsächlich war eines seiner Hauptgründe für diese Wahl, dass sie ein „Licht für die Heiden" sein sollten – Josef, Daniel und Jona zum Beispiel.

Dann wäre Paulus' Besorgnis um Israel auch sehr seltsam, wenn er glaubte, dass diese Menschen die „Nicht-Erwählten" wären, die Gott für die ewige Verurteilung auserwählt hatte –, was nach Ansicht einiger Gottes Herrlichkeit demonstrieren würde.

Was also bedeutet Israels Ablehnung von Jesus als dem Messias? Bedeutet sie etwa – und dies ist eine Möglichkeit, die Paulus direkt anspricht – dass das „Wort Gottes hinfällig geworden ist" (V. 6)? Paulus sagt dazu nein, denn „denn nicht alle, die aus Israel sind, die sind Israeliten". Wir müssen dies im Licht dessen lesen, was er zuvor über die Mitglieder seines Volkes gesagt hat, die Christus ablehnen – sie sind seine Brüder, sie sind Israel (Präsens). Sie waren jedoch nicht alle das, was wir wahre geistliche Israeliten nennen würden. Zu Beginn des Johannesevangeliums war Nathanael erstaunt, als Jesus ihn als einen „wahrhaftigen Israeliten" bezeichnete, in dem „kein Trug" ist (Joh 1,47).

Zur Zeit Jesu gab es viele Menschen, inklusive seine Jünger, die wahre geistliche Israeliten waren und ihn als den Messias willkommen hießen. Die Gruppe wuchs am Pfingsttag in Jerusalem auf Tausende an. Über die Jahrhunderte ging es weiter und es hat immer wahrhaftige Israeliten gegeben, die daran glauben, dass Jesus der Messias und der Sohn Gottes ist. Römer 9 wird dort enden, wo er begann, indem die Tatsache betont wird, dass – wie von Jesaja prophezeit – die Zahl der wahren gläubigen Israeliten viel geringer sein wird als die gesamte Bevölkerung: „Wäre die Zahl der Söhne Israels wie der Sand des Meeres, nur der Rest wird gerettet werden" (Röm 9,27, zitiert Jes 10,22). So wird die derzeitige Ablehnung des Messias durch Israel als Ganzes keineswegs bedeuten, dass Gottes Wort versagt hat, es wird dieses Wort sogar noch bestätigen.

Paulus zieht nun eine Parallele zu Abraham, zu dem alle Israeliten ihre Nachkommenschaft zurückverfolgten:

> „Nicht aber als ob das Wort Gottes hinfällig geworden wäre; denn nicht alle, die aus Israel sind, die sind Israeliten, auch nicht, weil sie Abrahams Nachkommen sind, sind alle Kinder, sondern ‚in Isaak wird dir eine Nachkommenschaft genannt werden'. Das heißt: Nicht die Kinder des Fleisches, die sind Kinder Gottes, sondern die Kinder der Verheißung werden als Nachkommenschaft gerechnet." (Röm 9,6-8)

Abraham hatte zwei Söhne: Ismael und Isaak. Gott segnete sie beide, wobei ihre Stellung nicht gleich war. So war auch ihre Rolle innerhalb der Geschichte nicht gleich. Ismael und seinen Nachkommen wurden nicht die Verheißungen anvertraut, die Gott Isaak und seinen Nachkommen gab. Paulus' Zuhörer hätten dies sofort akzeptiert.

Der Begriff „Nachkommenschaft" übersetzt das griechische Wort für „Samen", das im Vokabular von Paulus eine vorherrschende Rolle spielt. Die wichtigste Rolle, die Abraham gegeben wurde – und die durch Isaak, Jakob und seine Nachkommen, durch Juda, David und viele andere weitergeführt wurde – bestand darin, die „Samen-Linie" des Messias im physischen Sinne weiterzutragen. In Galater 3 interpretiert Paulus den in Gottes Verheißung an Abraham erwähnten Samen in einem sehr engen und spezifischen Sinne:

> „Dem Abraham aber wurden die Verheißungen zugesagt und seiner Nachkommenschaft. Er spricht nicht: ‚und seinen Nachkommen‘, wie bei vielen, sondern wie bei einem: ‚und deinem Nachkommen‘, und der ist Christus." (Gal 3,16)

In Römer 9 ist sein Ziel viel weiter gefasst. Hier soll das Prinzip aufgestellt werden, dass nicht alle natürlichen Nachkommen Abrahams als seine Kinder gezählt werden sollen, sondern nur die Kinder der Verheißung. Paulus gebraucht den Begriff „Kinder des Fleisches" im Gegensatz zu den Begriffen „Kinder Gottes" und „Kinder der Verheißung". Natürlich sind beide Gruppen im physikalischen Sinne Kinder des Fleisches. Paulus weist also auf etwas Tieferes hin.

Paulus bezieht sich kurz auf die Bedingungen, unter denen die Verheißung gegeben wurde und zitiert zu diesem Zweck aus dem 1. Buch Mose:

> „Da sprach er: Wahrlich, übers Jahr um diese Zeit komme ich wieder zu dir, siehe, dann hat Sara, deine Frau, einen Sohn." (1Mo 18,10)

Dies reicht aus, damit wir begreifen können, warum Paulus den Begriff „Fleisch" verwendet. Nach dem 1. Buch Mose hatte Gott Abraham vorher versprochen, dass er eigene Kinder haben würde. Sara jedoch war unfruchtbar. Mit der Zeit zweifelte sie daran, dass sie jemals ein eigenes Kind bekommen würde, und ermutigte Abraham, mit seiner ägyptischen Magd Hagar ein Kind zu zeugen. Sie hielt dies scheinbar für den besten Weg, um Gottes Verheißung zu erfüllen. Ihre Einstellung war ein klassisches Beispiel für den Gedanken, dass „Gott denen hilft, die sich selbst helfen". Sie vertraute auf „das Fleisch", wie Paulus es sagen würde. Paulus wusste alles über diese menschliche Neigung, auf die menschliche Fähigkeit und Leistung zu vertrauen, anstatt auf Gott. Genau das hatte er als junger Mann getan, als er einer dieser Israeliten gewesen war, die Jesus als den Messias verleugneten. Als er sein Vertrauen auf das Fleisch aufgab, wurde er ein wahrhaftiger Israelit.

Gott war nicht abhängig von Saras List. Es ist absurd zu meinen, dass Gottes Plan, den Messias als den Samen Abrahams in die Welt zu bringen (ich nenne es das „Samen-Projekt"), von Saras Versuch, ihre eigenen Mittel zu gebrauchen, abhängig wäre. In dieser historischen Situation lehrte Gott Abraham und Sara (nicht Isaak), was es bedeutete, ihm zu vertrauen und sich nicht auf ihre eigenen Fähigkeiten oder Mittel zu verlassen. Das Kind, das geboren werden sollte, würde ein wahres Geschenk sein, unverdient und ein Kinder der Verheißung und nicht des Fleisches.

Wir sollten beachten, dass dieser Text nichts mit der persönlichen Erlösung Isaaks zu tun hat, wie viele theistische Deterministen behaupten. Die Aussage, dass Isaak ein Kind der Verheißung war, steht in keinerlei Verbindung mit seiner persönlichen, geistlichen Wiedergeburt durch den Glauben an Gott, sondern bezieht sich auf seine physische Geburt durch den Glauben Abrahams und Saras. Gottes Wahl von Isaaks als den Samen, durch den er seine Verheißung, die Welt zu segnen, erfüllen würde, war eine souveräne Wahl. Ismael hatte diese Rolle nicht, ebenfalls durch Gottes souveräne Wahl. Im Gegensatz zur Sichtweise mancher theistischen Deterministen, verspricht Gott jedoch, auch Ismael zu segnen – weit davon entfernt ihn zu verlassen oder zu verdammen. Hören Sie auf Abrahams Fürbitte für Ismael:

> *„Und Abraham sagte zu Gott: Möchte doch Ismael vor dir leben! Und Gott sprach: Nein, sondern Sara, deine Frau, wird dir einen Sohn gebären. Und du sollst ihm den Namen Isaak geben! Und ich*

werde meinen Bund mit ihm aufrichten zu einem ewigen Bund für
seine Nachkommen nach ihm. Aber auch für Ismael habe ich dich
erhört: Siehe, ich werde ihn segnen und werde ihn fruchtbar machen
und ihn sehr, sehr mehren. Zwölf Fürsten wird er zeugen, und ich
werde ihn zu einer großen Nation machen." (1Mo 17,18-20)

Abrahams Bitte ist, dass Ismael unter Gottes Segen leben darf, und
Gott erfüllt sie ihm. Isaak wird eine besondere Rolle haben, aber auch
Ismael wird gesegnet werden. Vor diesem Hintergrund erscheint es
vollkommen falsch, diesen Text zur Begründung der „doppelten Prädestination" zu gebrauchen.

Darüber hinaus darf die Lektion, die Abraham und Sara bezüglich
der Art und Weise, wie sie physische Eltern eines Kindes und eines
Volkes wurden, nicht mit einer anderen geistlichen Lektion aus der
Geschichte im Neuen Testament verwechselt werden:

„Ihr aber, Brüder, seid wie Isaak, Kinder der Verheißung. Aber so
wie damals der nach dem Fleisch Geborene den nach dem Geist
Geborenen verfolgte, so ist es auch jetzt. Aber was sagt die Schrift?
,Stoße die Magd und ihren Sohn hinaus! Denn der Sohn der Magd
soll nicht mit dem Sohn der Freien erben.' Daher, Brüder, sind wir
nicht Kinder einer Magd, sondern der Freien." (Gal 4,28-31)

Der Kontext ist ein Appell an die Christen in Galatien, die unter
Druck standen, sich wieder der Einhaltung des Gesetzes zur Erlösung
zurückzuwenden. Paulus sagt ihnen (und uns), dass aller persönlicher
Glaube und alle Zuversicht zur Erlösung auf Gottes Verheißung und
nicht auf menschliche Leistung gerichtet werden soll. Dies wird sie
(und uns) zu geistlichen Kindern Abrahams und Saras machen.[134]

Nun müssen wir uns wieder Römer 9 zuwenden. Nachdem er den
Grundsatz festgelegt hat, dass nicht alle Nachkommen Abrahams
als seine Kinder gezählt werden – besonders in dem Sinne, dass sie
der Samen Abrahams sind, durch den der Messias geboren wird –,

---

134   Für eine detaillierte Auslegung dieses Abschnitts des Galaterbriefes siehe D. Goo-
      ding, The Riches Of Divine Wisdom, Myrtlefield Trust, Coleraine, 2013, Kap. 15.

wendet Paulus sich der Generation nach Abraham zu: dessen Sohn Isaak. Dieses zweite Beispiel unterscheidet sich vom ersten dadurch, das die beteiligten Kinder nicht nur denselben Vater, sondern auch dieselbe Mutter haben. Noch mehr: Sie waren sogar Zwillinge. Dies verhindert jegliche Rückkehr zum ersten Beispiel, mit dem Hinweis, dass die bedeutsamsten Unterschiede darin liegen, dass Isaak und Ismael unterschiedliche Mütter hatten.

Hier finden wir also den Bericht über die Geburt der Zwillinge Jakob und Esau:

> *„Nicht allein aber bei ihr war es so, sondern auch bei Rebekka, als sie von einem, von unserem Vater Isaak, schwanger war. Denn als die Kinder noch nicht geboren waren und weder Gutes noch Böses getan hatten – damit der nach freier Auswahl gefasste Vorsatz Gottes bestehen bliebe, nicht aufgrund von Werken, sondern aufgrund des Berufenden –, wurde zu ihr gesagt: ‚Der Ältere wird dem Jüngeren dienen‘; wie geschrieben steht: ‚Jakob habe ich geliebt, aber Esau habe ich gehasst.‘"* (Röm 9,10-13)

Dieses ist einer der Haupt-Texte, der zitiert wird, um den Gedanken zu verteidigen, dass Gott manche für die Erlösung und manche zur Verdammnis ausgewählt hat – ohne Bezug zu nehmen auf die beteiligten Personen. Theistische Determinsten verweisen auf den Gebrauch des Wortes „Vorsatz" in diesem Abschnitt. Sie behaupten, dass diese Verse sich auf die individuelle Erlösung oder Verdammnis von Jakob und Esau beziehen. Wir müssen jedoch fragen: Wozu waren sie erwählt? Was war das Ziel der Erwählung? Die Antwort lautet: „Der Ältere wird dem Jüngeren dienen."

Der Bericht über Rebekkas Schwangerschaft aus dem 1. Buch Mose lautet wie folgt:

> *„Und Isaak bat den HERRN für seine Frau, denn sie war unfruchtbar; da ließ der HERR sich von ihm erbitten, und Rebekka, seine Frau, wurde schwanger. Und die Kinder stießen sich in ihrem Leib. Da sagte sie: Wenn es so steht, warum trifft mich dies? Und sie ging hin, den HERRN zu befragen. Der HERR aber sprach zu ihr: Zwei*

Nationen sind in deinem Leib, und zwei Volksstämme scheiden sich aus deinem Innern; und ein Volksstamm wird stärker sein als der andere, und der Ältere wird dem Jüngeren dienen." (1Mo 25,21-23)

Der Text hat nichts mit Erlösung oder Verurteilung zu tun, sondern mit Gottes souveräner Wahl zu unterschiedlichen geschichtlichen Rollen. Es geht nicht einmal um die Rollen der einzelnen Individuen, sondern um die der Völker, die sie hervorbrachten. Als Individuum diente Esau Jakob nie und Rebekka wurde ausdrücklich erklärt, dass es um Völker und nicht um Individuen ging: „Zwei Nationen sind in deinem Leib, und zwei Volksstämme scheiden sich aus deinem Innern."

In der späteren Geschichte Israels, als David König geworden war, kamen die Edomiter (die Nachkommen Esaus) und erwiesen ihm Ehre und dienten ihm. Man vergisst schnell, dass Isaak Esau segnete, und in der späteren Geschichte sagte Gott zu Israel: „Den Edomiter sollst du nicht verabscheuen, denn er ist dein Bruder" (5Mo 23,8).

Das zweite Zitat in Römer 9 – „Und ich habe Jakob geliebt; Esau aber habe ich gehasst" – stammt vom Propheten Maleachi (1,2-3). Es wurde Jahrhunderte nach den Ereignissen aus dem 1. Buch Mose verfasst und bezieht sich in seinem Zusammenhang eindeutig auf die Völker und nicht auf Individuen. Die vergangene Zeit hatte gezeigt, dass Edom ein Volk war, das Gottes Gericht verdiente. Paulus mag an dieser Stelle andeuten, dass seine israelitischen Geschwister dieselben Merkmale aufwiesen wie die Edomiter.

Maleachi warnte auch Juda davor, dass sie, trotz der Liebe Gottes für sie und ihrer einzigartigen Rolle innerhalb der Geschichte, von Gottes Gericht zerstört werden würden, wenn sie nicht vom Bösen umkehrten, das sie unter sich zugelassen hatten. Einige reagierten auf Maleachis Warnung und kehrten um:

„Da redeten die miteinander, die den HERRN fürchteten, und der HERR merkte auf und hörte. Und ein Buch der Erinnerung wurde vor ihm geschrieben für die, die den HERRN fürchten und seinen Namen achten. Und sie werden mir, spricht der HERR der Heerscharen, zum Eigentum sein an dem Tag, den ich machen werde.

Und ich werde sie schonen, wie ein Mann seinen Sohn schont, der ihm dient. Und ihr werdet wieder den Unterschied sehen zwischen dem Gerechten und dem Ungerechten, zwischen dem, der Gott dient, und dem, der ihm nicht dient." (Mal 3,16-18)

Diejenigen, *„die den Herrn fürchteten",* gehörten zum wahren Volk Gottes. Das gesamte Volk stammte von Jakob ab, und Gott liebte es, aber in seiner Liebe züchtigte er es und entfernte am Ende die Gottlosen, die ihn weder liebten noch ehrten. Erneut sehen wir, dass die bloße Zugehörigkeit zum Volk, das Gott liebte, keine persönliche Erlösung garantierte. Wenn Edom für ein bestimmtes Verhalten nicht verschont wurde, dann würde Israel für dasselbe Verhalten auch nicht verschont werden.

Zusammenfassend kann man Folgendes feststellen: Diese Verse reden nicht von einer individuellen Erwählung zur Erlösung, sondern von einer gemeinschaftlichen Erwählung zum Dienst und zu einer bestimmten Rolle. Gott wählte (erwählte) die verschiedenen Rollen, die diese Völker haben sollten. Es war eine souveräne Entscheidung. Keines der Kinder, weder Jakob noch Esau, hatten zu diesem Zeitpunkt Gutes oder Böses getan – sie waren nicht einmal geboren. Gottes Wahl zu einer privilegierten Rolle war vollkommen unabhängig von ihnen oder ihren Leistungen. Die Verheißung für Rebekka ist eine Rollenzuweisung und nicht die Zuteilung eines ewigen Schicksals.

Dementsprechend finde ich es schwierig, Aussagen wie die Folgende von den Theologen Ernst Käsemann und Geoffrey Bromiley ernstzunehmen:

„Das Vorhandensein eines starken Konzepts der Prädestination kann nicht geleugnet werden, obwohl Paulus nur an dieser Stelle die doppelte Prädestination darstellt. Erst wenn dies vorbehaltlos zugegeben wird, kann man nach notwendigen Abgrenzung sehen und nach der Bedeutung innerhalb des Rahmens der Theologie des Paulus fragen (...) Da das Thema Israel ist, geht es um die **Soteriologie***. Aus Vers 12a folgt noch genauer, dass die Lehre der Rechtfertigung der Gottlosen in der souveränen Freiheit des Schöpfers*

verankert ist (...) Gottes Wort erscheint wie eine stigmatisierende Ansprache, durch die die Erlösung oder die Verdammnis der Menschen geschieht."[135]

Aber Vers 12 sagt: „Der Ältere wird dem Jüngeren dienen." Hier geht es doch nicht um Soteriologie. Er hat absolut nichts mit Rechtfertigung, Erlösung oder Verdammnis zu tun. Es geht an dieser Stelle auch nicht um Individuen; es sei denn, es geht um Jakob, der als Vater eines Volkes erwählt wurde, und Esau, der nicht erwählt wurde. Gottes erwählender Plan bezieht sich hier auf einen Dienst oder eine Rolle und spricht von Völkern. Die obige Aussage ist also völlig fehlerhaft.

Kontrastieren wir dies mit den weisen Worten von Griffith Thomas:

„Der Hauptgedanke des Apostels in diesen Kapiteln ist nicht die individuelle Erlösung, sondern die Philosophie der Geschichte. Israels Erwählung hatte den Dienst an seinen Mitmenschen zum Ziel. Paulus befasst sich hier weniger mit Individuen, als mit Völkern und großen Menschenmengen. Er spricht von Israels Erwählung durch Gott nicht vom ewigen Leben als solches, sondern von Privilegien und Pflichten."[136]

Ebenso ist N. T. Wright der Ansicht, dass sich dieser Abschnitt nicht unmittelbar mit der Prädestination von Individuen aus soteriologischen Gründen auseinandersetzt, sondern sich stattdessen mit der Frage nach Gottes Treue gegenüber dem Volk Israel beschäftigt. Er schreibt:

„Kapitel 9 wurde lange Zeit als die zentrale Bibelstelle des Neuen Testaments bezüglich der ‚Prädestination' gesehen, auch wenn wir sehen werden, dass die theologische Tradition von Augustinus bis

---

135 E. Käsemann und G. W. Bromiley, Commentary on Romans, Eerdmans, Grand Rapids, 1980, S. 265-66

136 W. H. Griffith Thomas, Commentary on Romans, Kregel, Grand Rapids, 1974, S. 115-16, 156-57, 222

Calvin (und darüber hinaus) nicht begriffen hat, was Paulus hier eigentlich sagen wollte.“[137]

Der Grundsatz, der in diesen Versen von Römer 9 dargelegt wird, ist von grundlegender Bedeutung und lässt sich an anderer Stelle anwenden, sodass wir ihn noch besser verstehen können. Jeder Gläubige ist ein Mitglied des Leibes Christi, aber nicht jeder hat dieselbe Aufgabe. Unsere unterschiedlichen Rollen werden von einem souveränen Gott zugeordnet: „Nun aber hat Gott die Glieder bestimmt, jedes einzelne von ihnen am Leib, wie er wollte" (1Kor 12,18). Wieder einmal hat die souveräne Handlung Gottes an dieser Stelle weder etwas mit der Erlösung zu tun, noch verstößt sie gegen das Prinzip der menschlichen Willensfreiheit. Vielmehr stellt sich die Frage, was Gott mit denen tun möchte, die gerettet sind.

Sehr merkwürdig erscheint mir, dass einige führende Theologen, die behaupten, dass diese Texte von der persönlichen Erlösung sprechen, freimütig zugeben, dass dies nicht die ursprüngliche Bedeutung der alttestamentlichen Texte ist. Douglas Moo sagt beispielsweise:

„Wenn Paulus alttestamentliche Texte in ihrer ursprünglichen Bedeutung anwendet, dann wird die Anziehungskraft, die Römer 9 auf die Calvinisten ausübt, untergraben und vielleicht vollkommen ausgeschlossen. Calvinistische Ausleger haben dann den Irrtum begangen, die Erwählung zur Erlösung in einen Text hineinzulesen, der gar nicht davon spricht.“[138]

Interessanterweise weist Gerald Bray darauf hin, dass vier Jahrhunderte der Kirchengeschichte vergangen waren, bevor Augustinus eine deterministische Interpretation von Römer 9 einführte:

---

137   N. T. Wright, „The Letter To Romans: Introduction, Commentary and Reflections" in L. E. Keck (Sr. Hrsg.), The New Interpreter's Bible: A Commentary in Twelve Volumes, Band 10, Abingdon Press, Nashville, 2002, S. 620

138   D. J. Moo, The Epistles to the Romans, Eerdmans, Grand Rapids, 1996, S. 303

„Nur Augustinus, und auch nur in seinen späteren Schriften, war bereit, die vollen Konsequenzen der göttlichen Prädestination zu akzeptieren."[139]

Moo, der von sich sagt, dass er „in seiner Soteriologie allgemein (aber nicht konsequent) calvinistisch ist", kommt zu dem Schluss, dass „Paulus nicht immer seine alttestamentlichen Zitate in ihrer ursprünglichen Bedeutung gebraucht". Es ist sicherlich wahr, dass Paulus in alttestamentlichen Texten oft eine tiefere Bedeutung im Lichte des Evangeliums Christi findet, das über das Original hinausgeht. In diesem besonderen Fall jedoch ist der alttestamentliche Kontext der Ursprung des Volkes Gottes, Israel. Die Texte sind in ihrem Kontext völlig relevant für die Frage, die Paulus stellt. Dies bestätigt eher den Kommentar von Moo über den Fehler, die Erwählung zur Erlösung in einen Text zu lesen, der überhaupt nicht von diesem Thema handelt.

Harry Ironside schrieb:

„Es geht hier nicht um eine Prädestination für den Himmel oder eine Verurteilung für die Hölle. Ewige Fragen kommen in diesem Kapitel im Grund gar nicht vor, obwohl sie natürlich durch den Gebrauch oder Missbrauch von gottgegebenen Privilegien entstehen. Aber uns wird hier und nirgendwo sonst gesagt, dass es Gottes Absicht ist, den einen in den Himmel und den anderen in die Hölle zu schicken (...) Der Abschnitt hat ausschließlich mit Privilegien hier auf Erden zu tun."[140]

Wir fahren mit dem nächsten Teil des Bibeltextes fort:

„Was sollen wir nun sagen? Ist etwa Ungerechtigkeit bei Gott? Auf keinen Fall! Denn er sagt zu Mose: ‚Ich werde mich erbarmen, wessen ich mich erbarme, und werde Mitleid haben, mit wem ich Mitleid habe.' So liegt es nun nicht an dem Wollenden, auch nicht an dem Laufenden, sondern an dem sich erbarmenden Gott. Denn die Schrift sagt zum Pharao: ‚Eben hierzu habe ich dich erweckt, damit

---

139   G. L. Bray (Hrsg.), Romans, IVP, Downer's Grove, 1998, S. 244

140   H. A. Ironside, Lectures of the Epistle to the Romans, Neptune, New Jersey, 1928

*ich meine Macht an dir erweise und damit mein Name verkündigt
werde auf der ganzen Erde.' Also nun: Wen er will, dessen erbarmt
er sich, und wen er will, verhärtet er." (Röm 9,14-18)*

Wie er es von Zeit zu Zeit zu tun pflegt, bringt Paulus nun einen fikti-
ven Einwand vor, um eine moralische Frage zu stellen, die ihm sicher
oft gestellt wurde. Ist Gott ungerecht, wie kann dies alles fair sein? Je
mehr man darüber nachdenkt, desto schwieriger wird die Frage nach
der Fairness, auch im Zusammenhang mit den Berichten über die en-
gere Familie Abrahams. Wenn man sieht, wie beispielsweise Sara Hagar
und Ismael behandelt, wie sie die beiden in die Hoffnungslosigkeit weggeschickt. Gott sendet Hagar beim ersten Mal zurück. Als aber Isaak geboren wird, wird sie endgültig zurückgewiesen. Und was ist mit Jakobs
Täuschung des Isaak, wie er Esau das Erstgeburtsrecht stiehlt? Dies ist
der komplexe Stoff, aus dem das Leben gemacht ist. Und je komplexer
er ist, desto mehr entsteht ein dumpfes Gefühl von Ungerechtigkeit.

Um diese Frage zu beantworten, wendet Paulus sich zwei alttesta-
mentarischen Stellen aus dem 2. Buch Mose zu. Sie befassen sich beide mit grundlegenden Ereignissen in der historischen Entwicklungen der Nation Israel. Die erste Stelle beschreibt die Gesetzgebung
am Berg Sinai durch Mose; die zweite (wenn auch historisch früher)
betrifft den Exodus, als Mose Israel aus Ägypten herausführte, um
eine unabhängige Nation zu werden, den Protesten des Pharaos zum
Trotz. Diese Passagen zeigen uns zwei Seiten des göttlichen Handelns
in der Geschichte: seine Barmherzigkeit gegenüber Israel und die
Verhärtung von Pharaos Herzen.

Schauen wir uns die erste Stelle an. Als Gott Mose das Gesetz gab,
rebellierte das Volk gegen ihn und forderte, dass Aaron ihnen einen
Gott machen sollte, der vor ihnen herging (2Mo 32,1). Aaron fertigte
ein goldenes Kalb an, und Israel betete es an. Es war ein Tiefpunkt in
der Geschichte des Volkes.

Gott reagierte darauf, indem er Mose sagte, dass er das Volk aufgrund seiner Gotteslästerung vernichten würde. Aus den Nachkommen Moses aber würde er ein großes Volk machen. Mose flehte Gott
an, von seinem glühenden Zorn gegen das Volk abzulassen. Er stützt
sich dabei auf Gottes Verheißungen:

„Denke an deine Knechte Abraham, Isaak und Israel, denen du bei dir selbst geschworen und denen du gesagt hast: Ich will eure Nachkommen so zahlreich machen wie die Sterne des Himmels, und dieses ganze Land, von dem ich gesagt habe: ‚Ich werde es euren Nachkommen geben‘, das werden sie für ewig in Besitz nehmen. Da gereute den HERRN das Unheil, von dem er gesagt hatte, er werde es seinem Volk antun.“ (2Mo 32,13-14)

Gott lenkt ein und verschont sein Volk. Er sagt Mose, dass er es weiterhin führen soll und verheißt, dass er einen Engel senden wird, um es zu beschützen und zu verteidigen. Mose bittet Gott ein zweites Mal, dass er doch mit ihnen gehen soll. Daran schließt sich eine beeindruckende Begegnung zwischen Mose und Gott an:

„Mose nun sagte zum HERRN: Siehe, du sagst zu mir: Führe dieses Volk hinauf! – aber du hast mich nicht erkennen lassen, wen du mit mir senden willst, wo du doch selbst gesagt hast: Ich kenne dich mit Namen, ja, du hast Gunst gefunden in meinen Augen. Und nun, wenn ich also Gunst gefunden habe in deinen Augen, dann lass mich doch deine Wege erkennen, so dass ich dich erkenne, damit ich Gunst finde in deinen Augen, und bedenke, dass diese Nation dein Volk ist! Er antwortete: Mein Angesicht wird mitgehen und dich zur Ruhe bringen. Er aber sagte zu ihm: Wenn dein Angesicht nicht mitgeht, dann führe uns nicht von hier hinauf! Woran soll man denn sonst erkennen, dass ich Gunst gefunden habe in deinen Augen, ich und dein Volk? Nicht daran, dass du mit uns gehst und wir, ich und dein Volk, dadurch vor jedem Volk auf dem Erdboden ausgezeichnet werden? Der HERR antwortete Mose: Auch diesen Wunsch, den du jetzt ausgesprochen hast, werde ich erfüllen; denn du hast Gunst gefunden in meinen Augen, und ich kenne dich mit Namen. Er aber sagte: Lass mich doch deine Herrlichkeit sehen! Er antwortete: Ich werde all meine Güte an deinem Angesicht vorübergehen lassen und den Namen Jahwe vor dir ausrufen: Ich werde gnädig sein, wem ich gnädig bin, und mich erbarmen, über wen ich mich erbarme.“ (2Mo 33,12-19)

Es ist diese letzte Aussage, die in Römer 9,15 zitiert wird. Ihr historischer Kontext ist das Beispiel einer vollkommen unverdienten Gnade gegenüber dem Volk Israel, in einer Situation, in der Gott sie hätte zu Recht auslöschen können. Von daher ist Paulus' Auswahl dieses Zitates an dieser Stelle von hoher Relevanz für seinen Zweck. Seine Leser wussten, dass er über einen unrühmlichen Vorfall in der Wüste sprach, bei dem fast das gesamte Volk Israel Mose als ihren Führer ablehnte, den Gott berufen hatte, um sie zu befreien. Als Nation waren sie das auserwählte Volk Gottes, aber zu diesem Zeitpunkt waren nur sehr wenige von ihnen mit dem Herzen bei Gott. In Paulus' Kummer über Israels Ablehnung des Messias schwang stark Moses Kummer über die Ablehnung Gottes durch sein Volk mit.

Mehr noch, selbst wenn Gott das Volk ausgelöscht hätte, wie er es angedroht hatte, und mit Mose einen Neuanfang gemacht hätte, wäre keines seiner Versprechen ungültig geworden, weil sie dem Volk als Ganzes galten und nicht den Individuen innerhalb des Volkes.

Und doch hat Gott sie nicht vernichtet; er hat ihnen vergeben. Es war ein Akt reiner Gnade. Man könnte sagen, dass Gottes Handeln am Volk Israel ein Beweis seiner Geduld war. Sein Wunsch war, dass keiner verloren gehen sollte, sondern alle zur Umkehr kommen:

> *„Der Herr verzögert nicht die Verheißung, wie es einige für eine Verzögerung halten, sondern er ist langmütig euch gegenüber, da er nicht will, dass irgendwelche verloren gehen, sondern dass alle zur Buße kommen." (2Petr 3,9)*

Mose bat dann darum, Gottes Herrlichkeit sehen zu dürfen, und wurde mit einer Aussicht auf „all seine Güte" belohnt:

> *„Dann sprach er: Du kannst es nicht ertragen, mein Angesicht zu sehen, denn kein Mensch kann mich sehen und am Leben bleiben. Weiter sagte der HERR: Siehe, hier ist ein Platz bei mir, da sollst du dich auf den Felsen stellen. Und es wird geschehen, wenn meine Herrlichkeit vorüberzieht, dann werde ich dich in die Felsenhöhle stellen und meine Hand schützend über dich halten, bis ich vorübergegangen bin. Dann werde ich meine Hand wegnehmen, und du*

wirst mich von hinten sehen; aber mein Angesicht darf nicht gesehen werden." (2Mo 33,20-23)

In diesem Zusammenhang finden wir die Offenbarung von Gottes Wesen: „Ich werde gnädig sein, wem ich gnädig bin." Gnade ist per Definition unverdient. Aufgrund der Sünde Israels an dieser Stelle der Geschichte wäre es gerechtfertigt gewesen, wenn Gott sie vernichtet hätte. Sie verdienten keine Gnade, aber Gott gab sie ihnen in seiner Barmherzigkeit und seinem Erbarmen.

In Bezug auf den theistischen Determinismus müssen wir nun fragen, ob dieser Wille Gottes willkürlich und unabhängig von den Empfängern der Gnade ist. Sicherlich nicht. Das Ereignis, an das wir uns soeben erinnert haben, bezieht ja mit ein, dass Mose betete und das Volk trauerte und Zeichen der Umkehr zeigte. Wir sollten also beachten, dass die Gnade Gottes bei dieser Gelegenheit das Volk physisch gerettet hat, aber es rettete sie nicht unbedingt geistlich.

Viele von denen, die hier verschont wurden, würden später rebellieren und in der Wüste sterben. Tatsächlich kam die überwiegende Mehrheit dieser Generation, die mit Mose Ägypten verlassen hatte, schließlich nicht ins Verheißene Land. Der Hebräerbrief erklärt den Grund dafür:

> *„Denn auch uns ist eine gute Botschaft verkündigt worden, wie auch jenen; aber das gehörte Wort nützte jenen nicht, weil es bei denen, die es hörten, sich nicht mit dem Glauben verband. Wir gehen nämlich in die Ruhe ein als die, die geglaubt haben, wie er gesagt hat: ,So schwor ich in meinem Zorn: Sie sollen nimmermehr in meine Ruhe eingehen!', obwohl die Werke von Grundlegung der Welt an geschaffen waren."* (Hebr 4,2-3)

Dies ist ein klarer Beweis dafür, dass das Verhalten vieler Menschen in der Wüste letztlich zeigte, dass sie niemals die Botschaft geglaubt hatten, die Mose ihnen verkündigt hatte. Sie waren Ungläubige. Trotzdem liefert Paulus' wunderbares Lob der Gnade Gottes und seiner freien Barmherzigkeit einen Hinweis auf den Höhepunkt dieses Abschnitts im Römerbrief:

„Denn Gott hat alle zusammen in den Ungehorsam eingeschlossen, damit er sich aller erbarmt. Welche Tiefe des Reichtums, sowohl der Weisheit als auch der Erkenntnis Gottes! Wie unerforschlich sind seine Gerichte und unaufspürbar seine Wege." (Röm 11,32-33)

Dies ist das Maß der Barmherzigkeit und Gnade Gottes: Sie ist für alle zugänglich und nicht nur für wenige Auserwählte.

Kapitel 14

DAS HERZ DES PHARAOS
WIRD VERHÄRTET

Die Beschreibung der Gnade Gottes gegenüber Israel in Römer 9 wirft eine offensichtliche Frage auf. Zeigt Gott sich immer gnädig? Wenn nicht, stellt sich dann nicht sofort wieder die Frage nach Fairness in der Geschichte und im Leben? Paulus geht nun auf diese Frage ein, indem er zurückblickt auf die Geschichte zur Zeit des Auszugs aus Ägypten:

> *„Denn die Schrift sagt zum Pharao: ‚Eben hierzu habe ich dich erweckt, damit ich meine Macht an dir erweise und damit mein Name verkündigt werde auf der ganzen Erde.' Also nun: Wen er will, dessen erbarmt er sich, und wen er will, verhärtet er." (Röm 9,17-18)*

Dieses Mal betrachtet Paulus nicht Gottes Umgang mit einem Volk, sondern mit einer Einzelperson, die nicht zu Israel gehört – dem ägyptischen Pharao. Das zentrale Thema für uns ist die Verhärtung seines Herzens.

Was bedeutet das? Hat Gott etwa, wie einige theistischen Deterministen behaupten, in der fernen Vergangenheit beschlossen, dass es ein Volk namens Israel geben würde, dem er seinen Segen geben und dem er seine Gnade zeigen würde? Hat er auch festgelegt, dass es ein anderes Volk namens Ägypten geben sollte, das von einem Pharao angeführt wird und keinen anderen Zweck hat, als dass er seine

Herrlichkeit darin zeigt, dass er es zerstört und es zur ewigen Verdammnis verurteilt? Besteht die Lektion hier darin, dass Gottes Wille sowohl bedingungslos als auch unwiderstehlich ist?

Mir ist bewusst, dass diese Sichtweise beträchtliche Unterstützung erfährt. Martin Luther schrieb beispielsweise:

> *„Freilich erregt nichts so sehr Anstoß bei dem gesunden Menschenverstand oder der natürlichen Vernunft, als dass Gott, dessen so große Barmherzigkeit und Güte gepredigt wird, aus freiem Willen die Menschen im Stich lässt, verstockt, verdammt, gleichsam als fände er Gefallen an den Sünden und den ewigen Qualen der Elenden. Es erscheint ungerecht, grausam, unerträglich, so über Gott zu denken, und deshalb haben auch so viele bedeutende Männer zu allen Zeiten daran Anstoß genommen. Und wer sollte es nicht?"* [141]

Dennoch – mit gebührender und echter Achtung vor Luthers immensem, ja, einzigartigem Beitrag zur Verbreitung des Evangeliums – müssen wir die Möglichkeit in Betracht ziehen, dass der Grund dafür, warum seine Sichtweise „dem gesunden Menschenverstand oder der natürlichen Vernunft" so anstößig ist, der ist, dass sie nicht korrekt ist, wie John Wesley es sagte, der ebenfalls viel zur Verbreitung des Evangeliums beitrug.

Es ist tatsächlich weniger so, dass diese Sichtweise unseren rationalen Verstand beleidigt und dass Gottes Gedanken über unseren Gedanken stehen, sondern dass sie vielmehr unser moralisches Urteilsvermögen beleidigt. Wie wir bereits zuvor im Johannesevangelium gesehen haben, lädt uns unser Herr beständig dazu ein, uns ein moralisches Urteil zu bilden, sowohl über sein Leben und seine Lehre als auch über uns selbst.

Paulus leitet diesen Abschnitt mit einem Hinweis auf die moralische Dimension ein und erklärt kategorisch, dass es bei Gott keine Ungerechtigkeit gibt. Also war dies nicht anstößig für sein rationales Denken.

---

141   aus: Martin Luther, Vom Unfreien Willen, in Kurt Aland (Hrsg.), Die Werke des Reformators in neuer Auswahl für die Gegenwart, Band 3, Göttingen 1961ff., Stuttgart, S. 288

Noch einmal führt er einen vermeintlichen Einwand an, um diesen Punkt anzusprechen:

„Du wirst nun zu mir sagen: Warum tadelt er noch? Denn wer hat seinem Willen widerstanden?" (Röm 9,19)

Der Einwand spricht das moralische Problem an: Wenn Gottes Wille unwiderstehlich ist, gäbe es für Gott keinen Grund zu verurteilen, dass irgendetwas falsch läuft. Darauf gibt es nur zwei mögliche logische Antworten. Entweder ist die Prämisse (Gottes Wille ist unwiderstehlich) korrekt, und die Schlussfolgerung (Gott hat kein Recht dazu, Fehler anzuprangern) ist falsch, oder aber die Prämisse ist falsch, und das Argument bricht somit in sich zusammen. Die Schrift unterstützt Letzteres.

Unser Herr weinte über Jerusalem:

„Jerusalem, Jerusalem, die da tötet die Propheten und steinigt, die zu ihr gesandt sind! Wie oft habe ich deine Kinder versammeln wollen, wie eine Henne ihre Küken versammelt unter ihre Flügel, und ihr habt nicht gewollt!" (Mt 23,37)

Hier ist es der Wille des Herrn, sein Volk unser seinen Schutz zu versammeln. Sie aber widerstanden seinem Willen, und der Widerstand wurde nicht durch eine willkürliche Machtdemonstration gebrochen.

Auf dem Höhepunkt seiner Rede vor dem Hohen Rat in Jerusalem zeigt Stephanus, dass der Widerstand gegen Gott während seiner ganzen Geschichte ein trauriges Merkmal des Volkes Israel gewesen ist:

„Ihr Halsstarrigen und Unbeschnittenen an Herz und Ohren! Ihr widerstrebt allezeit dem Heiligen Geist; wie eure Väter so auch ihr. Welchen der Propheten haben eure Väter nicht verfolgt? Und sie haben die getötet, welche die Ankunft des Gerechten vorher verkündigten, dessen Verräter und Mörder ihr jetzt geworden seid, die ihr das Gesetz durch Anordnung von Engeln empfangen und nicht befolgt habt. Als sie aber dies hörten, wurden ihre Herzen durchbohrt, und sie knirschten mit den Zähnen gegen ihn." (Apg 7,51-54)

Wieder einmal wurde ihr Widerstand nicht durch unwiderstehliche Macht gebrochen. Er durfte bestehenbleiben – und Stephanus wurde getötet.

Deshalb müssen wir die Geschichte des Pharaos so lesen, dass sie den vermeintlichen Einwand in Frage stellt, dass der Wille Gottes unwiderstehlich sei. Das 2. Buch Mose sagt uns, dass Gott Mose zum Pharao schickte, um ihn zu bitten, dass er das versklavte Volk ziehen lasse. Hier eine kurze Zusammenfassung der Reihenfolge:

Mose trägt seine Bitte vor; der Pharao lehnt sie ab und macht die Last für Israel noch schwerer. Gott erscheint Mose und verheißt, dass er das Volk in das Verheißene Land bringen wird. Er sagt Mose, dass er das Herz des Pharaos verhärten wird (2Mo 7,3).

Es ist keine Frage, dass Gott weiß, was geschehen wird und dass er es vorhersieht. Aber wie wir bereits gesehen haben, bedeutet dies nicht, dass er das, was anschließend geschieht, auch verursacht. Mose geht mit Aaron als seinem Sprecher erneut zum Pharao. Sie tun ein Wunder, das von Pharaos Zauberern kopiert wird. Pharaos Herz wurde verhärtet (2Mo 7,13), und dann folgt eine lange Serie von Plagen:

1. *Blut* – Mose und Aaron verwandeln das Wasser des Nils in Blut. Die Zauberer scheinen (zumindest aus Sicht des Pharaos) in der Lage zu sein, dasselbe zu tun, sodass das Herz des Pharaos hart wurde (7,22).
2. *Frösche* – Erneut imitieren die Zauberer die Plage, auch wenn sie die Frösche nicht wieder loswerden. Der Pharao fleht, dass die Frösche verschwinden. Mose bittet Gott, dies zu bewirken. Als Pharao den Aufschub sieht, verhärtet er sein Herz und hört nicht auf Mose und Aaron, so wie der Herr es vorausgesagt hat (8,15).
3. *Mücken* – Die Zauberer können nichts ausrichten und sagen dem Pharao, dass dies der Finger Gottes ist. Aber das Herz des Pharaos wird hart, und er hört nicht, wie es der Herr gesagt hat (8,19).
4. *Stechfliegen* – Dieses Mal will der Pharao das Volk ziehen lassen. Mose betet für eine Beendigung der Plage, und wieder verhärtet Pharao sein Herz (8,28).

273

5. *Viehpest* – Sein Herz bleibt verstockt (9,7).

6. *Geschwüre* – „Doch der Herr verstockte das Herz des Pharao, und er hörte nicht auf sie, wie der Herr zu Mose geredet hatte" (9,12). Dies ist das erste Mal, dass der Name des Herrn im Zusammenhang mit der Verhärtung des Herzens erwähnt wird.

7. *Hagel* – Der Pharao lässt Mose rufen, bekennt seine Sünde und bittet Mose, den Herrn um Aufschub zu bitten. Er sagt, dass er das Volk dann ziehen lassen wird. Mose stimmt dem zu, sagt aber dem Pharao: „Du aber und deine Hofbeamten – das habe ich erkannt, dass ihr euch immer noch nicht vor Gott, dem HERRN, fürchtet" (9,30). Einige der Ägypter aber haben begonnen, den Herrn zu fürchten, und sie bieten eine Unterkunft für ihre Sklaven und ihr Vieh. Die Botschaft dringt allerdings noch immer nicht zum Pharao durch: „Als aber der Pharao sah, dass der Regen, der Hagel und der Donner aufgehört hatten, da sündigte er weiter und verstockte sein Herz, er und seine Hofbeamten. So blieb das Herz des Pharao verstockt, und er ließ die Söhne Israel nicht ziehen, wie der HERR durch Mose geredet hatte" (9,34-35).

8. *Heuschrecken* – Mose kündigt die Plage an. Die Diener des Pharaos bitten ihn, das Volk ziehen zu lassen, weil „Ägypten verloren ist" (10,7). Der Pharao lässt Mose und Aaron zurück an seinen Hof holen und verspricht ihnen, die Männer gehen zu lassen, allerdings ohne die Frauen und Kinder. Er beschuldigt sie, eine böse Absicht zu haben, und lässt sie hinauswerfen. Die Plage tritt ein, und der Pharao bekennt seine Sünde sowohl gegen Gott als auch gegen Mose. Er bittet um Vergebung und um eine Ruhepause. „Aber der HERR verstockte das Herz des Pharao, und er ließ die Söhne Israel nicht ziehen" (10,20).

9. *Finsternis* – Es herrscht Finsternis in Ägypten, allerdings nicht dort, wo die Israeliten leben. Der Pharao ruft Mose und sagt ihm, dass er gehen und das Vieh zurücklassen soll. Mose sagt: „Unser Vieh zieht dennoch mit uns, nicht eine Klaue darf zurückbleiben; denn davon werden wir nehmen, um dem HERRN, unserm Gott, zu dienen. Wir wissen ja nicht, womit wir dem HERRN dienen sollen, bis wir dorthin kommen. Aber

der HERR verstockte das Herz des Pharao, sodass er nicht bereit war, sie ziehen zu lassen. Und der Pharao sagte zu ihm: Geh weg von mir! Hüte dich, mir nochmals unter die Augen zu treten! Denn an dem Tag, an dem du mir wieder unter die Augen trittst, musst du sterben" (10,26-28).

10. *Tod der Erstgeborenen* – Gott sagt Mose, dass es noch eine weitere Plage geben wird, nach der der Pharao das Volk ziehen lassen wird. Um Mitternacht werden alle Erstgeborenen sterben, es sei denn sie befinden sich in einem Haus, das durch das Blut eines Lammes geschützt ist. Die Anweisungen für das Passahmahl werden gegeben und jeder israelische Haushalt streicht das Blut des Passahlammes an die Türpfosten und den Oberbalken über der Tür. Um Mitternacht sterben die Erstgeborenen in den ungeschützten Häusern. Der Pharao sagt Mose und Aaron, dass sie gehen und dem Herrn dienen sollen. Außerdem bittet er um ihren Segen (12,29-32).

Die Fortsetzung: Mose führt die Israeliten aus Ägypten heraus, bis sie die Küste erreichen, wo sie ihr Lager aufbauen. Gott redet dort zu Mose:

„Der Pharao aber wird von den Söhnen Israel denken: Sie irren ziellos im Land umher, die Wüste hat sie eingeschlossen. Dann will ich das Herz des Pharao verstocken, sodass er ihnen nachjagt. Darauf will ich mich am Pharao und an seiner ganzen Heeresmacht verherrlichen, und die Ägypter sollen erkennen, dass ich der HERR bin. Und sie machten es so." (2Mo 14,3-4)

Die Reaktion des Pharaos lesen wir hier:

„Als nun dem König von Ägypten berichtet wurde, dass das Volk geflohen sei, wandte sich das Herz des Pharao und seiner Hofbeamten gegen das Volk, und sie sagten: Was haben wir da getan, dass wir Israel aus unserem Dienst haben ziehen lassen! So ließ er denn seine Streitwagen anspannen und nahm sein Kriegsvolk mit sich. Er nahm sechshundert auserlesene Streitwagen und alle übrigen Streitwagen Ägyptens und Wagenkämpfer auf ihnen allen. Und der

HERR verstockte das Herz des Pharao, des Königs von Ägypten, so dass er den Söhnen Israel nachjagte, während die Söhne Israel mit erhobener Hand auszogen." (2Mo 14,5-8)

Schließlich gibt Gott Mose diese Anweisung:

„Du aber erhebe deinen Stab und strecke deine Hand über das Meer aus und spalte es, damit die Söhne Israel auf trockenem Land mitten in das Meer hineingehen! Ich jedoch, siehe, ich will das Herz der Ägypter verstocken, sodass sie hinter ihnen herkommen. Und ich will mich verherrlichen am Pharao und an seiner ganzen Heeresmacht, an seinen Streitwagen und Reitern. Dann sollen die Ägypter erkennen, dass ich der HERR bin, wenn ich mich am Pharao, an seinen Wagen und Männern verherrlicht habe." (2Mo 14,16-18)

Die Länge und der Detailreichtum dieser Geschichte sind Anzeichen für ihre Bedeutung. Sofort fällt die Wiederholung des Gedankens auf, dass das Herz des Pharaos verhärtet ist. Diese Verhärtung wird uns auf unterschiedliche Weisen beschrieben: Der Pharao verhärtet sein Herz, das Herz des Pharaos ist verhärtet, und Gott verhärtet das Herz des Pharaos. Im Laufe der Ereignisse scheint es einen Wechsel zwischen Pharaos eigenem Handeln und dem Handeln Gottes zu geben, was durchaus darauf hindeuten könnte, dass diese Geschichte sowohl die menschliche Verantwortung als auch die Souveränität Gottes veranschaulicht.

Die Tatsache, dass die Verhärtung seines Herzens mehrere Male vorkommt, impliziert, dass er zwischendurch weicher und empfänglicher war: Gott verhärtete das Herz des Pharaos nicht ein für alle Mal, sodass es von dort an ganz und gar verhärtet war. Ganz im Gegenteil. Wir lesen, wie der Pharao Mose und Aaron wiederholt darum bat, dass sie für ihn beten sollten, und bei mehreren Gelegenheiten bekennt er seine Sünden. Mose betet für ihn, Gott zeigt Barmherzigkeit, das Gebet wird erhört, und der Aufschub wird gewährt.

Die nächste Frage lautet: Was bedeutet die Verhärtung des Herzens in diesem Zusammenhang? Die deterministische Antwort lautet, dass es mit dem ewigen Schicksal des Pharaos zu tun hat. Der unmittelbare Eindruck, den wir aus dem Text gewinnen, ist jedoch, dass es mit der Verfestigung der Entscheidung des Pharaos zu tun hat, die riesige Sklavenkraft der Hebräer nicht zu verlieren. Seine Wirtschaft war davon abhängig. Es stimmt, dass sich sein Widerstand gegen Gott richtete. Als er den Punkt erreicht hatte, an dem es kein Zurück mehr gab, mag es sehr wohl auch um ewige Konsequenzen gegangen sein. Wenn man sie jedoch schon zu Beginn der Geschichte hineinliest, scheint dies der Gerechtigkeit Gottes zu widersprechen.

Der Druck auf den Pharao nahm ständig zu. Seine früheren Ausreden, das Volk nicht ziehen zu lassen, beruhten auf der Fähigkeit seiner Zauberer, die die Plagen (bis zu einem gewissen Grad) reproduzieren konnten. Diese Ausreden verblassen angesichts der dritten Plage, als sie den „Finger Gottes" erkennen. Der Pharao kann es nun nicht länger abwehren und muss das Volk schließlich ziehen lassen. Er bereut es schnell, Gott verhärtet sein Herz, und er kommt im Meer um.

Nun müssen wir uns selbst fragen, was wir aus all dem machen. Viele Menschen sind versucht, diese Geschichte deterministisch auszulegen. Auf der einen Seite der Gleichung befähigt Gott Mose, Wunder zu vollbringen; auf der anderen Seite scheint er den Pharao wie eine hilflose Marionette zu behandeln. Wenn dies der Fall wäre, sind dann die Gebete um Gnade und auch der gesamte Verlauf nicht ziemlich hinterhältig?

Schauen wir uns noch einmal genauer an, was geschieht, als das Herz des Pharaos verhärtet wird. Dem Text zufolge handelt Gott erst bei der sechsten Plage. Unmittelbar danach kommt es zu einer Konfrontation zwischen Mose und Pharao, und wir erreichen den entscheidenden Punkt, an dem Gott dem Pharao seine Gedanken erklärt:

„Doch der HERR verstockte das Herz des Pharao, und er hörte nicht auf sie, wie der HERR zu Mose geredet hatte. Da sprach der HERR zu Mose: Mach dich früh am Morgen auf, tritt vor den Pharao und sage zu ihm: ‚So spricht der HERR, der Gott der Hebräer: Lass mein Volk ziehen, damit sie mir dienen! Denn diesmal will ich all meine Plagen in dein Herz, unter deine Hofbeamten und unter dein Volk

senden, damit du erkennst, dass niemand auf der ganzen Erde mir gleich ist. **Denn schon jetzt hätte ich meine Hand ausstrecken und dich und dein Volk mit der Pest schlagen können,** *sodass du von der Erde ausgetilgt worden wärst. Aber eben deshalb habe ich dich bestehen lassen, um dir meine Macht zu zeigen, und damit man auf der ganzen Erde meinen Namen verkündigt. Doch du verhältst dich noch immer hochmütig gegen mein Volk, dass du sie nicht ziehen lässt. Siehe, ich will morgen um diese Zeit einen sehr schweren Hagel regnen lassen, wie es in Ägypten noch keinen gegeben hat vom Tag seiner Gründung an bis jetzt. Und nun sende hin und bring dein Vieh in Sicherheit und alles, was du auf dem Feld hast! Alle Menschen und Tiere, die sich auf dem Feld befinden und nicht ins Haus gebracht werden, auf die wird der Hagel fallen, und sie werden sterben.'*

Wer nun unter den Dienern des Pharao das Wort des HERRN fürchtete, der ließ seine Knechte und sein Vieh in die Häuser flüchten. Wer aber das Wort des HERRN nicht zu Herzen nahm, der ließ seine Knechte und sein Vieh auf dem Feld." (2Mo 9,12-21)

Die von mir hervorgehobene Aussage ist entscheidend für unser Verständnis dieses Textes. Gott sagt dem Pharao, dass nun ein Stadium erreicht ist, an dem er den Pharao hätte niederstrecken und töten können. Welche Kraft steckt hier hinter den Worten „hätte können"? Offensichtlich hatte Gott die ganze Zeit über die Macht gehabt, den Pharao zu zerstören. Es geht also nicht um Macht. Vielmehr ist es eine Frage der Moral. Es war nun so weit gekommen, dass Gott berechtigterweise handeln und den Pharao richten konnte. Dann verkündet Gott, dass es seine Absicht ist, den Pharao am Leben zu lassen, um ihm seine Macht zu demonstrieren, aber auch, damit der Name Gottes auf der ganzen Erde bezeugt würde durch das, was geschehen sollte. Pharao hatte sich konsequent geweigert (wie Gott es vorhergesagt hatte) und damit gezeigt, welchen Charakter er hatte. Immer wieder bittet er um Barmherzigkeit, und wenn ihm Gottes diese Gnade gewährt, bricht er sein Wort und verhärtet sein Herz. Immer wieder erfährt er Gottes Gnade und Geduld, bis sein Widerstand einen Punkt erreicht, an dem es kein Zurück mehr gibt. Um eine Formulierung zu gebrauchen, die wir noch in Römer 9 betrachten werden: Er hatte sich selbst „zum Verderben" zubereitet (Röm 9,22). Da er nun gezeigt hatte, dass er das Gericht verdiente, entschied sich Gott, von seinem Recht auf eine besondere Art und Weise Gebrauch zu machen, sodass dadurch eine eindrucksvolle Botschaft an die Welt gesandt würde. Es gibt einen Punkt, an dem es kein Zurück mehr gibt. Auf jeden Fall ist klar, dass der Tod die Möglichkeit zu Umkehr und Glauben für jeden beendet: „Und wie es den Menschen bestimmt ist, einmal zu sterben, danach aber das Gericht" (Hebr 9,27).

Indem er vom Pharao spricht, erwartet Paulus sicherlich von den Angehörigen seines Volkes, dass sie die Lektion auf sich übertragen. Schließlich hatte Jesus diese religiösen Führer, die gegen ihn waren, vor der Gefahr gewarnt, den Heiligen Geist zu lästern, weil sie seine Werke dem Teufel zuschrieben. Die Warnung war krass:

> *„Deshalb sage ich euch: Jede Sünde und Lästerung wird den Menschen vergeben werden; aber die Lästerung des Geistes wird nicht vergeben werden. Und wenn jemand ein Wort reden wird gegen den Sohn des Menschen, dem wird vergeben werden; wenn aber jemand gegen den Heiligen Geist reden wird, dem wird nicht vergeben werden, weder in diesem Zeitalter noch in dem zukünftigen." (Mt 12,31-32)*

Es ist also klar, dass ein Punkt erreicht werden kann, an dem Vergebung nicht länger möglich ist – nicht weil Gott nicht gnädig wäre, sondern weil es kein weiteres „Evangelium" gibt. Wenn ein Mensch diese Botschaft ablehnt, dann gibt es keine alternativen Wege zur Erlösung. Wie wir in Römer 11 sehen werden, bezieht sich dies nicht nur auf den Pharao, sondern auch auf Israel.

Wir haben bereits gesehen, dass die Frage nach der Gerechtigkeit von Gottes Gericht für die Diskussion von zentraler Bedeutung ist. Die Tatsache beispielsweise, dass Gott eines Tages die Menschen dafür richten wird, dass sie nicht geglaubt haben, impliziert, dass sie eine von Gott gegebene Fähigkeit besitzen müssen, umzukehren und zu glauben. Ebenso impliziert die Tatsache, dass Gott erklärt, über den Pharao berechtigt richten zu können, dass der Pharao auch die Fähigkeit hatte, auf Gottes Gnadenangebot zu reagieren, bevor Gott schließlich eingreifen musste. Aus diesem Grund weist Paulus die Behauptung, dass Gott ungerecht ist, überzeugend ab. Es gibt keinen Widerspruch zwischen Gottes Barmherzigkeit und seiner Verhärtung, da nichts von beidem willkürlich geschieht.

Rufen wir uns ins Gedächtnis, dass dies die Antwort des Paulus auf die Frage ist, ob Gott ungerecht ist. Wenn man sie so formuliert, kann man davon ausgehen, dass die Frage mit „nein" beantwortet werden wird – Gott ist nicht ungerecht. Wie ich bereits zu erklären versucht habe, ist dies in der Tat so. Einer der Einsprüche dagegen besteht jedoch darin, dass, wenn Paulus dies wirklich so gemeint hätte, niemand auf die Idee gekommen wäre, dass Gott unfair ist. Das Argument könnte auf diese Art nicht so leicht missverstanden werden. Mit anderen Worten muss es also an dieser Stelle ein starkes deterministisches Element geben, weil es sonst keinen Einspruch dagegen geben würde. Die Verhärtung von Pharaos Herzen muss ein willkürlicher Akt Gottes gewesen – was in der Tat unfair erscheint.

Ich finde diese Argumentation nicht zufriedenstellend, wie ich im Folgenden begründen werde. Ich denke jedoch, dass dieser Vorwurf der Ungerechtigkeit eine fast instinktive Reaktion auf jegliche Art von Unterscheidung von Rollen in der Geschichte und sogar in der Gemeinde ist. Gott hat in seiner Souveränität entschieden, dass Jakob und Israel eine bestimmte Rolle und Esau und sein Volk eine andere Rolle haben sollen. Sie sind vielleicht ein begabter Evangelist, während ein anderer nur im Hintergrund hilft. Wieso sind wir alle unterschiedlich?

Wenn Gottes Wille unwiderstehlich und das menschliche Verhalten vorherbestimmt ist, dann kann kein augenscheinlicher Widerstand echt sein, weil auch dieser dann vorherbestimmt sein muss. Wenn es unmöglich ist, seinem Willen zu widerstehen, dann macht es keinen Sinn Fragen wie „Ist Gott ungerecht?" zu stellen. Aber die zu erwartende Antwort auf diese Frage lautet nein. Man kann Gottes Willen widerstehen. Das haben wir bereits festgestellt, als wir über die Trauer Jesu über Jerusalem nachgedacht haben.

Mit diesem Hintergrundwissen können wir uns nun Paulus' Analyse in Römer 9 zuwenden:

„Du wirst nun zu mir sagen: Warum tadelt er noch? Denn wer hat seinem Willen widerstanden? Ja freilich, Mensch, wer bist du, der du das Wort nimmst gegen Gott? Wird etwa das Geformte zu dem Former sagen: Warum hast du mich so gemacht? Oder hat der Töpfer nicht Macht über den Ton, aus derselben Masse das eine Gefäß zur Ehre und das andere zur Unehre zu machen? Wenn aber Gott, willens, seinen Zorn zu erweisen und seine Macht zu erkennen zu geben, mit vieler Langmut die Gefäße des Zorns ertragen hat, die zum Verderben zubereitet sind, und wenn er handelte, damit er den Reichtum seiner Herrlichkeit an den Gefäßen des Erbarmens zu erkennen gebe, die er zur Herrlichkeit vorher bereitet hat, nämlich an uns, die er auch berufen hat, nicht allein aus den Juden, sondern auch aus den Nationen." (Röm 9,19-24)

Paulus' Antwort mag scharf erscheinen – ja, sogar am Thema vorbei: „Ja freilich, Mensch, wer bist du, der du das Wort nimmst gegen Gott?" Aber diese Interpretation wird dem gnädigen und liebevollen Wesen Gottes, das Paulus im gesamten Brief beschrieben hat, nicht gerecht. Paulus bezieht sich nicht auf irgendeinen allmächtigen Despoten, der nicht von einem armseligen Menschen hinterfragt werden darf. Er erinnert uns daran, dass wir demütig daran denken sollten, dass wir seine Geschöpfe sind, wenn wir über diesen Gott sprechen – aus Ton geformt und nach seinem Bilde geschaffen. Doch nicht nur das: Wir sind Empfänger seiner Gnade und Geduld.

Das Bild vom Töpfer und dem Ton ist in der Schrift und der allgemeinen Weisheitsliteratur bekannt:

„Und der Herr hat gesprochen: Weil dieses Volk mit seinem Mund sich naht und mit seinen Lippen mich ehrt, aber sein Herz fern von mir hält und ihre Furcht vor mir nur angelerntes Menschengebot ist; darum, siehe, will ich weiterhin wunderbar mit diesem Volk handeln, wunderbar und wundersam. Und die Weisheit seiner Weisen wird verloren gehen und der Verstand seiner Verständigen sich verbergen. Wehe denen, die ihren Plan tief verbergen vor dem HERRN und deren Werke im Finstern geschehen, und die sagen: Wer sieht uns, und wer erkennt uns? Oh, eure Verkehrtheit! Soll denn der

Töpfer dem Ton gleichgeachtet werden? – dass das Werk von seinem Meister sagt: Er hat mich nicht gemacht! – und ein Gebilde von seinem Bildner sagt: Er versteht nichts?" (Jes 29,13-16)

Jesaja gebraucht dieses Bild im Zusammenhang mit seiner Anklage: Israels Glaube ist rein formal und ohne Herz. Unser Herr zitiert diese Worte, um die Heuchelei der Pharisäer und Schriftgelehrten seiner Zeit zu entlarven und zu tadeln. Sie benutzten ihre Tradition als Deckmantel, um ihre Übertretung der Gebote zu verbergen. Sie taten so, als ob Gott sie nicht sehen könnte. Das ist eine sehr dumme Sache, wenn Geschöpfe Gottes so etwas tun. Es wäre vergleichbar mit einem Topf, der denkt, dass der Töpfer, der ihn gemacht hat, keinen Durchblick hat. So wie auch die Kritiker von Paulus in der Gefahr standen, das Wesen ihrer Stellung als Geschöpf zu vergessen, so taten sie es ebenfalls. Gott würde mit den religiösen Heuchlern entsprechend ihrem Verhalten umgehen. Er ist kein willkürlicher und deterministischer Töpfer.

Paulus zentriert seine Bildsprache auf das Wesen der Töpferkunst. Ein Töpfer kann einen Klumpen Ton nehmen und daraus machen, was er will. Er kann eine wunderschöne Vase schaffen, um einen Palast zu dekorieren, oder er kann kleine Gefäße und Teller für den täglichen Gebrauch in den bescheidensten Häusern machen. Dies lässt sich sowohl auf Israel als auch auf den Pharao anwenden. Sie stammten von demselben Klumpen ab, da sie beide gegen Gott rebellierten und schwerwiegend sündigten. Gott hätte sie mit Recht verdammen können. Keiner hatte die Gnade verdient. Gnade kann per Definition nicht verdient werden. Mose trat für Israel ein, das Volk kehrte um, und Gott zeigte Gnade und stellte ihre Rolle wieder her. Der Pharao sündigte wiederholt, und Mose trat auch für ihn ein, aber am Ende verhärtete er sein Herz und überschritt den Punkt, an dem es kein Zurück mehr gab.

Cranfield schreibt dazu Folgendes:

„Man muss zu dem Schluss kommen, dass Gott als frei anerkannt werden muss – als Gott, als der Eine, der die höchste Autorität besitzt, den Menschen im Laufe der Heilsgeschichte eine Vielzahl von

Rollen zuzuteilen, um seinen großen Plan zu erfüllen. Man kann nicht genug betonen, dass es natürlich nicht den leisesten Hinweis darauf gibt, dass die Freiheit des Töpfers eine willkürliche Freiheit ist, und es ist daher widersinnig anzunehmen, dass Paulus sagen wollte, dass der Schöpfer die Freiheit hat, mit seinen Geschöpfen nach irgendeinem unklaren, launischen und unberechenbaren Willen zu handeln." [142]

Gott ist souverän, und das ist eine großartige Sache. Er handelt nach seinem Willen, und sein Handeln ist richtig, weil er niemals gegen sein eigenes Wesen handelt. Es ist aber nicht die Souveränität einer despotischen Macht. Er tut, was er will, aber sein Wille steht in Einklang mit seinem vollkommen heiligen und gerechten Wesen.

Der Prophet Jeremia gebraucht das Bild des Töpfers und bestätigt damit diesen Standpunkt:

„Das Wort, das durch den HERRN zu Jeremia geschah: Mache dich auf und geh in das Haus des Töpfers hinab, und dort werde ich dich mein Wort hören lassen! Und ich ging in das Haus des Töpfers hinab, und siehe, er war gerade mit einer Arbeit auf der Scheibe beschäftigt. Und das Gefäß, das er aus dem Ton machte, missriet in der Hand des Töpfers. Und er machte wieder ein anderes Gefäß daraus, wie es in den Augen des Töpfers recht war zu tun. Und das Wort des HERRN geschah zu mir: Kann ich mit euch nicht ebenso verfahren wie dieser Töpfer, Haus Israel?, spricht der HERR. Siehe, wie der Ton in der Hand des Töpfers, so seid ihr in meiner Hand, Haus Israel. Einmal rede ich über ein Volk und über ein Königreich, es ausreißen, niederbrechen und zugrunde richten zu wollen. Kehrt aber jenes Volk, über das ich geredet habe, von seiner Bosheit um, lasse ich mich des Unheils gereuen, das ich ihm zu tun gedachte. Und ein anderes Mal rede ich über ein Volk und über ein Königreich, es bauen und pflanzen zu wollen. Tut es aber, was in meinen Augen böse ist, indem es auf meine Stimme nicht hört, so lasse ich mich des Guten gereuen, das ich ihm zu erweisen zugesagt habe.

---

142   C. E. B. Cranfield, Romans 1-8, Band 1, T&T Clark, Edinburgh, S. 492

Und nun rede zu den Männern von Juda und zu den Bewohnern von Jerusalem und sage: So spricht der HERR: Siehe, ich bereite ein Unglück gegen euch vor und plane einen Anschlag gegen euch! Kehrt doch um, jeder von seinem bösen Weg, und bessert eure Wege und eure Taten." (Jer 18,1-11)

Die Handlung des Töpfers ist nicht willkürlich. Der Ton ist lebendig, und was der Töpfer damit tut, ist zum Teil abhängig von seiner Reaktion auf ihn. Als der göttliche Töpfer möchte Gott seine überfließende Gnade denjenigen zeigen, die zu ihm zurückkehren (zurückkehren heißt hier: Buße tun).

N. T. Wright schreibt:

„Das Bild vom Töpfer und seinem Ton soll nicht allgemein über den Menschen als leblosen Klumpen Ton sprechen und Gott als das einzige lebendige und denkende Wesen dagegen stellen. Es soll ganz konkret über Gottes Plan sprechen, durch den Israel erwählt wurde und darüber, was geschehen würde, wenn Israel – wie auch der Tonklumpen – nicht auf das sanfte Formen seiner Hände reagieren würde." [143]

Paulus redet im weiteren Verlauf von den „Gefäßen des Zorns" und den „Gefäßen des Erbarmens":

„Wenn aber Gott, willens, seinen Zorn zu erweisen und seine Macht zu erkennen zu geben, mit vieler Langmut die Gefäße des Zorns ertragen hat, die zum Verderben zubereitet sind, und wenn er handelte, damit er den Reichtum seiner Herrlichkeit an den Gefäßen des Erbarmens zu erkennen gebe, die er zur Herrlichkeit vorher bereitet hat, nämlich an uns, die er auch berufen hat, nicht allein aus den Juden, sondern auch aus den Nationen." (Röm 9,22-24)

Was bedeuten diese Formulierungen? Im Zusammenhang ist der Pharao ein offensichtliches Beispiel für ein „Gefäß des Zorns" und

---

143   N. T. Wright, Paul for Everyone: Romans Part 2: Chapters 9–16, SPCK, London, 2004: siehe Abschnitt über Römer 9,14-24

Mose für ein „Gefäß des Erbarmens". N. T. Wright schreibt dazu, dass „der Gedanke an ein ‚Gefäß des Erbarmens' nicht ein Gefäß beschreibt, das selbst Erbarmen empfängt, sondern eines, das Gott dazu gebraucht, um anderen Erbarmen zu bringen."[144]

Das bedeutet, dass es sich hier nicht nur um Menschen handelte, die von Gottes Zorn getroffen wurden oder denen das Erbarmen Gottes zuteilwurde. Es handelte sich um Menschen, die zu Vorbildern oder Botschaftsträgern für die gesamte Welt wurden, um das Wesen des Wirkens Gottes zu offenbaren. Als der Pharao sein Herz bereits verhärtet hatte, sagte Gott ihm beispielsweise, dass er ihn als eine Warnung gebrauchen würde, um der Welt seine Macht zu zeigen. Das war sehr wirkungsvoll. Der Bericht über die Dinge, die den Auszug aus Ägypten ausgelöst haben, hat die Aufmerksamkeit von Millionen von Menschen auf sich gezogen. Wer kann zählen, wie viele Menschen zum Glauben an Gott und Christus gekommen sind, weil sie die Geschichte des Passahfestes gehört haben, deren letztliche Erfüllung in Jesus, dem Passahlamm, zu finden ist?

Das Alte Testament erzählt uns auch von Gottes Barmherzigkeit gegenüber Rahab, die sich auf die Seite des Volkes Gottes stellte, als sie mit ihren Stammesgenossen davon hörte, was Gott in Ägypten getan hatte. Sie sagte zu den israelitischen Spionen:

„Ich habe erkannt, dass der HERR euch das Land gegeben hat und dass der Schrecken vor euch auf uns gefallen ist, sodass alle Bewohner des Landes vor euch mutlos geworden sind. Denn wir haben gehört, dass der HERR das Wasser des Schilfmeeres vor euch ausgetrocknet hat, als ihr aus Ägypten zogt, und was ihr den beiden Königen der Amoriter getan habt, die jenseits des Jordan waren, dem Sihon und dem Og, an denen ihr den Bann vollstreckt habt. Als wir es hörten, da zerschmolz unser Herz, und in keinem blieb noch Mut euch gegenüber. Denn der HERR, euer Gott, ist Gott oben im Himmel und unten auf der Erde." (Jos 2,9-11)

---

144 Ebd.

Der Pharao war ein Gefäß des Zorns, und als Rahab auf Gott vertraute, wurde sie zu einem Gefäß des Erbarmens. Viele haben ihre Geschichte gehört und sind dadurch bekehrt worden.

Ein weiteres großes Beispiel eines Gefäßes des Erbarmens ist Paulus selbst:

> *„Ich danke Christus Jesus, unserem Herrn, der mir Kraft verliehen, dass er mich treu erachtet und in den Dienst gestellt hat, der ich früher ein Lästerer und Verfolger und Gewalttäter war; aber mir ist Barmherzigkeit zuteilgeworden, weil ich es unwissend im Unglauben getan hatte; überströmend aber war die Gnade unseres Herrn mit Glauben und Liebe, die in Christus Jesus sind. Das Wort ist gewiss und aller Annahme wert, dass Christus Jesus in die Welt gekommen ist, Sünder zu retten, von welchen ich der erste bin. Aber darum ist mir Barmherzigkeit zuteilgeworden, damit Jesus Christus an mir als dem Ersten die ganze Langmut beweise, zum Vorbild für die, welche an ihn glauben werden zum ewigen Leben."* *(1Tim 1,12-16)*

Paulus ist im Laufe der Geschichte für Millionen von Menschen zu einem Gefäß des Erbarmens geworden. Gott *erachtete* ihn als *treu* und erkannte, dass Paulus aus *Unwissenheit* und *Unglauben* so gehandelt hatte. Viele sind zum Glauben an Christus gekommen, weil sie dachten, dass, wenn Gott so gnädig sein konnte, einen Menschen wie Paulus zu retten, es sicherlich auch für sie Hoffnung gibt, wenn auch sie sich als treu erweisen.

Manche denken, dass dieser Text sagen will, dass Gott von Ewigkeit an auf geheimnisvolle oder gar willkürliche Art und Weise diejenigen erwählte, die ein Gefäß des Zornes oder ein Gefäß des Erbarmens sein sollen, und dass diese Wahl ihr Schicksal bedingungslos und unwiderruflich festlegt. In dieser Argumentation gibt es einen grundlegenden Fehler, abgesehen von der Tatsache, dass sie moralisch keinen Sinn ergibt. Der Fehler besteht in der Annahme, dass, wenn jemand ein Gefäß des Zornes ist, er niemals zu einem Gefäß des Erbarmens werden kann. Im Epheserbrief beschreibt Paulus die Gläubigen als Menschen, die einst Kinder des Zorns waren, aber durch ihre Umkehr und ihren

Glauben an Christus als Erlöser und Herr zu Kindern des Erbarmens und der Gnade geworden sind (siehe Eph 2,3-4).

Außerdem sollten wir nicht die einleitenden Argumente von Paulus im Römerbrief vergessen, dass alle von uns schuldig sind und daher den Zorn Gottes verdienen. Der ganze Zweck des Evangeliums besteht darin, den Kindern des Zorns Vergebung und Rechtfertigung zu bringen – und damit sind alle Menschen gemeint. In diesem Sinn stammen wir alle von demselben „Klumpen" ab. Manche werden positiv reagieren und werden glauben und sogar zu Gefäßen des Erbarmens werden; wohingegen andere negativ reagieren und Kinder des Zorns bleiben werden. Dann kann Gott sie manchmal berechtigterweise als Kinder des Zorns gebrauchen, wie er es mit dem Pharao tat.

Im Römerbrief findet sich ein beeindruckender Abschnitt, der zu Kapitel 9 passt:

> *„Denkst du aber dies, Mensch, der du die richtest, die so etwas tun, und dasselbe verübst, dass du dem Gericht Gottes entfliehen wirst? Oder verachtest du den Reichtum seiner Gütigkeit und Geduld und Langmut und weißt nicht, dass die Güte Gottes dich zur Buße leitet? Nach deiner Störrigkeit und deinem unbußfertigen Herzen aber häufst du dir selbst Zorn auf für den Tag des Zorns und der Offenbarung des gerechten Gerichtes Gottes."* (Röm 2,3-5)

Unser Text aus Römer 9 führt viele dieser Begriffe an – Geduld, Zorn, Güte und Verhärtung des Herzens (Störrigkeit). Die Menschen, an die Paulus in Römer 2 dachte, häuften zu dieser Zeit Zorn auf und bereiteten so ein gerechtes Gericht vor. Das Gericht war also gerechtfertigt und nicht willkürlich. Das bedeutete jedoch nicht, dass diese Menschen nicht umkehren konnten. Tatsächlich appelliert Paulus an sie, damit sie verstehen, dass Gottes Geduld sie zur Umkehr führen soll. Gefäße des Zorns können zu Gefäßen des Erbarmens werden, wenn sie noch nicht den Punkt erreicht haben, an dem es kein Zurück mehr gibt.

Paulus sagt uns anschließend, dass die Gefäße des Erbarmens diejenigen sind, die Gott berufen hat, nicht nur von den Juden, sondern auch aus den Heiden (9,24).

Was in der Geschichte mit der Nation des Paulus geschah, hat dazu geführt, dass das Evangelium zu den Heiden gebracht wurde. Dennoch bedeutet die Tatsache, dass die hebräischen Propheten vorhersagten, dass Gott sich den Heiden zuwenden würde, nicht, dass das Wort Gottes gegenüber Israel vergebens war.

Dies zeigt erneut, dass eine deterministische Lesart dieser Kapitel nicht schlüssig ist. Da Gottes Wahl von Jakob und Esau beispielsweise nichts mit der Frage nach dem ewigen Schicksal zu tun hatte, gab es Nachkommen Jakobs, die nicht glaubten, und Nachkommen Esaus, die glaubten. Ähnlich verhielt es sich auch mit Isaak und Ismael. Gott will barmherzig sein, und deswegen gilt sein großzügiges Angebot allen.

> „Wie er auch in Hosea sagt: ‚Ich werde Nicht-mein-Volk mein Volk nennen und die Nicht-Geliebte Geliebte.‘ ‚Und es wird geschehen, an dem Ort, da zu ihnen gesagt wurde: Ihr seid nicht mein Volk, dort werden sie Söhne des lebendigen Gottes genannt werden.‘
>
> Jesaja aber ruft über Israel: ‚Wäre die Zahl der Söhne Israels wie der Sand des Meeres, nur der Rest wird gerettet werden. Denn indem er das Wort vollendet und abkürzt, wird der Herr es auf der Erde ausführen.‘ Und wie Jesaja vorher gesagt hat: ‚Wenn nicht der Herr Zebaoth uns Nachkommenschaft übrig gelassen hätte, so wären wir wie Sodom geworden und Gomorra gleich geworden.‘“
> (Röm 9,25-29)

Hosea sprach zum Volk Israel zu einer Zeit, wo es durch seine Ablehnung Gottes einen solchen Tiefpunkt erreicht hatten, dass Gott es als „nicht mein Volk“ bezeichnete. Paulus nimmt die Verheißung einer Wiederherstellung als Hinweis darauf, dass Gott sich auch den Heiden zuwenden würde (V. 24).

Paulus war zutiefst besorgt darüber, dass der Großteil seines Volkes Israel das Evangelium ablehnte. Nun weist er darauf hin, dass Gott Jesaja gesagt hatte, dass, obwohl das ethnische Israel zahlenmäßig sehr groß sein könnte, nur eine relativ kleine Zahl von ihnen gerettet werden würde (V. 27). Das Alte Testament warnte davor, dass eine Zeit kommen würde, in der sich Israel der Botschaft der

Erlösung widersetzen würde, und Paulus lebte in solch einer Zeit. Dennoch hatte Gott verheißen, einen Rest übrig zu lassen, zu dem auch Paulus gehörte. Betrübt zitiert er weiter Jesaja, dass, wenn Gott diesen Rest nicht übrig gelassen hätte, sie wie Sodom und Gomorra – diese berüchtigten Zornes-Gefäße – geendet hätten.

Paulus wird jedoch in Römer 11 auch erfreulichere Dinge über die Zukunft Israels zu sagen haben. Die Gefäße des Zorns werden zu Gefäßen des Erbarmens.

Kapitel 15

IST ISRAEL VERANTWORTLICH?

Wir kommen uns nun zum zweitem Hauptargument von Paulus, bei dem der Schwerpunkt ganz klar auf der Verantwortung Israels für die Situation liegt, in der sie sich jetzt befinden. Der Apostel gönnt sich in dieser langen und detaillierten Erläuterung eine Atempause. Auch wir sollten kurz innehalten, während wir eine seiner charakteristischen Fragen betrachten: Was sollen wir dazu sagen? Wie sollen wir auf das, was er bisher gesagt hat, reagieren?

Ich hoffe, dass eine Sache nun offensichtlich ist. Dieses Kapitel lehrt oder unterstützt keine Lehre einer bedingungslosen deterministischen Erwählung zur Erlösung oder Verdammnis. Wenn diese Tatsache jedoch manchen an diesem Punkt noch nicht klar ist, dann sollte jeder Zweifel dadurch ausgeräumt werden, dass Paulus das Argument nun in seine nächste Phase bringt, wo er sich auf die Verantwortung – ja, sogar Schuld – Israels bezieht, die es für seinen eigenen Zustand trägt. Dies muss ein Grund dafür sein, warum manche theistischen Deterministen sich auf Römer 9 konzentrieren, ohne Römer 10 und 11 die gleiche Aufmerksamkeit zu schenken.

Paulus fährt damit fort, die Gründe für Israels Unglauben genauer anzuschauen, und kommt zu dem Schluss, dass sie schuldfähig sind – es ist ihre Schuld. Denn Gott hatte alles für sie getan und sie angefleht, ihm zu vertrauen: „Den ganzen Tag habe ich meine Hände ausgestreckt zu einem ungehorsamen und widersprechenden Volk" (Röm 10,21). In diesem Abschnitt zeigt Paulus, dass die Argumente, die vorgebracht werden können, um Israel aus der Verantwortung zu nehmen, unbegründet sind – das Volk ist ohne Entschuldigung. Wir sollten diese Tatsache jedoch mit der Erwartung von Paulus in Einklang bringen, dass Israel schließlich zur Eifersucht provoziert wird, weil so viele Heiden zum Glauben an Christus gekommen sind (siehe Röm 11,11-12).

Paulus hat davon geredet, wie die Botschaft des Evangeliums von den Heiden aufgenommen wird. Nun analysiert er den Unterschied zwischen ihnen und den Juden bezüglich ihrer Einstellung zur Kernfrage – dem Hauptthema des Römerbriefes – nämlich der Rechtfertigung aus Glauben. Die Ironie der Situation besteht darin, dass die Heiden zur Zeit des Paulus die Rechtfertigung aus Glauben ergriffen haben, während Israel sie nicht verstand. Ist der Grund dafür eine bedingungslose deterministische Erwählung – weil Gott sie nicht als Gefäße des Erbarmens erwählt hatte? Weit gefehlt! Der Fehler liegt ganz allein bei ihnen. Israel machte den Fehler zu versuchen, Gottes Gerechtigkeit durch die eigenen Werke zu erlangen, anstatt auf Gott zu vertrauen. Paulus erklärt:

„Was wollen wir nun sagen? Dass die Nationen, die nicht nach Gerechtigkeit strebten, Gerechtigkeit erlangt haben, eine Gerechtigkeit aber, die aus Glauben ist; Israel aber, das einem Gesetz der Gerechtigkeit nachstrebte, ist nicht zum Gesetz gelangt. Warum? Weil es nicht aus Glauben, sondern als aus Werken geschah. Sie haben sich gestoßen an dem Stein des Anstoßes, wie geschrieben steht: „Siehe, ich lege in Zion einen Stein des Anstoßes und einen Fels des Ärgernisses, und wer an ihn glaubt, wird nicht zuschanden werden" (Röm 9,30-33).

Durch die Begriffe „streben" und „glauben" wird die menschliche Verantwortung sehr stark betont. Wir sollten beachten, dass Paulus nicht behauptet, dass die Heiden kein Interesse an moralischer Gerechtigkeit hätten – das wäre absurd. Paulus gebraucht den Begriff „Gerechtigkeit" – wie er nun erklärt – mit der Bedeutung: einen vor Gott gerechten Status zu haben. Dieser gerechte Status vor Gott kann nur durch den Glauben an den „Stein des Anstoßes" erlangt werden.

Manche Ausleger – diejenigen, die meinen, dass Römer 9,6-29 mit der Souveränität Gottes bei der individuellen Erwählung zum Heil zu tun hat – bestätigen in der Tat, dass Paulus am Ende des Kapitels von der menschlichen Verantwortung spricht. Einige dieser Ausleger kommen jedoch zu der höchst asymmetrischen Schlussfolgerung, die manchmal auch „einfache Prädestination" genannt wird. Martyn Lloyd Jones schreibt beispielsweise:

> *In den Versen 6-29 erklärt Paulus, warum ein Mensch gerettet wird – es ist die souveräne Entscheidung Gottes. Außerdem zeigt er uns, warum ein Mensch verloren geht, und erklärt es mit dessen eigener Verantwortung. (…) Es ist allein Gottes Handeln, das einen Menschen rettet. Warum also geht jemand verloren? Weil er nicht erwählt ist? Nein. Er geht verloren, weil er das Evangelium ablehnt. (…) Wir sind selbst dafür verantwortlich, wenn wir das Evangelium ablehnen, doch wir können es uns nicht zurechnen, wenn wir es annehmen.* "[145]

Bei allem Respekt für Lloyd-Jones, von dem ich viel gelernt habe: Das ergibt überhaupt keinen Sinn. Sowohl die moralische Vernunft als auch der gesunde Menschenverstand fordern, dass, wenn niemand für die Annahme des Evangeliums verantwortlich ist, auch niemand dafür verantwortlich sein kann, wenn er es ablehnt. Darüber hinaus haben wir wiederholt gesehen, dass es in der biblischen Darlegung des Evangeliums keinerlei Assymetrie gibt. Ein Mensch wird gerettet oder geht verloren auf der Basis seines Glaubens oder Unglaubens. In beiden Fällen ist die Verantwortlichkeit gleich, da die Person die Fähigkeit besitzt, das Evangelium anzunehmen oder abzulehnen. Der Hauptfehler in Lloyd-Jones' Argument besteht darin, dass er den Abschnitt aus Römer 9 auf eine Erwählung zur Erlösung bezieht.

Ein weiterer Versuch, die Assymetrie des obigen Arguments zu erhalten, stammt von D. James Kennedy, der sich einer Illustration bedient:

> „Hier sind fünf Menschen, die eine Bank überfallen wollen. Es sind Freunde von mir. Ich höre von ihrem Plan und diskutiere mit ihnen. Ich flehe sie an, es nicht zu tun. Schließlich stoßen sie mich aus dem Weg und brechen auf. Ich packe einen der Männer und ringe

---

145   D. M. Lloyd-Jones, Romans Chapter 9, Banner of Truth, Edinburgh, 1991, S. 285

ihn zu Boden. Die anderen gehen weiter, rauben die Bank aus, ein Wächter wird getötet, sie werden festgenommen, schuldig gesprochen und verurteilt (…) Nur der eine Mann, der an dem Überfall nicht beteiligt war, ist frei. Nun frage ich Sie: Wessen Schuld war es, dass die anderen Männer starben? (…) Kann dieser freie Mann nun sagen: ,Weil mein Herz so gut ist, bin ich ein freier Mann'? Der einzige Grund für seine Freiheit bin ich, weil ich ihn zurückgehalten habe. Diejenigen, die in die Hölle kommen, haben also niemanden zu beschuldigen außer sich selbst. Diejenigen, die in den Himmel kommen, haben niemandem zu danken außer Jesus Christus. Daher sehen wir, dass die Erlösung von Anfang bis zum Ende auf der Gnade beruht."[146]

Man kann sich nur schwer ein weniger geeignetes Bild vorstellen, um die Gnade Gottes im Evangelium des Herrn Jesu Christi zu beschreiben. Als die Menschen in den Dörfern von Galiläa die Wunder des Herrn sahen und ihn baten zu gehen, ging er. Er drang nicht mit Gewalt in ihre Privatsphäre ein. Jemanden zu Boden zu ringen scheint ein groteskes Bild für den liebevollen Ruf Christi zu sein. Außerdem findet sich in diesem Bild nicht die leiseste Spur von Umkehr von Seiten des Mannes, der „frei" wurde.

Ich finde es auch ziemlich inkonsequent, dass Tim Keller dieses Bild zustimmend in einem Buch verwendet, in dem er die Erwählung so beschreibt, dass Gott diejenigen frei erwählt, die freiwillig kommen wollen. Der Mann aus der Geschichte kam nicht „freiwillig". Keller erwähnt dies in seiner Erklärung zu Römer 9 im Zusammenhang mit einer Frage, die scheinbar hinter vielen Formulierungen des theologischen Determinismus steckt:

„Die wichtigste Frage lautet: Wenn Gott jeden retten kann, wieso tut er es dann nicht? Hier scheint Paulus zu sagen, dass der gewählte Kurs (manche zu retten und andere nicht) am Ende mehr dazu dienen wird, Gottes Herrlichkeit zu zeigen als jedes andere Programm, das wir uns vorstellen können. Das mag uns seltsam erscheinen, aber

---

146   D. J. Kennedy, Truths That Transform, Revell, Grand Rapids, 1974, S. 39-40

genau das ist der Punkt. Wir sind nicht Gott und können nicht alles wissen oder entscheiden, was das Beste ist. "[147]

Ja, wir sind nicht Gott und können nicht alles wissen, und es gibt viele Themen, die wir stehen lassen müssen. Aber unser Thema gehört nicht dazu. Wie wir nämlich gesehen haben, sagt uns die Schrift wiederholt und ausdrücklich, dass das Kriterium für das Gericht darin besteht, ob jemand glaubt oder nicht. Diese Position wahrt die moralische Verantwortung des Menschen und macht Sinn. Daran ist nichts seltsam. Ist es daher nicht möglich, dass Kellers Wahrnehmung dieser „Seltsamkeit" (was in diesem Kontext wohl „Ungerechtigkeit" bedeuten soll) eine instinktive und gerechtfertigte Reaktion auf eine tatsächliche Ungerechtigkeit ist? Sicherlich hängt die Antwort auf Kellers Frage – ob Gott eine Erlösung geschaffen hat, die allen zugänglich ist und ob nun ein Mensch gerettet ist oder nicht – von zwei Faktoren ab: auf Gottes Seite von der Bereitstellung dieser Rettung; und auf unserer Seite von unserem Glauben und nicht unserem Verdienst – ob wir uns diese Erlösung zu eigen machen oder nicht, durch die Fähigkeit, jenes Vertrauen auszuüben, das Gott in uns hineingelegt hat. Ansonsten gibt es ein massives Theodizeeproblem, da es nur noch ein kleiner Schritt zu der Schlussfolgerung ist, dass Gott direkt für das Böse verantwortlich ist.

Wie sehr unterscheidet sich doch das Bild der Erlösung, das unser Herr in Johannes 3 zeichnet, von Kennedys Bild! Mose platziert eine Schlange auf einem Stab, damit diejenigen, die von den giftigen Schlangen gebissen wurden und auf die Schlange schauten, überleben konnten. Sie waren alle vergiftet und konnten sich nicht selbst retten, geschweige denn ihre Erlösung verdienen. Dennoch konnten sie auf die Schlange schauen, die von Gott gnädig bereitgestellt wurde, und konnten leben. Wenn sie nicht bereit waren hinzuschauen, starben sie.

In der Auseinandersetzung mit dem Unglauben Israels erinnert Paulus nun an die Lektionen, die er zu Beginn des Briefes angesprochen hat, als er Abraham als Beispiel dafür nennt, was Glauben tatsächlich ist – das genaue Gegenteil von Werken. Das Problem mit den

---

147   T. Keller, *Romans 8-16 for you*, Good Book Company, Epsom, 2015

ungläubigen Israeliten ist, dass, auch wenn sie physisch von Abraham abstammten, sie die Hauptlektion nicht verstanden hatten, die sein Leben sie lehren sollte – nämlich was es bedeutet, Gott zu vertrauen. Paulus definiert es für seine Zeit noch genauer: Israel war über den Stolperstein gefallen – über Christus. Wir haben uns dies in den vorherigen Kapiteln genau angeschaut und gesehen, wie die Juden zur Zeit des Paulus wiederholt über Christi Botschaft der Vergebung und des ewigen Lebens durch Umkehr und Glauben gestolpert sind. Sie wollten für Gott arbeiten, aber sie wollten seinem Sohn nicht vertrauen, dem Messias, der ihnen die Erlösung brachte. Sie weigerten sich zu glauben, obwohl sie hätten glauben können, und machten sich so schuldig.

Es war sogar noch schlimmer als das. Im Zusammenhang eines Gleichnisses gegen die religiösen Autoritäten in Jerusalem, die ihn töten wollten, beschreibt Christus sich selbst als den Stolperstein:

„Er fing aber an, zu dem Volk dieses Gleichnis zu sagen: Ein Mensch pflanzte einen Weinberg und verpachtete ihn an Weingärtner und reiste für lange Zeit außer Landes. Und zur bestimmten Zeit sandte er einen Knecht zu den Weingärtnern, damit sie ihm von der Frucht des Weinbergs gäben; die Weingärtner aber schlugen ihn und schickten ihn leer fort. Und er fuhr fort und sandte einen anderen Knecht; sie aber schlugen auch den und behandelten ihn verächtlich und schickten ihn leer fort. Und er fuhr fort und sandte einen dritten; sie aber verwundeten auch diesen und warfen ihn hinaus. Der Herr des Weinbergs aber sprach: Was soll ich tun? Ich will meinen geliebten Sohn senden; vielleicht, wenn sie diesen sehen, werden sie sich scheuen. Als aber die Weingärtner ihn sahen, überlegten sie miteinander und sagten: Dieser ist der Erbe; lasst uns ihn töten, dass das Erbe unser werde. Und als sie ihn aus dem Weinberg hinausgeworfen hatten, töteten sie ihn. Was wird nun der Herr des Weinbergs ihnen tun? Er wird kommen und diese Weingärtner umbringen und den Weinberg anderen geben. Als sie aber das hörten, sprachen sie: Das sei fern! Er aber sah sie an und sprach: Was ist denn das, was geschrieben steht: ‚Der Stein, den die Bauleute verworfen haben, der ist zum Eckstein geworden'? Jeder, der auf jenen Stein fällt, wird

zerschmettert werden; auf wen er aber fallen wird, den wird er zermalmen. Und die Hohenpriester und die Schriftgelehrten suchten zu dieser Stunde die Hände an ihn zu legen – und sie fürchteten das Volk –, denn sie erkannten, dass er dieses Gleichnis auf sie hin gesagt hatte." (Lk 20,9-19)

Dieses Gleichnis zeigt sehr deutlich, wie die religiösen Führer sich selbst darauf vorbereitet haben, zu Gefäßen des Zorns zu werden, indem sie die Knechte des Weinbergbesitzers und schließlich auch seinen geliebten Sohn ablehnten. Sie taten dies nicht als hilflose Marionetten. Deshalb ist Gottes Gericht über ihre Handlungen verdient und gerechtfertigt. Wir sollten nicht vergessen, dass Saulus von Tarsus auch zu den Verfolgern gehörte. Er war ein Gefäß des Zorns, der zu einem Gefäß des Erbarmens wurde.

Zu Beginn von Römer 10 wiederholt Paulus sein starkes Mitgefühl, das er bereits zu Beginn des 9. Kapitels äußerte, und offenbart noch einmal sein Herzensanliegen für sein Volk:

„Brüder! Das Wohlgefallen meines Herzens und mein Flehen für sie zu Gott ist, dass sie gerettet werden. Denn ich gebe ihnen Zeugnis, dass sie Eifer für Gott haben, aber nicht mit rechter Erkenntnis. Denn da sie Gottes Gerechtigkeit nicht erkannten und ihre eigene aufzurichten trachteten, haben sie sich der Gerechtigkeit Gottes nicht unterworfen. Denn das Endziel des Gesetzes ist Christus, jedem Glaubenden zur Gerechtigkeit." (Röm 10,1-4)

Anstatt seine Leute als Gefäße des Zorns aufzugeben, betet Paulus für ihre Erlösung. Die Tatsache, dass er für sie betete, bedeutet doch, dass er nicht glaubte, dass es keine Hoffnung für sie gab, weil sie die „Nicht-Erwählten" waren, deren Schicksal vorherbestimmt und endgültig war. Er sieht den Eifer, den das Volk Israel für Gott hat, weiß aber auch, dass dieser Leidenschaft die Erkenntnis fehlt. Für Paulus war das eine Tragödie, da diese Hingabe ganz echt war. Wenn wir sehen, wie viel Eifer unsere jüdischen Freunde und Bekannten für Gott haben, sollte es uns ins Nachdenken über unsere eigene Hingabe bringen, die wir als Christen für ihn aufbringen. In diesem Bereich können sie uns beschämen.

Am traurigsten war für Paulus, dass seine jüdischen Freunde die großartige Botschaft nicht verstanden, die Abraham begriffen hatte, als er an „Gott glaubte und es ihm zur Gerechtigkeit angerechnet wurde" (Röm 4,3).

Paulus argumentiert im Galaterbrief erneut mit Abrahams Glauben, dass Israel nicht verstanden hat, dass das „Gesetz unser Zuchtmeister auf Christus hin geworden ist, damit wir aus Glauben gerechtfertigt würden" (Gal 3,24). Paulus verstand sehr gut, warum sie darüber stolperten. Er selbst war mächtig eifrig für Gott gewesen, indem er leidenschaftlich für das Gesetz kämpfte und gewaltsam die Gemeinde verfolgte. Er stolperte nicht nur über den Stein – er brachte ihn selber ins Rollen. Gott selbst klagte ihn dafür an. Seine Entschlossenheit, die eigene Gerechtigkeit durch eifrigen Gesetzesgehorsam zu verwirklichen, hatte Paulus völlig blind gemacht für die Gerechtigkeit, die Gott durch den Glauben an Christus angeboten hatte. Er hatte nicht erkannt, dass das Ziel des Gesetzes war, ihn zu Christus zu bringen. In seinem fehlgeleiteten Eifer dachte er, dass er das Gesetz erfüllte, indem er Christus bekämpfte – wie die Weingärtner aus dem Gleichnis. Am Ende wurden ihm durch die Gnade Gottes seine Augen geöffnet.

Hier finden wir sein reuevolles Bekenntnis:

> *„(…) obwohl auch ich Vertrauen auf Fleisch haben könnte. Wenn irgendein anderer meint, auf Fleisch vertrauen zu können – ich noch mehr: Beschnitten am achten Tag, vom Geschlecht Israel, vom Stamm Benjamin, Hebräer von Hebräern; dem Gesetz nach ein Pharisäer; dem Eifer nach ein Verfolger der Gemeinde; der Gerechtigkeit nach, die im Gesetz ist, untadelig geworden. Aber was auch immer mir Gewinn war, das habe ich um Christi willen für Verlust gehalten; ja wirklich, ich halte auch alles für Verlust um der unübertrefflichen Größe der Erkenntnis Christi Jesu, meines Herrn, willen, um dessentwillen ich alles eingebüßt habe und es für Dreck halte, damit ich Christus gewinne und in ihm gefunden werde – indem ich nicht meine Gerechtigkeit habe, die aus dem Gesetz ist, sondern die durch den Glauben an Christus, die Gerechtigkeit aus Gott aufgrund des Glaubens." (Phil 3,4-9)*

Viele Christen verstehen diesen Stolperstein nur allzu gut, auch wenn sie keine jüdische Abstammung haben. Es scheint der menschlichen Psyche zu eigen zu sein, dass sie sich vorstellt, dass, wenn es einen Gott gibt, man nur durch Religiosität seine Akzeptanz gewinnen kann – durch unsere eigenen Versuche, das Gesetz zu halten. Von Natur aus fällt es uns schwer, uns zu demütigen, unsere Sündhaftigkeit anzuerkennen und zuzugeben, dass wir unsere eigene Gerechtigkeit nicht aufrichten können, sondern sie als freies Geschenk von Gott durch Christus annehmen müssen. Es fällt uns schwer, Gott alle Ehre zu geben.

Für die Juden jedoch ist dies ein massiver Stolperstein. Aus diesem Grund begründet Paulus das Evangelium immer wieder anhand der alttestamentlichen Schriften. Die folgenden Verse erklären, wie Christus das Ziel des Gesetzes ist und jedem der glaubt, zur Gerechtigkeit wird, egal ob Jude oder Grieche:

> *„Denn Mose beschreibt die Gerechtigkeit, die aus dem Gesetz ist: ‚Der Mensch, der diese Dinge getan hat, wird durch sie leben.‘ Die Gerechtigkeit aus Glauben aber sagt so: Sprich nicht in deinem Herzen: ‚Wer wird in den Himmel hinaufsteigen?‘, das ist: Christus herabführen; oder: ‚Wer wird in den Abgrund hinabsteigen?‘, das ist: Christus aus den Toten heraufführen. Sondern was sagt sie? ‚Das Wort ist dir nahe, in deinem Mund und in deinem Herzen.‘ Das ist das Wort des Glaubens, das wir predigen, dass, wenn du mit deinem Mund Jesus als Herrn bekennen und in deinem Herzen glauben wirst, dass Gott ihn aus den Toten auferweckt hat, du gerettet werden wirst. Denn mit dem Herzen wird geglaubt zur Gerechtigkeit, und mit dem Mund wird bekannt zum Heil. Denn die Schrift sagt: ‚Jeder, der an ihn glaubt, wird nicht zuschanden werden.‘ Denn es ist kein Unterschied zwischen Jude und Grieche, denn er ist Herr über alle, und er ist reich für alle, die ihn anrufen; ‚denn jeder, der den Namen des Herrn anrufen wird, wird gerettet werden.‘“ (Röm 10,5-13)*

Zu Beginn dieses Abschnitts zitiert Paulus 3. Mose 18,5, wo das Wesen der Gerechtigkeit erklärt wird, die sich auf das Gesetz gründet.

Zuvor im Römerbrief hat er gezeigt, dass das Gesetz selbst nicht das Problem ist: Das Problem besteht darin, dass niemand das Gesetz halten kann. Tatsächlich ist die Funktion des Gesetzes die eines „geistlichen Thermometers": „Aus Gesetzeswerken wird kein Fleisch vor ihm gerechtfertigt werden; denn durchs Gesetz kommt Erkenntnis der Sünde" (Röm 3,20).

Es lohnt sich, diese Aussage mit Galater 3 zu vergleichen, wo Paulus ebenfalls 3. Mose 18,5 zitiert:

> *„Dass aber durch Gesetz niemand vor Gott gerechtfertigt wird, ist offenbar, denn ‚der Gerechte wird aus Glauben leben'. Das Gesetz aber ist nicht aus Glauben, sondern: ‚Wer diese Dinge getan hat, wird durch sie leben.' (...) Was soll nun das Gesetz? Es wurde der Übertretungen wegen hinzugefügt – bis der Nachkomme käme, dem die Verheißung galt –, angeordnet durch Engel in der Hand eines Mittlers. (...) Ist denn das Gesetz gegen die Verheißungen Gottes? Auf keinen Fall! Denn wenn ein Gesetz gegeben worden wäre, das lebendig machen könnte, dann wäre wirklich die Gerechtigkeit aus dem Gesetz. Aber die Schrift hat alles unter die Sünde eingeschlossen, damit die Verheißung aus Glauben an Jesus Christus den Glaubenden gegeben werde. Bevor aber der Glaube kam, wurden wir unter dem Gesetz verwahrt, eingeschlossen auf den Glauben hin, der offenbart werden sollte. Also ist das Gesetz unser Zuchtmeister auf Christus hin geworden, damit wir aus Glauben gerechtfertigt würden. Nachdem aber der Glaube gekommen ist, sind wir nicht mehr unter einem Zuchtmeister; denn ihr alle seid Söhne Gottes durch den Glauben in Christus Jesus." (Gal 3,11-12.19.21-26)*

Die eigentliche Funktion des Gesetzes ist also, dass es den Menschen ihre Sünde bewusst macht, sodass sie auf Christus vertrauen, um gerechtfertigt zu werden, und nicht auf ihre eigenen Werke. Christus ist das Ziel des Gesetzes und der Einzige, der das Gesetz in seiner Gesamtheit erfüllt hat. Er ist es, der uns Gerechtigkeit schenkt, wenn wir ihm vertrauen.

Paulus erklärt weiter:

> *„Die Gerechtigkeit aus Glauben aber sagt so: Sprich nicht in deinem Herzen: ,Wer wird in den Himmel hinaufsteigen?', das ist: Christus herabführen; oder: ,Wer wird in den Abgrund hinabsteigen?', das ist: Christus aus den Toten heraufführen.“ (Röm 10,6-7)*

Die Formulierung „sprich nicht in deinem Herzen" stammt aus dem 5. Buch Mose:

> *„(...) und du dann nicht in deinem Herzen sagst: Meine Kraft und die Stärke meiner Hand hat mir dieses Vermögen verschafft (...) sprich nicht in deinem Herzen: Wegen meiner Gerechtigkeit hat der HERR mich hierher gebracht, um dieses Land in Besitz zu nehmen.“ (5Mo 8,17; 9,4)*

Diese Aussagen sollten Israel davor warnen, sich nicht ihrer eigenen Werke zu rühmen – diese Empfindungen waren typisch für die Werkgerechtigkeit, die Paulus' Lesern so bekannt war.

Paulus zitiert jedoch nicht den Kern dieser Aussagen, sondern gebraucht die Formulierung, um seine Leser an einen späteren Abschnitt aus dem 5. Buch Mose zu erinnern:

> *„Denn dieses Gebot, das ich dir heute gebiete, ist nicht zu wunderbar für dich und ist dir nicht zu fern. Es ist nicht im Himmel, dass du sagen müsstest: Wer wird für uns in den Himmel hinaufsteigen und es uns holen und es uns hören lassen, dass wir es tun? Und es ist nicht jenseits des Meeres, dass du sagen müsstest: Wer wird für uns auf die andere Seite des Meeres hinüberfahren und es uns holen und es uns hören lassen, dass wir es tun? Sondern ganz nahe ist dir das Wort, in deinem Mund und in deinem Herzen, um es zu tun.“ (5Mo 30,11-14)*

Es gab für niemanden eine Entschuldigung, dass die Botschaft zu fern oder zu schwierig war. Gott hatte sie Mose offenbart, und dieser hatte sie mit dem Volk geteilt. Sie mussten sie sich nur zu eigen machen.

Paulus wendet dies nun auf die Botschaft des Evangeliums zu seiner Zeit an, als Gottes vollkommenste Offenbarung durch die

Menschwerdung und Auferstehung Jesu gekommen war. Leider führte genau dieser unangebrachte Stolz, der in 5. Mose 8 und 9 beschrieben wird, dazu, dass die Juden zur Zeit von Paulus sowohl die Menschwerdung als auch die Auferstehung ablehnten. In den Himmel zu gehen, um den Messias hinunterzuholen, und in den Abgrund zu steigen, um ihn von den Toten aufzuerwecken, sind zynische Haltungen gegenüber Christus auf Seiten derer, die ihn nicht ernst nehmen.

Zynismus bringt leicht Ausreden hervor, die Paulus jedoch nicht durchgehen lässt. Er stellt klar, dass sie keinerlei Entschuldigung haben, da für sie die gute Nachricht von Jesus weder fern noch schwierig ist. Sie ist ihnen so nahe gebracht worden, wie es irgend möglich war:

> *„Sondern was sagt sie? ‚Das Wort ist dir nahe, in deinem Mund und in deinem Herzen.‘ Das ist das Wort des Glaubens, das wir predigen, dass, wenn du mit deinem Mund Jesus als Herrn bekennen und in deinem Herzen glauben wirst, dass Gott ihn aus den Toten auferweckt hat, du gerettet werden wirst. Denn mit dem Herzen wird geglaubt zur Gerechtigkeit, und mit dem Mund wird bekannt zum Heil. Denn die Schrift sagt: ‚Jeder, der an ihn glaubt, wird nicht zuschanden werden.‘ Denn es ist kein Unterschied zwischen Jude und Grieche, denn er ist Herr über alle, und er ist reich für alle, die ihn anrufen; ‚denn jeder, der den Namen des Herrn anrufen wird, wird gerettet werden.‘“ (Röm 10,8-13)*

Da nun die Menschwerdung, der Tod und die Auferstehung Jesu geschehen sind, ist die Grundlage zur Erlösung für all diejenigen geschaffen worden, die den Namen des Herrn anrufen. Es gibt keinen Hinweis darauf, dass der Grund für den jüdischen Zynismus eine willkürliche Entscheidung eines deterministischen Gottes war. Sie können gerettet werden, wenn sie nur zwei Dinge tun.

Zuerst müssen sie mit dem Mund Jesus als den Herrn bekennen (eine sehr frühe christliche Bekenntnisformel), um öffentlich zu machen, dass sie daran glauben, dass er der Sohn Gottes ist. Dies bestätigt ihren Glauben an die Menschwerdung.

Zweitens müssen sie in ihrem Herzen an die Auferstehung Jesu glauben.

Beachten Sie, dass die Reihenfolge dieser Reaktionen auf zwei Arten ausgedrückt wird: Die erste Reaktion spiegelt die Ordnung aus dem 5. Buch Mose wider, die zweite die natürliche Ordnung – zuerst der Glaube im Herzen, dann das öffentliche Bekenntnis. Paulus hielt sie scheinbar für untrennbar.

Ihr Mund und Ihr Herz gehören Ihnen! Sprache und Vertrauen sind Dinge, zu denen Sie fähig sind. Gott hat beide Fähigkeiten als Teil seines Ebenbildes in Sie hineingelegt.

Paulus nimmt erneut seine frühere Formulierung in Verbindung mit dem Stolperstein auf: „Jeder, der an ihn glaubt, wird nicht zuschanden werden" (V. 11). Dies gilt für jeden – für Juden und Heiden. Es gibt nun keinerlei Unterscheidung mehr zwischen ihnen, was die Grundlage für die Erlösung angeht. Obwohl wir in Römer 11 noch sehen werden, dass es dennoch Unterschiede in ihren jeweiligen Rollen innerhalb der Erfüllung des göttlichen Plans in der Geschichte gibt.

Gottes große Erlösung ist also allen zugänglich, die bereit sind, „den Namen des Herrn anzurufen", in Einklang mit der Prophetie Joels: „Jeder, der den Namen des HERRN anruft, wird gerettet werden" (Joel 3,5). Mit diesen Worten hat der Apostel Petrus am Pfingsttag das Christentum auf die Weltbühne gebracht (Apg 2,21).

Er verkündigte der Menge, dass Joels Prophezeiung und die Ausgießung des Heiligen Geistes soeben erfüllt worden waren, als eine Konsequenz der Auferstehung Jesu von den Toten. Den Höhepunkt seiner Predigt finden wir hier:

„Das ganze Haus Israel wisse nun zuverlässig, dass Gott ihn sowohl zum Herrn als auch zum Christus gemacht hat, diesen Jesus, den ihr gekreuzigt habt. Als sie aber das hörten, drang es ihnen durchs Herz, und sie sprachen zu Petrus und den anderen Aposteln: Was sollen wir tun, ihr Brüder? Petrus aber sprach zu ihnen: Tut Buße, und jeder von euch lasse sich taufen auf den Namen Jesu Christi zur Vergebung eurer Sünden! Und ihr werdet die Gabe des Heiligen Geistes empfangen. Denn euch gilt die Verheißung und euren Kindern und allen, die in der Ferne sind, so viele der Herr, unser Gott, hinzurufen wird."
(Apg 2,36-39)

Viele der jüdischen Zuhörer waren am Boden zerstört, als sie entdeckten, dass sie den Messias umgebracht hatten. „Was sollen wir tun?", schrien sie. Petrus sagte ihnen, was sie tun sollten, denn sie waren fähig, es zu tun. Gott berief sie durch das Evangelium – alle von ihnen, ob nah oder fern. Er war so nahe gekommen, dass sein Geist in ihrer Mitte war. Er hatte ihnen in Jesus die Erlösung gebracht. Alles was sie tun mussten, war umzukehren und seinen Namen anzurufen. Und da sie ihn öffentlich gekreuzigt hatten, sollten sie sich von der ablehnenden Menge fernhalten und sich öffentlich in seinem Namen taufen lassen.

Wenn wir zu Römer 10 zurückkehren, stellen wir fest, dass Paulus nichts unversucht lässt um die Verantwortung für die Ablehnung des Messias allein dem Volk zuzuweisen – und nicht einer unergründlichen und deterministischen Erwählung Gottes. Wenn dies der Fall gewesen wäre, dann hätte er lediglich behaupten müssen, dass sie nicht zu den Erwählten gehörten, und das wäre das Ende gewesen.

Kann man der Gnade Gottes widerstehen?

Im TULIP-System ist die logische Konsequenz des „U"s (unbedingte Erwählung) das „I" (*irresistible grace* – unwiderstehliche Gnade). In den nächsten Abschnitten zeigt Paulus eindeutig, dass die Juden jede Gelegenheit gehabt hatten, den Namen des Herrn anzurufen. Sie hätten glauben können, taten es aber nicht. Daher sind sie schuldfähig. Sie sind schuldig geworden, weil sie der Gnade Gottes widerstanden haben. Daher kann man Gottes Gnade widerstehen. Erneut zeigt sich, dass der theologische Determinismus falsch ist. Paulus betrachtet nun vier mögliche Ausreden für den Unglauben Israels:

> „Wie sollen sie nun den anrufen, an den sie nicht geglaubt haben?
> Wie aber sollen sie an den glauben, von dem sie nicht gehört haben?
> Wie aber sollen sie hören ohne einen Prediger?
> Wie aber sollen sie predigen, wenn sie nicht gesandt sind? Wie geschrieben steht: ‚Wie lieblich sind die Füße derer, die Gutes verkündigen.'" (Röm 10,14-15)

Er fährt fort:

> *„Aber nicht alle haben dem Evangelium gehorcht. Denn Jesaja sagt: ‚Herr, wer hat unserer Verkündigung geglaubt?' Also ist der Glaube aus der Verkündigung, die Verkündigung aber durch das Wort Christi. Aber ich sage: Haben sie etwa nicht gehört? Ja, gewiss. ‚Ihr Schall ist hinausgegangen zu der ganzen Erde und ihre Reden zu den Grenzen des Erdkreises.' Aber ich sage: Hat Israel es etwa nicht erkannt? Zuerst spricht Mose: ‚Ich will euch zur Eifersucht reizen über ein Nicht-Volk, über eine unverständige Nation will ich euch erbittern.' Jesaja aber erkühnt sich und spricht: ‚Ich bin gefunden worden von denen, die mich nicht suchten, ich bin offenbar geworden denen, die nicht nach mir fragten.' Zu Israel aber sagt er: ‚Den ganzen Tag habe ich meine Hände ausgestreckt zu einem ungehorsamen und widersprechenden Volk.'"* (Röm 10,16-21)

Der Logik von Paulus kann man kaum widerstehen. Man kann nicht jemanden anrufen, den man nicht kennt; man kann nicht glauben, wenn man nicht gehört hat; man kann nicht hören, wenn einem die Botschaft nicht überbracht wurde; die Botschaft kann nicht gepredigt werden, wenn sie nicht von Gott autorisiert wurde – es reicht nicht, wenn man einfach nur Worte sagt.

Wir müssen uns hier jedoch einer Übersetzungsfrage zuwenden. Der griechische Text sagt nicht: „Wie aber sollen sie an den glauben, von dem sie noch nichts gehört haben", sondern er sagt eigentlich das viel Stärkere: „Wie können sie an denjenigen glauben, den sie noch nicht gehört haben?" Es geht hier nicht um ein oberflächliches Hören, wie wenn man jemandem halb zuhört, während man ein Buch liest. Es geht um ein Zuhören mit tiefer Konzentration. Wenn man an Christus glauben will, dann muss man nicht nur über ihn hören, sondern man muss auf ihn selbst hören. Man muss seine Stimme hören, nicht nur die Stimme des Botschafters. Wir erinnern uns an Jesu Ausspruch: „Meine Schafe hören meine Stimme, und ich kenne sie, und sie folgen mir" (Joh 10,27). Gott spricht durch sein Wort (Jesus) und authentifiziert sich selbst. Das ist die Grundlage des Glaubens.

Wie immer beim Evangelium liegt die Initiative bei Gott. Er hat Prediger und Lehrer beauftragt und ausgesandt – vor allem Paulus selbst, obwohl Paulus diesen Punkt hier nicht erwähnt. Die Botschaft ist verkündigt worden, und dadurch haben die Menschen Gottes Stimme gehört. Hätten sie sie nicht gehört, dann hätten sie eine Entschuldigung für ihren Unglauben gehabt. Aber sie haben sie gehört, und so haben sie keine Entschuldigung für ihren Unglauben.

Es muss betont werden, dass Gott durch diese Schriftstelle sagt, dass sie sehr wohl gehört haben. Dies widerlegt erneut den Gedanken, dass sie nicht hörten, weil sie nicht hören konnten, da sie nicht wiedergeboren und „tot in Vergehungen und Sünden" waren. Sie waren zwar nicht wiedergeboren, aber – so wie Adam – waren sie durchaus in der Lage, die Stimme Gottes zu hören.

Paulus untermauert sein Argument mit einer Schriftstelle aus dem Alten Testament: „Wer hat unserer Verkündigung geglaubt?" (Jes 53,1). Dieses Zitat aus Jesaja 53 sollte neben die Aussage unseres Herrn im Johannesevangelium gestellt werden, wo derselbe prophetische Text verwendet wird:

> *„Während ihr das Licht habt, glaubt an das Licht, damit ihr Söhne des Lichtes werdet! Dies redete Jesus und ging weg und verbarg sich vor ihnen. Obwohl er aber so viele Zeichen vor ihnen getan hatte, glaubten sie nicht an ihn, damit das Wort des Propheten Jesaja erfüllt würde, das er sprach: ‚Herr, wer hat unserer Verkündigung geglaubt, und wem ist der Arm des Herrn offenbart worden?' Darum konnten sie nicht glauben, weil Jesaja wieder gesagt hat: ‚Er hat ihre Augen verblendet und ihr Herz verstockt, dass sie nicht mit den Augen sehen und mit dem Herzen verstehen und sich bekehren und ich sie heile.'" (Joh 12,36–40)*

Jesaja sah den Tag kommen, an dem die Menschen die Botschaft nicht glauben wollten, die ihnen gepredigt wurde, genauso wie zu seiner Zeit damals. Seine Prophezeiungen erfüllten sich, als das Volk sich weigerte, an Jesus Christus zu glauben, trotz der vielen Zeichen, die er tat und trotz seiner beständigen Aufrufe, dass sie an ihn glauben sollten. Dementsprechend kam ein Punkt – wie Jesaja es vorhergesagt hatte –, an dem der Herr sie verhärtete. Ihr Handeln ähnelte dem des Pharaos.

Sie hatten es gehört. In der Tat weist Paulus daraufhin, dass die Botschaft sogar in der ganzen heidnischen Welt gehört worden ist, wie auch Psalm 19,5 vorhergesagt hatte. Die Welt konnte durch die Schöpfung die Existenz und Macht Gottes ganz allgemein wahrnehmen, wie Paulus in Römer 1,20 erklärt. In Römer 9,4 macht Paulus allerdings deutlich, dass die Juden ein weitaus größeres Wissen hatten – durch die Offenbarung, die Gott ihnen zur Zeit des Alten Testaments gab in Bezug auf den Bund, den Gottesdienst und die Prophetie.

Paulus stellt nun eine weitere mögliche Entschuldigung vor: Vielleicht hatten sie die Botschaft gehört, aber nicht verstanden? Hat er nicht bereits in diesem Kapitel gesagt, dass Israel unwissend war? Es stimmt, dass sie in dem Sinne unwissend waren, dass sie den Unterschied zwischen der Werkgerechtigkeit und der Gerechtigkeit aus Glauben nicht verstanden haben; aber sie kannten die Schrift. Mose hatte sie in 5. Mose 32,21 darauf hingewiesen. Wenn sogar die Heiden, die im Vergleich zu Israel nur ein minimales Wissen besaßen, den Namen des Herrn anriefen, dann kann man nicht ernsthaft meinen, dass Israel es nicht wissen konnte. Paulus beruft sich auf Jesaja, um diesen Punkt zu betonen:

> *„Jesaja aber erkühnt sich und spricht: ‚Ich bin gefunden worden von denen, die mich nicht suchten, ich bin offenbar geworden denen, die nicht nach mir fragten.'" (Röm 10,20)*

Israel muss es gewusst haben, denn selbst die Heiden haben den Herrn gefunden.

Wir sollten an dieser Stelle noch eine weitere Beobachtung machen. Paulus wollte mit der Berufung auf das Alte Testament nicht nur zu zeigen, dass die Schrift sagt, dass Israel eine negative Reaktion auf das Evangelium haben würde. Er zeigt immer wieder, dass das Alte Testament lehrt, dass diese Botschaft eines Tages zu den Heiden gebracht werden würde. Das muss eine sehr ermutigende Tatsache für den Apostel der Heiden gewesen sein (Röm 11,13), ganz zu schweigen von den heidnischen Gläubigen.

Paulus beendet dieses Kapitel mit einer herzzerreißenden Aussage. Er zitiert Gottes Aufruf an Israel aus Jesaja 65,2:

> *„Zu Israel aber sagt er: ‚Den ganzen Tag habe ich meine Hände ausgestreckt zu einem ungehorsamen und widersprechenden Volk.'" (Röm 10,21)*

Die ausgestreckten Hände sind ein universelles Symbol der Einladung, der flehentlichen Bitte und des Willkommens. Dies ist Gottes offenherzige Geste Israel gegenüber, auch wenn sie rebellieren. Sein Wille wird durch seine ausgestreckten Hände ausgedrückt. Er wollte, dass Israel zurückkommt, aber sie wollten ihn nicht. Wenn wir den theistischen Determinismus akzeptieren, ist es schwer zu verstehen, dass das alles mehr ist als unechtes Theater. Der Determinismus nimmt an, dass Gott einen „öffentlichen Verfügungswillen" hat, nach dem er jeden retten will, wohingegen es auch einen „geheimen" oder „dekretorischen" Willen gibt, nach dem er längst entschieden hat, dass gewisse Menschen ewig verloren gehen. Ihre einzige Chance, auf Gott zu antworten, bestände darin, dass er ihnen den Glauben dazu schenkt. Aber er hat sich entschieden, dies nicht zu tun. Das ist ganz sicher nicht das, was die ausgestreckten Hände zum Ausdruck bringen.

Eine Aussage, die in diesem Kontext oft zitiert wird, ist die Folgende:

> *„Das Verborgene steht bei dem HERRN, unserm Gott; aber das Offenbare gilt uns und unsern Kindern für ewig, damit wir alle Worte dieses Gesetzes tun." (5Mo 29,28)*

Dies zeigt uns, dass Gott uns nicht alles offenbart hat. Es ist jedoch eine ganz andere Sache zu behaupten, dass zu den verborgenen Dingen ein nicht offenbarter Wille Gottes gehört, der den offenbarten Dingen widerspricht – beispielsweise diesem Teil der Offenbarung:

> *„Der Herr verzögert nicht die Verheißung, wie es einige für eine Verzögerung halten, sondern er ist langmütig euch gegenüber, da er nicht will, dass irgendwelche verloren gehen, sondern dass alle zur Buße kommen." (2Petr 3,9)*

Es wäre theologisch sehr gefährlich zu behaupten, dass Gottes Wille und Wünsche, die hier offenbart werden – dass keiner verloren gehen und alle zur Buße kommen sollen –, durch einen geheimen Willen verhindert werden, der das Gegenteil aussagt.

Wir haben es hier nicht mit einem Paradox zu tun, sondern einem direkten Widerspruch. Ein Paradox hat zwei Seiten, die wir beide für wahr halten, auch wenn wir noch nicht recht sehen, wie wir sie vereinbaren können. Ein Widerspruch hat zwei Seiten, die nicht vereinbart werden können. Gott handelt nicht durch Widersprüche.

Ein weiteres theologisches Problem entsteht durch den Anspruch, dass Gott einen *geheimen* Willen und eine verborgene Agenda habe, denn es ist eine zentrale Aussage des Neuen Testaments, dass der Herr Jesus Christus uns diesen Gott in all seiner Herrlichkeit *offenbart*. Nach Hebräer 1,3 ist Jesus die „Ausstrahlung seiner Herrlichkeit und Abdruck seines Wesens". Dies ist eine sehr starke und klare Aussage, dass das Wesen Jesu das Wesen Gottes *ist*. Wenn wir genau wissen wollen, wie Gott ist, dann müssen wir auf Jesus schauen.

Wenn wir dies in unserem gegenwärtigen Kontext tun, dann entdecken wir, dass die offene Haltung des Rufes Gottes an Israel in Römer 10 genau dieselbe tiefe Empfindung hat wie Jesu Reaktion auf den Unglauben Jerusalems:

> „Jerusalem, Jerusalem, die da tötet die Propheten und steinigt, die zu ihr gesandt sind! Wie oft habe ich deine Kinder versammeln wollen, wie eine Henne ihre Küken versammelt unter ihre Flügel, und ihr habt nicht gewollt! Siehe, euer Haus wird euch öde gelassen; denn ich sage euch: Ihr werdet mich von jetzt an nicht sehen, bis ihr sprecht: ‚Gepriesen sei, der da kommt im Namen des Herrn.'" (Mt 23,37-39)

Man sollte meinen, dass dieser gnädige Aufruf von Jesus, dem Sohn Gottes höchstpersönlich, unwiderstehlich gewesen wäre. Er wollte ihnen Barmherzigkeit zeigen und sie in seine Arme schließen. Das war ein vollkommen ernsthaftes Angebot. Es gab kein geheime und unlautere Agenda dahinter – keinen Hinweis darauf, dass Gott sie hätte retten können, wenn er ihnen den Glauben gegeben hätte, sich aber dagegen entschieden hat. Jesu Haltung würde niemals der Einstellung Gottes widersprechen. Wir dürfen das Wesen Gottes nicht auf solche Weise in Zweifel ziehen. Gottes Angebot war vollkommen echt und entsprang demselben liebevollen Herzen, das ihn dazu brachte, seinen Sohn zu opfern. Gott ist jedoch kein kosmischer Diktator und konnte und wollte sie nicht dazu zwingen, zu gehorchen. Sie hatten die Wahl, und sie widerstanden seiner Gnade und lehnten ihn ab. Das Gericht Gottes fiel schließlich auf Israel, obwohl Paulus bald einen Hinweis auf einen kommenden Sinneswandel liefern wird.

Kapitel 16

HAT ISRAEL EINE ZUKUNFT?

Paulus hat sein langes und komplexes Argument nun zu zwei Dritteln ausgeführt.

Auch wenn wir vor allem an seiner Bedeutung für den theistischen Determinismus interessiert sind, ist es wichtig, es bis zum Ende zu verfolgen, da er noch auf die Verhärtung eingeht, die Israel geschehen ist.

Zunächst beschrieb er Gottes souveränes Handeln in der Geschichte, um zu zeigen, dass das Wort Gottes trotz des Ungehorsams Israels nicht vergebens war. Dann zeigte er, dass Israels Ungehorsam ihre eigene Schuld war. Indem sie den Messias abgelehnt haben, sind sie ganz allein für den traurigen Zustand verantwortlich, den sie erreicht haben. Es ist ausdrücklich nicht Gottes Schuld. Er hat die Initiative ergriffen und hat in seiner souveränen Versorgung alles Notwendige getan, damit sie darauf reagieren und gerettet werden können.

Nun widmet Paulus sich der Frage nach der Zukunft. Sollen wir aus den Kapiteln 9 und 10 schließen, dass Gott sein Volk verworfen hat? Wir sollten noch einmal betonen, dass Paulus noch immer vom Volk Israel spricht, wie er es auch die ganze Zeit schon getan hat. Er sagt nicht: „Natürlich hat Gott sein Volk nicht verworfen, da sein Volk nun die Gemeinde ist, und all die Verheißungen, die Israel im Alten Testament empfangen hat, sind und werden letztlich in der Gemeinde erfüllt werden." Wenn dies der Fall wäre, dann hätte Paulus nur darauf hinweisen müssen und das Argument an dieser Stelle mit einem einzigen Satz beenden können.

Dies ist jedoch nicht der Fall. Sein Beweis, dass Gott sein Volk Israel nicht verstoßen hat besteht darin, dass es noch immer Menschen dieses Volkes gibt – ethnische Juden –, die an Jesus als den Messias glauben. Als erstes Beispiel nennt Paulus sich selbst und weist darauf hin, dass er ein Israelit ist, da er ein physischer Nachkomme Abrahams ist:

> *„Ich sage nun: Hat Gott etwa sein Volk verstoßen? Auf keinen Fall! Denn auch ich bin ein Israelit aus der Nachkommenschaft Abrahams, vom Stamm Benjamin.“ (Röm 11,1)*

Wir müssen beachten, dass Paulus nicht sagt: „Ich war ein Nachkomme Abrahams und nun bin ich ein Christ.“ Paulus war ein Christ, aber er hörte nicht auf ein Jude zu sein, ein Mitglied des Volkes Israels. Allein seine bloße Existenz ist der Beweis dafür, dass Gott sein Volk Israel nicht verworfen hat:

> *„Gott hat sein Volk nicht verstoßen, das er vorher erkannt hat. Oder wisst ihr nicht, was die Schrift bei Elia sagt? Wie er vor Gott auftritt gegen Israel: ‚Herr, sie haben deine Propheten getötet, deine Altäre niedergerissen, und ich allein bin übrig geblieben, und sie trachten nach meinem Leben.‘ Aber was sagt ihm die göttliche Antwort? ‚Ich habe mir siebentausend Mann übrig bleiben lassen, die vor Baal das Knie nicht gebeugt haben.‘ So ist nun auch in der jetzigen Zeit ein Rest nach Auswahl der Gnade entstanden. Wenn aber durch Gnade, so nicht mehr aus Werken; sonst ist die Gnade nicht mehr Gnade.“ (Röm 11,2-6)*

Jahrhundertelang hat Gott sein Volk erkannt und mit ihnen gehandelt. Beachten Sie, dass Paulus seit dem ersten Vers vom gesamten Volk gesprochen hat, sodass dieser Gedanke der Vorkenntnis auch das gesamte Volk betrifft. Gott hat sie nicht verworfen, auch wenn es Zeiten gegeben hat, wo nur wenige Israeliten Gott nachfolgten. Doch oft war diese Gruppe der aufrichtigen Gläubigen größer, als die Menschen dachten. Elia dachte beispielsweise in seiner Depression, dass er der einzige Übriggebliebene war, aber Gott versicherte ihm, dass es über siebentausend Menschen gab, die nicht die falschen Götter anbeteten.

Wenn wir niedergeschlagen sind, passiert es schnell, dass wir die Dinge nicht mehr im Verhältnis sehen. Wir sind nicht mehr objektiv, und unser Selbstmitleid kann uns leicht das Gefühl geben, dass wir ganz alleine sind, beim Versuch die Wahrheit zu bewahren.

Ebenso sagt Paulus, gibt es auch jetzt einen Überrest, der aus Gnade erwählt wurde. Wieder betont er, dass die Gnade Gottes nicht verdient wird, noch dass Gott ungeachtet ihrer Reaktion über sie entscheidet. Das würde allem widersprechen, was er in Römer 10 sagt. Gottes Arme sind weit offen und diejenigen, die antworten, sind aus Gnade erwählt. Eine ganze Menge Menschen haben genau dies getan.

> *„Was nun? Was Israel sucht, das hat es nicht erlangt; aber die Auswahl hat es erlangt, die Übrigen jedoch sind verstockt worden, wie geschrieben steht: ,Gott hat ihnen einen Geist der Schlafsucht gegeben, Augen, um nicht zu sehen, und Ohren, um nicht zu hören, bis auf den heutigen Tag.' Und David sagt: ,Es werde ihr Tisch ihnen zur Schlinge und zum Fallstrick und zum Anstoß und zur Vergeltung! Verfinstert seien ihre Augen, um nicht zu sehen, und ihren Rücken beuge allezeit!'"* (Röm 11,7-10)

In Römer 9,30 stellte Paulus eine ähnliche Frage. Dort lautete die Antwort, dass es *nicht aus Glauben geschah*. Er widerspricht dem nicht, indem er nun sagt, dass die „Erwählten" – also eine willkürlich gewählte Gruppe innerhalb Israels – es erlangten, während der Rest durch denselben willkürlichen Ratschluss „verhärtet" wurde. Paulus erklärt es (siehe Römer 11,7-10), indem er ein Zitat aus dem Alten Testament gebraucht, das uns zurück zu 5. Mose und Jesaja bringt. Betrachten wir diese Zitate in ihrem weiteren Zusammenhang betrachten:

> *„Das sind die Worte des Bundes, von dem der HERR dem Mose befohlen hatte, er solle [ihn] mit den Söhnen Israel im Land Moab schließen neben dem Bund, den er am Horeb mit ihnen geschlossen hatte.*
> *Und Mose berief ganz Israel und sprach zu ihnen: Ihr habt alles gesehen, was der HERR vor euren Augen im Land Ägypten getan*

hat an dem Pharao und an all seinen Knechten und an seinem ganzen Land: die großen Prüfungen, die deine Augen gesehen haben, jene großen Zeichen und Wunder. Aber der HERR hat euch bis zum heutigen Tag weder ein Herz gegeben zu erkennen, noch Augen zu sehen, noch Ohren zu hören. Und ich habe euch vierzig Jahre in der Wüste geführt: Eure Kleider sind nicht an euch zerschlissen, und dein Schuh an deinem Fuß ist nicht zerschlissen. Brot habt ihr nicht gegessen, und Wein und Rauschtrank habt ihr nicht getrunken, damit ihr erkenntet, dass ich der HERR, euer Gott, bin. Und als ihr an diesen Ort kamt, da zogen Sihon, der König von Heschbon, und Og, der König von Baschan, uns zum Kampf entgegen, und wir schlugen sie. Und wir nahmen ihr Land ein und gaben es den Rubenitern und den Gaditern und dem halben Stamm der Manassiter zum Erbteil. So bewahrt denn die Worte dieses Bundes und tut sie, damit ihr Erfolg habt in allem, was ihr tut." (5Mo 28,69–29,8)

Gott zeigt hier seine Gnade am Ende ihrer Wüstenwanderung, indem er seinen Bund mit Israel erneuert. Er hat ihnen gerade eine lange Liste von Segen und Fluch gegeben und deutlich gemacht, dass sie das erleben werden, je nachdem, ob sie seinem Wort gehorchen oder nicht. Sie hatten über viele Jahre hinweg genügend Beweise der Gegenwart und Güte Gottes erfahren. Und auch jetzt ist Gott bereit, ihnen gnädig zu sein und ihnen eine Zukunft zu verheißen. Offensichtlich sind das fehlende Verständnis und ihre Blindheit nicht von Dauer.

Paulus bezieht sich dann auf zwei Stellen aus dem Propheten Jesaja. Den ersten Bezug finden wir im Bericht von Jesajas Berufung und Beauftragung, dem Volk Israel das Wort Gottes zu verkünden:

„Und ich hörte die Stimme des Herrn, der sprach: Wen soll ich senden, und wer wird für uns gehen? Da sprach ich: Hier bin ich, sende mich! Und er sprach: Geh hin und sprich zu diesem Volk: Hören, ja, hören sollt ihr und nicht verstehen! Sehen, ja, sehen sollt ihr und nicht erkennen! Mache das Herz dieses Volkes fett, mache seine Ohren schwerhörig und verklebe seine Augen, damit es mit seinen Augen nicht sieht und mit seinen Ohren nicht hört und sein Herz nicht

*einsichtig wird und es nicht umkehrt und Heilung für sich findet."
(Jes 6,8-10)*

Die zweite Stelle lautet:

*„Denn der HERR hat einen Geist tiefen Schlafs über euch ausgegos-
sen, ja, verschlossen hat er eure Augen; die Propheten und eure Häup-
ter, die Seher, hat er verhüllt. Und jedes Gesicht ist für euch geworden
wie die Worte einer versiegelten Buchrolle, die man einem gibt, der
zu lesen versteht, indem man sagt: Lies das doch! Er aber sagt: Ich
kann nicht, denn es ist versiegelt. Und man gibt die Buchrolle einem,
der nicht lesen kann, indem man sagt: Lies das doch! Er aber sagt:
Ich kann nicht lesen. Und der Herr hat gesprochen: Weil dieses Volk
mit seinem Mund sich naht und mit seinen Lippen mich ehrt, aber
sein Herz fern von mir hält und ihre Furcht vor mir nur angelerntes
Menschengebot ist; darum, siehe, will ich weiterhin wunderbar mit
diesem Volk handeln, wunderbar und wundersam. Und die Weisheit
seiner Weisen wird verloren gehen und der Verstand seiner Verständigen sich verbergen. Wehe denen, die ihren Plan tief verbergen vor dem
HERRN und deren Werke im Finstern geschehen, und die sagen: Wer
sieht uns, und wer erkennt uns? Oh, eure Verkehrtheit! Soll denn der
Töpfer dem Ton gleichgeachtet werden? – dass das Werk von seinem
Meister sagt: Er hat mich nicht gemacht! – und ein Gebilde von seinem
Bildner sagt: Er versteht nichts? Dauert es nicht nur noch eine ganz
kurze Weile, dass sich der Libanon in einen Fruchtgarten verwandelt
und der Karmel dem Wald gleichgeachtet wird? An jenem Tag werden
die Tauben die Worte des Buches hören, und aus Dunkel und Finsternis hervor werden die Augen der Blinden sehen."* (Jes 29,10-18)

Ich habe den weiteren Kontext gewählt, um zu zeigen, dass Jesaja 29
das Bild des Töpfers und des Tons gebraucht, das in Römer 9 erwähnt
wird. Es ist auch die Quelle der Worte, die unser Herr im Matthäus-
evangelium zu den heuchlerischen religiösen Führern spricht, die wir
bereits zuvor besprochen haben.

Die Botschaft steht im Einklang mit Römer 9. Es gibt keine willkürliche Verhärtung Israels. Gott handelt lediglich, nachdem er lange

Zeit mit ihrem Ungehorsam geduldig gewesen war. Er liefert ihnen Beweise über Beweise seiner Gegenwart und Fürsorge, bevor er sein vollkommen gerechtes Vorrecht ausübt, sie zu verhärten, sodass sie den Beweis nicht länger sehen können. Sogar an dieser Stelle hält Gott eine zukünftige Hoffnung für Israel fest – wie wir in Jesaja 29,18-19 gesehen haben –, eine Hoffnung, auf die sich Paulus in Römer 11 berufen wird.

Paulus stützt seine Analyse mit einem weiteren Zitat aus den Psalmen:

> *„Nahe dich meiner Seele, erlöse sie; erlöse mich wegen meiner Feinde! Du, du hast meine Schmähung erkannt und meine Schmach und meine Schande; vor dir sind alle meine Bedränger. Der Hohn hat mein Herz gebrochen, und es ist unheilbar; und ich habe auf Mitleid gewartet – aber da war keins; und auf Tröster, aber ich habe keine gefunden. Und sie gaben mir zur Speise Gift, und in meinem Durst tränkten sie mich mit Essig. Es werde ihr Tisch vor ihnen zur Falle, und den Sorglosen zum Fallstrick." (Ps 69,19-23)*

Paulus erinnert sich an eine Zeit, in der König David von herzlosen und gewalttätigen Feinden umringt war. Als David über sie nachdachte, war er verzweifelt und bat Gott, einzuschreiten und ihrer Hand Einhalt zu gebieten.

In all diesen Zitaten ist die Blindheit gerechtfertigt: kein willkürlicher Akt, sondern eine göttliche Antwort auf den Unglauben und das widergöttliche Verhalten. Die Strafe entspricht dem Vergehen. Der Hauptpunkt ist hier, dass solche Reaktionen im Alten Testament vorhergesehen wurden.

Es ist aufschlussreich, diese Beispiele der Verblendung von verstockten Menschen mit den Ereignissen in Apostelgeschichte 13,6-12 zu vergleichen, wo Paulus seine gottgegebene Autorität gebrauchte und Elymas, der Magier, der Paulus widerstand, vorübergehend erblindete. Gott ließ auch Paulus auf der Straße nach Damaskus erblinden. Er konnte erst wieder sehen, als er dem Christen Hananias erlaubte, seine Hände auf ihn zu legen und dieser ihn „Bruder Saul" nannte (Apg 9,17-18). Es war ein Moment gewaltiger

Veränderungen, der die gesamte kommende Geschichte beeinfluss-
te, als Saulus der Verfolger, ein Gefäß des Zornes, zu Paulus, dem
Gefäß des Erbarmens, wurde.

Man kann sich leicht vorstellen, dass das eigene Erleben Paulus
eine tiefe Einsicht gab, den Unglauben seines eigenen Volkes und
dessen Konsequenzen besser zu verstehen:

> *„Ich sage nun: Sind sie etwa gestrauchelt, damit sie fallen sollten?*
> *Auf keinen Fall! Sondern durch ihren Fall ist den Nationen das Heil*
> *geworden, um sie zur Eifersucht zu reizen. Wenn aber ihr Fall der*
> *Reichtum der Welt ist und ihr Verlust der Reichtum der Nationen,*
> *wie viel mehr ihre Vollzahl!" (Röm 11,11-12)*

Indem er die Bilder aus Kapitel 9,32 wieder aufnimmt, beschreibt
Paulus das Geschehen nun als eine Form des Strauchelns. Er fragt,
worauf dieses Stolpern hinausläuft. Bedeutet es, dass sie unwiderruflich gefallen sind und keine Chance mehr haben, aufzustehen? Die
Antwort ist ein klares Nein. Angesichts von Israels Fehltritt (wörtlich: falscher Schritt), ist die Erlösung zu den Heiden gekommen. Die
Erwartung ist, dass dies dazu führen wird, die Juden zur Eifersucht
zu reizen und sie letztlich zur Umkehr und zum Glauben an Christus
zu führen. Wenn das Versagen und die Sünde Israels einen so reichen
Segen für die Heiden bedeuten, können Sie sich vorstellen, was die
„Vollzahl" (11,12) bewirken wird? Sie wird der gesamten Welt, egal,
ob Jude oder Heide, ungeahnten Segen bringen! Was mit den Juden
durch ihren Unglauben geschehen ist, ist nicht von Dauer.

Wir sollten uns daran erinnern, dass die Gemeinde in Rom zur
damaligen Zeit aus verschiedenen Ethnien bestand. Es gab Gruppen von Juden und Heiden, obwohl wir nicht wissen, wie groß diese
Gruppen waren. Wir können uns vorstellen, dass bis zu diesem Zeitpunkt jede Gruppe Paulus' Argumentation mit wachsendem Interesse verfolgt hat. Die Juden unter ihnen teilten Paulus' Schmerz über
den Unglauben Israels und fragten sich, wie er damit umgegangen ist.
Die Heiden wollten wissen, welchen Einfluss der Unglaube Israels auf
die Glaubwürdigkeit des Christentums haben würde.

„Denn ich sage euch, den Nationen: Insofern ich nun der Nationen Apostel bin, bringe ich meinen Dienst zu Ehren, ob ich auf irgendeine Weise sie, die mein Fleisch sind, zur Eifersucht reizen und einige aus ihnen retten möge. Denn wenn ihre Verwerfung die Versöhnung der Welt ist, was wird die Annahme anders sein als Leben aus den Toten?" (Röm 11,13-15)

Als Nächstes spricht Paulus zu seinen heidnischen Lesern und erinnert sie daran, dass er der Apostel der Heiden ist. Er ist stolz auf diese Tatsache (natürlich im richtigen Sinn), aber er möchte deutlich machen, dass er seine jüdischen Geschwister nicht vergisst. Im Gegenteil, er hofft, dass sein Dienst für die Heiden manche seiner jüdischen Geschwister zu der Art von Eifersucht provozieren würde, die sie zur Erlösung führen könnte.

Über die Jahrhunderte wurden viele Juden durch bloße eifersüchtige Neugier dazu gebracht, die Aussagen Jesu neu zu überprüfen. Dabei haben sie gefunden, was ihnen gefehlt hat, und sind zur Erlösung gekommen, indem sie ihm als Herrn vertraut haben.

Millionen von Menschen auf der ganzen Welt glauben, dass der Gott des Universums der Gott Abrahams, Isaaks und Jakobs ist. Durch Jesus, der selbst ein Jude war, sind sie zum Glauben gekommen. Das sollte jeden zum Nachdenken anregen; ich selbst habe diesen Punkt viele Male gebraucht, um solches Nachdenken zu provozieren.

Paulus wiederholt als nächstes den Punkt, den er in Vers 12 bereits angesprochen hat: Wenn die Ablehnung Israels historisch dazu geführt hat, dass eine große Menge an Heiden gerettet wurde (und man kann sich die Freude von Paulus bei diesem Gedanken vorstellen) und Israel dann wieder angenommen wird, wird es so sein, wie wenn jemand von den Toten auferweckt wird. Eifersucht kann jedoch auch den gegenteiligen Effekt haben und Arroganz bewirken. Paulus wird sich diesem Problem schnell zuwenden. Nun gebraucht er zwei Metaphern, um diese Gedanken darzulegen:

„Wenn aber das Erstlingsbrot heilig ist, so auch der Teig; und wenn die Wurzel heilig ist, so auch die Zweige. Wenn aber einige der Zweige herausgebrochen worden sind und du, der du ein wilder Ölbaum

warst, unter sie eingepfropft und der Wurzel und der Fettigkeit des Ölbaumes mit teilhaftig geworden bist, so rühme dich nicht gegen die Zweige! Wenn du dich aber gegen sie rühmst – du trägst nicht die Wurzel, sondern die Wurzel dich. Du wirst nun sagen: Die Zweige sind herausgebrochen worden, damit ich eingepfropft würde. Richtig; sie sind herausgebrochen worden durch den Unglauben; du aber stehst durch den Glauben. Sei nicht hochmütig, sondern fürchte dich! Denn wenn Gott die natürlichen Zweige nicht geschont hat, wird er auch dich nicht schonen. Sieh nun die Güte und die Strenge Gottes: gegen die, welche gefallen sind, Strenge; gegen dich aber Güte Gottes, wenn du an der Güte bleibst; sonst wirst auch du herausgeschnitten werden. Aber auch jene, wenn sie nicht im Unglauben bleiben, werden eingepfropft werden; denn Gott ist imstande, sie wieder einzupfropfen. Denn wenn du aus dem von Natur wilden Ölbaum herausgeschnitten und gegen die Natur in den edlen Ölbaum eingepfropft worden bist, wie viel mehr werden diese, die natürlichen Zweige, in ihren eigenen Ölbaum eingepfropft werden!" (Röm 11,16-24)

Die Hauptmetapher spricht hier von einem Olivenbaum mit seinen Wurzeln und Zweigen. Paulus spricht zu seinen heidnischen Lesern und vergleicht sie mit einem wilden Ölspross, der in den Ölbaum eingepfropft wird an Stellen, wo Zweige herausgebrochen wurden. Wir schließen daraus, dass der edle Ölbaum mit den *natürlichen* Zweigen Israel symbolisieren soll und die Wurzeln für die Patriarchen stehen. Im Alten Testament wird der Olivenbaum als Metapher für Israel gebraucht (Jer 11,16). Hosea schreibt:

„Ich will ihre Abtrünnigkeit heilen, will sie aus freiem Antrieb lieben. Denn mein Zorn hat sich von ihm abgewandt. Ich werde für Israel sein wie der Tau. Blühen soll es wie die Lilie, und seine Wurzeln schlagen wie der Libanon. Seine Triebe sollen sich ausbreiten, und seine Pracht soll sein wie der Ölbaum und sein Geruch wie der des Libanon. Es kehren zurück, die in seinem Schatten wohnen, sie werden wieder Getreide anbauen und blühen wie ein Weinstock, dessen Ruf wie der Wein vom Libanon ist." (Hos 14,5-8)

Die Relevanz dieses Textes für Römer 11 ist offensichtlich. Hosea bezieht sich auf das Straucheln Israels und bittet sie, zum Herrn zurückzukehren. Er verheißt ihnen, dass sie wieder aufblühen werden.

Olivenbäume werden als Metapher für Gottes zwei Zeugen in Sacharja 4 gebraucht. Diese Zeugen sind wortwörtlich „Söhne des Öls", denn vom Olivenbaum kam das Öl für die Lampen im Tempel. Es wurde auch für die Lampen auf dem Leuchter in der Stiftshütte gebraucht (2Mo 27,20). So ist der Olivenbaum ein passendes Bild für das Thema.

Dies passt perfekt in den Kontext von Römer 11, wo die Olive durchaus angemessen für die Repräsentanz Gottes in der Welt steht; beginnend mit Abraham und den Patriarchen (der Wurzel) und weitergeführt durch die Geschichte Israels. Viele Jahrhunderte lang trug Israel das Hauptgewicht des Zeugnisses für Gott in der Welt. Das bedeutet nicht, dass keine Heiden zum Glauben kamen – wie wir gesehen haben, war das Gegenteil der Fall –, aber die Hauptlast wurde von Israel getragen. Das Volk war jedoch ungehorsam, sodass die natürlichen Zweige abgebrochen wurden und ein wilder Zweig eingepfropft wurde. Gott züchtigte Israel und gewährte den Heiden das Privileg, das Hauptzeugnis für ihn in der Welt zu werden. Dies ist seit Jahrhunderten der Fall, seit Paulus als Apostel für die Heiden eingesetzt wurde. Wie jedoch Paulus sorgfältig erklärte, bedeutet dies nicht, dass keine Juden zum Glauben kamen. Paulus spricht hier nicht von einzelnen Juden, die herausgebrochen wurden und ewig verloren gingen. Er spricht vom Zeugnis der Nation als Ganzes.

Paulus warnt die Heiden anschließend davor, dass sie nicht arrogant werden und meinen sollen, sie seien überlegen, weil Gott das Privileg des Zeugnisses von Israel weggenommen und ihnen gegeben hat. Sie sollen niemals vergessen, dass die natürlichen Zweige sie noch immer versorgen, und nicht andersherum. Das christliche Zeugnis hat seine Wurzeln im Alten Testament. Es ruht auf dem Zeugnis Abrahams und der Erzväter, Moses und der Propheten und ist im Wesentlichen vom natürlichen Ölbaum abhängig, von der physischen Abstammungslinie, die dazu führte, dass der Messias in die Welt kam.

Es ist vollkommen richtig, dass die natürlichen Zweige abgebrochen wurden. Aber warum?

*„Richtig; sie sind herausgebrochen worden durch den Unglauben;
du aber stehst durch den Glauben. Sei nicht hochmütig, sondern
fürchte dich! Denn wenn Gott die natürlichen Zweige nicht geschont
hat, wird er auch dich nicht schonen. Sieh nun die Güte und die
Strenge Gottes: gegen die, welche gefallen sind, Strenge; gegen dich
aber Güte Gottes, wenn du an der Güte bleibst; sonst wirst auch du
herausgeschnitten." (Röm 11,20-22)*

Die Warnung ist sehr klar. Es war Israels Unglaube, der zum Verlust
ihres Privilegs führte und sie um ihre Stellung brachte. Nun sind die
Heiden in dieser Stellung, aufgrund ihres Glaubens, aber sie müssen
darauf achten, dem Unglauben keinen Raum zu gewähren, sonst werden auch sie ihr Privileg verlieren.

Es muss noch einmal betont werden, dass Paulus hier nicht von
einzelnen Heiden spricht, die von der ewigen Verdammnis bedroht
sind, wenn sie aufhören zu glauben. Er spricht von der Gefahr, dass
die Gemeinde der Heiden ihr gemeinschaftliches Privileg verliert,
wichtigste Träger für Gottes Zeugnis in der Welt zu sein.

Alle sollen zur Kenntnis nehmen, dass Gottes Freundlichkeit und Strenge weder willkürlich sind oder auf einem verborgenen Grundsatz beruhen
noch unwiderruflich sind. Diese Warnungen müssen beachtet werden. Israel und Juda kamen vom Weg ab, weil sie sich auf Götzendienst und die
unmoralischen Praktiken ihrer Zeit einließen, weil ihre Führer und Lehrer
oftmals vom Glauben abgefallen waren. Das Volk verlor sein Vertrauen in
die Autorität des Wortes Gottes und wurde von falscher Sicherheit einge-
lullt. Es wollte nicht auf die Propheten hören, die Gott ihm gesandt hatte,
um es vor den Konsequenzen seines Verhaltens zu warnen. Das Ergebnis
war das Exil, und der Tempel als Zentrum ihres Zeugnisses wurde zerstört.

Leider ist es nicht schwer, Parallelen in der bekennenden Gemeinde der Heiden zu finden. Prominente Kirchenführer leugnen die
Grundlagen des Evangeliums, insbesondere alles Übernatürliche wie
die Menschwerdung und Auferstehung des Herrn Jesus. Ein Hauch
von Unwirklichkeit hat Scharen von Menschen dazu gebracht, mit
den Füßen abzustimmen und den Ort der Anbetung gegen Ein-
kaufstempel und Sportplätze einzutauschen. Langsam aber sicher ist
Gott aus dem öffentlichen Raum verdrängt worden.

Gott wird sich nicht für immer mit diesem fehlenden klaren Zeugnis für die Welt abfinden, sagt Paulus. So wie auch Israel seine Bedeutung verloren hat, so mag es auch mit der Gemeinde der Heiden passieren. Wenn sie sich von Gottes Bund entfernt, wird auch sie abgeschnitten werden.

Was ist dann mit Israel?

„Aber auch jene, wenn sie nicht im Unglauben bleiben, werden eingepfropft werden; denn Gott ist imstande, sie wieder einzupfropfen. Denn wenn du aus dem von Natur wilden Ölbaum herausgeschnitten und gegen die Natur in den edlen Ölbaum eingepfropft worden bist, wie viel mehr werden diese, die natürlichen Zweige, in ihren eigenen Ölbaum eingepfropft werden!" (Röm 11,23-24)

Beachten Sie die Bedingung „wenn sie nicht im Unglauben bleiben". Wenn sich ihre Haltung gegenüber Gott grundlegend ändert, dann wird Gott sie wieder einpfropfen, und die gläubigen Juden werden wieder eine tragende Rolle als Zeugnis für Gott gegenüber der Welt spielen. Niemand sollte davon überrascht sein. Wenn *„gegen die Natur"* (d. h. ohne das Gesetz und den Bund) die Heiden in den edlen Baum Israel eingepfropft wurden, dann ist sicherlich zu erwarten, dass auch Israel wieder eingepfropft wird.

Bis zu diesem Punkt sind die Kommentare von Paulus im Wesentlichen konditional gewesen: wenn dies, dann das. Nun nähert er sich dem Höhepunkt seiner ausführlichen Argumentation und enthüllt seinen Lesern, dass Israel tatsächlich wieder eingepfropft werden wird.

„Denn ich will nicht, Brüder, dass euch dieses Geheimnis unbekannt sei, damit ihr nicht euch selbst für klug haltet: Verstockung ist Israel zum Teil widerfahren, bis die Vollzahl der Nationen hineingekommen sein wird; und so wird ganz Israel gerettet werden, wie geschrieben steht: ‚Es wird aus Zion der Retter kommen, er wird die Gottlosigkeiten von Jakob abwenden; und dies ist für sie der Bund von mir, wenn ich ihre Sünden wegnehmen werde.'" (Röm 11,25-27)

Paulus enthüllt hier ein „Geheimnis", ein Begriff, den er häufig gebraucht, um etwas zu beschreiben, das zuvor verborgen, nun aber offenbart wurde. Er sagt den Christen in Rom, dass Israel verhärtet wurde, aber die Verhärtung ist nur vorübergehend. Sie wird enden, wenn die Vollzahl der Nationen heimgekommen ist. Ich werde nicht auf die zahlreichen Interpretationen für diese Stelle eingehen – erstens halte ich keine von ihnen für wirklich zufriedenstellend, und zweitens sind sie für unser Anliegen nicht von Belang. Bis zu diesem Punkt haben wir den starken Hinweis erhalten, dass, wie auch Israel das Recht und Privileg verloren hat, das Hauptzeugnis für Gott in der Welt zu sein, auch die Heiden aus ähnlichen Gründen in der Gefahr stehen, es zu verlieren. Es ist nicht klar, wie der Gedanke der Vollzahl der Heiden dort hineinpasst. Wir erwarten allerdings auch das Ende des Ungehorsams Israels, und Paulus verheißt, dass ganz Israel gerettet werden wird. Das meint wohl eher die Mehrheit der Nation, als jedes einzelne Mitglied aus ihr.

Paulus zitiert Jesaja 59,20, um diese Hoffnung zu unterstreichen. Israel wird gerettet werden, wenn ein Befreier kommt, um sich der Sünden des Volkes anzunehmen. Israel wird, mit anderen Worten, also keine Erlösung erfahren, bis sie umkehren, ihren Messias erkennen und sein Werk für sie annehmen, und Gott dann seinen Bund mit ihnen erneuert.

Ich habe bereits auf die Tatsache angespielt, dass es umstritten ist zu sagen, dass Israel als Volk eine Zukunft in Gottes Plan hat, wenn auch ein bußfertiges Israel. Dennoch war die Hoffnung auf eine Wiederherstellung Israels zur Zeit Christi sehr lebendig. Als er kurz vor seiner Himmelfahrt stand, informierte er die gespannten Jünger, dass es geschehen würde, aber nicht zu diesem Zeitpunkt – sie müssten seine Wiederkunft aus dem Himmel abwarten (Apg 1,6-11; Apg 3,21). Für detailliertere Informationen zu diesem Thema und warum es unplausibel ist zu vermuten, dass Paulus an dieser Stelle den Begriff „Israel" für die Gemeinde verwendet anstatt für das Volk, lesen Sie bitte mein Buch über den Propheten Daniel.[148]

---

148   Against the Flow: The Inspiration of Daniel in an Age of Relativism, Lion Hudson, Oxford, 2015. Appendix A

Der Befreier, von dem Jesaja spricht, ist sicher der Herr selbst, und der Text hier im Römerbrief passt zu der Vorhersage, die in der Offenbarung steht:

> *„Siehe, er kommt mit den Wolken, und jedes Auge wird ihn sehen, auch die, welche ihn durchstochen haben, und wehklagen werden seinetwegen alle Stämme der Erde. Ja, Amen.“ (Offb 1,7)*

Paulus fasst die Situation von seinem Blickwinkel der Geschichte zusammen:

> *„Hinsichtlich des Evangeliums sind sie zwar Feinde um euretwillen, hinsichtlich der Auswahl aber Geliebte um der Väter willen. Denn die Gnadengaben und die Berufung Gottes sind unbereubar. Denn wie ihr einst Gott nicht gehorcht habt, jetzt aber Erbarmen gefunden habt infolge ihres Ungehorsams, so sind jetzt auch sie dem euch geschenkten Erbarmen gegenüber ungehorsam gewesen, damit auch sie jetzt Erbarmen finden. Denn Gott hat alle zusammen in den Ungehorsam eingeschlossen, damit er sich aller erbarmt.“ (Röm 11,28-32)*

Als Paulus den Römerbrief schrieb, war der Großteil Israels gegen das Evangelium, das der Welt verkündigt werden sollte – wie es auch Paulus einmal gewesen war. Wenn wir jedoch an die Rolle denken, die Gott für sie innerhalb der Geschichte bestimmt hat, sind sie aufgrund ihrer Vorväter noch immer geliebt (sowohl von Gott, als auch von Paulus). In jedem Fall traf Gott die souveräne Entscheidung, Israel diese Rolle zu geben, und das ist unumstößlich. Gott wird seine Meinung darüber nicht ändern. Sowohl Israel, als auch die Heiden haben Zeiten des Ungehorsams durchgemacht und haben beide Gnade erfahren. Wenn wir an Gottes allumfassende souveräne Strategie in der Geschichte denken, dann sehen wir, dass Gott allen Gnade bringen will – nicht nur einer erwählten Teilmenge von Menschen, deren Schicksal ohne ihre Einwilligung festgelegt ist, sondern allen, die auf sein Angebot eingehen wollen.

Diese Kapitel sind schwierig; das ganze Thema ist schwierig. Das würden alle Seiten zugeben. Nachdem wir jedoch die komplexe

Weise betrachtet haben, durch welche die Souveränität Gottes und sein Geschenk der menschlichen Verantwortung in den Angelegenheiten der Nationen und Einzelpersonen verwoben wurden – so klein und unzureichend unser Verständnis dessen auch sein mag – sollten unsere Herzen und und unser Denken sicherlich mit Paulus in einen Lobpreis einstimmen, der angesichts der unvergleichlichen Barmherzigkeit Gottes emporsteigt.

„Welche Tiefe des Reichtums, sowohl der Weisheit als auch der Erkenntnis Gottes! Wie unerforschlich sind seine Gerichte und unaufspürbar seine Wege! Denn wer hat des Herrn Sinn erkannt, oder wer ist sein Mitberater gewesen? Oder wer hat ihm vorher gegeben, und es wird ihm vergolten werden? Denn aus ihm und durch ihn und zu ihm hin sind alle Dinge! Ihm sei die Herrlichkeit in Ewigkeit! Amen." (Röm 11,33-36)

TEIL 5

Heilsgewissheit und Determinismus

Kapitel 17

CHRISTLICHE HEILSGEWISSHEIT

Paulus' Erläuterung der komplexen Beziehung zwischen der Souveränität Gottes und der menschlichen Verantwortung im Römerbrief hat einen atemberaubenden Schwung. Wir bleiben staunend zurück, und viele Dinge begreifen wir nicht. Dennoch strahlt das Ganze auch eine einzigartige Freude und Gewissheit aus. Vielleicht können wir nicht jede Frage beantworten, aber wir können genug wissen, um Gott die Teile des Geheimnisses anzuvertrauen, die noch übrigbleiben. Eine Frage, die sich oft stellt ist: Welchen Grad an Gewissheit kann ein Christ berechtigterweise haben?

Die Themen der Gewissheit und Sicherheit sind auch in allgemeineren Kontexten wichtig. Der Philosoph Immanuel Kant hat eine Liste von grundlegenden Fragen aufgestellt, die er als zentral wichtig betrachtete, damit wir uns in dieser Welt zurechtfinden können. Eine von ihnen lautet: Was kann ich wissen?[149] Die Behauptung, etwas zu wissen oder sich einer Sache sicher zu, sein wirft eine ganze Reihe von (oftmals schwierigen) Fragen auf, die zur philosophischen Disziplin der Erkenntnistheorie gehören. Mein Ziel ist hier nicht, solche Fragen auf dem philosophischen Level zu beantworten, sondern zu verstehen, was die Bibel selbst über dieses Thema sagt.

Bevor wir uns darauf konzentrieren, sollten wir uns im Klaren sein, dass viele von uns in Kulturen leben, wo jegliche Form der

---

149   Die anderen Fragen lauten: Was soll ich tun? Was darf ich hoffen? Was ist der Mensch?

Gewissheit nicht nur unmodern ist, sondern als unerwünscht oder sogar gefährlich gilt, wenn sie die Religion betrifft. Die „Gewissheiten" einer Belohnung im Paradies, mit denen fundamentalistische Islamlehrer junge Menschen zu Selbstmordattentaten motivieren, sind leider nur allzu bekannt. Im populären Denken wird solche Gewissheit dann mit Arroganz und Gewalt verbunden, und wir können auch nachvollziehen, warum. Als Reaktion darauf sind viele Menschen einem postmodernen Relativismus verfallen, in dem *nichts mehr* gewiss ist. Wenn wir heute das Christentum gegenüber unseren Zeitgenossen als wahr verteidigen wollen, müssen wir sehr deutlich sagen, dass unser Herr Gewalt als Verteidigung seiner Person oder seiner Botschaft ganz klar abgelehnt hat.[150]

Im Alltag ist klar, dass manche Dinge von Natur aus ungewiss (wie das Wetter) und manche Dinge allgemein gültig sind (wie der Tod und die Steuern, wie Benjamin Franklin es ausdrückte). Viele andere Dinge liegen dazwischen. Ich kann nicht absolut sicher sein, dass das Flugzeug, in dem ich sitze, nicht abstürzen wird, denn so etwas geschieht manchmal. Aber ich kann das Risiko des Fliegens eingehen, weil die Wahrscheinlichkeit eines Absturzes sehr gering ist. Ich kann nicht absolut sicher sein, dass ich eine Routineoperation überleben werde, aber die meisten überleben sie; und so nehme ich das Risiko in Kauf. Ich kann nicht absolut sicher sein, dass ein Freund mich nicht im Stich lassen wird, aber mein Vertrauen in ihn ist groß aufgrund jahrelanger Erfahrung.

Es ist natürlich und normal, dass sich Menschen sichere Beziehungen, Arbeit, Häuser, Nahrung, Gesundheitsversorgung und unzählige andere Dinge wünschen, die wir mit einem „guten Leben" assoziieren. Auch im geschäftlichen Leben hängt viel von Sicherheit ab. Dabei können wir sogar sagen, dass der Kern aller dieser Sicherheitsfragen das Vertrauen ist – mit anderen Worten der Glaube – und das bringt uns direkt zurück zum Thema dieses Kapitels.

Wenn wir uns der Frage der Heilsgewissheit widmen, werden gewiss alle darin übereinstimmen, was das Neue Testament lehrt: Dass diejenigen, die an Christus als Herrn, Erlöser und Sohn Gottes

---

150   Siehe „Gott im Fadenkreuz", SCM R. Brockhaus, Witten, 2013.

glauben, sicher sind. Jesus selbst sagt dies ausdrücklich: Der, der glaubt, hat ewiges Leben (Joh 6,47). Bei diesem Thema kann also kein Zweifel bestehen. Der Apostel Johannes lehrt später, dass Gott will, dass Christen wissen, dass sie ewiges Leben besitzen:

„Und dies ist das Zeugnis: dass Gott uns ewiges Leben gegeben hat, und dieses Leben ist in seinem Sohn. Wer den Sohn hat, hat das Leben; wer den Sohn Gottes nicht hat, hat das Leben nicht. Dies habe ich euch geschrieben, damit ihr wisst, dass ihr ewiges Leben habt, die ihr an den Namen des Sohnes Gottes glaubt." (1Jo 5,11-13)

Das bedeutet, der erste Weg zur Gewissheit, dass wir das ewige Leben haben, ist, sich zu vergewissern, dass wir „den Sohn haben". Dieser Ausdruck wird im nächsten Satz erklärt und bedeutet: „an den Sohn glauben". Dies ist die zentrale Botschaft des Johannesevangeliums, wie wir bereits gesehen haben. Bei der Frage nach der Gewissheit ewigen Lebens müssen wir uns als Erstes fragen: Habe ich Christus in Bezug auf meine Erlösung vertraut?

Ein großer Teil der Gewissheit besteht im Verständnis dessen, was genau die Erlösung aus Glauben bedeutet. Abraham wird uns in der Bibel als Beispiel eines Menschen genannt, der an Gott glaubte und der, wie wir alle, sich der Erfüllung der göttlichen Verheißungen sicher sein wollte. Paulus zitiert dies im Kontext seiner Lehre darüber, worin die Sicherheit besteht:

„Denn nicht durchs Gesetz wurde Abraham oder seiner Nachkommenschaft die Verheißung zuteil, dass er der Welt Erbe sein sollte, sondern durch Glaubensgerechtigkeit (...) Darum ist es aus Glauben, dass es nach Gnade gehe, damit die Verheißung der ganzen Nachkommenschaft sicher sei, nicht allein der vom Gesetz, sondern auch der vom Glauben Abrahams, der unser aller Vater ist." (Röm 4,13.16)

Der Abschnitt beschreibt im weiteren Verlauf Abrahams unerschütterlichen Glauben an die Verheißung Gottes, dass er einen Sohn haben würde, obwohl er und Sara schon sehr alt waren:

„(...) und zweifelte nicht durch Unglauben an der Verheißung Gottes, sondern wurde gestärkt im Glauben, weil er Gott die Ehre gab. Und er war völlig gewiss, dass er, was er verheißen habe, auch zu tun vermöge. Darum ist es ihm auch zur Gerechtigkeit gerechnet worden. Es ist aber nicht allein seinetwegen geschrieben, dass es ihm zugerechnet worden ist, sondern auch unsertwegen, denen es zugerechnet werden soll, die wir an den glauben, der Jesus, unseren Herrn, aus den Toten auferweckt hat, der unserer Übertretungen wegen dahingegeben und unserer Rechtfertigung wegen auferweckt worden ist." (Röm 4,20-25)

Auf die Gefahr einer lästigen Wiederholung hin, müssen wir festhalten, dass hier nichts von einer unbedingten Erwählung steht. Abrahams Gewissheit ruhte auf der Verlässlichkeit des Gottes, dem er vertraute, nicht auf eigenen Verdiensten oder Werken. Diejenigen, die Christus vertrauen, können sicher sein, weil ihre Erlösung durch den Glauben und nicht durch Werke kommt, und diese Sicherheit ruht auf dem Wesen und der Vertrauenswürdigkeit der Person, der wir vertrauen.

Ein zweiter Weg, um zu wissen, dass wir das ewige Leben haben, besteht darin, dass wir die geistlichen und moralischen Auswirkungen unseres Glaubens in unserem Verhalten wahrnehmen:

„Und hieran erkennen wir, dass wir ihn erkannt haben; wenn wir seine Gebote halten. Wer sagt: Ich habe ihn erkannt, und hält seine Gebote nicht, ist ein Lügner, und in dem ist nicht die Wahrheit." (1Jo 2,3-4)

„Wir wissen, dass wir aus dem Tod in das Leben hinübergegangen sind, weil wir die Brüder lieben; wer nicht liebt, bleibt im Tod." (1Jo 3,14)

Jesus gab einen ähnlichen Hinweis, als er sagte, dass man sie „an ihren Früchten erkennen" wird (Mt 7,20). Wenn es überhaupt keine moralische Übereinstimmung zwischen unserem Leben und unserem Glaubensbekenntnis gibt, dann wird unsere Behauptung, dass wir Gott kennen, nicht glaubwürdig sein. In diesem Kontext ermahnt

Petrus seine Leser, „ihre Berufung und Erwählung festzumachen", indem wir einen christlichen Charakter und moralische Tugenden entwickeln. Die Formulierung „festmachen" bedeutet „bestätigen". Das bedeutet, dass die Entwicklung der sichtbaren christlichen Tugenden im Leben eines Menschen die Echtheit seines Glaubensbekenntnisses bestätigt. Wahrer Glaube an Gott wird durch seine moralischen Konsequenzen im Leben eines Christen belegt werden.

Ein dritter Weg der Gewissheit ist das innere Zeugnis des Heiligen Geistes, der in jedem Christen wohnt und ihm ein intuitives Bewusstsein gibt, Gott zu kennen. Der Apostel Paulus beschreibt es folgendermaßen:

> *„Denn ihr habt nicht einen Geist der Knechtschaft empfangen, wieder zur Furcht, sondern einen Geist der Sohnschaft habt ihr empfangen, in dem wir rufen: Abba, Vater! Der Geist selbst bezeugt zusammen mit unserem Geist, dass wir Kinder Gottes sind."* (Röm 8,15-16)

Manchmal besteht die Gefahr, dass die Intuition abgewertet wird. Wenn es jedoch darum geht, eine Person und nicht nur Fakten zu kennen, spielt die Intuition eine wichtige Rolle – besonders eine Intuition, die vom Geist Gottes angestoßen wird, um unserem Geist Zeugnis zu geben. Es ist natürlich ratsam, dass unsere Intuition von anderen Dingen bestätigt wird, die wir bereits in Verbindung mit der Heilsgewissheit erwähnt haben; dennoch spielt der innere Eindruck eine Rolle.

Manche Leute werden darauf folgendermaßen antworten: „Ja, ich kann verstehen, dass der *Gläubige* sicher ist. Schließlich sagt es unser Herr so, wie Sie erklärt haben. Mein Problem ist jedoch, was geschieht, wenn ich aufhöre zu glauben? Es wird mich offensichtlich jedoch nicht trösten, von der ewigen Gewissheit des Gläubigen zu reden, wenn ich gar nicht mehr glaube."

Dies wirft die Frage auf, ob es möglich ist, das Evangelium aufrichtig zu glauben und danach nicht mehr zu glauben? Ist es möglich, das ewige Leben zu verlieren, das man einst besessen hat? Und wenn ja, was macht das mit meiner Heilsgewissheit?

Trügerische Sicherheit

Auf der theologischen Ebene sind die Meinungen bei diesem Thema geteilt. Wie wir gesehen haben, steht das „P" in „TULIP" für die Bewahrung der Heiligen. Diese Lehre ist eng mit der Lehre der unbedingten Erwählung (dem „U") verbunden, und zwar aus offensichtlichen Gründen: Wenn Gott vorherbestimmt und erwählt, dann können die Erwählten definitionsgemäß nicht zu Nicht-Erwählten werden. Sie werden bewahrt.

In der Praxis jedoch ist es eine Sache zu glauben, dass die Erwählten bewahrt werden, aber eine vollkommen andere Sache, auch gewiss zu sein, dass man selbst zu den Auserwählten gehört. Es erscheint (paradoxerweise) tatsächlich so, dass die Lehre von der Bewahrung der Heiligen nicht notwendigerweise zu einer echten und tiefen Heilsgewissheit führt.

Wenn wir diejenigen fragen, die diesen Standpunkt vertreten, wie ein Mensch wissen kann, ob er zu den Erwählten gehören – erwählt von Gott ohne persönliche Beteiligung von ihrer Seite aus (sicherlich nicht durch einen Verdienst, aber auch nicht einmal durch ihren Glauben) –, dann entdecken wir erneut paradoxerweise, dass ihre Zuversicht tatsächlich von ihrem eigenen Verhalten abhängig ist. Es liegt also eine echte Ironie in der Tatsache, dass diejenigen, die an die unbedingte Erwählung glauben, große Probleme mit der Heilsgewissheit haben. Während sie mehr oder weniger definitionsgemäß akzeptieren, dass die Erwählten sicher sind und niemals verloren gehen werden, wie können sie wissen, dass sie selbst zu den Erwählten gehören?

Johannes Calvin kämpfte selbst damit:

> *„Denn es findet sich sehr selten ein Mensch, dessen Herz nicht zuweilen der Gedanke bedrängte: Woher kommt dir dein Heil anders als aus Gottes Erwählung? Wo aber ist dir solche Erwählung geoffenbart? Wenn dieser Gedanke einmal bei einem Menschen aufgekommen ist, dann peinigt er den Elenden unablässig mit harter Qual oder er stürzt ihn ganz und gar in Verwirrung (...) Wenn wir also Furcht vor einem Schiffbruch haben, so müssen wir uns*

sorgsam vor dieser Klippe hüten, gegen die man nie und nimmer ohne Verderben anrennen wird." [151]

Die Qualen der Unsicherheit sind vielen Puritanern genau bekannt. Edward Elliott schreibt Folgendes über die puritanischen Gruppen in Neuengland:

„Als Reaktion auf eine frühe Betonung der versichernden Seite der puritanischen Lehre wollten die Prediger die Kontrolle wiedergewinnen, indem sie die Betonung auf die Unsicherheit legten. Sie beobachteten, dass in Anbetracht der vollkommenen Verdorbenheit, die der Mensch von Adam geerbt hat, es wahrscheinlich nur wenige gab, die für den Himmel bestimmt waren. Sie argumentierten, dass, sogar wenn ein Mensch meint, gerettet zu sein, er sich wahrscheinlich irrt. Die Kandidaten für eine Gemeindemitgliedschaft wurden gedrängt, nach innen zu blicken, nach verborgener Gottlosigkeit und einem Beweis für die Verdammnis zu suchen. Nach solch einer Überprüfung hielten sich viele für unwürdig, erwählt zu sein. Dies war die unheilvolle Botschaft der Prediger aus Neuengland, die von denjenigen gehört wurde, die in den 1640er- und 50er-Jahren aus England herüberkamen und Gemeindemitglieder werden wollten."

Elliott schreibt weiter:

„Die Prediger wiesen sorgfältig darauf hin, dass selbst eine gelungene Verknüpfung mit dem Zeugnis der Bekehrung keine wirkliche Sicherheit der Erwählung bieten konnte: Man müsse immer zweifeln und das eigene Herz prüfen. Sie warnten davor, dass selbst die Verwirrung eines jungen Mannes bezüglich seiner weltlichen Berufung ein Anzeichen dafür sein könnte, dass er sich in seinem geistlichen Leben selbst betrügt. Anstatt also Selbstbewusstsein zu fördern, verwandelten die Prediger daher sogar den Gedanken der Berufung in ein wirksames Werkzeug, um Zweifel zu säen, und schwächten nebenbei den Wert des praktischen Lebens."

---

151   J. Calvin, Institutio, (dt. nach Otto Weber / bearb. M. Freudenberg), III, xxiv, 4

Elliott schließt daraus:

> *„Alles in allem brachten die theologischen Entwicklungen im Neu-england der 1640er- und 50er-Jahre eine ‚Unsicherheit des Ausgangs hervor, die oftmals zu einer inneren Spannung und Seelenqual führte, die auf die neue Gemeinschaft zerstörerisch wirkte'. Nervenzusammenbrüche und Selbstmorde waren nicht ungewöhnlich."* [152]

R. C. Sproul sagte dazu erst kürzlich:

> *„Vor einer Zeit hatte ich einen dieser Momente von akuter Selbstwahrnehmung (...) Plötzlich kam mir die Frage: ‚R. C., was ist, wenn du keiner der Erlösten bist? Was ist, wenn dein Schicksal nicht der Himmel, sondern die Hölle ist?' Lassen Sie mich sagen, dass ein Schauer meinen Körper durchflutete. Ich war entsetzt. Ich begann mein Leben zu prüfen und meine Leistungen zu begutachten. Ich konnte mir meines eigenen Herzens und meiner Motivation nicht sicher sein. Dann erinnerte ich mich an Johannes 6,68. Jesus hatte eine harte Lehre verkündet, und viele seiner früheren Nachfolger hatten ihn verlassen. Als er Petrus fragte, ob auch er gehen würde, sagte Petrus: ‚Wohin sonst sollte ich gehen? Nur du hast Worte des ewigen Lebens.' Mit anderen Worten: Auch Petrus war sich also unsicher. Aber er erkannte, dass es besser ist, sich mit Jesus unsicher zu fühlen als eine andere Alternative zu wählen."* [153]

Dies ist eine sehr seltsame Interpretation. Es gibt hier keinerlei Anzeichen dafür, dass Petrus sich unsicher fühlte. Er verlieh seiner zuversichtlichen Überzeugung Ausdruck, dass Jesus als einziger Worte des ewigen Lebens hatte, wie wir im nächsten Vers sehen. Sprouls Aussage zeigt einmal mehr, dass der deterministische Glaube daran, dass die Erwählung vollkommen von einem scheinbar willkürlichen

---

152   E. Elliott, Power and the Pulpit in New England, Princeton University Press, 1975, S. 40-41

153   Rede auf der Ligonier National Conference, Juni 2000, zitiert von R. N. Wilkin, Associate Editor des „Journal of the Grace Evangelical Society, http://faithalone. org/journal/1997ii/Wilkin.html

Handeln Gottes abhängt, zu Stress und Zweifel führen kann – hier bin ich und kann bezüglich meiner Erlösung nichts tun, sondern muss mich in tiefe Selbstbeobachtung versenken, um zu sehen, ob es irgendwelche Beweise dafür gibt. Bei dieser Vorstellung ist die Erwählung allein von Gott abhängig, und mein Gewahrwerden dessen liegt gänzlich an mir. Dies scheint ein sicheres Rezept für Unsicherheit zu sein. Der Neutestamentler Howard Marshall scherzt:

> „Wer auch immer sagte: ,Der Calvinist weiß, dass er das Heil nicht verlieren kann, aber er weiß nicht, ob er es hat', hat es gut zusammengefasst."[154]

In gewisser Hinsicht ist dies nicht überraschend. Wahre Gewissheit liegt in der Tatsache, dass man seine leeren Hände ausgestreckt hat, um dem Erlöser zu vertrauen und von ihm Vergebung zu empfangen, der uns ja selbst diese wunderbaren Worte der Sicherheit gegeben hat:

> „Wer mein Wort hört und glaubt dem, der mich gesandt hat, der hat ewiges Leben und kommt nicht ins Gericht, sondern er ist aus dem Tod in das Leben übergegangen." (Joh 5,24)

Wie auch Petrus zu Jesus sagte, „haben wir geglaubt und erkannt" (Joh 6,69). Gewissheit ist mit dem Glauben an Christus verbunden, weniger bezüglich seiner Quantität, als in Bezug auf sein Ziel – Christus selbst.

Dies kann mit einer typisch menschlichen Erfahrung veranschaulicht werden. Hier ist ein junger Mann, Jim. Er sitzt niedergeschlagen in seinem Zimmer und fragt sich, ob er Jane wirklich liebt und ob er sie heiraten soll oder nicht. Seine Gefühle sind vollkommen durcheinander, und je mehr er versucht, sie zu analysieren, desto unsicherer wird er. Sein Freund Tom kommt vorbei und erzählt, dass er gerade Jane im Park getroffen hat und gedacht hat, wie froh Jim

---

154   Zitiert aus D. A. Carson, „Reflection on Christian Assurance", Westminster Theological Journal, 1992, 54:1, 24

doch sein kann, eine solch tolle Freundin zu haben. Als Jim Toms Beschreibung von Jane hört, verschwinden seine Niedergeschlagenheit und seine Zweifel. Ein Gefühl von Gewissheit breitet sich aus. Was gab den Ausschlag? Seine Gedanken wurden auf Jane gerichtet und nicht mehr auf seine Gefühle für sie. Je mehr ein Christ an Christus denkt anstatt an seine eigenen Gefühle oder den eigenen Glauben, desto sicherer wird dieser Glaube werden.

Was geschieht, wenn jemand aufhört zu glauben?

Andererseits sollten wir nicht vergessen, dass viele Christen der Meinung sind, dass menschliche Freiheit impliziert, dass es auch für Christen möglich sein muss, aus dem Heil zu fallen und es letztlich zu verlieren. Als Beweis dafür zitieren sie die berühmten „Warnungen" aus Hebräer 6 und 10, die wir in Kapitel 19 betrachten werden. Dies wird üblicherweise als „arminianische" Sichtweise beschrieben.

Ich möchte jedoch argumentieren, dass weder diese Sichtweise, noch der theologische Determinismus der Schrift gerecht werden. Ich bin der Meinung, dass die Schrift lehrt, dass das ewige Leben einerseits genau dies ist – ewig – und somit definitionsgemäß nicht verloren werden kann. Die Wiedergeburt ist unwiderruflich. Das heißt, dass Gott die „Heiligen bewahrt", sodass ein wahrer Gläubiger nicht verloren gehen kann. Allerdings – und dies ist ein wichtiger Vorbehalt – findet sich der Grund dafür nicht im Gedanken der unbedingten Erwählung.

Um diese Frage in einen Zusammenhang zu stellen, wenden wir uns der Lehre Jesu zu. Als er seine Jünger aussandte, um das Evangelium zu predigen, wies er sie darauf hin, welche Reaktionen sie darauf erwarten würden. Er erzählte ihnen das berühmte Gleichnis vom Sämann, das – wie er selbst bemerkt (Mk 4,13) – für das Verständnis aller anderen Gleichnisse grundlegend ist.

„Als sich aber eine große Volksmenge versammelte und sie aus jeder Stadt zu ihm hinkamen, sprach er in einem Gleichnis: Der Sämann ging hinaus, seinen Samen zu säen; und indem er säte, fiel einiges an den

Weg, und es wurde zertreten, und die Vögel des Himmels fraßen es auf. Und anderes fiel auf den Felsen; und als es aufging, verdorrte es, weil es keine Feuchtigkeit hatte. Und anderes fiel mitten unter die Dornen; und indem die Dornen mit aufwuchsen, erstickten sie es. Und anderes fiel in die gute Erde und ging auf und brachte hundertfache Frucht. Als er dies sagte, rief er aus: Wer Ohren hat zu hören, der höre!" (Lk 8,4-8)

Den Jüngern wurde gesagt, dass ihre Verkündigung vier Arten von Reaktionen hervorrufen würde. Erstaunlicherweise ist nur die vierte Reaktion in irgendeiner Form wertvoll – die ersten drei sind es nicht. Dies mag die Jünger zunächst einmal überrascht haben, da sie angesichts ihrer eigenen Reaktion auf Jesus angenommen haben, dass der Großteil der Hörer ihn annehmen würde. Aber nein. Wir müssen genau hinhören, wie Jesus selbst das Gleichnis auslegt:

„Dies aber ist die Bedeutung des Gleichnisses: Der Same ist das Wort Gottes. Die aber an dem Weg sind die, welche hören; dann kommt der Teufel und nimmt das Wort von ihren Herzen weg, damit sie nicht glauben und gerettet werden. Die aber auf dem Felsen sind die, welche, wenn sie hören, das Wort mit Freuden aufnehmen; und diese haben keine Wurzel; für eine Zeit glauben sie, und in der Zeit der Versuchung fallen sie ab. Das aber unter die Dornen fiel, sind die, welche gehört haben und hingehen und durch Sorgen und Reichtum und Vergnügungen des Lebens erstickt werden und nichts zur Reife bringen. Das in der guten Erde aber sind die, welche in einem redlichen und guten Herzen das Wort, nachdem sie es gehört haben, bewahren und Frucht bringen mit Ausharren." (Lk 8,11-15)

Die erste Gruppe hört das Wort lediglich, aber der Teufel nimmt es weg. Die zweite Gruppe nimmt das Wort mit Freude an, und sie glauben „für eine Zeit". Wenn sie versucht werden, fallen sie ab. Wenn wir nach dem Grund fragen, wird uns gesagt, dass sie keine Wurzeln haben; sobald Druck auf sie ausgeübt wird, fallen sie ab. Die dritte Gruppe scheint ähnlich zu sein; hier stellen die Dornen den Druck dar, die Umstände, die das Leben mit sich bringt. Die vierte Gruppe jedoch bringt bleibende Frucht hervor.

Jesus lehrt deutlich, dass es möglich ist, dass manche Menschen für eine Zeit glauben und dann abfallen. Wir fragen uns natürlich, welche Leute er damit meint. Sind dies wahre Gläubige, die Buße getan und an den Herrn glauben, ewiges Leben und Vergebung empfangen haben und dann durch den Druck der Umstände nicht festgehalten haben und schließlich die Erlösung ganz verloren haben?

Nein, das sind sie nicht. Die Schlüsselaussage lautet, dass sie „keine Wurzel" haben. Das bedeutet, dass ihre Umkehr oberflächlich war: Es gab keine echte Buße, keinen wahren Glauben. Beachten Sie, dass unser Herr nicht andeutet, dass sie einst eine Wurzel hatten, die später abgestorben ist. Sie hatten niemals eine Wurzel, und daher konnte dort auch nichts wachsen und Frucht hervorbringen, was eine wirkliche Erlösung nachweist – wie in der vierten Gruppe des Gleichnisses. Sie sind nie Kinder Gottes geworden.

Wir haben gesehen, dass die wahre Natur des Glaubens eines der Hauptthemen des Johannesevangeliums ist. Daher überrascht es nicht, dass Johannes selbst uns mehrere Beispiele eines Glaubens liefert, der unzureichend und oberflächlich ist, damit wir den Unterschied zwischen solchem und dem echten Glauben an Christus erkennen können. Zu Beginn seines Berichts beschreibt Johannes, wie Jesus das jährliche Passahfest in Jerusalem besuchte. Dort tat er eine Reihe von *Zeichen* – Johannes benennt so die übernatürlichen Taten Jesu, die alle eine tiefere Bedeutung hatten, da sie auf seine Identität als den Sohn Gottes hinwiesen. Bei vielen Menschen gab es eine Welle begeisterter Reaktionen. Hier beschreibt Johannes, was geschah:

> *„Als er aber zu Jerusalem war, am Passah, auf dem Fest, glaubten viele an seinen Namen, als sie seine Zeichen sahen, die er tat. Jesus selbst aber vertraute sich ihnen nicht an, weil er alle kannte und nicht nötig hatte, dass jemand Zeugnis gebe von dem Menschen; denn er selbst wusste, was in dem Menschen war."* (Joh 2,23-24)

Johannes sagt, dass sie *glaubten,* aber ihr Glaube war lediglich eine oberflächliche Begeisterung für einen Wunderheiler und keine tiefe Verbindung, die aus wahrer Umkehr und wahrem Glauben an Jesus resultiert. Das zeigt sich daran, dass Jesus sich ihnen nicht anvertraute. Wahre Erlösung bedeutet, dass man in eine neue Beziehung zum Herrn kommt. Sie ist von Liebe und Vertrauen auf beiden Seiten geprägt. Daraus schließen wir, dass diese Menschen gar keine echte Bekehrung erlebten, nur um sie dann wieder zu verlieren. Sie waren gar nicht wiedergeboren. Sie hatten keine Wurzel.

Im weiteren Verlauf seines Berichts beschreibt Johannes, wie Jesus im Tempel über seine einzigartige Beziehung mit dem Vater lehrt. Johannes bemerkt:

> *„Als er dies redete, glaubten viele an ihn. Jesus sprach nun zu den Juden, die ihm geglaubt hatten: Wenn ihr in meinem Wort bleibt, so seid ihr wahrhaft meine Jünger; und ihr werdet die Wahrheit erkennen, und die Wahrheit wird euch frei machen." (Joh 8,30-32)*

Diese Reaktion war erstaunlich und sehr aufschlussreich. Als „Gläubige" hätte man von ihnen erwartet, dass sie seiner Lehre, wie man im Glauben wächst und zu einem reifen Jünger wird, eifrig zuhören. Als er jedoch andeutete, dass sie befreit werden mussten, weil es gewisse Dinge in ihrem Leben gab, die sie gefangen nahmen, reagierten sie mit angeekeltem Zorn. Sie bestanden darauf, dass sie Kinder Abrahams und niemals jemandes Sklaven gewesen waren. Ihre Wut entartete zu entlarvendem Hass, als Jesus sagte, dass die Sünde die Menschen versklavt. Er sagte ihnen klar, dass sie keinerlei Eigenschaften der Kinder Abrahams zeigten, sondern sich wie die Kinder des Teufels benahmen. Ihr Hass hatte sie mit Mordgelüsten erfüllt, als sie Steine aufhoben, um ihn zu töten. Schöne Gläubige waren sie! Ihr Verhalten bewies, dass sie niemals umgekehrt waren und auch nicht die Absicht hatten umzukehren. Sie waren keine echten Gläubigen und waren es auch vorher nie gewesen. Sie hatten keine Wurzel.

Jedes dieser Beispiele bezieht sich auf Menschen, deren Bekenntnis zum Glauben sich von Beginn an als oberflächlich und unzureichend entpuppte. Was aber ist mit den Menschen, die sehr lange ihren Glauben bekannt haben und Mitarbeiter waren, bis hin zur Gemeindeleitung?

Johannes liefert uns ein trauriges Beispiel, was sogar in einem solchen Fall geschehen kann. In seinem ersten Brief beschreibt er, was – möglicherweise in der Gemeinde von Ephesus – geschah, als gewisse

Leiter ernsthafte Irrlehre in der Gemeinde verbreiteten, bevor sie schließlich die Gemeinde verließen. Als Leiter wären sie per Definition als wahre Gläubige bezeichnet worden, und diese Tatsache führt uns zu folgender Frage: Wenn sogar solche Menschen den Glauben und die Gemeinde verlassen, zeigt das nicht, dass es am Ende auch für einen wahren Christen möglich ist abzufallen?

Lassen Sie uns sehen, was Johannes über sie schreibt. Ihre Irrlehre ist so schwerwiegend, dass Johannes sie Antichristen nennt und sagt:

> *„Von uns sind sie ausgegangen, aber sie waren nicht von uns; denn wenn sie von uns gewesen wären, würden sie wohl bei uns geblieben sein; aber sie blieben nicht, damit sie offenbar würden, dass sie alle nicht von uns sind."* (1Jo 2,19)

Diese Menschen wichen in zweierlei Hinsicht ab: Theologisch gesehen verließen sie die wahre Lehre von Christus, und äußerlich verließen sie die Gemeinde. Was bedeutete das in Bezug auf ihren geistlichen Zustand? Johannes sagt, dass ihre Handlungen zeigten, dass sie *„nicht von uns"* waren. Das bedeutet, dass sie niemals echte Gläubige gewesen waren. Wenn sie es gewesen wären, fügt er hinzu, dann wären sie geblieben. Aber sie gingen, und dies zeigt, dass sie nicht authentisch waren, auch wenn es nach außen hin so erschien.

Erinnern wir uns an den letzten Teil des Gleichnisses vom Sämann:

> *„Das in der guten Erde aber sind die, welche in einem redlichen und guten Herzen das Wort, nachdem sie es gehört haben, bewahren und Frucht bringen mit Ausharren."* (Lk 8,15)

Die Irrlehrer haben nicht durchgehalten. Sie hatten keine Wurzel. Am Ende erwiesen sie sich als Ungläubige.

Johannes unterstützt diesen Standpunkt auch später in seinem Brief:

> *„Jeder, der in ihm bleibt, sündigt nicht; jeder, der sündigt, hat ihn nicht gesehen noch ihn erkannt. Kinder, niemand verführe euch!*

Wer die Gerechtigkeit tut, ist gerecht, wie er gerecht ist. Wer die Sünde tut, ist aus dem Teufel, denn der Teufel sündigt von Anfang an. Hierzu ist der Sohn Gottes offenbart worden, damit er die Werke des Teufels vernichte. Jeder, der aus Gott geboren ist, tut nicht Sünde, denn sein Same bleibt in ihm; und er kann nicht sündigen, weil er aus Gott geboren ist. Hieran sind offenbar die Kinder Gottes und die Kinder des Teufels: Jeder, der nicht Gerechtigkeit tut, ist nicht aus Gott, und wer nicht seinen Bruder liebt." (1Jo 3,6-10)

Man beachte die starke Betonung der gegenwärtigen Verlaufsform: *„sündigt nicht".* Johannes sagt nicht, dass echte Christen nicht manchmal inkonsequent handeln oder sogar der Versuchung nicht widerstehen können. Zu Beginn seines Briefes hat er deutlich gemacht, dass dies möglich ist und dass Gott für diesen Fall gnädig vorgesorgt hat:

„Meine Kinder, ich schreibe euch dies, damit ihr nicht sündigt; und wenn jemand sündigt – wir haben einen Beistand bei dem Vater: Jesus Christus, den Gerechten. Und er ist die Sühnung für unsere Sünden, nicht allein aber für die unseren, sondern auch für die ganze Welt." (1Jo 2,1-2)

Für das wahre Kind Gottes, das strauchelt, gibt es einen Weg zurück zum Herrn durch Umkehr und das Werk Christi.

In 1. Johannes 3 denkt Johannes jedoch an die Menschen, die weit davon entfernt sind, gelegentlich zu straucheln, sondern in der Praxis konstant Falsches tun, beständig ungerecht im Umgang mit anderen sind und sogar ihre Brüder hassen – sie sündigen einfach weiter. Wofür ist dieses Verhalten nun ein Beweis? Zeigt es, dass sie einst echte Kinder Gottes gewesen waren und es nun nicht mehr sind? Nein. Johannes sagt, dass sie Gott niemals gesehen haben. Sie waren niemals Kinder Gottes, sondern taten vielmehr die Werke des Teufels.

Der Apostel Petrus unterstützt diesen Standpunkt in seiner Beschreibung einiger Leute, die von Irrlehren übermannt worden waren, die das Christentum in eine Lizenz für freizügiges Verhalten verdrehten:

> *„Denn wenn sie den Befleckungen der Welt durch die Erkenntnis unseres Herrn und Retters Jesus Christus entflohen sind, aber wieder in diese verwickelt und überwältigt werden, so ist für sie das Letzte schlimmer geworden als das Erste. Denn es wäre ihnen besser, den Weg der Gerechtigkeit nicht erkannt zu haben, als sich, nachdem sie ihn erkannt haben, wieder abzuwenden von dem ihnen überlieferten heiligen Gebot. Es ist ihnen aber nach dem wahren Sprichwort ergangen: Der Hund kehrt wieder um zu seinem eigenen Gespei, und: Die gewaschene Sau zum Wälzen im Kot.“ (2Petr 2,20-22)*

Auf den ersten Blick scheint dieser Abschnitt den Gedanken zu unterstützen, dass ein wahrer Gläubiger schließlich der Welt nachgeben und verloren gehen kann. Die Leute, von denen Petrus hier spricht, sind dadurch gekennzeichnet, dass sie einst der Verdorbenheit der Welt entflohen sind und den Herrn und den Weg der Gerechtigkeit gekannt haben. Leider verstricken sie sich wieder in Verunreinigungen und wenden sich von Gottes moralischen Geboten ab. Diese Situation beschreibt Petrus als *schlimmer als die erste.*

Nun könnte es sehr gut sein, dass Petrus an eine Formulierung denkt, die der Herr selbst gebraucht hat. Den Kontext finden wir im folgenden Abschnitt:

> *„Wenn aber der unreine Geist von dem Menschen ausgefahren ist, so durchwandert er dürre Orte, sucht Ruhe und findet sie nicht. Dann spricht er: Ich will in mein Haus zurückkehren, aus dem ich herausgegangen bin; und wenn er kommt, findet er es leer, gekehrt und geschmückt. Dann geht er hin und nimmt sieben andere Geister mit sich, böser als er selbst, und sie gehen hinein und wohnen dort; und das Ende jenes Menschen wird schlimmer als der Anfang. So wird es auch diesem bösen Geschlecht ergehen.“ (Mt 12,43-45)*

Jesus sprach, wie Petrus, von moralischer Verunreinigung. Christus redete von einem Mann, der eine Art von moralischer Erneuerung erfahren hatte. Aber es reichte nicht aus, weil sein Haus leer hinterlassen wurde. Der Herr meinte damit vermutlich – dem Kontext nach zu urteilen –, dass der Mann Gott niemals eingeladen hatte, hereinzukommen und durch seinen Heiligen Geist in seinem Leben zu wohnen. Er hatte niemals den Schritt getan, ein Kind Gottes zu werden, und hatte somit den weiter bestehenden bösen Einflüssen nichts entgegenzusetzen. Es gab in seinem Leben keinen Geist Gottes, der ihm half, dem Angriff des dämonisch Bösen zu widerstehen.

Etwas Ähnliches war den Menschen passiert, die Petrus beschreibt. Dies wird deutlich durch die lebhaften Bilder, die er gebraucht und die er von alten Sprichworten und Fabeln entnommen hat. Zunächst verwendet er die Begriffe „Hunde" und „Schweine", um sie zu beschreiben. Diese Begriffe haben seine jüdischen Leser sicherlich entsetzt und sogar beleidigt. Hunde und Schweine waren unreine Tiere. Die Auswahl dieser Begriffe zeigt uns, dass Petrus nicht von echten Gläubigen sprach. Der Begriff, den Petrus oft für diese gebrauchte, war „Schaf".

Petrus gebraucht diese Begriffe jedoch nicht, um zu beleidigen, sondern um auf ein gemeinsames Merkmal von Hunden und Schweinen hinzuweisen. Wenn ein Hund schlechtes Futter zu sich nimmt und das Ganze wieder ausspeit, dann wird er oft zurückkehren, um das Ausgespeite wieder zu essen. Dies liegt in seiner Natur. Dasselbe war mit diesen Menschen geschehen, von denen Petrus spricht. Sie haben eine Abscheu gegen das moralische Chaos in ihrem Leben erlebt, das Verdorbene „erbrochen" und eine vorrübergehende Erleichterung erfahren. Doch solch moralische Erneuerung ist nicht dasselbe, wie ein neues Leben zu empfangen und damit eine neue, göttliche Natur (siehe 2Petr 1,4). Ähnlich wie die Hunde, kehrten sie also nach einiger Zeit zurück zu den alten Dingen.

So ist es auch bei den Schweinen. Petrus malt sich eine Situation aus (vermutlich entnahm er sie einer zeitgenössischen Fabel), bei der ein Schwein sich in den öffentlichen Badeplätzen gereinigt hatte. Weil es jedoch ein Schwein war, sprang es sofort wieder in die nächste matschige Pfütze. Das ist das, was Schweine eben tun; es liegt in ihrem Wesen. Erneut macht Petrus deutlich, dass es keine Veränderung im Wesen gegeben hatte.

Dieses zweite Bild mag noch drastischer sein, es macht aber einen sehr ernsten Punkt deutlich, und Petrus will, dass wir uns daran erinnern. Moralische Erneuerung ist eine gute Sache, aber sie ist nicht dasselbe wie die Wiedergeburt. Nur die Kraft eines wiedergeborenen Lebens kann dem Reiz der Lehre widerstehen, die sich subtil in christliche Gewänder kleidet, aber tatsächlich darauf aus ist, die Menschen wieder in ihr ausschweifendes Leben zurückzuführen.

All das zeigt, dass es nur zwei Gruppen von Menschen gibt:

1. Wahre Gläubige, die ihre Echtheit beweisen;
2. Menschen, die niemals geglaubt haben.

Es gibt keine dritte Gruppe, die aus Menschen besteht, die einst glaubten und dann ihr Heil verloren.

Die Existenz einer solchen dritten Gruppe zu postulieren ist nicht ungefährlich, da dies den Eindruck erwecken kann, dass die wahre Situation gar nicht so ernst ist, wie sie wirklich ist. Von Zeit zu Zeit bin ich Atheisten begegnet, die entzückt darüber waren, dass sie angeblich alles über meinen Glauben wussten, sie waren ja selbst einmal „wiedergeboren", bis sie zu dem Schluss kamen, dass an der Sache nichts dran ist.

Wenn es tatsächlich so war, dass sie eine vorrübergehende moralische Erneuerung mit der Wiedergeburt verwechselt haben und sie niemals wiedergeboren waren, dann ist das in der Tat sehr traurig. Das würde nämlich bedeuten, dass sie behaupten, eine Realität abgelehnt zu haben, die sie niemals wirklich erlebt haben.

Kapitel 18

WIRD DER GLAUBE BESTAND HABEN?

Wir haben gesehen, dass es einen starken Zusammenhang zwischen einem wahren und echten Glauben an Christus und dem Ausharren gibt – man hält an seinem Glaubensbekenntnis fest und bringt Frucht hervor, die damit übereinstimmt. So können wir unsere Frage danach, ob ein wahrer Christ verloren gehen kann oder nicht, noch präziser stellen: Wenn die Beständigkeit der Schlüssel ist, welche Gewissheit gibt es, dass diese auch tatsächlich geschehen wird?

Wenn man einen gegenwärtigen Zustand (ein wahrer Gläubiger zu sein) von einer zukünftigen Eventualität (Dauerhaftigkeit) abhängig macht, sagt man damit nicht, dass wir nicht sicher sein können. Ja, wäre es nicht arrogant zu behaupten, dass man sicher ist, bevor wir unseren Lebensweg nicht vollständig abgeschlossen haben? Wir können doch nicht wissen, was in Bezug auf Schwierigkeiten oder sogar Verfolgungen noch vor uns liegt. Könnte unser Glaube nicht durch all diese Dinge zerstört werden – persönliche Ablehnung, Tragödie, Schmerz, Krankheit, Enttäuschung, ganz zu schweigen von aktiver Verfolgung, Gefängnis und sogar Folter?

Es ist nicht überraschend, dass die Schrift diese Frage schon vorweggenommen hat und uns nicht nur einen, sondern mehrere Ansätze dazu bietet. Den ersten Ansatz haben wir dem Apostel Paulus zu verdanken und finden ihn an dem wichtigen Punkt im Römerbrief, wo er festgestellt hat, dass die Rechtfertigung allein aus Glauben und nicht durch Werke geschieht:

„Da wir nun gerechtfertigt worden sind aus Glauben, so haben wir Frieden mit Gott durch unseren Herrn Jesus Christus, durch den wir im Glauben auch Zugang erhalten haben zu dieser Gnade, in der wir stehen, und rühmen uns aufgrund der Hoffnung der Herrlichkeit Gottes. Nicht allein aber das, sondern wir rühmen uns auch in den Bedrängnissen, da wir wissen, dass die Bedrängnis Ausharren bewirkt, das Ausharren aber Bewährung, die Bewährung aber Hoffnung; die Hoffnung aber lässt nicht zuschanden werden, denn die Liebe Gottes ist ausgegossen in unsere Herzen durch den Heiligen Geist, der uns gegeben worden ist.“ (Röm 5,1-5)

Paulus beschreibt die Stellung, den ein wahrer Gläubiger durch die Rechtfertigung aus Glauben erreicht hat. Erstens haben wir Frieden mit Gott. Dies ist kein bloßes Gefühl des Friedens, auch wenn ein Bewusstsein vom Frieden Gottes wichtig ist. Der Grund, weshalb wir ihn empfinden können, ist, dass er objektiv real ist. An anderer Stelle spricht Paulus davon, wie Christus „Frieden gemacht hat durch das Blut seines Kreuzes" (Kol 1,20). Wir werden von den Vorteilen dieser Versöhnung profitieren, wenn wir ihm vertrauen.

Zweitens: Wir stehen in der Gnade. Durch seine Gnade – die wir per Definition nicht verdient haben und nicht verdienen konnten – werden wir überhaupt erst gerettet, und es ist die Gnade, durch die wir weiterhin bestehen. Dies ist kein vorübergehender Zustand, der uns je nach Verhalten wieder entzogen werden kann. Es ist Gottes ständige Einstellung uns gegenüber, aufgrund derer wir uns an der Hoffnung freuen können, dass wir eines Tages seine Herrlichkeit erlangen werden. Das Wort, das hier mit *rühmen* übersetzt wird, beschreibt einen Zustand der tiefen Zuversicht und nicht eines oberflächlichen Glücksgefühls. Wir können mit Gewissheit in die Zukunft schauen, ohne Befürchtungen und Zweifel darüber, dass wir eines Tages in die wunderbare Herrlichkeit der Gegenwart Gottes eintreten werden.

An dieser Stelle stellt Paulus unsere Frage: Wie kann eine solche Zuversicht angesichts unserer Unwissenheit über die Zukunft gerechtfertigt sein? Können Schwierigkeiten und Bedrängnissen unseren Frieden und Glauben zerstören? Paulus' Antwort ist verblüffend:

„Nicht allein aber das, sondern wir rühmen uns auch in den Bedrängnissen" (V. 3). Wie konnte Paulus die Christen dazu ermutigen, selbst angesichts des Leids Zuversicht zu haben, wenn er doch wusste, dass das Leid das Potenzial hatte, den Glauben eines Christen zu brechen, sodass er ewig verloren gehen konnte? Die Antwort lautet, dass er nicht verloren gehen konnte. Paulus sagt, dass wir auch im Angesicht des Leids zuversichtlich sein können, weil wir wissen und nicht nur wünschen oder fühlen können, „dass die Bedrängnis Ausharren bewirkt, das Ausharren aber Bewährung, die Bewährung aber Hoffnung; die Hoffnung aber lässt nicht zuschanden werden, denn die Liebe Gottes ist ausgegossen in unsere Herzen durch den Heiligen Geist, der uns gegeben worden ist" (V. 3-5).

Diese Aussage ist von zentraler Wichtigkeit, weil sie den Grund für alles legt, was Paulus im Weiteren über den Heiligungsprozess und die letztliche Verwirklichung der Erlösung in Herrlichkeit zu sagen hat.

Wie auch Jesus im Gleichnis des Sämanns, erklärt Paulus, dass Bedrängnis Ausdauer bewirkt. Dies ist die Qualität, die den vierten Bodentyp im Gleichnis ausmacht. Paulus spricht von einem echten Christen, in dem der Same des Wortes Wurzeln geschlagen hat und der daher die Stürme bewältigen und sogar durch sie wachsen kann. Paulus spielt hier nicht den theoretischen Lehnstuhlphilosophen. In seinem Leben erfuhr er große Bedrängnis, Bedrohung und Verfolgung, inklusive körperlicher Angriffe:

„Von den Juden habe ich fünfmal vierzig Schläge weniger einen bekommen. Dreimal bin ich mit Ruten geschlagen, einmal gesteinigt worden; dreimal habe ich Schiffbruch erlitten; einen Tag und eine Nacht habe ich in Seenot zugebracht; oft auf Reisen, in Gefahren von Flüssen, in Gefahren von Räubern, in Gefahren von meinem Volk, in Gefahren von den Nationen, in Gefahren in der Stadt, in Gefahren in der Wüste, in Gefahren auf dem Meer, in Gefahren unter falschen Brüdern; in Mühe und Beschwerde, in Wachen oft, in Hunger und Durst, in Fasten oft, in Kälte und Blöße; außer dem Übrigen noch das, was täglich auf mich eindringt: die Sorge um alle Gemeinden. Wer ist schwach, und ich bin nicht schwach? Wer

nimmt Anstoß, und ich brenne nicht? Wenn gerühmt werden muss,
so will ich mich der Zeichen meiner Schwachheit rühmen (...)
    Und er hat zu mir gesagt: Meine Gnade genügt dir, denn meine
Kraft kommt in Schwachheit zur Vollendung. Sehr gerne will ich
mich nun vielmehr meiner Schwachheiten rühmen, damit die Kraft
Christi bei mir wohne. Deshalb habe ich Wohlgefallen an Schwach-
heiten, an Misshandlungen, an Nöten, an Verfolgungen, an Ängsten
um Christi willen; denn wenn ich schwach bin, dann bin ich stark."
(2Kor 11,24-30; 12,9-10)

Paulus lebte aus der Gnade und stellte fest, dass die Gnade Gottes
ihn ausreichend befähigte, viel mehr zu ertragen, als die meisten
Menschen ertragen müssen. Er lebte die Lehre, die er predigte. Und
hier wird er auch vom Apostel Jakobus unterstützt, der dasselbe
schreibt:

> *„Haltet es für lauter Freude, meine Brüder, wenn ihr in mancherlei*
> *Versuchungen geratet, indem ihr erkennt, dass die Bewährung eures*
> *Glaubens Ausharren bewirkt." (Jak 1,2-3)*

Wir erinnern uns auch daran, dass beide Männer, Paulus und Jakobus, den ultimativen Preis für ihre Beziehung zum Herrn bezahlt haben – den Märtyrertod.
    Bis hierher haben wir gesehen, dass unsere Sicherheit in den wun-
derbaren Verheißungen unseres Herrn liegt, dass er „von allem, was
er mir gegeben hat, nichts verliere" (Joh 6,39). Johannes schreibt in
seinem Evangelium noch mehr darüber, wie dies geschieht. Aber am
besten verstehen wir es, wenn es durch die Lehre des Hebräerbriefes erhellt wird, der sich fast ausschließlich der Erklärung eines der
höchsten Ämter widmet, die unser erhöhter Herr nun innehat – das
Amt des Hohenpriesters nach der Ordnung Melchisedeks.
    Der Brief ist an jüdische Christen gerichtet, die zunehmend unter
Druck gesetzt wurden, ihren Glauben an Christus aufzugeben. Immer wieder drängt der Autor seine Leser dazu, an diesem Bekenntnis
festzuhalten und nicht zu kapitulieren:

„Da wir nun einen großen Hohenpriester haben, der durch die Himmel gegangen ist, Jesus, den Sohn Gottes, so lasst uns das Bekenntnis festhalten!" (Hebr 4,14)

Das Hauptthema ist also, dass man den Glauben an Christus festhält – d. h. es geht ums Ausharren –, und ist somit unmittelbar relevant für unsere Überlegungen.

Die Hohenpriester Israels waren unzulänglich, weil sie letzten Endes auch nur sterblich waren, egal wie fähig und verständnisvoll sie gewesen sein mögen. Sie mögen geistlich eine große Hilfe gewesen sein, aber eines Tages musste man erfahren, dass sie gestorben waren: Sie konnten nun nicht länger helfen, und man musste sich jemand Neuen suchen.

Der Schreiber des Hebräerbriefes betont, dass Jesus, der Sohn Gottes, unendlich viel höher steht als die sterblichen Priester:

„Und jene sind in größerer Anzahl Priester geworden, weil sie durch den Tod verhindert waren zu bleiben; dieser aber, weil er in Ewigkeit bleibt, hat ein unveränderliches Priestertum. Daher kann er die auch völlig retten, die sich durch ihn Gott nahen, weil er immer lebt, um sich für sie zu verwenden." (Hebr 7,23-25)

Eine der Hauptaufgaben des Hohenpriesters im alten Israel war die Fürbitte für das Volk, besonders am Sühnetag (Yom Kippur), als er im inneren Bereich der Stiftshütte und später im Tempel in die Gegenwart Gottes trat, dort, wo die Bundeslade als symbolischer Thron platziert war. Er erschien vor Gott und spritzte Blut auf die Lade und den Boden davor. Dann verließ er den Raum und ging hinaus zum Volk. Dies war die Vorschattung einer unendlich viel größeren Realität – des Dienstes des auferstandenen und erhöhten Christus im Himmel selbst, wo er für uns eintritt. Seine Fürbitte gilt jedem, der sich durch ihn Gott nähert – also allen Gläubigen. Der einfachste Gläubige ist so sicher wie ein Apostel. Petrus schreibt dies ausdrücklich in seinem zweiten Brief:

„Simon Petrus, Knecht und Apostel Jesu Christi, denen, die einen gleich kostbaren Glauben mit uns empfangen haben durch die Gerechtigkeit unseres Gottes und Retters Jesus Christus." (2Petr 1,1)

Dies ist einfach großartig. Wenn wir darüber nachdenken, spüren wir, dass wir auf heiligem Boden stehen. Überall weist uns die Schrift dazu an, zum Herrn zu beten – dies ist ein Vorrecht von unschätzbarem Wert. Dennoch ist es sicherlich eine noch viel größere Sache, dass der Herr selbst für uns betet. Sein Priestertum basiert auf seinem unauflöslichen Leben. Es ist dauerhaft und ewig. Daher hat er die Fähigkeit, bis aufs Äußerste zu retten. Diejenigen, für die er betet, trägt er durch.

Wie unser Hoherpriester *vollkommen rettet,* sehen wir an den Prüfungen und Drangsalen des Apostels Petrus. Kurz bevor Jesus verurteilt wurde, prophezeite er Petrus, dass dieser seinen Herrn dreimal verleugnen würde:

„Der Herr aber sprach: Simon, Simon! Siehe, der Satan hat euer begehrt, euch zu sichten wie den Weizen. Ich aber habe für dich gebetet, dass dein Glaube nicht aufhöre. Und wenn du einst zurückgekehrt bist, so stärke deine Brüder! Er aber sprach zu ihm: Herr, mit dir bin ich bereit, auch ins Gefängnis und in den Tod zu gehen. Er aber sprach: Ich sage dir, Petrus, der Hahn wird heute nicht krähen, ehe du dreimal geleugnet hast, dass du mich kennst." (Lk 22,31-34)

Petrus glaubte offensichtlich nicht daran, dass er zu solcher Untreue fähig war, und dennoch geschah genau das wenig später, als er sich an einem Feuer wärmte. Er wurde von einer jungen Magd erkannt:

„Es sah ihn aber eine Magd bei dem Feuer sitzen und blickte ihn scharf an und sprach: Auch dieser war mit ihm. Er aber leugnete und sagte: Frau, ich kenne ihn nicht." (Lk 22,56-57)

In der kommenden Stunde ereigneten sich zwei ähnliche Situationen. Dann krähte ein Hahn, wie Jesus es vorausgesagt hatte.

Stellen Sie sich vor, dass Sie und ich all dies aus der Nähe beobachtet hätten, als Petrus am energischsten verleugnete, und ich Sie in diesem Moment gefragt hätte: „Ist dieser Mann wirklich ein Gläubiger?" Was hätten Sie darauf erwidert? Sie hätten vielleicht gesagt: „Nun, er war mal gläubig, hat seinen Glauben aber offensichtlich irgendwo auf dem Weg verloren." Wenn das stimmt, dann ist Jesu Gebet für ihn gescheitert – und das ist undenkbar.

Es ist wichtig zu sehen, dass unser Herr für den Glauben von Petrus betete. Er betet nicht für etwas anderes – etwa für sein Zeugnis oder seine Beherrschung, die beide katastrophal versagten, als er fluchte und schwor, dass er nichts mit dem Herrn zu tun habe. Christus betete für diese entscheidend wichtige Verbindung zwischen Petrus und seinem Gott – seinen Glauben an ihn. Und sein Glaube versagte nicht. Als der Hahn krähte, erkannte er, was geschehen war, und er ging hinaus und weinte bitterlich. Es war jedoch nicht das Weinen einer verlorenen Seele, sondern das eines von Herzen Gläubigen, der den Herrn zutiefst liebte, aber nun erkannte, in welch großes Chaos man geraten kann, wenn man das nicht beachtet, was der Herr einem sagt. Christus sagte Petrus: „Wenn (nicht falls!) du einst zurückgekehrt bist, so stärke deine Brüder" (Lk 22,32). Christus hatte keine Zweifel daran, dass Petrus wieder umkehren und dass sein Glaube wieder aufleben und Bestand haben würde. Und genau das geschah. In einer aufschlussreichen Folge von menschlichem und göttlichem Zusammenwirken trat Christus für Petrus ein, kehrte Petrus um und harrte aus im Gebet, sandte Christus an Pfingsten den Heiligen Geist und hatte Petrus den Mut, Christus vor einer großen Menschenmenge in Jerusalem zu bekennen.

Erneut sollten wir beachten, dass es der Herr ist und nicht Petrus, der die Initiative ergriff und betete. Aber es ist Petrus' Glaube, der das Ziel seines Gebets ist. Der Herr erhält den Glauben eines Christen, aber der Christ muss diesen Glauben vorher ausüben, da sonst nichts existiert, was erhalten werden kann. Auch wenn es vielleicht simpel klingt, aber Gott hätte Petrus und uns gewiss keinen Hohenpriester in Christus gegeben, wenn wir keinen bräuchten. Wir brauchen ihn, denn es geht um die Erhaltung und Fortdauer unseres Glaubens.

In seinem ersten Brief gibt Petrus uns weitere Einblicke darin, wie er selbst die Erhaltung seines Glaubens durch den Herrn erlebt hat.

Er schreibt, um Christen zu ermutigen, die zunehmend Schikanen, Leid und Verfolgung um ihres Glaubens willen erleben.

> *„Gepriesen sei der Gott und Vater unseres Herrn Jesus Christus, der nach seiner großen Barmherzigkeit uns wiedergeboren hat zu einer lebendigen Hoffnung durch die Auferstehung Jesu Christi aus den Toten zu einem unvergänglichen und unbefleckten und unverwelklichen Erbteil, das in den Himmeln aufbewahrt ist für euch, die ihr in der Kraft Gottes durch Glauben bewahrt werdet zur Rettung, die bereitsteht, in der letzten Zeit offenbart zu werden. Darin jubelt ihr, die ihr jetzt eine kleine Zeit, wenn es nötig ist, in mancherlei Versuchungen betrübt worden seid, damit die Bewährung eures Glaubens viel kostbarer befunden wird als die des vergänglichen Goldes, das durch Feuer erprobt wird, zu Lob und Herrlichkeit und Ehre in der Offenbarung Jesu Christi; den ihr liebt, obgleich ihr ihn nicht gesehen habt; an den ihr glaubt, obwohl ihr ihn jetzt nicht seht, über den ihr mit unaussprechlicher und verherrlichter Freude jubelt; und so erlangt ihr das Ziel eures Glaubens: die Rettung der Seelen.“* (1Petr 1,3-9)

Wir sehen sofort, dass Petrus' Argument demselben Muster folgt wie das von Paulus: Es beginnt mit Hoffnung und Gewissheit der Erlösung, dann spricht es von Bedrängnissen und Versuchungen und schließlich von der Freude über die Gewissheit der Herrlichkeit.

Petrus erklärt seinen Lesern, dass eine Auswirkung der durch Gottes Macht bewirkten Wiedergeburt eine starke Hoffnung auf ein himmlisches Erbes ist, das sie erwartet – es wird für sie bereitgehalten. Sie sind noch nicht am Ziel angekommen und werden in der Zwischenzeit auf ihrer Reise durch Gottes Kraft bewahrt. Es ist jedoch auffallend, dass dies nicht alles ist, was Petrus schreibt. Er sagt, dass sie *„in der Kraft Gottes durch Glauben bewahrt"* werden. Diese Aussage führt uns direkt zurück zu unserer Frage: Was ist, wenn ihr Glaube unter Druck und Leid scheitert? Würde das nicht ihr himmlisches Erbe gefährden und damit auch ihre Hoffnung und ihre Freude zerstören?

Petrus antwortet so wie Paulus. Er gebraucht eine Analogie, um uns zu helfen zu verstehen, was bei ihm unter Druck geschah. Er vergleicht die Bedrängnisse des Glaubens mit dem Prozess der

Goldveredelung. Er spricht davon, dass die *„Bewährung des Glaubens"* wertvoller als vergängliches Gold ist, auch wenn das Gold durch das Feuer erprobt wurde. Das Wort, das hier mit „Bewährung des Glaubens" übersetzt wird, bezieht sich auf den wertvollen Rest, der am Ende des Prozesses übrig bleibt – das reine Gold. Die Verfeinerung des Goldes geschieht so: ein Klumpen, mit einer Mischung von Gold und allen möglichen Fremdstoffen wird in einen Schmelztiegel geworfen. Die Hitze des Feuers bringt das Gold zum Schmelzen, und die Fremdstoffe steigen nach oben, wo sie abgeschöpft werden, sodass das reine Gold im Schmelztiegel übrigbleibt.

Hier gibt es mehrere wichtige Dinge zu beachten:

1. Der Prozess ist nicht darauf abgestimmt, Gold zu zerstören oder zu verlieren, sondern es zu verfeinern und es daher noch wertvoller zu machen. So sagt unser Herr zu Petrus, dass er durchhalten wird: *Wenn du einst zurückgekehrt bist.*

2. Es gibt jedoch während des Prozesses der Goldveredelung einen Punkt, an dem ein Zuschauer, der das noch nie gesehen hat, denken mag, dass das Gold zerstört worden ist. An diesem Punkt schmilzt das Gold in der Hitze und sinkt zum Boden des Schmelztiegels, sodass nur der unreine Schaum an der Oberfläche sichtbar ist. Genau das geschah mit Petrus unter dem Druck des Verhörs. Als er Christus nachdrücklich verleugnete, verschwanden alle Anzeichen für das Gold tief in seinem Herzen – wir hätten dann nur die Unreinheiten an der Oberfläche gesehen. Aber das Gold war nicht verloren gegangen, sondern nur zeitweise unsichtbar. Als Christus sich umwandte und Petrus anschaute, während der Hahn krähte, erinnerte Petrus sich an die Verheißung des Herrn, dass dieser für ihn beten würde, und seine Last wurde leichter. Das Gold – sein Glaube – war nun wertvoller als jemals zuvor und konnte wieder leuchten.

3. Der Glaube ist *kostbarer als vergängliches Gold.* Der Grund dafür ist, dass der Glaube nicht vergehen wird – das Gold wird jedoch letzten Endes vergehen.

4. Es ist interessant, diese Analogie mit dem Bild zu vergleichen, das der Herr gebraucht, als er Petrus sagt, dass dieser ihn verleugnen werde: „Simon, Simon! Siehe, der Satan hat euer

begehrt, euch zu sichten wie den Weizen" (Lk 22,31). Wie auch der Prozess der Goldverfeinerung nicht darauf ausgerichtet ist, das Gold zu verlieren, sondern es noch kostbarer zu machen, indem man es von Unreinheiten befreit, so ist auch das Sichten des Weizens nicht darauf ausgerichtet, den Weizen zu zerstören, sondern die wertvollen Körner vom Unkraut und anderen „Unreinheiten" zu befreien. Nebenbei bemerkt war es Satans Absicht, die Pläne Gottes zu zerstören, aber seine Macht ist begrenzt, und Gott kann und wird ihn dazu gebrauchen, den Glauben der Christen zu verfeinern.

5. Petrus' Schlüsselbotschaft ist daher dieselbe wie die des Paulus. Zu wissen, was das Leben und sein Druck unter der Hand Gottes mit uns machen kann und was nicht, kann uns große Sicherheit geben, dass unser Glaube bewahrt werden wird, bis wir zu Hause ankommen.

Im Übrigen ist es schwierig zu sehen, was der Grund für die Fürbitte unseres Herrn sein könnte, wenn der geprüfte Glaube nicht der Glaube von Petrus wäre, sondern ein Glaube, den Gott ihm in seiner unbedingten Erwählung gegeben hat. Das „P" in TULIP – eine durchaus biblische Lehre, wenn auch nicht aus deterministischen Gründen – steht im Widerspruch mit dem „U". Der Grund, warum Petrus und Sie Gewissheit haben können, dass der Glaube Bestand hat, besteht nicht in Gottes bedingungsloser Erwählung – und damit definitionsgemäß, dass die Erwählten bestehen werden. Nein, der Grund ist, dass wir einen Hohenpriester haben, der immer lebt, um für uns zu beten, dass unser Glaube nicht aufhört.

Das 17. Kapitel des Johannesevangeliums wurde oft als das hohepriesterliche Gebet Jesu bezeichnet. Dort erklärt unser Herr, was alles mit der Bewahrung des Glaubens seiner Jünger zusammenhängt:

> *„Als ich bei ihnen war, bewahrte ich sie in deinem Namen, den du mir gegeben hast; und ich habe sie behütet, und keiner von ihnen ist verloren, als nur der Sohn des Verderbens, damit die Schrift erfüllt werde. (…) Ich bitte nicht, dass du sie aus der Welt wegnimmst, sondern dass du sie bewahrst vor dem Bösen." (Joh 17,12.15)*

Der einzige Verlorene war Judas, aber er ist kein Beispiel für jemanden, der aufrichtig glaubte und dann sein Heil verlor. Er war Teil der Gruppe von Jüngern, die Jesus berief. Und obwohl er der Schatzmeister war und (vermutlich) mit den anderen predigte, macht unser Herr selbst deutlich, dass er niemals geglaubt hat und auch niemals glauben würde:

> *„Denn Jesus wusste von Anfang an, welche es waren, die nicht glaubten, und wer es war, der ihn überliefern würde ... Jesus antwortete ihnen: Habe ich nicht euch, die Zwölf, erwählt? Und von euch ist einer ein Teufel. Er sprach aber von Judas, dem Sohn des Simon Iskariot; denn dieser sollte ihn überliefern, einer von den Zwölfen."* (Joh 6,64.70-71)

Ich hoffe, dass der Leser nun verstehen wird, dass Judas für sein Verhalten voll verantwortlich war und gleichzeitig innerhalb des gesamten Plans Gottes eine Rolle als „Gefäß des Zorns" erfüllte.

Zusammenfassend kann man Folgendes sagen: Vor 2000 Jahren betete Jesus und bewahrte die Apostel, inklusive Petrus. Er betete auch ausdrücklich für uns: „Aber nicht für diese allein bitte ich, sondern auch für die, welche durch ihr Wort an mich glauben" (Joh 17,20). Über die Jahrhunderte sind Millionen von Menschen zum Glauben an Christus gekommen durch die Botschaft der Apostel. Wir können uns der Fürbitte und des bewahrenden Gebets Christi genauso so sicher sein, wie sie es waren. Die Sicherheit liegt darin, dass wir dem vertrauen, was Jesus verheißt, und uns auf sein Wort verlassen.

Es gibt jedoch Menschen, die sich auf falsche Quellen der Sicherheit verlassen – Jesus selbst warnte davor:

> *„Nicht jeder, der zu mir sagt: Herr, Herr!, wird in das Reich der Himmel hineinkommen, sondern wer den Willen meines Vaters tut, der in den Himmeln ist. Viele werden an jenem Tage zu mir sagen: Herr, Herr! Haben wir nicht durch deinen Namen geweissagt und durch deinen Namen Dämonen ausgetrieben und durch deinen Namen viele Wunderwerke getan? Und dann werde ich ihnen bekennen: Ich habe euch niemals gekannt. Weicht von mir, ihr Übeltäter."* (Mt 7,21-23)

Die Menschen vertrauen allem, nur nicht Gott und seinem Wort. Sie vertrauen sogar ihren von Gott gegebenen Fähigkeiten und Gaben mehr als Gott selbst. Es gibt manche Menschen, die ihre Heilsgewissheit an ihren „übernatürlichen Gaben" wie der Zungenrede, der Prophetie oder der Dämonenaustreibung festmachen. Hier spricht unser Herr von solchen Menschen, die behaupten, dass sie im Namen Christi mächtige Dinge getan haben und dennoch nicht glauben. Wir bemerken, dass Christus sie ablehnen wird, nicht als Menschen, die er einst kannte und nun nicht mehr kennt, sondern als Menschen, die er *„niemals gekannt"* hat. Auch sie hatten keine Wurzel. Sie waren niemals echte Gläubige gewesen.

Das alles ist eine Bestätigung dafür, dass es nur zwei Gruppen von Menschen gibt:

1. Wahre Gläubige, die ihre Echtheit unter Beweis stellen;
2. Menschen, die niemals geglaubt haben.

Wie wir zuvor gesehen haben, gibt es keine dritte Gruppe von Menschen, die einst wahrhaft geglaubt und nun ihr Heil verloren haben.

Jesus warnte seine eigenen Jünger vor der Gefahr des fehlgeleiteten Vertrauens. Lukas beschreibt an einer Stelle, wie unser Herr siebzig Jünger zur Verkündigung aussandte, damit sie in den Dörfern predigten:

> *„Die Siebzig aber kehrten mit Freuden zurück und sprachen: Herr, auch die Dämonen sind uns untertan in deinem Namen. Er sprach aber zu ihnen: Ich schaute den Satan wie einen Blitz vom Himmel fallen. Siehe, ich habe euch die Macht gegeben, auf Schlangen und Skorpione zu treten, und über die ganze Kraft des Feindes, und nichts soll euch schaden. Doch darüber freut euch nicht, dass euch die Geister untertan sind; freut euch aber, dass eure Namen in den Himmeln angeschrieben sind."* (Lk 10,17-20)

Ihre Mission hatte offensichtlich Erfolg und wurde von Zeichen übernatürlicher Macht begleitet – einer Befreiung von Besessenheit in Jesu Namen. Sie freuten sich über das, was geschehen war. Dennoch sah Jesus die dahinterliegende Gefahr, dass sie ihr Vertrauen auf den Erfolg ihrer Mission setzten: „Doch darüber freut euch nicht", sagte er. Sie sollten darauf nicht vertrauen. Die Quelle ihres Vertrauens war das Wissen um die Tatsache, dass ihre Namen im Himmel angeschrieben waren. Woher wussten sie das? Einfach durch die Autorität des Wortes Jesu.

Paulus hatte die Gelegenheit, seine Mitarbeiter in der Gemeinde von Philippi mit denselben Worten zu ermutigen, indem er sie daran erinnerte, dass ihre „Namen im Buch des Lebens sind" (Phil 4,3).

Ewiges Leben beinhaltet eine Beziehung. Unser Herr hat es selbst definiert:

> *„Dies aber ist das ewige Leben, dass sie dich, den allein wahren Gott, und den du gesandt hast, Jesus Christus, erkennen." (Joh 17,3)*

Alle Beziehungen sind von Vertrauen geprägt. Der Glaube an Christus ist der Schlüssel und aus diesem Grund hat Gott wunderbar dafür gesorgt, dass dieser bewahrt bleibt.

Kapitel 19

DIE WARNUNG DES HEBRÄERBRIEFES

An diesem Punkt wird der Leser sich in Gedanken folgende Frage stellen: Sie haben im Hebräerbrief über die Rolle unseres Herrn als unser Hoherpriester gelesen. Wie kann es also sein, dass derselbe Brief Abschnitte enthält, die deutlich darauf hinweisen, dass es für echte Christen möglich ist, ihr Heil zu verlieren? Die wichtigsten Abschnitte, um die es hier geht, sind folgende:

„Denn es ist unmöglich, diejenigen, die einmal erleuchtet worden sind und die himmlische Gabe geschmeckt haben und des Heiligen Geistes teilhaftig geworden sind und das gute Wort Gottes und die Kräfte des zukünftigen Zeitalters geschmeckt haben und doch abgefallen sind, wieder zur Buße zu erneuern, da sie für sich den Sohn Gottes wieder kreuzigen und dem Spott aussetzen. Denn ein Land, das den häufig darauf kommenden Regen trinkt und nützliches Kraut hervorbringt für diejenigen, um derentwillen es auch bebaut wird, empfängt Segen von Gott; wenn es aber Dornen und Disteln hervorbringt, so ist es unbrauchbar und dem Fluch nahe, der am Ende zur Verbrennung führt." (Hebr 6,4-8)

„Denn wenn wir mutwillig sündigen, nachdem wir die Erkenntnis der Wahrheit empfangen haben, bleibt kein Schlachtopfer für Sünden mehr übrig, sondern ein furchtbares Erwarten des Gerichts und der Eifer eines Feuers, das die Widersacher verzehren wird. Hat jemand das Gesetz Moses verworfen, stirbt er ohne Barmherzigkeit

auf zwei oder drei Zeugen hin. Wie viel schlimmere Strafe, meint ihr, wird der verdienen, der den Sohn Gottes mit Füßen getreten und das Blut des Bundes, durch das er geheiligt wurde, für gemein erachtet und den Geist der Gnade geschmäht hat? Denn wir kennen den, der gesagt hat: ‚Mein ist die Rache, ich will vergelten‘; und wiederum: ‚Der Herr wird sein Volk richten.‘ Es ist furchtbar, in die Hände des lebendigen Gottes zu fallen.“ (Hebr 10,26-31)

Der erste Abschnitt scheint für viele Christen die Frage schon zu klären: Ein echtes Kind Gottes kann verloren gehen. Auf dieser Grundlage wurde der Abschnitt von manchen Pastoren und Predigern dazu gebraucht, die Christen in Schach zu halten, indem man sie vor dem Verlust des ewigen Lebens warnte und ihnen manchmal sogar damit drohte. Ihr Argument besagt, dass, wenn man Christen sagt, sie könnten sich ihres Heils gewiss sein, dies zu einem nachlässigen Lebensstil führen würde.

Bevor wir hier eine Entscheidung treffen, ist es jedoch sehr wichtig, dass wir sorgfältig über die Identität der Menschen nachdenken, die hier im Hebräerbrief angesprochen werden. Denn wer immer sie sind und was immer sie getan haben, der Autor sagt von ihnen, dass es *„unmöglich“* ist, sie *„wieder zur Buße zu erneuern“*. Wir müssen diesen Worten ihre volle Wucht erlauben und dann danach fragen, ob sie wirklich (wie es oft gesagt wird) Christen meinen, die irgendwie vom Weg abgekommen sind, deren Liebe zum Herrn nachgelassen hat und die durch die Verlockungen der „Welt“ ins Stolpern gekommen sind.

Dies kann nicht die richtige Interpretation sein, weil alle Christen schwierige Zeiten, geistliche Tiefen, Verweltlichung, Versuchungen und mehr erleben. Aber sie kommen an einen Punkt der Umkehr. Durch das hohepriesterliche Gebet Christi für sie kommt es zur Wiederherstellung der Gemeinschaft mit ihrem Herrn. Sie können nicht diejenigen sein, die in Hebräer 6 beschrieben werden, weil es für diese – und ich wiederhole mich – ja *„unmöglich“* ist, sie *„wieder zur Buße zu erneuern“*.

Man bedenke auch die Sendschreiben an die sieben Gemeinden in Offenbarung 2–3. Der Herr ermahnt einige der Gemeinden wegen ihrem Mangel an Liebe, ihrer Lauheit, ihrer Abkehr von der gesunden

Lehre und sogar ihrer Unmoral. Er ruft sie zur Umkehr auf. Diese Ermahnung würde keinen Sinn machen, wenn es für sie unmöglich wäre, dies zu tun.

Wenn Christen, die auf die unterschiedlichste Weise gesündigt haben, den Herrn enttäuscht und ihren Glauben kompromittiert haben, nicht zur Umkehr erneuert werden könnten, dann wäre das aktuelle Werk Christi als Hoherpriester bedeutungslos und unwirksam. Wir wissen, dass dies einfach nicht wahr ist.

Wir kommen also zurück zu der Schlüsselfrage, wer diese Menschen sind, deren Verhalten so schwerwiegend ist, dass es für sie nicht möglich ist, wieder umzukehren.

Wie wir zuvor angemerkt haben, mussten die Empfänger des Hebräerbriefes von Jesus als dem Hohenpriester wissen. Es waren Menschen mit jüdischem Hintergrund, die sich zum Glauben an Christus bekannt hatten, um dann Christus unter enormem Druck zu verleugnen und zur jüdischen Gemeinde zurückzukehren.

Lassen Sie uns das Argument durchdenken. Zuerst müssen wir festhalten, dass es unmöglich ist, diese Menschen wieder zur Umkehr zu bewegen. Der Text sagt nicht, dass es für Gott unmöglich ist, ihnen zu vergeben. Wie wir wissen, vergibt Gott jedem, der umkehrt, und Jesus lehrte seine Jünger, dasselbe zu tun (siehe Mt 18,21-22). Umkehr und Glauben sind die Grundvoraussetzungen der Erlösung, wobei Umkehr „Sinnesänderung" bedeutet. Das Problem bei diesen Menschen ist, dass man sie nicht dazu bringen kann, ihren Sinn zu ändern. Menschen ändern jedoch über viele Dinge ihre Meinung. Die Frage ist also, worum es hier geht?

Um diese Frage zu beantworten, müssen wir zunächst einmal sehen, was mit ihnen geschehen ist. Vier Dinge werden über sie gesagt:

1. Sie sind erleuchtet worden;
2. sie haben die himmlische Gabe geschmeckt;
3. sie sind des Heiligen Geistes teilhaftig geworden;
4. sie haben das gute Wort Gottes und die Mächte des kommenden Zeitalters geschmeckt.

Was bedeuten diese Aussagen?

Eine bekannte Antwort stammt von Johannes Calvin und John Owen, die der Meinung waren, dass diese Menschen niemals Christen gewesen sind.

Dagegen argumentiert Howard Marshall, dass sie einst wahrhaftig gerettet worden waren und sie dann aus diesem Zustand herausgefallen sind.[155] Mit dieser Lesart des Texte gibt es jedoch ein Problem. Dieses Mal stimme ich mit Calvin überein, allerdings nicht aus Gründen der angeblich logischen Konsequenzen der Prädestinationslehre.

Zunächst einmal stellt sich die Frage, warum der Schreiber des Hebräerbriefes sich nicht einfach die Worte spart und ausdrücklich sagt, dass diese Menschen gerettet waren. Ein guter Grund mag sich aus der darauffolgenden subtil veränderten Formulierung ergeben, in der er von der Aussage „Denn es ist unmöglich, diejenigen, die einmal erleuchtet worden sind" (6,4) zu der Aussage „Wir aber sind, wenn wir auch so reden, im Hinblick auf euch, Geliebte, vom Besseren und zum Heil Dienlichen überzeugt" (6,9) wechselt. Das heißt, dass der Autor tatsächlich davon überzeugt ist, dass die Menschen, die er hier anspricht, sich von denjenigen unterscheiden, die sich in dieser Situation befinden; sie befinden sich in einem besseren Zustand, weil ihr Leben Dinge aufweist, die zur Erlösung gehören. Er ist also überzeugt davon, dass sie wirklich gerettet sind. Die offensichtliche Schlussfolgerung ist, dass die anderen nicht gerettet worden waren.

Wie kann das aber sein, angesichts der Art und Weise, wie sie beschrieben werden?

Lassen Sie uns den ersten Begriff anschauen: *erleuchtet*. Läuft dies auf eine Erlösung hinaus? Johannes spricht von dem Wort als dem wahren Licht, das *„jeden Menschen erleuchtet"* (Joh 1,9). Nirgendwo lehrt die Schrift, dass alle gerettet werden – das Gegenteil ist der Fall. Daher ergibt sich daraus, dass *Erleuchtung* nicht dasselbe ist wie *Erlösung*. Die Erleuchtung ist sicherlich notwendig für die Erlösung, aber sie reicht nicht aus. Manche Menschen tun Buße und glauben an Christus nach ihrer Erleuchtung, während es leider andere gibt, die

---

155   Siehe beispielsweise H. Marshall, Kept by the Power of God, Epworth Press, London, 1969.

zwar erleuchtet worden sind, aber sich dann ganz bewusst dazu entscheiden, ihre Augen vor dem Licht zu verschließen und die Erlösung abzulehnen.

Der Apostel Paulus ist ein Beispiel für die erste Gruppe. Er beschreibt, wie er in der Zeit vor seiner Bekehrung „unwissend im Unglauben" gehandelt hat (1Tim 1,13). Er war ein gebildeter Mann und dachte, dass er wusste, was er tat, als er leidenschaftlich gegen die Ausbreitung des Evangeliums kämpfte. Auf der Straße nach Damaskus jedoch wurde er darüber erleuchtet, wer Jesus war. Nun wusste er zum ersten Mal, worum es wirklich ging. Er entschied sich, umzukehren und an den Erlöser zu glauben.

Leider habe ich auch Beispiele der zweiten Gruppe erlebt: Menschen, die gemeinsam mit mir die Schrift interessiert studiert haben, bis ihnen eines Tages bewusst wurde, wer Jesus war. Sie entschieden sich aber dann bewusst dafür, ihn abzulehnen, wie sie mir sagten. Ihr Interesse am Evangelium verflüchtigte sich, und bald waren sie vollkommen davon entfernt. Christus hatte auf unmissverständliche Weise an ihrer Herzenstür geklopft. Sie hatten es bewusst wahrgenommen. Sie hatten verstanden, wer er war, und weigerten sich dennoch, die Tür zu öffnen.

Einige Wochen nach der Auferstehung predigte Petrus in der Säulenhalle Salomos in Jerusalem vor der Menge, die Jesus als den Messias verworfen und ihn gekreuzigt hatte. Er sagte:

„Und jetzt, Brüder, ich weiß, dass ihr in Unwissenheit gehandelt habt, wie auch eure Obersten." (Apg 3,17)

Wie auch Paulus meinten sie zu wissen, was sie taten, und waren dennoch in tiefster Finsternis. Aber nun waren sie erleuchtet und wussten, wer Jesus war. Was würde nun geschehen? Gott brachte ihnen, wie auch Paulus, seine große Barmherzigkeit und Gnade durch denselben Christus, den sie gekreuzigt hatten. Petrus rief sie zur Umkehr auf und sagte ihnen, dass sie dann die Gabe des Heiligen Geistes empfangen würden (Apg 2,38). Doch nicht nur das, Petrus ermahnte sie auch, von ihren Sünden umzukehren.

„So tut nun Buße und bekehrt euch, dass eure Sünden ausgetilgt werden, damit Zeiten der Erquickung kommen vom Angesicht des Herrn und er den euch vorausbestimmten Jesus Christus sende! Den muss freilich der Himmel aufnehmen bis zu den Zeiten der Wiederherstellung aller Dinge, von denen Gott durch den Mund seiner heiligen Propheten von jeher geredet hat." (Apg 3,19-21)

Wir schließen daraus, dass die Erleuchtung – wenn sie auch eine wichtige Voraussetzung für die Erlösung ist – für die Erlösung nicht ausreichend ist. Das ermahnt uns, die übrigen Begriffe des Abschnitts in Hebräer 6 gleichermaßen sorgfältig zu prüfen. Der letzte Punkt der Liste kann uns bei den weiteren helfen. Der Ausdruck „die Kräfte des zukünftigen Zeitalters" weist auf das hebräische Konzept hin, nachdem die Geschichte in ein jetziges und ein zukünftiges Zeitalter aufgeteilt wird. Letzteres bezieht sich auf das messianische Zeitalter, in dem der Messias zurückkehrt und Israel Wiederherstellung und großen Segen bringt. Es beschreibt also die „Zeit der Erquickung", die Petrus in der oben zitierten Passage erwähnt.

So hatte Petrus am Tempeltor gerade erst einen von Geburt an Gelähmten geheilt. Damit hatte er einen Vorgeschmack des kommenden Zeitalters geliefert, so wie auch die anderen Wunderzeichen, die die Apostel wirkten. So erlebten viele Menschen damals das gute Wort Gottes und konnten die Macht des kommenden Zeitalters spüren. Durch die Macht des Heiligen Geistes wurden sie körperlich geheilt. Jetzt stellt sich die Frage, ob sie nun alle umkehrten, an Christus glaubten und ewiges Leben empfingen? Sicherlich nicht. Das Lukasevangelium erzählt die Geschichte von einer Gruppe von zehn Aussätzigen, die durch Christus geheilt wurden. Jedoch kam nur einer von ihnen zu ihm zurück, um ihm zu danken. Vermutlich nahmen die Übrigen die Heilung und den körperlichen Nutzen gerne an, waren aber nicht an irgendeinem weiteren Kontakt mit dem Herrn interessiert (siehe Lk 17,11-19).

Die traurige Realität zeigt uns, dass es nichts mit Erlösung zu tun haben muss, wenn man Beweise der Gottheit Christi gesehen hat, erleuchtet wurde und sogar die Kraft des Heiligen Geistes am eigenen Leib erfahren hat.

Der Hebräerbrief hat uns noch mehr über diese Menschen zu sagen. Der Autor führt die Begründung, warum es unmöglich ist, ihren Sinn zu ändern, weiter aus. Lassen Sie uns die Argumentationskette betrachten, die aus dem ersten Abschnitt hervorgeht:

> *„Denn es ist unmöglich, diejenigen, die einmal erleuchtet worden sind und die himmlische Gabe geschmeckt haben und des Heiligen Geistes teilhaftig geworden sind (…) und doch abgefallen sind, wieder zur Buße zu erneuern, da sie für sich den Sohn Gottes wieder kreuzigen und dem Spott aussetzen. Denn ein Land, das den häufig darauf kommenden Regen trinkt und nützliches Kraut hervorbringt für diejenigen, um derentwillen es auch bebaut wird, empfängt Segen von Gott; wenn es aber Dornen und Disteln hervorbringt, so ist es unbrauchbar und dem Fluch nahe, der am Ende zur Verbrennung führt."* (Hebr 6,4, 6-8)

Wieso ist es *unmöglich*? Es geht hier um eine Gruppe von Menschen, die über die Tatsache aufgeklärt wurden, dass Jesus der Messias ist. Sie haben die Macht des zukünftigen Zeitalters geschmeckt und haben Jesus dennoch abgelehnt – seine Gottheit, sein Sühneopfer, seine Hohepriesterschaft –, um schließlich zum jüdischen Priester- und Opfersystem zurückzukehren, das Gott durch Jesus überflüssig gemacht hat (Hebr 7,12; 8,13). Sie haben das bessere Opfer, den besseren Bund, das bessere Priestertum zugunsten eines Systems abgelehnt, das die Sünden niemals auslöschen kann (Hebr 10,4). Mit dieser Handlung sagen sie letztlich, dass Jesus nicht der Sohn Gottes war und dass er es verdient hat, gekreuzigt zu werden: Sie kreuzigen und missachteten den Sohn Gottes erneut zu ihrem eigenen Verderben.

Wir fragen also noch einmal, warum es unmöglich ist, dass solche Menschen ihren Meinung ändern? Fragen wir: Was könnte sie denn dazu bewegen? Die Kraft des Heiligen Geistes und seine Botschaft der Erlösung? Aber genau das – und das ist der zentrale Punkt – haben sie doch abgelehnt. Es geht doch gar nicht um die Frage, ob Gott bereit ist zu vergeben oder nicht. Es ist so, dass Gott keine alternative Erlösung für diejenigen hat, die Jesus und die Kraft des Heiligen

Geistes ablehnen. Es gibt nur diese eine Erlösung. Wenn diese Erlösung endgültig abgelehnt wird, gibt es keine weitere.

Das folgende Bild im Text erklärt dies:

> *„Denn ein Land, das den häufig darauf kommenden Regen trinkt und nützliches Kraut hervorbringt für diejenigen, um derentwillen es auch bebaut wird, empfängt Segen von Gott; wenn es aber Dornen und Disteln hervorbringt, so ist es unbrauchbar und dem Fluch nahe, der am Ende zur Verbrennung führt."* (Hebr 6,7-8)

Es fällt sofort auf, dass dieses Bild dem Gleichnis des Sämanns ähnelt, da es die Menschen mit dem Boden vergleicht und ihre Reaktionen auf das Evangelium mit der Tatsache oder dem Nichtvorhandensein einer guten Ernte. Wenn Saatgut in einem Feld Wurzeln geschlagen hat, dann bedeutet mehr Regen mehr Ernte. Wenn ein Feld nur Dornen und Disteln hervorbringt, dann ist mehr Regen keine Lösung – das wird die Dornen und Disteln nur vermehren. Schlechtes Saatgut hat Wurzeln geschlagen.

In dem Gleichnis geht es nicht um Christen, die ihr Heil verloren haben. Es redet von Menschen, die niemals Christen waren.

Auch der folgende Abschnitt aus dem Hebräerbrief behandelt dasselbe Thema:

> *„Denn wenn wir mutwillig sündigen, nachdem wir die Erkenntnis der Wahrheit empfangen haben, bleibt kein Schlachtopfer für Sünden mehr übrig, sondern ein furchtbares Erwarten des Gerichts und der Eifer eines Feuers, das die Widersacher verzehren wird. Hat jemand das Gesetz Moses verworfen, stirbt er ohne Barmherzigkeit auf zwei oder drei Zeugen hin. Wie viel schlimmere Strafe, meint ihr, wird der verdienen, der den Sohn Gottes mit Füßen getreten und das Blut des Bundes, durch das er geheiligt wurde, für gemein erachtet und den Geist der Gnade geschmäht hat? Denn wir kennen den, der gesagt hat: ‚Mein ist die Rache, ich will vergelten‘; und wiederum: ‚Der Herr wird sein Volk richten.‘ Es ist furchtbar, in die Hände des lebendigen Gottes zu fallen."* (Hebr 10,26-31)

Dieser Abschnitt hat genau dieselbe Aussage wie Hebräer 6. Erneut ist die Sünde, um die es geht, nicht damit verbunden, ob ein Christ in Versuchung gerät oder verführt wurde. Es geht um eine sehr spezifische Sünde, die einen Menschen mit jüdischem Hintergrund betrifft, der die *„Erkenntnis der Wahrheit empfangen"*, vielleicht ein christliches Glaubensbekenntnis abgelegt, aber dann die Gottheit Christi verworfen hat mit der Begründung, dass sein Blut nichts Besonderes und daher sein Opfer und sein Bund bedeutungslos sind.[156]

Dies sind sehr ernste Abschnitte, die nur verstanden werden können, wenn man ihnen ihr volles Gewicht lässt. Dennoch müssen wir uns nun daran erinnern, dass obwohl der Autor des Hebräerbriefes es für nötig hält, eine Warnung über solche Menschen auszusprechen, die ungläubig sind, er tatsächlich davon überzeugt ist, dass seine Leser Christen sind: Er ist, was sie betrifft, „vom Besseren und zum Heil Dienlichen überzeugt" (Hebr 6,9). Er trifft eine scharfe Unterscheidung zwischen den anderen und ihnen. Er listet Beweise für ihre Echtheit auf: „Denn Gott ist nicht ungerecht, euer Werk zu vergessen und die Liebe, die ihr zu seinem Namen bewiesen habt, indem ihr den Heiligen gedient habt und dient" (Hebr 6,10).

Der Autor beschreibt ihre Werke nicht als Grundlage ihrer Erlösung, sondern vielmehr als Beweis ihrer Erlösung. Wie auch der gute Boden im Gleichnis, brachten sie beständig eine gute Ernte hervor. Ihr Glaube und ihre Liebe hatten Bestand. Sie hatten sich selbst als echt erwiesen.

Leider habe ich persönlich schon gehört, wie strenge Prediger ihrer Gemeinde erzählt haben, dass, selbst wenn Christen dem Herrn ein Leben lang treu dienen und dann einmal straucheln und fallen, sie sehr wohl ihr Heil verlieren könnten. Diese Prediger sagten mir, es sei der einzige Weg, um die Leute auf dem Posten zu halten, wenn sie ihnen mit dem Verlust des Heils drohen. Aber Gott ist nicht so! Der Hebräerbrief warnt vor der Gefahr fehlender Echtheit, aber er droht nicht echten Christen mit dem Verlust des Heils. Wenn Christen in

---

156 Der Verwendung des Wortes „geheiligt" (V. 29) lässt einige vermuten, dass – trotz aller vorherigen Ausführungen – hier wahre Christen gemeint sind. Es können jedoch in manchen Fällen auch Ungläubige als geheiligt bezeichnet werden (1 Kor 7,14).

ihrem Leben Früchte einer echten Erlösung hervorgebracht haben in ihren Taten und ihrer Liebe für andere Christen, dann dürfen wir nicht denken, dass Gott ungerecht wäre und all diese Früchte vergisst.

Im vorherigen Kapitel haben wir uns auf Petrus' gründliche Analyse seines eigenen Versagens bezogen, als er den Herrn verleugnete. Er beschreibt diese Bewährungsprobe als einen Prozess, bei dem der Glauben verfeinert und kostbarer gemacht wird – wie Gold. Und wenn er an seine Leser und ihr Verhältnis zu Christus denkt, schreibt er Folgendes:

> *„(...) den ihr liebt, obgleich ihr ihn nicht gesehen habt; an den ihr glaubt, obwohl ihr ihn jetzt nicht seht, über den ihr mit unaussprechlicher und verherrlichter Freude jubelt; und so erlangt ihr das Ziel eures Glaubens: die Rettung der Seelen." (1Petr 1,8-9)*

Das zeigt uns, dass Petrus bei seinen Zuhörer den Beweis der Echtheit sieht – sie lieben und vertrauen Jesus, den sie niemals gesehen haben, und sie freuen sich, wie Paulus es schreiben würde, in der Hoffnung auf die Herrlichkeit Gottes (Röm 5,2).

In demselben Geist wie Petrus ermutigt auch der Autor des Hebräerbriefes die Christen, nach vorne auf das herrliche himmlische Ziel zu schauen:

> *„Wir wünschen aber sehr, dass jeder von euch denselben Eifer um die volle Gewissheit der Hoffnung bis ans Ende beweise, damit ihr nicht träge werdet, sondern Nachahmer derer, die durch Glauben und Ausharren die Verheißungen erben." (Hebr 6,11-12)*

Kapitel 20

GEWISSHEIT IM HEBRÄERBRIEF

Es wäre ein Fehler, Hebräer 6 an dieser Stelle zu verlassen. Die Tatsache, dass er einen Abschnitt mit düsteren Warnungen enthält, hält viele Menschen davon ab, das ganze Kapitel zu lesen. Das ist sehr schade, da die zweite Hälfte des Kapitels eine der wertvollsten Botschaften der gesamten Heiligen Schrift über die Heilsgewissheit enthält. Hier wird uns gesagt, warum wir „die volle Gewissheit der Hoffnung" haben können.

Und dies wird so begründet:

„Denn als Gott dem Abraham die Verheißung gab, schwor er bei sich selbst – weil er bei keinem Größeren schwören konnte – und sprach: ,Wahrlich, reichlich werde ich dich segnen, und sehr werde ich dich mehren.' Und so erlangte er, indem er ausharrte, die Verheißung. Denn Menschen schwören bei einem Größeren, und der Eid ist ihnen zur Bestätigung ein Ende alles Widerspruchs. Deshalb hat sich Gott, da er den Erben der Verheißung die Unwandelbarkeit seines Ratschlusses noch viel deutlicher beweisen wollte, mit einem Eid verbürgt, damit wir durch zwei unveränderliche Dinge, bei denen Gott doch unmöglich lügen kann, einen starken Trost hätten, die wir unsere Zuflucht dazu genommen haben, die vorhandene Hoffnung zu ergreifen. Diese haben wir als einen sicheren und festen Anker der Seele, der in das Innere des Vorhangs hineinreicht, wohin Jesus als Vorläufer für uns hineingegangen ist, der nach der Ordnung Melchisedeks Hoherpriester in Ewigkeit geworden ist." (Hebr 6,13-20)

Abraham wird uns als Vorbild genannt, weil er uns zeigt, was es bedeutet, Gott zu vertrauen. Wie auch Abraham befinden wir uns auf einer Reise zu unserem zukünftigen Erbe. Wir können von seinem Leben und seinen Erfahrungen lernen, was ihm half, vorwärts zu gehen und an den Verheißungen Gottes festzuhalten, bis er deren Erfüllung in seinem Leben sehen konnte. Wie auch bei uns verlief Abrahams Glaubensweg in Etappen. Wir haben den Beginn seines Glaubens bereits kurz betrachtet, als er „dem HERRN glaubte; und er es ihm als Gerechtigkeit anrechnete" (1Mo 15,6).

In diesen Anfangszeiten (und das ist nicht überraschend, wenn unsere eigene Erfahrung ein Maßstab ist) wollte Abraham sicher gehen, dass Gott seine Verheißung, ihm das Land und ein Volk als Erbe zu geben, erfüllen würde. Er fragte Gott direkt: „Herr, HERR, woran soll ich erkennen, dass ich es in Besitz nehmen werde?" (1Mo 15,8). Gottes Antwort ist sehr aufschlussreich: Er sagt Abraham, dass er einige Tiere nehmen, sie schlachten und in zwei Hälften zerteilen soll. Dann sollte er sie in zwei Reihen aufstapeln, sodass man zwischen ihnen hindurchgehen kann. Dies war damals eine alte und anschauliche Art, einen verbindlichen Vertrag oder einen Bund zwischen zwei Parteien zu schließen. Die beiden Vertragspartner gingen zwischen den Tieren hindurch und signalisierten damit ihre Verpflichtung, den Vertrag zu halten – und deuteten gewissermaßen die Strafe dafür an, was bei Vertragsbruch geschehen würde: Es würde ihnen ergehen wie den geschlachteten Tieren.

In Abrahams Fall gab es allerdings einen gravierenden und wesentlichen Unterschied in der Art und Weise, wie die Zeremonie begangen wurde. (Beachten Sie, dass dies geschah, bevor Abrams Name in Abraham geändert wurde).

„Und es geschah beim Untergang der Sonne, da fiel ein tiefer Schlaf auf Abram; und siehe, Schrecken, dichte Finsternis überfiel ihn. Und er sprach zu Abram: Ganz gewiss sollst du wissen, dass deine Nachkommenschaft Fremdling sein wird in einem Land, das ihnen nicht gehört; und sie werden ihnen dienen, und man wird sie unterdrücken vierhundert Jahre lang. Aber ich werde die Nation auch richten, der sie dienen; und danach werden sie ausziehen

mit großer Habe. Du aber, du wirst in Frieden zu deinen Vätern eingehen, wirst in gutem Alter begraben werden. Und in der vierten Generation werden sie hierher zurückkehren; denn das Maß der Schuld des Amoriters ist bis jetzt noch nicht voll. Und es geschah, als die Sonne untergegangen und Finsternis eingetreten war, siehe da, ein rauchender Ofen und eine Feuerfackel, die zwischen diesen Stücken hindurchfuhr. An jenem Tag schloss der HERR einen Bund mit Abram und sprach: Deinen Nachkommen habe ich dieses Land gegeben.“ (1Mo 15,12-18)

Der entscheidende Punkt ist, dass es sich hierbei nicht um einen Vertrag zwischen zwei Parteien im üblichen Sinne handelte. Er war einseitig: Es war eine Verpflichtung und ein Versprechen lediglich einer Partei gegenüber der anderen.

Dies geschah während eines frühen Stadiums in Abrahams Beziehung zu Gott. Das Ereignis, worauf sich Hebräer 6,13 bezieht, geschah viel später und wird in 1. Mose 22 beschrieben. Dort befahl Gott Abraham, seinen Sohn Isaak zu opfern, den Sohn und Erben, den Gott ihn zuvor verheißen und geschenkt hatte.[157]

Um uns zu orientieren und um das Argument zu verstehen, das der Hebräerbrief durch sein Zitat deutlich darstellen will, sollten wir zunächst daran denken, dass sich die vorhergehenden Verse mit der Tatsache beschäftigen, dass die hebräischen Christen den Beweis erbracht haben, dass ihr Glaube echt ist. Sie haben dies durch ihr Verhalten, durch ihre Werke und ihre Liebe für ihre Mitchristen gezeigt.

Der Apostel Jakobus zitiert dieselbe Geschichte, um denselben Sachverhalt zu verdeutlichen. Wir finden dies in einem Abschnitt über die Nutzlosigkeit des Glaubens ohne Werke:

„Willst du aber erkennen, du eitler Mensch, dass der Glaube ohne die Werke nutzlos ist? Ist nicht Abraham, unser Vater, aus Werken gerechtfertigt worden, da er Isaak, seinen Sohn, auf den Opferaltar

---

157   Dieser Bericht ist einer der alttestamentlichen Abschnitte, die moralische Bedenken verursachen. Manche von ihnen habe ich in meinem Buch „Gott im Fadenkreuz", SCM R. Brockhaus, Witten, 2013, beschrieben.

legte? Du siehst, dass der Glaube mit seinen Werken zusammen-wirkte und der Glaube aus den Werken vollendet wurde. Und die Schrift wurde erfüllt, welche sagt: ‚Abraham aber glaubte Gott, und es wurde ihm zur Gerechtigkeit gerechnet‘, und er wurde ‚Freund Gottes‘ genannt. Ihr seht also, dass ein Mensch aus Werken gerecht-fertigt wird und nicht aus Glauben allein.“ (Jak 2,20-24)

Der Zusammenhang ist also klar. Bei diesem Ereignis wurde Abraham dazu aufgefordert, die Echtheit seines Glaubens durch seine Werke zu beweisen. Nun wird manchmal gesagt, dass die Rechtfertigung durch Werke das Gegenteil der Rechtfertigung aus Glauben ist. Das wäre so, wenn die Werke als Grundlage für unsere Erlösung gesehen würden. Aber in der Schrift bedeutet es dies nicht. Es bedeutet, dass wir durch unsere Werke zeigen, dass wir wahrhaftig gerettet sind.

Es wird ebenso manchmal behauptet, dass wir durch den Glauben vor Gott und durch Werke vor unseren Mitmenschen gerechtfertigt werden. Natürlich ist es wichtig, dass diejenigen von uns, die behaupten, Christen zu sein, ihren Glauben an Christus glaubwürdig ihren Mitmenschen vorleben. Dies ist jedoch nicht das Thema von Hebräer 6 oder 1. Mose 22. Der Abschnitt im Hebräerbriefes sagt, dass „Gott nicht ungerecht ist, euer Werk zu vergessen“ (6,10). Hier ist es *Gott*, der daran interessiert ist, die Beweise der Echtheit im Leben eines Christen zu sehen.

Das erscheint manchen Menschen seltsam – Gott weiß doch sicher, ob wir echt sind oder nicht, da er doch direkt in unser Innerstes schauen kann. Das stimmt natürlich, aber es ändert nichts an der Tatsache, dass Gott den sichtbaren Beweis in unserem Leben erwartet. Gott selbst ist es offensichtlich wichtig, wie unsere Werke wirklich sind – nicht, wie nochmal betont werden muss, als Grundlage für unsere Erlösung, sondern als Beweis ihrer Echtheit. Die Notwendigkeit dessen, dass wir unseren Glauben an Christus durch unsere Werke und unser Verhalten bestätigten, ist ein nicht-verhandelbarer Bestandteil des Christentums an sich. Unsere guten Werke bringen Gott Ehre (siehe Mt 5,16).

Es wird uns helfen, besser zu verstehen, wenn wir uns bewusst machen, was tatsächlich geschah, als Abraham durch seine Werke vor Gott gerechtfertigt wurde: Außer Isaak war sonst niemand da.

Wie wir uns vorher bewusst gemacht haben, hatte Abraham längst schon an Gott geglaubt, und es war ihm zur Gerechtigkeit angerechnet worden. Gott hatte ihn angenommen, und nichts konnte dies mehr ändern. Dennoch musste Abrahams Glaube – wie auch der Glaube von Petrus – geläutert werden; dies wird im Bericht aus 1. Mose deutlich. Wie wir in Kapitel 13 gesehen haben, begann Abraham wegen der verzögerten Erfüllung der göttlichen Verheißung eines Sohnes, den bekannten Gedanken zu hegen (mit beträchtlicher Hilfe seiner berechnenden Frau Sara), dass Glaube bedeutet, dass „Gott denen hilft, die sich selbst helfen". Daher versuchte er, die Verheißung dadurch zu erfüllen, dass er eine Leihmutter – Hagar – einsetzte, die ihm Ismael gebar. Es war eine harte, bittere und langwierige Lektion für Abraham und Sara, durch die Gott ihnen zeigte, dass dies kein Glaube war. Gottes Verheißung sollte erfüllt werden, aber nicht durch ihre Bemühungen und Taten, sondern durch Gottes übernatürliche Kraft. Ebenso wie die Erlösung durch Christus soll auch das neue Leben ein Geschenk sein, das „nicht aus Werken" ist (Eph 2,9).

Die Geburt Isaaks war ein besonderer Tag im Leben von Abraham und Sara. Gottes Verheißung war auf dramatische Art und Weise durch sein übernatürliches Eingreifen durch die Verjüngung ihrer Körper erfüllt worden. Aus dem Bericht aus 1. Mose wird deutlich, dass Abraham jede erdenkliche Vorkehrung für Isaaks Sicherheit traf, was auch verständlich ist. Gottes große Verheißung einer großen Nation durch ihn war an Isaaks Leben geknüpft. Also schickte Abraham Ismael und Hagar fort, grub Brunnen, hatte bewaffnete Diener und schloss Verträge mit benachbarten Stämmen. Nichts sollte Isaak daran hindern, aufzuwachsen und ein Stammvater des Volkes zu sein, das Abraham versprochen war.

Gerade als Abraham einen Sicherheitspakt mit dem Anführer der Philister und seiner Armee geschlossen hatte, sprach Gott zu ihm und äußerte einen unerwarteten und verheerenden Befehl:

„Nimm deinen Sohn, deinen einzigen, den du lieb hast, den Isaak, und ziehe hin in das Land Morija, und opfere ihn dort als Brandopfer auf einem der Berge, den ich dir nennen werde." (1Mo 22,2)

Wie sollen wir diese Forderung oder vielmehr diesen Befehl angesichts der Tatsache verstehen, dass alle Verheißungen Gottes in Isaak lagen? Hebräer 6 enthält eine der stärksten Aussagen über die christliche Gewissheit, gestützt darauf, was Gott zu Abraham nach seiner schmerzhaftesten Prüfung sagte. Dies hilft, uns auf das zu konzentrieren, was wichtig ist: Worin besteht die Sicherheit wirklich?

Wir haben bereits gesehen, wie Jesus seine Jünger vor der Gefahr warnte, ihre Sicherheit in den übernatürlichen Kräften zu suchen, mit denen er sie begabt hatte, anstatt seinem Wort zu vertrauen. Gewiss ist dies das gleiche Problem bei Abraham, wenn auch auf einer noch tieferen Ebene. Denn Isaak war Gottes übernatürliche Gabe an ihn. Isaak war zum Zentrum seiner Welt geworden und wurde ihm zur Gefahr, sein Vertrauen in Gott zu ersetzen. Etwas wohlwollender könnte man sagen, dass Abraham zumindest in der Gefahr stand, sowohl Gott als auch Isaak zu vertrauen.

Es ist gefährlich, wenn man noch anderen Dingen außer Gott vertraut, besonders wenn es um Gewissheit geht. Abraham musste lernen – wie auch wir lernen müssen, die Gott durch Christus vertrauen –, dass es keine wahre Gewissheit gibt, außer im Vertrauen „allein auf Christus".

Der Bericht dieses Ereignisses aus 1. Mose wird von der Erklärung eingeleitet, dass „Gott den Abraham prüfte" (1Mo 22,1); und es war eine Prüfung, die den Glauben Abrahams bis an seine Grenzen prüfte. Der Hebräerbrief fasst die Geschehnisse zusammen:

> *„Durch Glauben hat Abraham, als er geprüft wurde, den Isaak dargebracht, und er, der die Verheißungen empfangen hatte, brachte den einzigen Sohn dar, über den gesagt worden war: ‚In Isaak soll deine Nachkommenschaft genannt werden', indem er dachte, dass Gott auch aus den Toten erwecken könne, von woher er ihn auch im Gleichnis empfing." (Hebr 11,17-19)*

Abraham begründet die Sache mit einer beachtlichen Logik. Gott hat verheißen, dass Isaak der Stammvater eines Volkes sein wird. Er glaubt, dass dies geschehen wird. Wenn also Gott nun Isaak durch Abrahams Hand sterben lässt, dann muss er ihn von den Toten auferwecken. Abraham hat bereits etwas Ähnliches im Kleinen erlebt – die Geburt Isaaks war eine übernatürliche Wiederherstellung von Saras und seinem „toten" Körper. Gott kann noch größeres für Isaak tun, wenn es nötig sein sollte.

Abraham ging also zusammen mit seinem Sohn in die Berge, band ihn auf den Altar und erhob das Messer, um die Tat zu vollenden, als Gott auf dramatische Weise eingriff:

> *„Und er sprach: Strecke deine Hand nicht aus nach dem Jungen, und tu ihm nichts! Denn nun habe ich erkannt, dass du Gott fürchtest, da du deinen Sohn, deinen einzigen, mir nicht vorenthalten hast. Und Abraham erhob seine Augen und sah; und siehe, da war ein Widder hinten im Gestrüpp an seinen Hörnern festgehalten. Da ging Abraham hin, nahm den Widder und opferte ihn anstelle seines Sohnes als Brandopfer. Und Abraham gab diesem Ort den Namen ‚Der HERR wird ersehen', von dem man heute noch sagt: Auf dem Berg des HERRN wird ersehen."* (1Mo 22,12-14)

Gott sagte: „Nun habe ich erkannt." Er hatte den Beweis gesehen, und nun wiederholte und bestätigte Gott nicht nur seine Verheißungen, sondern tat etwas vollkommen Neues: Er gab Abraham seinen Eid, eine Art der Bestätigung, die Abraham klar verstehen und dadurch das höchste Maß an Gewissheit und Sicherheit gewinnen würde:

> *„Ich schwöre bei mir selbst, spricht der HERR, deshalb, weil du das getan und deinen Sohn, deinen einzigen, mir nicht vorenthalten hast, darum werde ich dich reichlich segnen."* (1Mo 22,16-17)

Hebräer 6 weist darauf hin, dass ein Eid bei menschlichen Streitigkeiten häufig dazu genutzt wird, die Dinge zu einem Ende zu bringen. Auch in heutigen Justizgerichten wird dieses Prozedere noch immer gebraucht, indem die Menschen auf etwas Höheres als sich selbst schwören (also bei Gott), dass sie die „Wahrheit, die ganze Wahrheit und nichts als die Wahrheit" sagen. Es gibt allerdings keine höhere Macht als Gott. Also schwor Gott bei sich selbst. Dies brachte

Abraham eine enorme Sicherheit. Dies soll auch uns dieselbe Sicherheit geben, wie der Hebräerbrief ausdrücklich sagt:

> *„Deshalb hat sich Gott, da er den Erben der Verheißung die Unwandelbarkeit seines Ratschlusses noch viel deutlicher beweisen wollte, mit einem Eid verbürgt, damit wir durch zwei unveränderliche Dinge, bei denen Gott doch unmöglich lügen kann, einen starken Trost hätten, die wir unsere Zuflucht dazu genommen haben, die vorhandene Hoffnung zu ergreifen. Diese haben wir als einen sicheren und festen Anker der Seele, der in das Innere des Vorhangs hineinreicht, wohin Jesus als Vorläufer für uns hineingegangen ist, der nach der Ordnung Melchisedeks Hoherpriester in Ewigkeit geworden ist."*
> *(Hebr 6,17-20)*

Diese Gewissheit wird von zwei Dingen gewährleistet: Gottes Verheißung und Gottes Eid. Es ist unmöglich, dass Gott lügt. Der Gebrauch des Wortes „unmöglich" erinnert uns daran, wie der Autor des Hebräerbriefes zu Beginn des 6. Kapitels davon sprach, wie „unmöglich" es ist, gewisse Menschen zur Umkehr zu bewegen. Sie erwiesen sich nicht als echte Christen. Doch nun spricht der Autor von wahren Christen, deren Sicherheit durch eine andere Unmöglichkeit garantiert wird: die Unmöglichkeit, dass Gott lügt.

Es gibt jedoch noch mehr: Unsere Hoffnung betrifft die zukünftige Welt, und Jesus ist bereits als unser Vorläufer dorthin gegangen. Um sicherzugehen, dass wir ebenfalls dort ankommen, wirkt er nun als himmlischer Hoherpriester, der seinen Nachfolgern hilft, die schwierigsten Entscheidungen des Lebens zu treffen. Wir haben in dieser anderen Welt einen Anker – nicht in uns selbst, unseren Umständen, unseren Gefühlen oder irgendetwas anderem in dieser vorübergehenden Welt. Schließlich wäre es töricht, einen Anker im Schiff selbst zu setzen.

Die Anwendung für die Empfänger des Hebräerbriefes ist klar. Auf ihnen lastete ein gewaltiger Druck, zurück zum Judentum zu kehren – zum Priestertum und den Gesetzen. Aber dort gab es keine Gewissheit. Sicherheit war nur im Opfer und dem Priestertum Christi zu finden – und nur hier. Nicht zum Teil hier und zum Teil dort – nur in Christus.

Gott rief sie auf, wie er es bei Abraham tat, die Echtheit ihres Glaubens durch ihre Werken zu zeigen. Sie sollten ein System aufgeben, das der Hebräerbrief als ein System des Bundes, der Opfer und Priester beschreibt – ein System, das überflüssig wurde –, „was aber veraltet und sich überlebt, ist dem Verschwinden nahe" (Hebr 8,13).

Was ist nun mit uns heute? In vielen Kulturen, besonders in der westlichen Kultur, herrscht ein steigender Druck, viele der charakteristischen Eigenarten des Christentums zu verwässern oder aufzugeben. Dazu gehören die Einzigartigkeit Christi als Sohn Gottes, das übernatürliche Zeugnis seiner Taten und seiner Auferstehung, die endgültige Wirksamkeit seines Sühneopfers und die Verlässlichkeit dieser Sühne in seiner Rolle als der einzige Hohepriester Gottes. Hebräer 6 fordert uns auf sicherzustellen, dass wir keinerlei Kompromisse mit solch einem Verrat gegenüber Christus eingehen.

Wenn wir in die Zukunft blicken, sollten wir eine letzte Ermutigung aus den Schriften des Apostels Paulus' mitnehmen:

„Ich bin ebenso in guter Zuversicht, dass der, der ein gutes Werk in euch angefangen hat, es vollenden wird bis auf den Tag Christi Jesu." (Phil 1,6)

„Ich danke meinem Gott allezeit euretwegen für die Gnade Gottes, die euch gegeben ist in Christus Jesus: In ihm seid ihr in allem reich gemacht worden, in allem Wort und aller Erkenntnis, wie denn das Zeugnis des Christus unter euch gefestigt worden ist. Daher habt ihr an keiner Gnadengabe Mangel, während ihr das Offenbarwerden unseres Herrn Jesus Christus erwartet, der euch auch festigen wird bis ans Ende, so dass ihr untadelig seid an dem Tag unseres Herrn Jesus Christus. Gott ist treu, durch den ihr berufen worden seid in die Gemeinschaft seines Sohnes Jesus Christus, unseres Herrn." (1Kor 1,4-9)

Ich bin entschlossen, das zu glauben.

EPILOG

Wir haben nun das Ende unserer langen Reise erreicht, wenn auch nicht das Ende der Diskussion über die Themen dieses Buches. Darüber wird man diskutieren, bis der Herr wiederkommt und uns sagt, was wir wirklich hätten denken sollen. Mein Ziel war es, deterministische Argumente infrage zu stellen, die sich auf Dingen stützen, die ich keines Falls infrage stelle: die biblischen Lehren der Souveränität Gottes und der menschlichen Verantwortung. Ich bleibe so überzeugt wie zu Beginn dieses Werkes, dass Gott der große Initiator der Erlösung ist, der die Menschen zu sich zieht. Diese Erlösung findet sich nur in Christus und in keinem anderen. Sie kann nicht verdient werden, sondern geschieht allein aus Gnade und wird im Glauben an Christus als den Erlöser und Herrn empfangen. Dieser Glaube ist kein Werk oder eine verdienstvolle Handlung, sondern genau das Gegenteil.

Schließlich habe ich die wichtige Frage der Heilsgewissheit betrachtet und die Garantie der ewigen Sicherheit, die im Zentrum der herrlichen Lehre von der Hohenpriesterschaft Christi steht.

Meine Hoffnung ist, dass ich zumindest zum Nachdenken zu manchen wichtigen Themen anregen konnte. Um dies zu tun, musste ich einige Autoren zitieren, die meiner Sichtweise widersprechen. Ich hoffe, dass ich dies auf eine faire Art und Weise getan habe. Ich möchte noch einmal betonen, dass eine Meinungsverschiedenheit bezüglich einiger Aussagen einer Person nicht bedeutet, dass ich allem widerspreche, was sie sagen. Sie bedeutet auch keinen *ad-hominem*-Angriff dieser Person. Ebenso wenig würde ein Widerspruch ihrerseits keinen Angriff meiner Person bedeuten. Dies ist besonders wichtig in Bezug auf die Autoren, die ich zitiert habe, da ich viel von ihnen in anderen Bereichen profitiert habe. Gerade weil ich sie so respektiere, haben sie mich bezüglich der besonderen Themen dieses Buches sehr zum Nachdenken gebracht.

Ich habe keinen Zweifel daran, dass ihre Motivation *Soli Deo Gloria* lautete. Ich hoffe, dass meine Motivation dieselbe war.

FRAGEN ZUM NACHDENKEN ODER ZUR DISKUSSION

TEIL 1

1. Was sind Ihrer Meinung nach die wesentlichen Merkmale der Freiheit?
2. Wie bewerten Sie das Verhältnis von Freiheit und Gerechtigkeit in der bürgerlichen Gesellschaft?
3. Welche Freiheiten haben Menschen Ihrer Meinung nach und warum? Denken Sie an Situationen, in denen es keine Freiheit gibt, keine Handlungsfreiheit oder keine Willensfreiheit.
4. Warum denken manche Menschen, dass die Religion eine Bedrohung für die Freiheit ist? Ist diese Reaktion gerechtfertigt?
5. In welcher Weise ist die Definition von Freiheit abhängig von der Weltanschauung?
6. Welche Ähnlichkeiten und Unterschiede gibt es zwischen dem atheistischen und dem theistischen Determinismus?
7. Wie würden Sie das moralische Problem beschreiben, das mit dem Determinismus verbunden ist (natürlich nur, wenn Sie ein Problem sehen)?
8. Ist Schubladendenken hilfreich oder nicht? Was sind die Vor- und Nachteile?

TEIL 2

1. Was sind Ihre ersten Gedanken zu der biblischen Lehre von der göttlichen Souveränität und der menschlichen Verantwortung? Welche Bibelstellen halten Sie bezüglich dieses Themas für relevant?

2. Welches Bedeutungsspektrum haben aus Ihrer Sicht die Konzepte der Vorkenntnis, Prädestination und Erwählung?

3. Was ist mit der „unbedingten Erwählung" gemeint?

4. Denken Sie, dass Gottes Vorkenntnis die wahre Freiheit beseitigt?

5. Wieso ist es wichtig, bei den Begriffen „erwählen" oder „Erwählung" die Frage zu stellen: „Zu welchem Zweck?"?

TEIL 3

1. Welchen Schaden hat Ihrer Meinung nach die Menschheit als Folge der ersten Sünde genommen?

2. Was, denken Sie, ist „Glaube"? Nennen Sie biblische Beispiele für Ihre Sichtweise.

3. Was versteht Paulus unter dem Gegensatz zwischen Glaube und Werken? Kann man den Glauben in ein Werk verwandeln, unbeabsichtigt oder bewusst?

4. In welchem Sinne kann der Glaube an Gott als ein „Geschenk" gesehen werden? Macht dies den Glauben unabhängig von der menschlichen Antwort?

5. Denken Sie, dass Gott immer die Initiative bei der Erlösung übernimmt? Was genau bedeutet dies?

6. Folgt der Glaube aus Ihrer Sicht der Wiedergeburt, oder geht er ihr voraus? Nennen Sie Gründe. Ist der Unterschied wichtig?

7. Was bedeutet es, wenn man sagt, dass Menschen „tot in Sünden und Vergehungen" sind? Wie beeinflusst dies ihre Fähigkeit, auf Gott zu antworten? Wirft das Beispiel Adams in 1. Mose etwas Licht auf diese Frage?

8. Bedeutet „vom Vater gezogen zu werden" die unbedingte Erwählung? Denken Sie, dass man Gottes Gnade widerstehen kann?

9. Was bedeutet die Tatsache, dass Jesus erwartete, dass die Menschen seinen moralischen Argumenten folgen konnten, für ihre Verantwortung?

TEIL 4

1. Wieso schrieb Paulus Römer 9–11? Wie passen diese Kapitel in die Gesamtbotschaft des Römerbriefes?
2. Welche Unterscheidungen trifft Paulus in diesem Abschnitt zwischen Israel und der Gemeinde? Nennen Sie Ihre Gründe. Zu welcher Kategorie zählt Paulus sich selbst?
3. Welche Gründe nennt Paulus für den Unglauben Israels?
4. Welche Schlussfolgerung ziehen Sie aus der Beschreibung des Prozesses, bei dem das Herz des Pharaos verhärtet wurde?
5. Inwiefern war Israel für seinen Unglauben verantwortlich?
6. Was sind Gefäße des Erbarmens und Gefäße des Zorns?
7. Was denken Sie über das Bild des Olivenbaums und seinen Zweigen? Impliziert es eine Zukunft für Israel als Volk? Nennen Sie Gründe.

TEIL 5

1. Wenn Sie an Ihre eigene Reise denken: Wie haben Sie Gewissheit erlebt? Welche Gedanken haben Sie daran gehindert oder Ihnen dabei geholfen, die Gewissheit zu erlangen, die Sie nun haben?
2. Welche Eigenschaften der Erlösung fördern die Gewissheit?
3. Inwiefern bezieht sich das Gleichnis des Sämanns auf die Gewissheit?
4. Einmal Christ, immer Christ? Wie wichtig ist es, der Schrift zu erlauben, unser Denken über dieses Thema zu steuern?
5. Was bedeutet die Hohepriesterschaft Christi für Ihren Alltag?
6. Inwiefern tragen die Warnungen des Hebräerbriefes zur Heilsgewissheit bei?

PERSONEN-
UND SACHREGISTER

BIBELSTELLEN-
REGISTER

Lewis S. Chafer / John F. Walvoord
Grundlagen biblischer Lehre

Dieses theologische Standardwerk bietet eine Darstellung grundlegender biblischer Lehrinhalte. Vom inspirierten Wort Gottes über
göttliche Offenbarungen, die Dreieinigkeit Gottes, seine ewige
Existenz, Jesus und sein Wirken, den Heiligen Geist, die Heilszeit-
alter, Bundesschlüsse, Errettung von Sünde, Heiligung, Gemeinde,
die Nationen und Israel – auch in der Prophetie – bis hin zur großen Trübsal, dem Millenium, den Gerichten und der Ewigkeit; diese
und viele andere Themen bereichern dieses Buch. Chafer versteht es,
dem Leser diese komplexen Themen anspruchsvoll und doch leicht
verständlich zu präsentieren. Die Überarbeitung von Walvoord hat
dazu beigetragen, das Buch zu einer bis heute unverzichtbaren Lektüre zu machen. Eine Reihe von Fragen zu sämtlichen Kapiteln macht
das Buch zu einer hervorragenden Lektüre für Bibelstudiengruppen
und Hauskreise.

Gb., 448 S., 15 x 22,6 cm
Best.-Nr. 271 550
ISBN 978-3-86353-550-6